Reisevorbereitung: Praktisches Reise-ABC Land und Leute	A-Z
Johannesburg und Tshwane (Pretoria)	1
Limpopo- und Mpumalanga-Provinz, Krügerpark	2
Indischer Ozean, Drakensberge und Durban	3
Wild Coast und Eastern Cape Province	4
Westliche Garden Route und Karoo	5
Walküste und Weinland	6
Kap-Halbinsel und Kapstadt	7
Anhang	...

Vom Krügerpark nach Kapstadt

Elke und Dieter Losskarn

- Aktuelle Reisetipps und Neuigkeiten
- Ergänzungen nach Redaktionsschluss
- Büchershop und Sonderangebote
- Weiterführende Links zu über 100 Ländern

www.reise-know-how.de

- eMail-Adresse des Verlags:

rkhhermann@aol.com

Vom Krügerpark nach Kapstadt

Elke und Dieter Losskarn

Gemütliche Restaurants, abenteuerliche Safaris,
stilvolle Unterkünfte – drei Wochen Südafrika
zwischen Wild und Wein für Genießer

Impressum

Elke und Dieter Losskarn

Vom Krügerpark nach Kapstadt

erschienen im
REISE KNOW-HOW Verlag

ISBN 978-3-89662-397-3

© Helmut Hermann
Untere Mühle
D - 71706 Markgröningen
2. Auflage 2009

Alle Rechte vorbehalten

– Printed in Germany –

eMail-Adresse des Verlags: rkhhermann@aol.com
Website von Reise Know-How:
www.reise-know-how.de

Gestaltung und Herstellung
Umschlagkonzept: Carsten Blind
Inhalt: Carsten Blind
Karten: Helmut Hermann
Karten Umschlagklappe hinten und S. 132/133:
RKH Verlag Peter Rump
Druck: FVA, Fulda
Fotos: siehe Anhang S. 348

Dieses Buch ist erhältlich in jeder Buchhandlung in Deutschland,
Österreich, Schweiz, Niederlande und Belgien
Bitte informieren Sie Ihren Buchhändler über folgende Bezugsadressen:
D: PROLIT GmbH, Postfach 9, 35461 Fernwald
    www.prolit.de (sowie alle Barsortimente),
CH: AVA-buch 2000, Postfach 27, 8910 Affoltern, www.ava.ch
A: Mohr Morawa Buchvertrieb GmbH, Postfach 260, 1011 Wien
NL, B: Willems Adventure, www.willemsadventure.nl
Wer im Buchhandel trotzdem kein Glück hat, bekommt
unsere Bücher auch über unsere Büchershops im Internet (s.o.)

Wir freuen uns über Kritik, Kommentare und Verbesserungsvorschläge.
Alle Informationen und Daten in diesem Buch sind mit größter Sorgfalt
gesammelt und vom Lektorat des Verlags gewissenhaft bearbeitet und
überprüft worden. Da inhaltliche und sachliche Fehler nicht ausgeschlossen
werden können, erklärt der Verlag, daß alle Angaben im Sinne der Produkt-
haftung ohne Garantie erfolgen und daß Verlag wie Autor keinerlei Verantwortung
und Haftung für inhaltliche und sachliche Fehler übernehmen. Die Nennung
von Firmen und ihren Produkten und ihre Reihenfolge sind als Beispiel ohne
Wertung gegenüber anderen anzusehen. Qualitätsangaben sind subjektive
Einschätzungen der Autoren.

Südafrika – der Regenbogenstaat

Im Jahr 2004 feierte Südafrika 10 Jahre Demokratie. Kaum zu glauben, dass die ersten freien Wahlen („one man, one vote") schon so lange zurückliegen. Und Miesmacher, von denen es viele gab und noch immer gibt, wurden und werden täglich eines besseren belehrt. Das Land am Kap hat sich in den letzten Jahren enorm entwickelt. Dank eines günstigen Umtauschkurses nimmt der Tourismus stetig zu und jedes Jahr wird mehr gebaut, vor allem im Hinblick auf die Fußball-WM im Jahr 2010. Überall gibt es neue, aber durchweg stilvolle Projekte.

Das Vertrauen in die Zukunft ist groß, Grundstücks- und Hauspreise in den „besseren" Regionen des Landes explodieren. Die Innenstädte von Johannesburg und Kapstadt sind im Vergleich zu wenigen Jahren zuvor kaum mehr wiederzuerkennen. Besucher erwartet eine aufregende Mischung aus Erster und Dritter Welt, eine hervorragende Infrastruktur und natürlich Restaurants und Unterkünfte, die mit den besten der Welt konkurrieren können.

Das vorliegende Buch begleitet Sie auf einer **Reise von Johannesburg** und **Pretoria,** das kürzlich in **Tshwane** umgetauft wurde, in den berühmten **Krüger-Nationalpark** und von dort an den Indischen Ozean. Nach einem Abstecher in die beeindruckenden **Drakensberge** und einem Besuch in **Durban** geht es an der **Wild Coast** entlang Richtung Südwesten. Von der fruchtbar-grünen **Garden Route** führt der Weg in die deutlich trockenere Halbwüstenlandschaft der **Karoo** mit ihren spektakulären, historischen Schotterpässen. Zwischen der **schönsten Stadt der Welt, Kapstadt,** liegen dann noch **Wale** und **Wein.** Südafrika bietet weltweit die besten Walbeobachtungsmöglichkeiten vom Land aus, und die „Tröpfchen" des Landes haben mittlerweile mit Recht einen ausgezeichneten Ruf. Die Endstation auf dem Trip spricht für sich selbst: **Kapstadt** mit dem **Tafelberg** und dem **Kap der Guten Hoffnung** ist der Höhepunkt jeder Südafrika-Reise!

Wir wünschen Ihnen einen Super-Urlaub!

Elke und Dieter Losskarn

INHALTSVERZEICHNIS

Reisevorbereitung

A-Z   **Reisetipps von A-Z**

Anreise	14
Verkehrsverbindungen	14
Exkurs Unterwegs im Zug	15
Exkurs Motorradfahren	17
Verkehr	18
Diplomatische Vertretungen	19
Einkaufen/VAT Return	19
Feste und Feiertage	21
Formalitäten	22
Geld und Banken	22
Gesundheit	23
Infostellen	24
Internet/Websites	25
Nationalparks und Natur-Reservate	27
Notruf	35
Öffnungszeiten	35
Parken	35
Post	35
Reisezeit	35
Sicherheit	36
Sprache	37
Strom	37
Tankstellen	37
Telefonieren	37
Trinkgeld	38
Übernachten	38
Zeitunterschied	40
Zollbestimmungen	40

Essen und Trinken

Restaurants	41
Picknick / Einkaufen	42
Gastro-Magazine und Restaurant-Führer	43
Bier & Co	44
Glossar: Essen und Trinken in Südafrika	46
Exkurs Rooibos	47

Inhaltsverzeichnis

Aktiv und kreativ

Abseilen (Abseiling)	48
Brücken- und Bungee-Springen	48
Fahrrad- und Mountainbike-Fahren	49
Fliegen (Flying)	49
Golf	50
Kloofing	50
Organisierte Touren	50
Reiten	50
Sandboarding · Sea Kajaking · Surfen	51
Tauchen	52
Baumgipfel-Wandern	52

Land und Leute

Topographie	54
Kap-Halbinsel	54
Bevölkerung	54

Tiere und Pflanzen

Die „Big-Five"	57
Südafrikas artenreiche Fauna	58
Südafrikas Vogelwelt	68
Einzigartige Flora	70

Geschichte

Von der Urzeit in die Gegenwart	73

Elf Reise-Highlights in Südafrika

1. Kap der Guten Hoffnung, Chapman's Peak Drive	86
2. Whale Watching	86
3. Sundowner	87
4. Tafelberg per Seilbahn oder zu Fuß	88
5. Safari in einem privaten Wildnis-Camp	89
6. Tauchen im Indischen Ozean	89
7. uShaka Marine World, Durban	89
8. Apartheid-Museum, Johannesburg	90
9. Höchster Bungee-Jump der Welt	90
10. Hole in the Wall – Wild Coast	91
11. Weinprobe	91

Reise-Kapitel

1 Johannesburg und Tshwane (Pretoria)

Johannesburg 94
Besichtigung 97
Soweto 102
Gold Reef City und Apartheid Museum 105
Informationen Johannesburg 106
Adressen & Service Johannesburg 112

Pretoria 115
City-Besichtigung 116
Voortrekker Monument 120
Union Buildings 121
Informationen Tshwane 122
Adressen & Service Pretoria 124

2 Limpopo- und Mpumalanga-Provinz, Krügerpark

Raus aus der Stadt 126
Botshabelo 128
Exkurs Die Kunst der Ndebele 129
Auf dem Weg nach Norden 131
Polokwane 131
Nach Osten Richtung Krügerpark 134
Tzaneen 135
Exkurs Besuch einer Teeplantage 138
Zwischen High- und Lowveld 138
Zur schönsten Schlucht Südafrikas –
Blyde River Canyon 140
Auf Safari im Krügerpark –
Jagd auf die „Big Five" 147
Auf Pirsch 147
Informationen Krügerpark 155
Panorama-Route:
Hazyview – Long Tom Pass – Pilgrim's Rest 161
Exkurs Jock of the Bushveld 162
Pilgrim's Rest 164
White River 167

3 Indischer Ozean – Drakensberge – Durban

Barberton	169
Badplaas	172
Piet Retief	174
Lembombo- und Maputa-Land	175
Im Land der Zulu	180
Zu den Battlefields	183
Exkurs Die Schlacht am Blood River	184
Dundee / Ladysmith	186
In die Drakensberge	188
Exkurs Sani Pass	191
Pietermaritzburg	192
Durban	196
Adressen & Service Durban	203

4 Wild Coast und Eastern Cape Province

Durbans Südküste	208
Durch die ehemalige Transkei	209
Port St. Johns	211
Umtata	213
Abstecher zur Küste: Coffee Bay	214
Hole in the Wall und das Drama der Xhosa	215
Auf der N 2 nach Buffalo City	217
Buffalo City (früher: East London)	219
Weiterfahrt auf der R 72	223
Port Alfred	224
Bathurst	226
Grahamstown	227
Kwandwe Private Game Reserve	231
Addo Elephant National Park	234
Port Elizabeth	237
Jeffreys Bay	240
Östliche Garden Route	240
Tsitsikamma National Park	242

5 Westliche Garden Route und Karoo

Pässefahrt	245
Plettenberg Bay	247
Knysna	251

Exkurs	Abenteuerliche Pässe	256
	Oudtshoorn	258
Exkurs	Wissenswertes über Strauße	264
	Pässe-Rundtour von Oudtshoorn	266
	Prince Albert	267
	Swartberg-Pass	269
	Route 62	269
	Calitzdorp	270
	Weiter auf der Route 62	271
	Swellendam	272

6 Walküste und Weinland

	Overberg und Walküste	276
	Elim	281
Exkurs	Missionsstationen	281
	Stanford	282
	Hermanus, Stadt der Wale	284
Exkurs	Hermanus' Cliff Path	286
	Entlang einer Bilderbuch-Küste	288
	Franschhoek, Treffpunkt der Gourmets	291
	Boschendal	298
	Stellenbosch	298
	Auf der R 44 nach Paarl	304
	Paarl	304
	Weinland-Nord	309

7 Kap-Halbinsel und Kapstadt

Kap-Halbinsel – Pinguine und Meer 314
Zum Kap der Guten Hoffnung 318
Chapman's Peak Drive und Hout Bay............. 322
Camps Bay 326
Kapstadt 328
Kapstadt erleben 331
Informationen Kapstadt 337

Anhang

Der Autor, die Fotografin 348
Bildnachweis 349
Register... 349

Reisevorbereitung

Reisetipps von A bis Z

Anreise

Einige internationale Fluggesellschaften fliegen Johannesburg und Kapstadt mehrmals die Woche an. Die Flugzeit von Frankfurt nach Johannesburg beträgt 10 Stunden, nach Kapstadt etwa 2 Stunden länger. **South African Airways** (SAA, Tel. 069-2998030, Fax 29980355, Reservierung Tel. 29980320, www.flysaa.com) fliegt täglich von Frankfurt nach Kapstadt, entweder direkt oder mit Zwischenstopp in Johannesburg. Die **LTU** (Tel. 0211-9418888, Fax 9418881, www.ltu.de) startet zweimal pro Woche von München (mit Anschluss von Düsseldorf) nach Kapstadt. Mit **Air Namibia** (Tel. 06105-206030, Fax 206038, www.airnamibia.de) geht es viermal pro Woche nach Windhoek und mit Anschlussflug weiter nach Kapstadt. Die **Lufthansa** (www.lufthansa.de) ist mehrmals wöchentlich von Frankfurt und München nach Johannesburg unterwegs, in der Saison auch Direktflüge Frankfurt – Kapstadt. **British Airways** (www.british-airways.com) bietet täglich Flüge über London nach Johannesburg und Kapstadt an.

Weitere Fluggesellschaften mit Verbindungen von und nach Südafrika: **Cathay Pacific,** Tel. 021-6862617; **Malaysia Airlines,** Tel. 011-8809614, www.malaysiaairlines.co.za; **Singapore Airlines,** Tel. 021-6740601, www.singaporeair.com; **Virgin Atlantic,** Tel. 021-9349000, www.virgin-atlantic.com.

Je nach Saison kosten Flüge von Europa nach Südafrika zwischen 600 und 950 €. Die günstigen Flüge sind, vor allem in der Hochsaison zwischen Oktober und März, schnell ausgebucht.

Verkehrsverbindungen

... mit dem Flugzeug

Südafrika verfügt über ein dichtes Inlandsflugnetz. **South African Airways** (www.flysaa.com), **South African Airlink** (www.saairlink.co.za), **South African Express** (www.saexpress.co.za) fliegen mehrmals täglich zwischen Kapstadt und allen großen Städten Südafrikas sowie kleineren Destinationen. **Kulula.com** (www.kulula.com), **1time** (www.1time.

aero) und **Mango** (www.flymango.com) sind die Billiganbieter auf den populären Routen zwischen Kapstadt und Johannesburg, Durban, Port Elizabeth, Nelspruit und George. **British Airways** in Kooperation mit **Comair** (www.britishairways.com) verbinden die Hauptzentren.

... mit der Bahn **Spoornets** interessanteste Zugverbindungen sind: **Trans-Karoo** – tägl. von Pretoria nach Kapstadt und wieder zurück, über Johannesburg und Kimberley (26 Std.). **Trans-Natal** – tägl. von Johannesburg nach Durban und zurück, über Pietermaritzburg (13,5 Std.). **Trans-Oranje** – montags und mittwochs von Durban nach Kapstadt und zurück, über Bloemfontein und Kimberley (36 Std.). Zentrale Reservierung Tel. 086-0008888, oder über www.spoornet.co.za.

Unterwegs im Zug

Südafrikas berühmte Luxuszüge **Blue Train** (Joubert Park, Tel. 011-7737631, Fax 7737643, www.bluetrain.co.za) und **Rovos Rail** (Pretoria, Tel. 012-3236052-3-4, Fax 3230843, reservations@rovos.co.za, www.rovos.co.za, www.travelpromotion.de), beide Symbole für stilvolles und nostalgisches Reisen auf Schienen im südlichen Afrika, können über einige Reiseveranstalter in Deutschland gebucht werden. Ambiente, Personal und die servierten Mahlzeiten lassen keine Wünsche offen. Beide Züge verkehren u.a. auf der Hauptstrecke Pretoria – Johannesburg – Kapstadt. Während der modern-elegante

Blue Train diese Strecke in 25 Stunden bewältigt, lässt sich der historische *Rovos* dafür gut zwei Tage Zeit, derzeit werden drei nostalgische Züge aus den 1920er und 1930er Jahren betrieben.Die „Zeitreisen" starten starten vom firmeneigenen Bahnhof in Pretoria nach Kapstadt, Durban, über die Garden Route oder zum Krüger Nationalpark. Ein neues Arrangement führt in sechs Tagen von Kapstadt zu den Viktoria Wasserfällen/Livingstone (Sambia).Die Abfahrt ist alle zwei Wochen am Montag in Kapstadt.

Der berühmte **Outeniqua Choo-Tjoe Train** verkehrt seit 1928 zwischen George und Knysna. Er ist der einzige Dampfzug Südafrikas, der täglich nach Fahrplan hin- und hertuckert. Die Route ist landschaftlich wunderschön, ein Erlebnis der Garden Route, wie man sie als Autofahrer nie so erfahren kann. Die Bahnlinie führt nahe des Meeres entlang, vorbei an farnbewachsenen Hügeln, durch Wälder, über Flüsse, durch Tunnel und über die beeindruckende Knysna-Lagune. Das alles mit einer gemütlichen Geschwindigkeit, die verwacklungsfreie Fotos ermöglicht. Aufgrund heftiger Regenfälle kam es 2007 zu Erdrutschen und einer temporären Streckenänderung. Der Zug verkehrt nun bis auf Weiteres zwischen George und Mossel Bay, ebenfalls ein besonderes Erlebnis. **Infos: Outeniqua Transport Museum, George,** 2 Mission St, Tel. 044-8018288 o. 044-8018289 o. 044-8018202, Fax 044-8018286, www.onlinesources.co.za/chootjoe. Tarife: Fahrt George – Mossel Bay und zurück: Erw./Kinder 110/65 Rand. Zeiten: siehe Website. Streckenverlauf: www.onlinesources.co.za/chootjoe/map.htm

... mit dem Bus

Greyhound Coach Lines, Tel. 021-4184310, www.greyhound.co.za; mit dem *Houndabout*-Pass lässt es sich unbegrenzt auf allen Greyhound-Linien im Land reisen. **Translux Express,** Tel. 021-4493333, www.translux.co.za; bietet ebenfalls Travelpässe an. **Intercape,** Tel. 021-3864444, Fax 3862488, www.intercape.co.za; bietet sehr guten Service auf seinen Linien.

Enger sitzt man im meist von Backpackern frequentierten **Baz Bus,** Tel. 021-4392323, Fax 4392343, info@bazbus.com, www.bazbus.com. Der preiswerte Minibus verbindet Johannesburg mit Kapstadt, über KwaZulu-Natal und die Drakensberge. Unterwegs kann man nach Belieben aus- und zusteigen.

... mit Wohnmobil oder Mietwagen

Es gibt viele Vermieter und über 700 gut ausgestattete Campingplätze im ganzen Land. Über 750 Caravanparks sind auf der Website www.caravanparks.co.za gelistet und können dort auch gebucht werden. Wohnmobile und Autos möglichst bereits zu Hause mieten, das ist meist günstiger und im Falle eines Problems besser abzuwickeln. Cabrios finden sich allerdings meist nur vor Ort bei kleineren Vermietern.

Motorradfahren

Maßgeschneiderte Motorrad-, vor allem Enduro-Touren, auf und abseits der Straße, veranstaltet der Deutsche *Jürgen Muess,* leidenschaftlicher Motorradfahrer und begeisterter Kapstadt-Fan, der Südafrika bereits zu seiner neuen Heimat gemacht hat. Es besteht auch die Möglichkeit, BMW-Motorräder individuell zu mieten. Details seines Touren-Programms auf der sehr gut gemachten Website www.karoo-biking.de.

Karoo Biking, BMW Motorradreisen und Vermietung in Südafrika, Loft 4, Five Howe, Observatory, Cape Town, Tel. 021-4474759 o. 082-5336655, Fax 4474758, info@karoo-biking.de, www.karoo-biking.de. Infos und Reservierung in Deutschland unter Tel. 0221-355332002 (Jürgen ist auch über die deutsche Nummer in Südafrika erreichbar).

Harley-Davidson Cape Town, 9 Somerset Rd., Tel. 021-4469999, Fax 4243992, www.harley-davidson-capetown.com, info@harley-davidson-capetown.com. Der Kapstädter Harleyhändler vermietet die neuesten und immer perfekt gewarteten Maschinen des amerikanischen Herstellers, keine ist älter als anderthalb Jahre. Harleyhändler Ad kommt ursprünglich aus Holland und spricht perfekt Deutsch.

Der Harleyhändler von Pretoria, Johan Kriek, veranstaltet verschiedene Touren auf Harley-Davidson- und Buell Ulysses-Bikes (Enduros) im südlichen Afrika. Es gibt auch die Möglichkeit, bei ihm Harleys und Buells für individuelle Trips zu mieten. Infos bei: Johan Kriek, Shop G51A, Menlyn Park Shopping Centre, Menlyn, Pretoria, Gauteng, South Africa; Tel. 082-4602131, Fax 086-5107679, rentals@harleyonsafari.com, www.harleyonsafari.com und www.harley-pta.co.za.

Verkehr

In Südafrika wird auf der **linken** Straßenseite gefahren. Sowohl mit der Verkehrsinfrastruktur als auch in der Qualität seiner Straßen nimmt Südafrika auf dem Kontinent eine Spitzenposition ein. Südafrikaner aller Hautfarben sind begeisterte Autofans. Und Touristen sind bei der Ankunft überrascht über die erstaunlich hohe Anzahl brandneuer Autos und teilweise wunderbar restaurierter Klassiker im Straßenverkehr. Es gibt **Geschwindigkeitsbeschränkungen** (generell 120 km/h auf Fernstraßen, 100 km/h auf Landstraßen und 60 km/h in der Stadt), obwohl der unkundige Besucher oft nicht diesen Eindruck hat. Aus diesem Grunde geht die Polizei in letzter Zeit strenger gegen Temposünder vor. Es herrscht außerdem Gurtanlegepflicht und das Telefonieren ohne Freisprechanlage im Auto wird ebenfalls geahndet.

Aufgrund der relativ geringen Verkehrsdichte sind Überlandfahrten meist recht geruhsam. In den Städten, vor allem in Kapstadt, Johannesburg und Durban, geht es allerdings hektisch zu. Verantwortlich dafür sind zum großen Teil die kamikazeartig agierenden Minibus-Taxifahrer, die ihren eigenen Regeln folgen. Aber auch für den durchschnittlichen südafrikanischen Autofahrer sind Begriffe wie „Reißverschlussverkehr", „Zebrastreifen" und „Sicherheitsabstand" noch Fremdwörter.

Einige besondere **Verkehrsregeln:** Bei Kreuzungen mit vier Stop-Schildern *(four way stop)* hat der Vorfahrt, der als erstes die Kreuzung erreichte, dann kommt der zweite usw. Südafrikaner halten sich erstaunlich korrekt an diese Regel.

Besondere **Verkehrsschilder:** Ein weißes „T" auf blauem Grund bedeutet *toll road*, also Mautstraße.

Ein rot eingekreistes und rot durchgestrichenes „S"
auf weißem Grund bedeutet Halteverbot. Ebenso ein
durchgestrichenes „S", das irgendwo auf die Straße
gemalt ist. Alle tourismusrelevanten Schilder sind
braun mit weißer Schrift oder weißen Symbolen, z.B.
sind alle Bed & Breakfasts, Gästehäuser und Lodges
offiziell so gekennzeichnet.

Diplomatische Vertretungen

Deutschland:
Embassy of the Republic of South Africa,
Tiergartenstr. 18, 10785 Berlin, Tel. 030-22073-0,
Fax 030-22073-190, www.suedafrika.org,
botschaft@suedafrika.org

Generalkonsulat der Republik Südafrika,
Sendlinger-Tor-Platz 5, 80336 München,
Tel. 089-2311630, Fax 23116363
munich.consular@foreign.gov.za.

Österreich:
Botschaft der Republik Südafrika, Sandgasse 33,
1190 Wien, Tel. 01-3206493, Fax 1-320649351,
www.saembvie.at.

Schweiz:
Botschaft der Republik Südafrika, Alpenstr. 29,
3000 Bern 6, Tel. 031-3501313, Fax 031-3501310,
www.southafrica.ch.

Einkaufen/VAT Return

Südafrika ist ein Einkaufsparadies. Kunsthandwerk
aus ganz Afrika kann oft direkt von den Künstlern er-
worben werden. Es gibt viele Läden, die garantiert
keine billige Airport-Art „Made in China" verkaufen.
Typisch für Südafrika sind die filigranen Perlenarbeiten, bedruckte Stoffe mit kräftigen Farben, aus Draht
und Blechabfällen gefertigte „Township-Art" – vom
Radio bis zum Spielzeugauto, Klamotten für Kinder
und Erwachsene der südafrikanischen Marken *Naartjie*
(sprich Naartschie), *Mad Dog, Over the Moon* oder
Aca Joe. Prima Plätze, um tolle und echte Souvenirs
zu kaufen, sind die Shops der verschiedenen Museen,
deren Angebot meist ebenso interessant ist wie die
ausgestellten Exponate. Websites zur Einstimmung:

▸ www.streetwires.co.za, www.monkeybiz.co.za.

Wer sich für südafrikanische Musik und Interpreten interessiert, sollte in folgende Website reinsehen:

▸ www.music.org.za.

Geschäfte sind normalerweise werktags von 8 bis 17 und samstags von 8.30 bis 13 Uhr geöffnet. Viele Shopping Malls in den größeren Städten haben abends länger – manchmal bis 21 Uhr – sowie am Sonntag geöffnet.

Ein großer Bonus für Shopping-Fans ist die Mehrwertsteuer-Rückerstattung *(VAT return)* bei der Ausreise. Touristen bekommen die in Südafrika bezahlten 14% VAT in ihrer Landeswährung oder in Rand zurückerstattet. Dabei gibt es einiges zu beachten: Mehrwertsteuer gibt es nur für Güter zurück, die tatsächlich ausgeführt werden, also Bücher, Kleidungsstücke, Schmuck, Diamanten, Kunsthandwerk usw., jedoch nicht für Restaurant-, Hotel- oder Mietwagen-Rechnungen. Die erworbenen Waren müssen bei der Ausreise am Flughafen für Stichprobenkontrollen vorzeigbar, also nicht irgendwo im Hauptgepäck versteckt sein. Zurückerstattet wird ab einem Gesamt-Einkaufspreis von 250 Rand.

Zu jeder Ware muss eine Steuerrechnung *(tax invoice)* vorliegen, die der Verkäufer ausstellt. In der Rechnung müssen aufgeführt sein: das Wort „Tax Invoice", der berechnete Mehrwertsteuerbetrag oder eine Bestätigung, dass der Gesamtpreis die MwSt.

beinhaltet, den Namen und die Adresse des Ladens oder Verkäufers mit VAT-Nummer, genaue Beschreibung der gekauften Ware, eine Steuerrechnungsnummer, Ausstellungsdatum und den Preis der Güter in Rand. Bei Waren, deren Wert 500 Rand übersteigt, müssen Name und Adresse des Käufers auf der Rechnung erscheinen.

Was im ersten Moment kompliziert klingt, ist bei den meisten Verkäufern mittlerweile Routine und der Aufwand lohnt sich. VAT-Büros gibt es an den Flughäfen von Kapstadt, Johannesburg und Durban. In der Kapstädter Waterfront lässt sich der manchmal etwas länger dauernde Papierkram bereits an den dortigen VAT-Schaltern erledigen. Vor dem Einchecken am Flughafen geht man mit den Rechnungen und den erworbenen Gütern zu dem ausgeschilderten VAT Refund Office, wo nach einer Stichproben-Kontrolle in Landeswährung zurückerstattet wird. Manchmal wird der – kostenpflichtige – Scheck auch an die Heimatadresse nachgeschickt. Details auf www.taxrefunds.co.za

Feste und Feiertage

Sollte ein Feiertag auf einen Sonntag fallen, ist äußerst arbeitnehmerfreundlich der folgende Montag frei.

1. Januar	**New Year's Day**
21. März	**Human Rights Day**

Am 21. März 1960 starben beim Sharpeville-Massaker 69 Schwarze, die gegen die Apartheidpolitik protestiert hatten, im Kugelhagel der Polizei.

Karfreitag	**Good Friday**
Ostermontag	**Family Day**
27. April	**Freedom Day**

Am 27. April 1994 fanden Südafrikas erste demokratische Wahlen statt.

1. Mai	**Worker's Day**
16. Juni	**Youth Day**

Am 16. Juni 1976 gingen Sowetos Schulkinder auf die Straße, um gegen Afrikaans als einzige Unterrichtssprache zu demonstrieren; die Polizei eröffnete das Feuer auf die unbewaffneten Jugendlichen und tötete viele von ihnen.

9. August	**National Women's Day**
24. September	**Heritage Day**
	Tag des früheren Zulu-Königs Shaka
16. Dezember	**Day of Reconciliation** (Tag der Versöhnung)
	Vor den ersten demokratischen Wahlen Südafrikas erinnerte der 16. Dezember an die Schlacht am Blood River, wo ein mit Kanonen und Gewehren bewaffnetes Burenkommando Tausende speertragende Zulukrieger tötete. Der „Tag des Gelöbnisses", *Day of the Vow,* war der höchste Feiertag der Buren.
25. Dezember	**Weihnachten**
26. Dezember	**Day of Goodwill** (Tag des guten Willens)

Formalitäten

Deutsche, Schweizer und Österreicher müssen bei der Ankunft in Südafrika einen Reisepass vorweisen, der noch mindestens sechs Monate nach der geplanten Ausreise gültig ist. Es ist kein Visum erforderlich. Rückflugticket muss allerdings vorgezeigt werden. Bei der Einreise muss der Reisepass noch mindestens drei freie Seiten aufweisen. Kinder sollten besser auch „richtige" Reisepässe haben, keine Kinderausweise oder Einträge in den Pässen der Eltern. Website der südafrikanischen Botschaft in Berlin:
▸ www.suedafrika.org.

Deutsche Südafrika-Besucher, die planen, ihren Lebensmittelpunkt nach Südafrika zu verlegen, könne sich für weitere Auskünfte an die deutsche Informationsstelle für Auswanderer und Auslandtätige des Bundesverwaltungsamtes, Ref. II B 6, 50728 Köln, www.bundesverwaltungsamt.de, wenden.

Geld und Banken

Die Landeswährung ist der **Rand (R),** von dem nicht mehr als 500 ins Land gebracht werden dürfen. 1 Rand hat 100 Cent. Es gibt Noten zu 10, 20, 50, 100 und 200 Rand und Münzen zu 5, 10, 20 und 50 Cent sowie zu 1, 2 und 5 Rand. Travellerschecks werden fast überall akzeptiert, genauso wie Kreditkarten, vor allem Master- bzw. EuroCard, Visa und Dinersclub. Mit PIN-Nummer kann an den weit verbreiteten

Geldautomaten (ATM) mit einer Kreditkarte als auch mit einer normalen, gebührengünstigeren BankCard (Maestro) Bargeld gezogen werden. Auch die SparCard 3000 plus von der Postbank funktioniert. Banken sind werktags von 9 bis 15.30 Uhr und samstags von 8.30 bis 11 Uhr geöffnet.

Gesundheit

Für Südafrika sind keine Schutzimpfungen vorgeschrieben. Das Land ist fast frei von tropischen Krankheiten, lediglich Besucher der nordöstlichen Landesteile und KwaZulu-Natals sollten sich über Gefahren durch **Malaria** bewusst sein.

Während der Regenzeit ist Malaria ein ernstes Problem, vor allem im gesamten Gebiet des Krüger-Nationalparks und in KwaZulu-Natal. Die vorbeugende Einnahme der sehr starken Kombinationspräparate mit ihren nicht unerheblichen Nebenwirkungen ist umstritten. Vor allem deshalb, weil keine Prophylaxe einen hundertprozentigen Schutz bietet.

Der mechanische Schutz wird viel stärker propagiert als früher, was heißen soll, den eigentlichen Stich vermeiden. Was geschehen kann durch: Tragen von langärmeligen Hemden und langen Hosen, vor allem in der Dämmerung, und zwar besser helle als dunkle Farben, sowie die Verwendung eines Mückenabwehrmittels, z.B. Autan. Abbrennen von sogenannten Moskito-Spiralen (außerhalb geschlossener Räume), in Räumen hilft Tea Tree- oder Lavendel-Öl in einer Duftlampe, außerdem ein paar Tropfen auf die Bettdecke und die Glühbirnen. Regelmäßige Einnahme von Knoblauchpillen reduziert Stiche ebenfalls, da die Moskitos den Geruch der Haut dann nicht mögen. Schlafen unter einem klassischen Moskitonetz.

Wer keine Prophylaxe nimmt, sollte etwa zehn Tage bis sechs Monate nach der Rückkehr aus einem gefährdeten Gebiet auf Symptome wie Gliederschmerzen, Schnupfen, Erkältung, Fieber usw. achten. Treten diese auf, sofort ein Tropeninstitut konsultieren und Malariaverdacht äußern, damit schnell Gegenmaßnahmen eingeleitet werden können. Innerhalb von 48 Stunden nach dem Eintreten der ersten Symptome ist Malaria völlig problemlos zu heilen. Grundsätzlich sollte jeder Tourist vor der Reise das Malaria-Risiko zusammen mit seinem Hausarzt abwägen.

Seit einiger Zeit kann man in südafrikanischen Apotheken einen einfachen Malaria-Selbsttest kaufen. Das spart die zeitaufwendigen und teuren Krankenhaus-Bluttests. Fällt der Test unterwegs positiv aus, nimmt man die beigefügten Tabletten ein und konsultiert sofort nach der Reise einen Arzt.

Die medizinische Versorgung in Südafrikas privaten Krankenhäusern ist erstklassig und auf europäischem Niveau, mit dem Vorteil, erheblich günstiger zu sein. Es muss allerdings sofort in bar oder per Kreditkarte bezahlt werden. Später kann dann zu Hause mit der (unbedingt empfehlenswerten) Reisekrankenversicherung abgerechnet werden.

Südafrika weist die höchste AIDS-Rate der Welt auf! Die Blutkonserven in den Krankenhäusern unterliegen deshalb strengsten Kontrollen.

Leitungswasser kann überall in den Hotels bedenkenlos getrunken werden.

Apotheken *(pharmacies)* mit sachkundigem Personal gibt es in fast allen Orten.

Infostellen

Deutschland	**South African Tourism** Friedensstr. 6–10, 60311 Frankfurt/M, Tel. 01805/722255 (€ 0,12/Min., Infos und Prospekte), www.southafricantourism.de
Österreich	Tel. 0820-500739 (€ 0,14/Min.)
Schweiz	Tel. 0848-663522 (€ 0,14/Min.)

In Österreich und in der Schweiz Prospektversand über Deutschland. Die südafrikanischen Touristenbüros versenden kostenlos Landkarten, Reiseführer und Übernachtungslisten.

Internet · Websites

In Südafrika gibt es knapp drei Millionen Internet-Nutzer. Besucher finden eine Fülle von Internet- bzw. Cyber-Cafés. Fast alle Hotels und sonstige Unterkünfte und viele Restaurants haben mittlerweile eMail-Adressen und eigene Websites. Besucher können sich so bereits vorab informieren. Dabei lässt die Machart einer Website oft Rückschlüsse auf die Art der Unterkunft oder die Qualität des Restaurants zu. Ist die Website lieblos oder inaktuell, dürfte das zu bewerbende Objekt ebenso vernachlässigt sein. Da Preisangaben in Reiseführern häufig und schnell Änderungen erfahren, macht es Sinn, vor einer Buchung in den Websites die aktuelle Preise in Erfahrung zu bringen. Einige Restaurants veröffentlichen sogar ihre Speisekarten oder Teile davon mit Preisangaben.

Folgende **Suchmaschinen** bieten viele Infos und weiterführende Links:

- www.iafrica.com
- www.ananzi.co.za
- www.aardvark.co.za.

News **Aktuelle Nachrichten** zum Thema **Südafrika** gibt es unter www.sundaytimes.co.za.

Kapstadt **Kapstadt** ist mit fünf deutschsprachigen Seiten im Netz besonders stark vertreten: www.kapstadt.com, www.kapstadt.de, www.kapstadt.net, www.kapstadt-net.de, www.kapstadt.org. Auf Englisch informiert die hervorragende Seite des **Kapstädter Tourismusbüros,** www.cape-town.org. Über Kapstadt und das gesamte **Western Cape** informiert www.tourismcapetown.co.za.

Wer sich ein paar **Gästehäuser, Bed & Breakfasts** oder **Hotels** vorher im Netz ansehen möchte, kann hier klicken: www.places.co.za.

Kapstadts Wahrzeichen, der **Tafelberg,** hat seine eigene Website: www.tablemountain.net, wie auch die **Waterfront,** www.waterfront.co.za, mit vielen Tipps zu Restaurants und Übernachtungsmöglichkeiten. **Robben Island** findet sich unter www.robben-island.org.za und **Cape Point** unter www.capepoint.co.za.

Wein	Wer sich für die südafrikanischen **Weine, Weingüter** und **Weinrouten** interessiert, sollte die sehr ausführliche Website www.wine.co.za besuchen, mit Suchmöglichkeit nach Weingütern und Weinreben, Tipps zu Kauf und Versand, Wein-News. Mit dem Gebiet des **Weinlandes** beschäftigt sich außerdem www.capewinelands.org. Zum Wein darf das Essen natürlich nicht fehlen. Unter www.eating-out.co.za sind viele **Restaurants** gelistet. Man kann nach der Art des Restaurants auswählen und auch einige der Speisekarten einsehen.
	Südafrikas größte **Homosexuellen-Website** ist www.gaysa.co.za mit Informationen zu Veranstaltungen, Reisen, Restaurants und Treffpunkten. Die größte Schwulen-Party Afrikas veranstaltet das **Mother City Queer Project** in Kapstadt, jährlich mit anderem Thema und Tausenden von Teilnehmern: www.mcqp.co.za.
Veranstaltungen	**Veranstaltungs-Buchungen** jeglicher Art lassen sich problemlos per Kreditkarte über www.computicket.com abwickeln. Wer sich für südafrikanische **Musik** und **Interpreten** interessiert, sollte in www.music.org.za reinsehen.
	Meeresbewohner gibt es im Two Oceans Aquarium **in der Kapstädter Waterfront, www.aquarium.co.za.** Adrenalin-Junkies **kommen um www.adventure-zone.co.za nicht herum.**
Fremdenverkehrsamt	Die Website des **Südafrikanischen Fremdenverkehrsamtes** ist www.southafricantourism.de. Wer sich seine individuelle Südafrika-Reise per eMail ausarbeiten lassen möchte, sollte mal bei www.tourdesigner.de reinschauen.

Einige Städte und Orte:

Mossel Bay: www.gardenroute.net/mby.

Knysna: www.knysna-info.co.za. **Plettenberg Bay:** www.plettenbergbay.co.za. **Jeffreys Bay:** www.jeffreysbaytourism.com.

Die **Garden Route** präsentiert sich allgemein unter www.gardenroute.org.za, Infos zur **Route 62** bekommt man unter www.route62.co.za, zur **Eastern Cape Province** unter www.ectourism.co.za.

Reisetipps von A bis Z

Afrikas größtes und schönstes Einkaufszentrum, **Canal Walk** in Kapstadt, lässt sich virtuell www.canalwalk.co.za erleben und das neue **Grand West Casino** unter www.grandwest.co.za. Ein **Kulturfestival** findet jährlich in **Oudtshoorn** statt, mehr unter www.kknk.co.za.

Humorvolle südafrikanische **Seiten** sind die von *Nandos Chicken,* www.nandos.co.za, und die von *Evita Bezuidenhout,* Südafrikas berühmtester Frau, die allerdings ein Mann ist: www.evita.co.za. Südafrikas bester Comic-Strip, **Madam & Eve,** lässt sich unter www.madameve.co.za erfahren.

Souvenirs **Goldige Souvenirs** gibt es hier: www.sagoldcoin.com.

Die ursprünglich aus den **Townships stammende Drahtkunst** hat ihre eigene Website: www.streetwires.co.za.

Oldtimer Südafrikaner sind absolut autobegeistert. Einen sehr guten Einblick in die **Oldtimer-Szene** bietet www.dyna.co.za/cars.htm. Südafrikas größter Auto-Veteranen-Club ist unter www.pistonring.org.za im Netz, ebenso der Dachverband South African Veterans & Vintage Association, www.savva.org.za. Selbst Street Rods gibt es seit vielen Jahren in Kapstadt, die Website des Clubs und seiner Mitglieder heißt www.capetownstreetrods.co.za.

Nationalparks und Natur-Reservate

Der Naturschutz in Südafrika ist eine echte Erfolgsstory. In den letzten Jahren hat sich sehr viel getan. Bestehende Schutzgebiete wurden stark erweitert und zum Teil mit Wildnisregionen in den Nachbarländern verbunden. Diese grenzenlosen *(Transfrontier Parks)* „Friedensparks" ermöglichen Tierherden, vor allem Elefanten, ihre alten Migrationsrouten wieder zu begehen. In jeder Provinz gibt es außerdem kleinere Schutzgebiete, die *Nature Reserves.* Seit 2001 werden private Lizenzen in staatlichen Schutzgebieten vergeben, was die Qualität der Unterkünfte und Restaurants erheblich verbessert hat.

Buchung Die **Buchung von Nationalpark-Unterkünften** läuft über **SA National Parks** (SANP) in Pretoria, Tel. 012-3430905 o. 4289111, Fax 012-3430905.

Reisetipps von A bis Z

Online: reservations@sanparks.org, www.sanparks.org, Mo–Fr 9–16.45 Uhr. Oder bei Cape Town Tourism Tel. 021-4264260. Beim Parkbesuch unbedingt die Buchungsbestätigung mitbringen!

TIPP Rechtzeitig buchen! Zu Ferienzeiten sind die Parkunterkünfte auch bei Südafrikanern sehr beliebt. Die Website enthält eine genaue Beschreibung der jeweiligen Unterkünfte sowie eine detaillierte Anfahrtsskizze.

Infos zu den Natur-Reservaten, die von **Cape Nature Conservation** unterhalten werden, finden sich unter www.capenature.org.za.

In Kürze: Südafrikas 20 Nationalparks

(Details s. offizielle Websites bei www.sanparks.org).

Addo Elephant National Park

Südafrikas abwechslungsreichster und kontinuierlich wachsender Park nordöstlich von Port Elizabeth ist der beste Platz, um in Südafrika malariafrei die **Big Seven** vom eigenen Auto aus zu sehen: **Löwe, Leopard, Elefant, Nashorn, Büffel, Wal** und **Weisser Hai**. Der erste südafrikanische Nationalpark, der eine private Lodge-Lizenz, das *Gorah Elephant Camp*, innerhalb seiner Grenzen vergeben hat.

Elefantengruppe im Addo-Park

Reisetipps von A bis Z

Agulhas National Park

Am südlichsten Ende Afrikas eingerichteter Nationalpark. Highlight: das Schiffswrack des 1982 gestrandeten taiwanesischen Frachters „Meisho Maru", und natürlich das *Cape Agulhas Lighthouse Museum* mit Teestube. Keine Übernachtungsmöglichkeit **(ÜN)** im Park, aber einige nette B&Bs in L'Agulhas und Struisbaai.

Augrabies Falls National Park

Das 280 km² große Gebiet links und rechts des Orange Rivers im Northern Cape nahe Namibia beherbergt viele Vögel, Reptilien, Springböcke, Oryx-Antilopen und das gefährdete Spitzmaulnashorn. Wenn der Orange River in voller Flut ist, donnern die Wassermassen besonders spektakulär über die 56 Meter hohen Augrabies-Wasserfälle. Die Orange River Gorge ist 18 km lang.

Bontebok National Park

Der Park, in dem es neben Buntböcken noch viele andere Antilopen zu sehen gibt, liegt gerade noch im Kap-Florenreich, ist also etwas für *Fynbos*-Fans. Besucher können im Park campen, einen Caravan mieten oder die sechs Kilometer bis in Südafrikas drittälteste Stadt, Swellendam, fahren, wo es eine Fülle von netten B&Bs und guten Restaurants gibt.

Camdeboo National Park

Der 14.500 ha große Park mit dem wunderschönen Valley of Desolation liegt mitten in der Karoo und umschließt die Stadt Graaf-Reinet.

Golden Gate Highlands National Park

Der Park liegt in den Ausläufern der Maluti Mountains im Free State nahe Lesotho und hat seinen Namen aufgrund der Farbe der Sandsteinfelsen, die von der untergehenden Sonne golden bestrahlt werden. Die 116 km² sind echtes Hochlandgebiet mit Tieren wie Gnus, Elen-Antilopen, Blesböcken, Oribi-Antilopen, Springböcken und Zebras. Natürlich gibt es auch massenhaft Vögel, hier sei besonders der gefährdete Lämmergeier erwähnt, der in den Felsen nistet.

Verschneite Drakensberge

Karoo National Park

Der kleine Park gleich westlich von Beaufort West an der N 1 ist ein Highlight in der faszinierenden Halbwüstenlandschaft der Karoo. Zwei verschieden lange Geländewagenstrecken führen spektakulär und teilweise adrenalinfördernd durch die Berge. Sehr schöne Übernachtungsmöglichkeiten in Cottages und Chalets.

Kgalagadi National Park

Dort, wo sich im äußersten Nordwesten des Northern Cape die roten Sanddünen in der Unendlichkeit aufzulösen scheinen, wo Herden von Oryx- und Elen-Antilopen, Springböcken und Gnus herumziehen, wo ausladende Kameldornbäume Schatten für gewaltige schwarzmähnige Löwen und Verstecke für Leoparden und viele Greifvögel bieten, befindet sich der grenzüberschreitende *Kgalagadi Transfrontier National Park*. Der südafrikanische Teil, der *Kalahari Gemsbok National Park,* wurde 1931 hauptsächlich deshalb eingerichtet, um Oryxantilopen Schutz zu bieten. Zusammen mit dem Gemsbok National Park in Botswana umfasst dieses Naturschutzgebiet nun 36.000 km² – weltweit einer der wenigen Parks dieser Größe. Der Kgalagadi NP hat in Südafrika sechs verschiedene

Camps unterschiedlicher Größe. Die drei traditionellen Camps haben einen kleinen Laden, der auch Benzin verkauft. Der Kgalagadi ist der erste Park, der Übernachtungen in drei nichteingezäunten Wildnis-Camps anbietet – Afrikas pur. Seit Oktober 2007 ist der Grenzübergang nach Namibia im Park, *Mata Mata*, nach langjähriger Schließung wiedereröffnet worden. Um kommerziellen Durchgangsverkehr zu vermeiden, muss mindestens zwei Nächte im Park geschlafen werden, um den neuen *border post* zu benutzen.

Knysna National Lake Area

In der Knysna-Lagune lebt das berühmte Knysna-Seepferdchen und eine enorme Vielfalt an anderen Meerestieren. Gourmets interessieren sich allerdings vor allem für die berühmten Knysna-Austern. Keine Unterkünfte im Park, dafür massenhaft B&Bs und Austern-Schlürfplätze in Knysna.

Kruger National Park

Mit 20.000 km² ist der Krügerpark im Nordosten Südafrikas der größte und berühmtester Nationalpark des Landes. Er bietet Selbstfahrern grandiose Wildbeobachtungsmöglichkeiten. Es gibt unzählige Übernachtungsmöglichkeiten, von ganz primitiv bis luxuriös. Der Park wurde 1898 etabliert, um das Wild des südafrikanischen Lowvelds zu schützen. Eindeutig das Flaggschiff aller 20 Parks.

Guten Morgen!

Mapungubwe National Park

Die Etablierung des Mapungubwe National Parks lag South African National Parks schon jahrelang am Herzen. Im äußersten Norden der Limpopo Province am Limpopo-Fluss findete sich eine Gegend mit vielfältiger Natur, landschaftlicher Schönheit und kultureller Bedeutung. Die archäologischen Schätze von Mapungubwe finden sich innerhalb der Parkgrenzen. Der Park selbst ist noch in der Entwicklungsphase.

Marakele National Park

Der Marakele National Park im Herzen der Waterberg Mountains nördlich von Johannesburg ist sicheres Rückzugsgebiet für eine beeindruckende Zahl von Wildarten. Grund dafür ist die Lage im Übergangsgebiet zwischen der trockenen westlichen und der feuchteren östlicheren Region Südafrikas. Majestätische Berglandschaften, grasbewachsene Hügel und tiefe Täler charakterisieren dieses reizvolle Schutzgebiet.

Mokala National Park

Südafrikas jüngster Nationalpark, 80 km süd-südwestlich von Kimberley, dessen Landschaft aus sanften Hügeln und weiten Sandebenen besteht, in denen Spitz- und Breitmaulnashörner umherziehen.

Mountain Zebra National Parks

Die zerklüfteten Höhen des Mountain Zebra National Parks im Eastern Cape ragen schützend über einer Landschaft aus Hügeln und Tälern auf. Das Gebiet wurde 1937 zum Rückzugsgebiet der gefährdeten Bergzebras und rettete diese so vor der Ausrottung. Heute leben wieder etwa 300 von ihnen im Park. Andere hier heimisch gewordene Tiere sind Büffel, Spitzmaulnashorn, Elen-, Kuh- und Oryx-Antilope, Gnu und Luchse.

Namaqua National Park

500 km nördlich von Kapstadt lässt sich die berühmte Blumenblüte des Namaqualandes am besten erleben. Im August und September jeden Jahres explodiert das ansonsten gelb-braune Veld praktisch über Nacht in einem Rausch von Farben. Hinter jeder Kurve in der Straße bietet sich ein neues Bild. Mehr als 1000 der

hier vorkommenden 3500 verschiedenen Pflanzen wachsen nur im Park.

/Ai-/Ais-Richtersveld Transfrontier Park

(die /-Symbole stehen für die Klicklaute in der Namasprache). Der Richtersveld National Park wurde mit dem Ai-Ais-Schutzgebiet in Namibia zu einem Transfrontier National Park zusammengelegt. Die wüstenhafte, einsame Berglandschaft des wildesten und abenteuerlichsten Parks des Landes darf nur mit Geländewagen befahren werden. Seit Oktober 2007 kann im Park auch die Grenze nach Namibia passiert werden, mittels einer Autofähre über den Orange River bei Sendelingsdrift.

Tsitsikamma National Park

Saftig-grüner Küstenpark östlich von Knysna mit Südafrikas berühmtestem Wanderweg, dem 42 Kilometer langen *Otter Trail,* der in fünf Tagen zu packen ist. Unterwegs warten einfache ÜN-Hütten auf die müden Wanderer. Alternative für weniger engagierte Fußgänger: der Weg über diverse Holzstege zur Hängebrücke am Storms River Mouth.

Table Mountain National Park

Mitten in Kapstadt liegt mit dem Tafelberg der nördlichste Ausläufer des 1998 etablierten Table Mountain National Parks. Er umfasst praktisch die gesamte Kap-Halbinsel, einschließlich des Kaps der Guten Hoffnung und Cape Point. Ein ganz besonderes Highlight ist die Brillen-Pinguin-Kolonie am Boulders Beach. Tolle Website des Table Moutain National Parks: www.tmnp.co.za.

Blick auf Hout Bay. Table Mountain National Park

Wanderung unter Melkwood-Bäumen

Tankwa Karoo National Park

Der 800 km² große Tankwa Karoo National Park östlich der Cederberge im Northern Cape wurde 1986 gegründet und befindet sich immer noch in der Entwicklungsphase. Momentan wird das überweidete Land rehabilitiert, um der ursprünglichen Vegetation die Chance zu geben sich wieder zu etablieren.

West Coast National Park

Das türkisfarbene Wasser der Langebaan-Lagune gehört zu Afrikas wichtigsten Feucht-Biotopen. Tausende von Seevögeln leben und migrieren jährlich hierher. Im Frühling blühen unzählige Wildblumen in der Postberg-Sektion des Parks. Das Schutzgebiet liegt nur etwa 100 Kilometer nördlich von Kapstadt an der Atlantikküste.

Wilderness National Park

Im Herzen der Garden Route zwischen George und Knysna liegt dieses Schutzgebiet mit Flüssen, Seen, Deltas, Sümpfen und Sandstränden, gesäumt von grünen Wäldern und Bergen. Es gibt viele Naturwanderwege und ausgezeichnete Vogelbeobachtungsmöglichkeiten.

Notruf

- Allgemeine Notrufnummer: 107
- Ambulanz: 10177
- Flugrettung: 021-9371116
- Automobilclub (AA): 0800-010101
- Feuer und Rettung: 021-5351100
- Bergrettung: 10177
- Vergiftungen/Schlangenbisse: 021-6895277
- Polizei: 10111
- Polizei/Touristen-Hilfe: 021-4215115
- Seerettung: 021-4493500
- Tourist Safety Unit: 021-4215116

Öffnungszeiten

Banken: Mo–Fr 8.30–15.30 Uhr, Sa 8.30–12 Uhr, in kleineren Orten Mittagspause von 12.45–14 Uhr. Geschäfte: Mo–Fr 8–17, Sa 8–13, Supermärkte in größeren Städten haben auch am Sonntag geöffnet. Behörden und Botschaften: Mo–Fr 8.30–15.30 Uhr. Post: Mo–Fr 8–16.30 Uhr, Sa 8–12 Uhr. Tankstellen: durchweg alltäglich, viele rund um die Uhr.

Parken

In den Innenstädten wird direkt bei Parkwächtern gezahlt, diese geben die Parkzeit und das Kennzeichen dann in ihren Handcomputer ein. Inoffiziellen Parkeinweisern, z.B. vor Restaurants, gibt man zwischen 2 und 5 Rand, wenn man sicher war, dass diese auch wirklich aufgepasst haben.

Post

Postkarte 3 Rand, Brief (10 Gramm) 5 Rand

Reisezeit

Südafrika liegt auf der Südhalbkugel, das heißt, wenn in Mitteleuropa Glühwein getrunken wird, ist es am Kap fast so heiß wie dieser sein sollte. **Dezember und Januar ist Hauptferienzeit in Südafrika.** Vor allem in Kapstadt und in den Orten entlang der Garden Route ist dann sehr viel los. Die beste Reisezeit liegt im Süd-Herbst zwischen April und Juni, dann ist es tagsüber warm, nachts kühl. Wanderer ziehen diese Zeit und den Süd-Frühling (Ende August bis Ende September) vor. Anfang Juli bis Ende September kann es recht kalt werden, in der westlichen Kapregion ist dann „Green Season": Es regnet häufig, dazwischen kommt allerdings immer wieder die Sonne durch. Im Süd-Winter kann es dann auch mal schneien. Als „schneesicher" gelten die Cederberge im Western Cape und die Drakensberge an der Grenze zu Ost-Lesotho.

Bekleidung Die **Bekleidung** richtet sich nach den Jahreszeiten: Leichte und luftdurchlässige Textilien, dazu ein Pullover und festes Schuhwerk für Wanderungen, im Winter eine Goretex-Jacke. Südafrikaner sind meist sehr leger angezogen. In guten Restaurants sollen jedoch keine Shorts, T-Shirts und Turnschuhe getragen werden.

Die südafrikanischen Ferientermine:

Ferien- **Western Cape, Eastern Cape, KwaZulu-Natal**
termine **und Northern Cape:**

7. Dezember bis 22. Januar
7. bis 17. April
30. Juni bis 22. Juli
29. September bis 7. Oktober

Gauteng, Limpopo, North-West,
Free State, Mpumalanga:

8. Dezember bis 15. Januar
31. März bis 17. April
23. Juni bis 15. Juli
29. September bis 7. Oktober

Sicherheit

Ein oft angesprochenes Thema ist die Sicherheitslage im Land. Da hat sich in den letzten Jahren viel getan. Nach dem Vorbild New York und dem Motto *zero tolerance* wurde aufgeräumt, speziell in der City von Kapstadt. Dort hat man mit Initiativen wie *Business against Crime,* die zusätzliche Sicherheitskräfte zu Fuß und zu Pferde mobilisiert und Dutzende von Überwachungskameras installiert haben, die schöne Innenstadt für Touristen zurückgewonnen. Gelegenheit macht allerdings immer noch Diebe, also Kameras und Schmuck nicht offen und achtlos präsentieren. Und zum ausführlichen Orientierungsblick in den Reiseführer oder Stadtplan besser in einen Shop oder in ein Restaurant/Café gehen. Mietwagenfahrer sollten keine Anhalter mitnehmen, die Gefahr gehijackt zu werden ist relativ hoch. Für Rundreisen im Land empfiehlt es sich für den Fall einer Panne ein **Handy** dabei zu haben.

Sprache

In Südafrika gibt es 11 offizielle (!) Landessprachen. Englisch wird in tourismus-orientierten Gebieten jedoch praktisch immer gesprochen und verstanden.

Strom

Die Spannung beträgt wie in Mitteleuropa 220 Volt. Für europäische Schukostecker benötigt man einen Adapter, damit diese in die dreipoligen südafrikanischen Steckdosen passen. Es gibt sie in den meisten Elektrogeschäften, in vielen Hotels sind sie bereits im Zimmer. Am besten gleich von Europa mitbringen, erhältlich in Flughafen-Shops. Euro-Flachstecker funktionieren problemlos.

Tankstellen

Viele größere Tankstellen haben 24 Stunden geöffnet und verkaufen in ihren Shops auch Lebensmittel und Getränke. Benzin selbst kann nicht mit der Kreditkarte, sondern nur in bar bezahlt werden. Der Benzinpreis liegt bei etwa 10 Rand (= 0,80 Euro; Sommer 2008) pro Liter Bleifrei-Super. An allen Tankstellen in Südafrika wird der Kunde bedient: Die freundlichen Tankwarte checken außerdem Öl, Wasser, Reifenluftdruck *(oil, water, tyre pressure)* und waschen die Windschutzscheibe. Ein paar Rand Trinkgeld sind angebracht.

Telefonieren

Die internationale Vorwahl nach Südafrika ist 0027, die „0" der Ortsvorwahl fällt dann weg. Vorwahl für Deutschland 0049, Österreich 0043, Schweiz 0041. Telefonieren, auch Ferngespräche, sind von den blauen Münz- und den grünen Kartentelefonen kein Problem und günstiger als in Deutschland.

Telefonkarten gibt es für 10, 20, 50, 100 und 200 Rand bei allen Postämtern, Flughäfen und in den Filialen der Zeitschriften- und Schreibwaren-Kette CNA.

Alle größeren Hotels haben Direktwahl-Telefone (vorher nach den Tarifen erkundigen). Seit 2002 gibt es in Südafrika ein Zehn-Nummern-Wahlsystem, das heißt, die dreistellige Ortsvorwahl wird immer zusammen mit der folgenden siebenstelligen Nummer gewählt, auch bei Ortsgesprächen (Beispiel Kapstadt und nähere Umgebung: bei allen Nummern wird die 021 vorgewählt). Die Telefonauskunft ist unter 1023 erreichbar.

SIM-Karte Südafrika-Besucher können sich für die Dauer ihres Aufenthaltes eine SIM-Karte mit südafrikanischer Handynummer mieten und mit Gebührenkarten (in vielen Geschäften, Supermärkten und an Tankstellen erhältlich) Einheiten aufladen. Alternative: Mit den deutschen Handy-Karten *roamen*. Südafrika besitzt vier landesweite Netze: MTN, Cell C und Virgin Mobile.

Trinkgeld

Wie in den USA auch leben südafrikanische Bedienungen vom Trinkgeld, da sie kein oder nur ein sehr geringes Grundgehalt bekommen. Der Service-Zuschlag ist auf den Rechnungen fast immer nicht enthalten. Akzeptabel ist ein *tip* von 10 bis 15 Prozent. Bei ausgesprochen gutem Service entsprechend mehr. Einige Restaurants, vor allem in touristischen Gebieten, sind dazu übergegangen, einen 10%igen Service-Zuschlag auf der Rechnung zu addieren. Dann sollte man wie in Deutschland auch den Betrag lediglich aufrunden. Gepäckträgern im Hotel und am Flughafen sollte man 5 Rand pro Gepäckstück geben.

Übernachten

Südafrika besitzt sehr viele schöne und stilvolle Übernachtungsmöglichkeiten. Sowohl Rucksackreisende als auch luxusverwöhnte Individual-Reisende finden Entsprechendes. Selbst kleinere Orte haben oft eine Tourist-Info mit einer Liste von Unterkünften, die dann gleich von dort aus gebucht werden können.

Vor allem in der Saison sind die oft kleinen B&Bs bereits ausgebucht. Wo immer es möglich war, haben wir deshalb bei unseren Übernachtungstipps die Websites angegeben, damit man sich bereits vor der Reise ein Bild machen und eventuell online buchen kann.

TIPP In der *Green Season,* der touristischen Nebensaison, sind Hotel- und Lodgebesitzer bei kurzfristiger Buchung äußerst großmütig mit ihren Zimmerpreisen. In der Nebensaison ist es für sie allemal besser, irgendwen zu bekommen, als die Zimmer leerstehen zu lassen. 50%ige Ermäßigungen oder Spezialangebote mit Dinner für zwei sind da keine Seltenheit. Am besten munter nachfragen: „What is your best price for the room?"

Übernachtungsführer Es gibt zahlreiche **Übernachtungsführer,** am bekanntesten sind die drei übersichtlich gestalteten Büchlein in der Portfolio-Reihe *„The Country Places and Safari Collection", „Retreats Collection"* und *„Bed & Breakfast Collection"* (www.portfoliocollection. com) mit oft sehr schönen und stilvollen Plätzen. Die Häuser zahlen allerdings sehr viel Geld, um bei Portfolio zu erscheinen, das heißt, nicht alle Unterkünfte sind wirklich gut und die Führer sind nicht redaktionell unabhängig. Wer also mit einer Unterkunft glücklich war, kann mit der nächsten, die in der gleichen Kategorie erscheint, schon wieder Pech haben.

Typisch in Südafrika: persönlich geführtes Gästehaus (The Retreat at Groenfontein)

Eine andere gute Website zum Thema „Schöner Wohnen in Südafrika" ist die von *Inspirational Places,* www.inspirationalplaces.com. Kontakt: Inspirational Places, Suite 104, Cape Quarter, Waterkant Street, Greenpoint, Tel. 021-4213226, Fax 021-4213227, info@inspirationalplaces.com.

Übernachtungskategorien im Buch
(DZ mit Frühstück):

RRRRR	über 2000 Rand
RRRR	1200-2000 Rand
RRR	800-1200 Rand
RR	500-800 Rand
R	unter 500 Rand

Zeitunterschied

Während der mitteleuropäischen Sommerzeit zwischen März und September gibt es keine Zeitdifferenz zu Südafrika. Ansonsten ist es in Südafrika eine Stunde später.

Zollbestimmungen

Südafrika bildet zusammen mit Botswana, Namibia, Swaziland und Lesotho eine Zollunion. Zwischen diesen Grenzen gibt es also keine Zollprobleme. Bei der Einreise Zollunion gelten die üblichen Duty-Free-Regeln. Es dürfen ein Liter Hochprozentiges, zwei Liter Wein und 400 Zigaretten pro Person zollfrei eingeführt werden. Wer mit dem eigenen Fahrzeug einreisen möchte, benötigt ein Carnet de Passage seines heimischen Automobilclubs.

Nach den deutschen Zollbestimmungen dürfen aus Nicht-EU-Ländern 200 Zigaretten oder 50 Zigarren, ein Liter Spirituosen oder zwei Liter Wein oder Sekt, 500 g Röstkaffee, 50 g Parfüm und Souvenirs bis zu einem zum Warenwert von 175 Euro zollfrei eingeführt werden.

Essen und Trinken

Trotz des starken Rands ist es in Südafrika nach wie vor deutlich günstiger essen zu gehen als in irgendeinem europäischen Urlaubsland. Selbst häufigere Besuche in südafrikanischen Gourmet-Restaurants führen nicht gleich zum finanziellen Ruin. Und ausgezeichnete Esstempel gibt es viele im Land. Meist in den großen Städten Johannesburg, Pretoria, Durban und natürlich Kapstadt. Aber auch dazwischen warten des öfteren kulinarische Überraschungen.

Beliebt ist Seafood in allen Variationen – von Austern *(oysters)* bis Fels-Langusten *(crayfish)* – und immer wieder saftige Steaks, mit Vorliebe von hier und in Botswana aufgewachsenen „wahnsinnsfreien" Rindern. Aber natürlich auch Wild *(venison)*, wie Springbok, Kudu, Oryx, Warzenschwein und Strauß. Südafrikaner sind echte Grillfanatiker. Fast alles, was sich bewegt, kommt auf den Rost. Barbecue wird hier **Braai** genannt und ist für Schwarz und Weiß eine fast kultische Handlung – und Sache der Männer.

Restaurants

Mit Fast-food-Restaurants ist Südafrika glücklicherweise nicht so flächendeckend versorgt wie die USA. Neben den beiden bekannten Amerikanern *KFC* und *McDonalds* gibt es die einheimischen Schnell-Plätze **Wimpys** (mit Bedienung am Tisch) und **Steers,** deren Pommes und Hamburger allerdings nicht an die des gelbroten Amis herankommen.

Restaurants von einfach bis luxuriös

Ein anderes südafrikanisches Fast-food-Restaurant schlägt dafür alle: **Nandos.** Der portugiesisch angehauchte Hühnerplatz hat außerdem eine witzig gemachte Website (www.nandos.co.za). Die besten Pizzen, zum dort essen oder als Bestellung, gibt es bei **St. Elmos's** und **Butler's.**

Ein beliebtes südafrikanisches Familien-Restaurant ist **Spur,** mit sehr kinderfreundlichen Filialen im ganzen Land. Das Plastik-Ambiente wirkt ebenso amerikanisch wie die Speisekarte mit Hühnchen, Burgern, Fajitas und Pommes in guter Qualität. Die recht gemütlich im New Orleans/Cajun-Stil dekorierten Filialen von **Mugg & Bean** finden sich meist in den großen Einkaufszentren. Es gibt viele kleine Gerichte und guten Kaffee, von dem man sich an einer Art Koffein-Tankstelle zu einem Festpreis beliebig viele Tassen nachschenken darf.

Sehr empfehlenswerte Ketten-Restaurants sind die Steakhäuser **Famous Butcher's Grill** und **Cattle Baron** und die Seafood-Spezialisten von **Ocean Basket. Primi Piatti** (RR) ist das beste Ketten-Restaurant im Land, sowohl vom Ambiente als auch von der Atmosphäre und natürlich von der Qualität des Essens her: leichte italienische Gerichte, guter Kaffee. Auch die Website www.primi-piatti.com ist einen Besuch wert. Sie enthält u.a. „Leitfaden", wie man in Kapstadt und Johannesburg Frauen bzw. Männer cool anmacht. Viel Spaß beim *Dating Game*!

Es gibt neun Primi Piatti-Filialen in Kapstadt:

V&A Waterfront, Tel. 021-4198750. – **Camps Bay,** Tel. 021-4383120. – **Constantia Village,** Tel. 021-7947771. – **Cavendish,** Tel. 021-6712696. – **Canal Walk,** Tel. 021-5520055. – **Table View** (mit Super-Aussicht auf den Tafelberg!), Tel. 021-5579770. – **Tyger Valley,** Bellville Tel. 021-9104111. –**Hout Bay,** Primi Republic, 021-7914746. – **Somerset-West** Tel. 021-8500029.

drei in Johannesburg: **Rivonia,** Tel. 011-2349112. – **Rosebank,** Tel. 011-4470300. – **Bedfordview,** Tel. 011-4550331.

Jeweils eine in: **Durban,** Gateway Shoppertainment, Umhlanga Drive, Umhlanga, Tel. 031-5665102. – **Pretoria,** Menlyn Park, Menlyn Shopping Centre, Shop G 18/19, Ecke Atterbury/Lois Avenue. – **Bloemfontein,** Loch Logan Waterfront, Henry St, Tel. 051-4487662

Picknick / Einkaufen

Eine andere, vor allem im Sommer am Kap sehr beliebte Art der Nahrungsaufnahme, ist das **Picknick.** Fertig zusammengestellte Gourmet-Picknickkörbe gibt es auf vielen Weingütern und in Hotels (▶ siehe dort). Sie sind allerdings meist recht teuer (50 bis 90 Rand pro Korb). Günstiger ist Selber-Aussuchen der Leckereien in Delikatessen-Läden *(Delis)*, Farmläden *(Farm stalls)* und in den hervorragend sortierten Lebensmittelabteilungen von **Woolworths** (www.woolworths.co.za), **Pick 'n Pay** (www.picknpay.co.za), **Spar/Superspar** und **Shoprite/Checkers,** dem günstigsten der vier großen Supermarkt-Ketten des Landes. In den Läden gibt es viele delikate **warme Fertiggerichte** und gut sortierte Frisch-Theken. Einzelne Produkte nebst diversen Rezepten sind in den Websites aufgelistet. Zur Überraschung vieler Besucher bekommt man im Supermarkt den Einkauf von den Verkäuferinnen in die mittlerweile kostenpflichtigen Plastiktüten gepackt. Woolworths hat außerdem in seinen Filialen im Constantia Village und im Canal Walk-Einkaufszentrum (s. Kapstadt, „Einkaufen") stilvolle **Woolworths Cafés** (R-RR) eröffnet, wo leichte Gerichte, Kuchen und Kaffee aus dem Woolworth-Sortiment serviert werden.

Auch für **Braais** sind obengenannte Shops gut bestückt. Fleisch gibt es vom Rind, Kalb, Schwein und natürlich Strauß in allen Formen, wie Schnitzel, Steaks oder Hack, vakuumverpackt, eingelegt in verschiedene Soßen oder ganz natürlich. Besonders lecker sind die eingelegten Schweine-Rippchen *(pork spare ribs)* von Woolworths. Dazu gibt es natürlich überall, wo Grillfleisch verkauft wird, auch Holzkohle, Anzünder und Grillroste. Utensilien, die selbstversorgende Mietwagenfahrer neben einer Kühlbox im Kofferraum transportieren sollten, da es auf vielen Rastplätzen, in Naturschutzgebieten und vor allem auf *Self Catering*-Übernachtungsplätzen Holzkohlengrills gibt.

Gastro-Magazine und Restaurant-Führer

Eine Super-Empfehlung für Gourmets ist der jährlich erscheinende *„Eat out – your guide to great eating out"* (R 39,95), ebenfalls im Magazin-Format und dort erhältlich, wo es Zeitschriften gibt. Mit über 800 der besten Restaurants im Land auf 220 Seiten ist *Eat out* noch übersichtlicher und ausführlicher als der Style-Guide. Die Website zum Heft ist www.dining-out.co.za. Dort können Besucher u.a. die beschriebenen Restaurants selbst bewerten.

Zwei andere Websites mit Beschreibungen südafrikanischer Restaurants sind www.restaurants.co.za und www.eating-out.co.za. Immer aktuelle Restaurant-Kritiken finden sich außerdem in den Szene- und Veranstaltungsmagazinen *„Cape etc."* (R 19,95, www.capeetc.com). In dem für Kapbesucher unverzichtbaren, zweimonatlich erscheinenden Magazin geht es ausschließlich um Kapstadt und Umgebung. Johannesburg-Besucher greifen entweder zum kostenlos in Hotels oder bei Infostellen erhältlichen *„Hello Johannesburg"* (www.hellosa.co.za) oder zum sehr ausführlichen, im Buchhandel für R 39,95 erhältlichen *„Time Out Johannesburg Guide"*, www.timeout.com.

Wer sich ernsthaft und etwas intensiver mit den **Weinen Südafrikas** auseinandersetzen möchte, kommt nicht um den *„Platter"* herum. Er gilt mit Recht als die vinikulturelle Bibel Südafrikas. Das dicke Handbuch erscheint jährlich neu. Regelmäßige Updates auf www.platterwineguide.co.za.

Im Weinland verlocken zahlreiche „Wine Tastings"

Neben Weinbeurteilungen (von kein bis fünf Sternen) aller südafrikanischen Weinkeller gibt es u.a. genaue Beschreibungen aller Weingüter, der in SA angebauten Rebsorten, Tipps zu Gourmet-Restaurants und stilvollen Übernachtungen im Weinland.

Bier & Co

Auch für Biertrinker wird das Kap immer interessanter. Nicht zuletzt deshalb, weil es in der Kapstädter Waterfront ein **Paulaner Bräuhaus** mit Biergarten (u.a. mit Weißbier vom Fass) gibt. Selbst Südafrikaner, die sonst stur ihr fades Einheitsprodukt *Castle* abkippen, bekommen hier feuchte Augen. Einige Mikro- und Pub-Brauereien, wie *Mitchell's* und *Foster's,* sind über die Kap-Provinz verteilt und bei den jeweiligen Orten genauer beschrieben.

Wer gutes Bier in Flaschen oder Dosen (dann ist der Geschmack allerdings meist schlechter) kaufen möchte, sollte zu den Hopfenprodukten des Nachbarlandes Namibia greifen: *Hansa Bier, Windhoek Lager, Light, Export* und *Spezial* sind nach dem deutschen Reinheitsgebot gebraut. Andere empfehlenswerte Marken, die in und um Kapstadt verkauft werden: *Bavaria, DAS* und die importierten Biere von *Becks, Carlsberg, Erdinger und Pilsner Urquell.* Ausgerechnet im südafrikanischen Weinland hat eine ganz besondere Bierkneipe aufgemacht. Das **Forum Grand Cafe RR** (R 44, neben dem Weingut Blaauwklippen, Tel. 021-8802187, www.theforumgrandcafe.co.za) bietet auf zwei Etagen 350 (!) verschiedene Biersorten.

Alkoholische Getränke gibt es in Südafrika meist nicht im Supermarkt, sondern nur in lizensierten *Bottle* oder *Liquor Stores*. Über die Aufhebung des Verkaufsverbotes von Alkohol an Sonntagen wird gerade diskutiert. Einige Spar-, Pick 'n Pay- und Woolworth-Filialen verkaufen ebenfalls Wein.

Restaurant-Preiskategorien im Buch
ein Hauptgericht auf der Karte kostet im Schnitt

RRRR	über 150 Rand
RRR	100 bis 150 Rand
RR	50 bis 100 Rand
R	unter 50 Rand

Glossar: Essen und Trinken in Südafrika

Biltong durch Trocknen und Würzen haltbar gemachtes Fleisch, ähnlich wie *Beef Jerky* in den USA, aber von erheblich besserem Geschmack.

Bobotie traditionelles Kapgericht, Hackfleisch-Curry, getoppt mit herzhaftem Ei-Pudding und auf mit Gelbwurz gewürztem Reis serviert.

Boerewors wörtlich: Bauernwurst; würzige Bratwürste, die zu praktisch jedem Braai gehören und oft an Straßenständen wie Hot Dogs verkauft werden.

Bottle Store Laden, der lizensiert ist Alkohol zu verkaufen.

Braai/Braaivleis Barbecue, Grillen.

Bredie traditionelles Kapgericht; Eintopf mit Gemüse und Lamm, Hühnchen oder Fisch.

Bunnychow ein halber Laib Weißbrot, ausgehöhlt und dann mit Curry gefüllt.

Chakalaka ein affenscharfes Gemüsegericht, basierend auf Tomaten und Zwiebeln, das meist als Beilage zu Fleischgerichten auf den Tisch kommt.

Cool Drink Nichtalkoholisches Dosengetränk, wie Coke oder Fanta.

Droewors gut gewürzte, getrocknete Wurst.

Dumpie kleine Bierflasche

Farm Stall Laden, meist an der Straße, der hauptsächlich farmfrische Produkte verkauft.

Frikkadel Fleischküchle, Frikadelle.

Fruit Preserve ganze in Sirup eingelegte Frucht, die mit Fisch oder Käse gegessen wird

Kingklip Südafrikas bester Fisch mit festem, weißem Fleisch, wird meist gegrillt serviert.

Koeksisters geflochtenes, frittiertes Gebäck, das in süßen Sirup getaucht wird, extrem klebrig und kalorienhaltig – ein Nationalgericht.

Linefish allgemein für fangfrischen Fisch des Tages, auch wenn er nicht geangelt worden ist.

Malva Pudding traditioneller Nachtisch aus Aprikosenmarmelade und Essig – muss nicht sein!

Mealie Maiskolben

Mealie Pap Maisbrei, Hauptnahrungsmittel der schwarzen Bevölkerung Südafrikas.

Melktart	Mischung aus Vanillepudding und Käsekuchen, mit Zimt bestreut, lecker!
Pap and Sous	Maisbrei mit Soße.
Roosterkoek	kleiner, leckerer Brotball, der auf dem Braai gebakken wird.
Snoek	berühmter südafrikanischer Fisch mit festem Fleisch, der meist geräuchert verkauft wird.
Sosatie	marinierte Hackfleischspieße.
Padkos	Picknick

Rooibos

wohlschmeckender und gesunder Tee aus den Blattspitzen des Rotbusches. Mittlerweile weit über die Grenzen Südafrikas bekannt und beliebt. Purer und aromatischer Geschmack machen ihn bei vielen Besuchern zum Ersatz für schwarzen Tee oder Kaffee zum Frühstück. Wie Tee auch kann er mit Zucker, Milch oder Zitrone genossen werden. Sehr lecker ist *Rooibos-Eistee,* den es in verschiedenen Mischungen im Supermarkt zu kaufen gibt. Die feinen, nadelähnlichen Blätter des Rotbusches, der nur in einer ganz bestimmten Region nördlich von Kapstadt gedeiht, werden sorgfältig per Hand geschnitten. Rooibos ist komplett koffein- und tanninfrei, deshalb auch ideal für Kinder geeignet.

Rusk	steinhartes Gebäck, in das nur nach dem Einweichen in Kaffee oder Tee gebissen werden sollte.
Russian	große, rote Wurst *(sausage),* die gebraten, aber meist kalt serviert wird
Vienna	kleinere Version der Russian sausage.
Waterblommetjie Bredie	traditionelles Kapgericht, ein Eintopf aus Hammel, hyazinthen-ähnlichen Wasserblumen und Weißwein.

Aktiv und kreativ

Abseilen (Abseiling)

Direkt unterhalb der Tafelberg-Seilbahnstation befindet sich der mit 112 m höchste kommerzielle *abseil* der Welt. Täglich möglich, 395 Rand p.P. Tgl. 10–15 Uhr, wetterabhängig. Nicht vergessen: Nach dem Adrenlinstoß heißt es wieder zu Fuß auffi auf'n Berg, und zwar 20 Minuten steil nach oben. Vorher nach den Windverhältnissen erkundigen: oft ist es in der City windstill und oben bläst es wie verrückt. Im *Featherbed Nature Reserve* bei Knysna geht es nochmals 10 Meter weiter runter (= derzeit höchster Abseil in SA). Beim *Robberg Abseil* geht es eine 47 Meter hohe Klippe im gleichnamigen Naturreservat bei Plettenberg Bay hinunter. Andere coole Abseil-Locations sind *Knysna Heads Abseil, Howick Falls Abseil* und *Wilderness Abseil*.

Veranstalter, Infos

Abseil Africa, Long St, Tel. 021-4244760, info@abseilafrica.co.za, www.abseilafrica.co.za – *Stellenbosch Adventure Centre,* www.adventureshop.co.za – *SEAL Adventures,* Tel. 044-3825599, seals@mweb.co.za, www.sealadventures.co.za. – *Over the Top Adventures,* Tel. 033-3443044, info@overthetop.co.za, www.overthetop.co.za.

Brücken- und Bungee-Springen

Der mit 216 Meter welthöchste kommerzielle Bungee-Jump ist von der Bloukrans-Brücke an der Garden Route zwischen Plettenberg Bay und Tsitsikamma National Park möglich. An der niedrigeren Gouritsbrücke, ebenfalls an der Garden Route, gibt es sowohl Bungee-Sprünge als auch Brücken-Swingen („Wildthing's Bridge Swing") im Tarzan-Stil. Eine Abwandlung des Ganzen ist beim sogenannten „Fan Jump" in Gauteng möglich. Fest ins Gurtgeschirr geschnallt und an Kabeln befestigt, springt man freiweg von einer 55 Meter hohen Plattform. Ein mechanisches Luftgebläse, das an der Brücke befestigt ist, bremst dann den freien Fall zwischen drei und einem Meter über dem Boden. Eine andere atemberaubende Location ist *Oribi Xtreme's Gorge Swing* mit 75 m Höhe.

Bungee-Jump von der Bloukrans-Brücke

Aktiv und kreativ 49

Veranstalter, Infos *Face Adrenalin,* Bungee-Jump von der Bloukrans-Brück 590 Rand p.P., Tel. 042-2811458, extremes@iafrica.com, www.faceadrenalin.com. – *Living on the Edge Adventures,* Tel. 011-9545584, info@adventuresLote.co.za, www.living ontheedge.co.za.

Fahrrad- und Mountainbike-Fahren

Rund um Kapstadt und natürlich an der Garden Route gibt es diverse Fahrrad- und Mountainbike-Trails. Vielerorts lassen sich Fahrräder mieten. Von Kapstadt aus gibt es organisierte Biketouren ans Kap oder ins Weinland. Fahrräder und Fahrer werden per Bus und Anhänger in die jeweiligen Zielgebiete transportiert.

Veranstalter, Infos *Downhill Adventures,* Tel. 021-4220388, Shop 10, Overbeek Building, Ecke Orange-, Kloof- u. Long Street, downhill@mweb.co.za, www.downhilladventures.com. Mo, Mi u. Fr, je nach Buchung, ganztägige Touren ins Weinland und ans Kap und halbtägige Downhills vom Tafelberg. Die gesamte Ausrüstung wird gestellt. – *African Bikers,* Tel. 021-4652018, www.africanbikers.de; organisierte Radtouren.

Fliegen (Flying)

Die Schallmauer in einem Ex-Kampfjet durchbrechen, ist derzeit die ultimative Flugerfahrung. Direkt am internationalen Flughafen von Kapstadt liegt Thunder City mit der größten Ex-Militär-Jet-Sammlung der Welt. Die Lage von „Donnerstadt" könnte nicht besser sein – zwischen Kapstadt und der Antarktis liegen einige tausend Quadratkilometer Salzwasser, wo sich kaum jemand an Überschall-Explosionen stört. Es stehen einige Jets, vom *Bac Strikeaster* über *Hawker Hunter* und *Bae Buccaneer* bis zum *English Electric Lightning* für die nicht gerade günstigen Flüge zur Verfügung. Aber es war bekanntlich schon immer etwas kostspieliger, einen außergewöhnlichen Geschmack zu haben. Die Flugerfahrungen kosten: in der English Electric Lightning 87.000 Rand, in der Bae Buccaneer 57.000 Rand und in der Hawker Hunter 30.500 Rand. Dafür gibt es neben dem eigentlichen Flug mit diversen Luftkampf-Manövern noch eine gründliche Vorbereitung am Boden, einschließlich Überlebenstraining, Schleudersitz- und Sauerstoff-Flaschenbedienung.

Infos *Thunder City,* Cape Town International Airport, Tel. 021-5322330, Fax 5313333, thunder@rsp.co.za, www.thundercity.com.

Golf

Schon längst kein Geheimtipp mehr: Südafrika ist ein Paradies für Golfer, und es gibt viele Plätze, vor allem in der Western Cape Province. Golfspielen ist erheblich günstiger und natürlich wettersicherer als in Mitteleuropa. Am besten erstmal im Internet durchchecken. Eine deutschsprachige Website mit ausführlichen Beschreibungen der 50 schönsten Plätze sowie weiteren 300 Adressen ist www.suedafrika-golf.de. Die südafrikanische Seite zum Thema ist www.g-i.co.za mit Infos zu über 500 Golfclubs im Land.

Kloofing

Ist Klettern und dann von ganz oben in mit Wasser gefüllte Felsenpools springen. Suicide Gorge (= Selbstmörderschlucht), Sprünge zwischen 3 und 18 Meter, Tagestrip 495 Rand p.P., Veranstalter: **Cape Xtreme,** www.cape-xtreme.com. Weitere Kloofing-Infos: www.sa-venues.com/activities/kloofing.htm 17 km Länge bzw. 5 Stunden Dauer: 46 Rand für Erw., ermäßigt 23 Rand. Fünf Gruppen zu je sechs Leuten sind an Wochenenden erlaubt, an Werktagen zwischen 12 u. 15 Leuten. Anstrengende Klettertour für erfahrene Wanderer. Der höchste Sprung ist 14 Meter hoch. Leichte Schuhe und Neoprenanzug empfohlen. Eine andere, die *Riversonderend Route,* ist 15 km lang bzw. dauert 6 Stunden. Tiefster Sprung aus sieben Meter Höhe.

Organisierte Touren

Viele Jahre Erfahrung auf dem Gebiet der Organisation von maßgeschneiderten Individualtouren im südlichen Afrika hat das deutschsprechende Damen-Quartett Nicole & Birgit Wagner, Gaby Pabst und Anke Rochau. Ihre Firma „That's Africa" stellt für Einzelpersonen, Familien und Gruppen Touren nach Geschmack und Geldbeutel zusammen, einschließlich Mietwagen- und Restaurantbuchung. Vorteil: alles aus einer Hand, perfekt organisiert und dank Kommunikation auf Deutsch gibt es keine Missverständnisse.

Veranstalter, Infos — *That's Africa,* Studio 12, 4 Loop Street, Cape Town, Tel. 021-4152000, Fax 021-4210229, www.thatsafrica.com (Super-Website).

Aktiv und kreativ

Reiten

Zahlreiche Möglichkeiten. Am Kap gilt *Noordhoek* als das Mekka für Pferdefreunde. Es gibt aber auch organisierte Ausritte im Weinland. Veranstalter sind z.B. www.kapritt.co.za und www.horseriding.co.za.

Veranstalter, Infos
Mont Rochelle Equestrian Centre, Tel. 083-3004368, Mont Rochelle, Franschhoek. Für Anfänger und erfahrene Reiter. – *Noordhoek Beach Horse Rides,* Tel. 021-7831168, Imhoff Farm, M 65, Kommetjie, tägl. 9 u. 12 Uhr (120 Rand) sowie 18 Uhr (140 Rand). Zweistündige Sonnenuntergangs- und Frühstücksritte.

Sandboarding

Mit einem Snowboard mangels Schnee die Sanddünen runterrauschen.

Veranstalter, Infos
Downhill Adventures, Tel. 021-4220388, www.downhilladventures.com.

Sea Kajaking

Entweder die Pelzrobben vor Hout Bay oder die Wale in der Walker Bay mit See-Kayaks aus nächster Nähe beobachten.

Veranstalter, Infos
Coastal Kayak, Tel. 021-4391134, www.kayak.co.za. – *Felix Unite,* Tel. 021-6701300, www.felixunite.co.za.

Surfen

Die Kapwellen locken Surfer mit und ohne Segel oder Kite aus aller Welt an. Die besten Windbedingungen für den Atlantik herrschen zwischen September und Mai. An der Garden Route brechen sie besonders schön in Mossel Bay und Jeffrey's Bay.

Websites: www.wavescape.co.za und www.windsurf.co.za. *Downhill Adventures,* Tel. 021-4220388, www.downhilladventures.com, bietet Surfkurse an.

Sandboarding

Tauchen

Kalt, aber schön. Es gibt einige interessante Wracks und natürlich das berühmt-berüchtigte Käfigtauchen mit den **Weißen Haien** in Gansbaai und Mossel Bay.

Anbieter *Dive Action,* 22 Carlisle Street, Paarden Island, Tel. 021-5110800, Sa/So 8.30, 10.30 u. 12.30 Uhr, spezialisiert auf Wracktauchen, 90 Rand pro Tauchgang. – *Marine Dynamics,* Gansbaai, Tel. 082-3803405, jpb@iafrica.com, www.dive.co.za, tägl. 7–19 Uhr. Tauchen mit weißen Haien, einschließlich Transport von/nach Kapstadt, 1000 Rand pro Person. – *Table Bay Diving,* Waterfront Adventures, Shop 7, Quay 5, Waterfront, Tel. 021-4198822, spero@netactive.co.za. Verschiedene Tauchkurse, Wrack-, Nacht- und Haitauchen. – *Two Oceans Aquarium Shark Dives,* Dock Rd, Waterfront, Tel. 021-4183822, market@twooceans.co.za, www.aquarium.co.za. Tägl. 10, 12 u. 14 Uhr, 350 Rand mit Miet-Ausrüstung, 275 Rand mit eigener Ausrüstung. Halbstündige Tauchkurse **im gigantischen Haitank des Aquariums** und vielen Zuschauern auf der anderen Seite der dicken Glasscheibe, nur für qualifizierte Taucher und nach Voranmeldung. – *Two Oceans Divers,* 15 Victoria Rd, Hout Bay, 021-7908833, campsbay@intekom.co.za, www.two-ocean.co.za. Tauchkurse, Tauchen vom Boot aus, Käfigtauchen mit Haien. – *White Shark Ecoventures,* Tel. 021-5320470, www.white-shark-diving.com. – *Shark Diving Unlimited,* Tel. 028-3842787, www.sharkdivingunlimited.com. – *White Shark Adventures,* Tel. 028-3841380, www.whitesharkdiving.com. – *White Shark Diving Co.,* Tel. 021-6714 777, www.sharkcagediving.co.za. – *Shark Lady,* Tel. 028-3123287, www.sharklady.co.za. – *Marine Dynamics,* Tel. 028-3841005, www.sharkwatchsa.com. – *Great White Shark Tours,* Tel. 028-3841418, www.sharkcagediving.net. – *White Shark Projects,* Tel. 021-4054537 o. 028-3841774, www.whitesharkprojects.co.za. – *Das Tauchabenteuer mit dem Weissen Hai beginnt im Hafen von Kleinbaai (nur White Shark Adventures legt in Gansbaai selber ab). Jeder Trip dauert drei bis fünf Stunden. Es gibt Infos zur Gegend und natürlich zum Haiverhalten und ihrer Rolle im marinen Ökosystem. Kunden bekommen Neoprenanzüge, Masken und Schnorchel und können dann in einen Metallkäfig klettern, der an der Seite des Bootes befestigt ist.*

Weitere Websites: Tauchzentren und -plätze: www.divesouthafrica.com. Guide zu Riffen, Wracks und marinem Leben: www.openwater.co.za. Tauchplätze und -lodges: www.africandiving.com.

Baumgipfel-Wandern

Heißt auf Englisch *„Canopy tour".* Neben der seit längerem erfolgreichen *Tsitsikamma Tree Top Canopy Tour* gibt es jetzt auch die dreistündige *Karkloof Canopy*

Land und Leute 53

Tour in den Midlands KwaZulu-Natals. Eingeschnallt in ein Gurtgeschirr und durch ein Stahlseil gesichert schwingt man sich in etwa 35 Meter Höhe von Baum zu Baum. Neben dem Adrenalin-Rausch kommt hier aber auch die Beobachtung von Flora und natürlich Fauna nicht zu kurz. *Seal Adventures* in Knysna hat eine Canopy-Tour durch den Küstenwald im Programm, „Flight of the Loerie" genannt.

Anbieter *Tsitsikamma Canopy Tours,* Stormsriver Adventures, Info und Buchung: Tsitsikamma Canopy Tours, Stormsriver, Tel. 042-2811836, www.treetoptour.com. Kinder ab 7, Dauer 2,5–3 h, 395 Rand p.P., Buchung notwendig, Höchstgewicht 120 kg, max. 8 Teilnehmer, Tourstart alle 45 Min., sommers 8–15.45 Uhr, winters 8.30–14.45 Uhr.

Tipp: Out of Tokio Drift

Nicht nur die Fans der „Fast & Furious"-Filme kommen auf dieser Abenteuer-Farm auf ihre Kosten. African Outdoor Group ist der einzige Veranstalter in Südafrika, der Drifting-Kurse anbietet. Mit sportlichen Nissan 350 Z-Autos lernen Novizen, wie man kontrolliert und äußerst fotogen quer durch Kurven rutscht, wie das die Testprofis und Stuntmen im Film tun. Aber es gibt auch „nützlichere" Aktivitäten, wie Geländewagen-Fahrtrainings mit Navigationskursen (ideal für Anfänger, die planen, entlegenere Gebiete im südlichen Afrika aufzusuchen), Heißluftballonfahren, Kayaking, Bogenschießen, Quadbiking. Infos: African Outdoor Group, Hartbeespoort Dam, 45 Min. westlich von Johannesburg, Tel. 012-2441309, www.africanoutdoor.com.

Land und Leute

Topographie

Südafrika lässt sich grob in drei Hauptregionen aufteilen: in ein ausgedehntes Inland-Plateau, das über Randstufen zu relativ schmalen Küstengürteln abfällt. Im Nordosten beginnt eine Gebirgskette, die sich nach Südwesten zieht und in den über 3000 m hohen Drakensbergen ihren Höhepunkt findet. Andere spektakuläre Bergketten finden sich in der Western Cape Province.

Es gibt keine kommerziell navigierbaren Flüsse oder Seen. Viele Wasserläufe in Trockengebieten fließen nur saisonal. Haupthafenstädte sind Durban, Kapstadt, Port Elizabeth, East London, Richards Bay und Saldanha Bay.

Kap-Halbinsel

Der in Kapstadt über 1000 Meter hoch aufragende *Table Mountain* mit dem *Devil's Peak* ist der nördliche Abschluss einer Bergkette, die die gesamte Kap-Halbinsel von Nord nach Süd bis zum *Cape of Good Hope* durchzieht. Die nach dem Tafelberg aufragenden Felsformationen heißen (unpassend) *Twelve Apostles,* denn es sind mehr als zwölf Gipfel. Die Orte entlang der False Bay und an der Atlantikküste liegen alle auf einem relativ schmalen Küstensaum.

Die *Cape Flats* sind eine sandige Ebene, dahinter ragen wieder Berge auf. In deren Tälern liegen die bekanntesten Weinorte Südafrikas. Hinter der nächsten Bergkette geht es nach Osten auf das etwa 1000 Meter hohe *Great Southern African Plateau* und in die Halbwüste der *Karoo*.

Bevölkerung

Die Bevölkerungsmehrheit in Südafrika stellen Schwarze **neun** verschiedener Ethnien. Größtes Volk sind die **Zulu,** von denen die meisten in KwaZulu-Natal und den Industriezentren Gautengs leben (Johannesburg). Zweitstärkste Gruppe sind die **Xhosa**, die während der Zeit der Apartheid auf die Homelands *Ciskei* und *Transkei* (heute in der Eastern Cape Province) beschränkt waren. Nelson Mandela und Thabo Mbeki sowie viele andere ANC-Mitglieder gehören zum Stamm der Xhosa. In Kapstadt und auf den Farmen der Western Cape Province leben viele Xhosa.

Drei südafrikanische Ethnien sind eng mit Gruppen in den Nachbarländern verwandt: die **Tswana** (Botswana), die **Swazi** (Swaziland) und die **Southern Sotho** (Lesotho). Die übrigen vier Ethnien, die **Shangaan, Ndebele, Venda** und **Northern Sotho** sind über größere Gebiete verteilt oder leben, unabhängig von Stammesstrukturen, in Städten und Dörfern. Jede dieser Bevölkerungsgruppen hat eine eigene Sprache, was dazu führt, dass es insgesamt **elf offizielle Sprachen** in Südafrika gibt und auch die Nachrichten im Fernsehen und Radio in allen Sprachen gesendet werden.

Südafrikas **asiatische Bevölkerung** macht etwa 3% aus. Es sind hauptsächlich Nachkommen indischer Zuckerrohrplantagen-Arbeiter und Immigranten, die im 19. Jahrhundert nach Natal kamen. Sie leben zum größten Teil in Kwazulu-Natal, es gibt allerdings auch kleine indische Gemeinden in allen großen Städten des Landes. 70% der asiatischen Bevölkerung sind Hindus, 20% Moslems. Ihre Sprache ist Englisch.

In **Kapstadt** gehört der größte Teil der Bevölkerung zu den **Coloureds,** was direkt übersetzt „Farbige" bedeutet. In Südafrika ist dieser Begriff nicht negativ behaftet, wie z.B. in Großbritannien oder den USA, wo *coloured* „Schwarz" bedeutet. Coloureds in Südafrika sind Nachfahren von Schwarzen, die zwischen dem 17. und frühen 19. Jahrhundert als Sklaven ans Kap geschafft worden waren. Aufgrund seiner Lage zwischen Westen und Osten kamen die Bewohner des Kaps sowohl aus west- und ostafrikanischen Gebieten als auch aus Europa und Asien (Malayen). Und Spuren und Besonderheiten aller drei Kontinente finden sich in

Buntes Südafrika

den Genen, in der Sprache, in Kultur, Religion und in der Küche der farbigen Südafrikaner wieder. Im Gegensatz zu den USA arbeiteten die Sklaven in Südafrika nicht auf Plantagen, sondern praktisch ausschließlich in den Haushalten und auf den Farmen der Weißen. Durch den engen Kontakt kam es zu vielen Mischlingskindern, den ersten *Coloureds*.

Die andere Gruppe von Coloureds stammt von den ursprünglichen Kapbewohnern und deren Kontakte mit Weißen und Schwarzen ab. In ihren Gesichtszügen lassen sich oft noch deutlich die Charakteristika der *San* (Buschleute) erkennen: hohe Wangenknochen, helle, leicht gelbliche Hautfarbe und sogenanntes „Pfefferkornhaar". Allen gemeinsam ist die Sprache **Afrikaans**, basierend auf dem alten Holländischen des 17. Jahrhunderts, die einzige Sprache germanischen Ursprungs, die in Afrika entstanden ist.

Eine große Gruppe der Weißen, im Englischen **Afrikaner** genannt (*Africans* meint Schwarze), sind Nachkommen der ersten weißen Siedler aus Holland, Deutschland und anderen europäischen Ländern sowie Ureinwohnern und Sklaven aus Afrika und Asien. Afrikaner – oder **Buren** – werden von den Schwarzen in Südafrika als weißer „Stamm" angesehen. Im Gegensatz zur zweiten großen Gruppe von Weißen, den englischstämmigen Südafrikanern, die ab 1820 ins Land kamen, haben die Buren bzw. Afrikaner keine alte Heimat oder Commonwealth-Länder, in die sie zurückkehren könnten. Für Afrikaans sprechende Weiße ist Südafrika das Land ihrer Ahnen.

Tiere und Pflanzen

Seit einiger Zeit können Südafrika-Besucher nicht nur in den malariagefährdeten Regionen des Krügerparks und KwaZulu-Natals auf **„Big-Five-Safari" gehen (Löwe, Leopard, Büffel, Elefant und Nashorn)**, sondern auch in der malariafreien Region der Eastern Cape Province. Nicht mehr rentable Viehfarmen wurden und werden noch immer zusammengelegt, Häuser samt Fundamenten und Dämme entfernt, die natürliche Vegetation wieder angepflanzt und Tiere, die zum Teil seit über 100 Jahren ausgerottet waren, wieder angesiedelt. Historische Aufzeichnungen zeigen, dass Mitte des 19. Jahrhunderts große Elefantenherden am Great Fish River gelebt haben, neben Löwen, Geparden und Leoparden. Die dicht mit Aloen und Speckbäumen bewachsenen Hügel und Berge der Region beherbergten einst Zehntausende von Tieren, waren damit Südafrikas am dichtesten bevölkertes Wildgebiet. Jäger und Farmer erlegten die letzten Löwen und Nashörner vor über 150 Jahren. Während Leoparden es immer verstanden haben mit dem Menschen zu leben, ihn zu meiden und zu überleben, mussten Löwen, Büffel und Nashörner wieder angesiedelt werden. Eine Gruppe von Elefanten überlebte im **Addo Elephant National Park.** Die „neuen" Dickhäuter der privaten Schutzgebiete stammen allerdings allesamt aus dem übervölkerten Krügerpark. Nashörner und Löwen kamen zum Teil aus Namibia und Zimbabwe, andere ebenfalls aus dem Krügerpark. Und in der Western Cape Province gibt es diverse Zuchtprojekte, wo maul- und klauenseuchenfreie Büffel von Jersey-Kühen aufgezogen werden.

Auch kleine Elefanten haben Vorfahrt

Südafrikas artenreiche Fauna

Der größte Vertreter der südafrikanischen Landsäugetiere ist der **Elefant** *(elephant)*, wobei das private *Shamwari Game Reserve*, der *Addo Elephant National Park* und natürlich der Krüger-Nationalpark die wohl am leichtesten aufzuspürenden Herden besitzen.

Das seltene **Spitzmaulnashorn** *(black rhino)* lebt als Einzelgänger. Im Gegensatz zum Breitmaulnashorn frisst es kein Gras, sondern zupft mit seinen spitzen Lippen Büsche und Äste von Bäumen. Spitzmaulnashörner sind leichter und kleiner als ihre breitmäuligen Kollegen. KwaZulu-Natal ist die beste Provinz, um diese vom Aussterben bedrohte Tierart zu sehen.

Nashörner sind wahre Kolosse

Das **Breitmaulnashorn** *(white rhino)* lebt in kleineren Gruppen. Charakteristisch sind die nicht zu übersehenden Reviermarkierungen dominanter Männchen, die aus riesigen, breitgetretenen Dunghaufen bestehen. Das Breitmaulnashorn ist ein Relikt aus prähistorischer Zeit, als riesige Mega-Grasfresser die Erde bevölkerten. Beste Region: Krüger-Nationalpark und Tierparks in KwaZulu-Natal.

Das recht harmlos wirkende **Flusspferd** *(hippopotamus)* ist in Afrika für die meisten Todesfälle verantwortlich. Die tonnenschweren Kolosse sind an Land erstaunlich schnell. Selbst ein schneller Sprinter wäre nicht in der Lage, einem attackierenden Hippo davonzulaufen. Da ihre rosa Haut sehr empfindlich ist, kommen sie zum Grasen erst nach Sonnenuntergang aus dem Wasser. Dann sollte man möglichst nicht zwischen sie und ihr Gewässer geraten. In der Western Cape Province haben vier Stück im sumpfigen *Rondevlei Nature Reserve,* am südlichen Stadtrand von

Büffel

Cape Town in den Cape Flats, überlebt. In Shamwari, Addo Elephant National Park und Krügerpark leben größere Populationen. Einer der besten Plätze zur Beobachtung ist das im Buch beschriebene Ndumo Wilderness Camp.

Ebenfalls gefährlich sind **Büffel** *(Cape buffalo)*, vor allem ältere und von ihrer Herde nicht mehr akzeptierte Bullen. Das *Buffalo Hills Nature Reserve* bei Plettenberg Bay hat neben wilden einige recht zahme Exemplare, die oft versuchen, beim Frühstück auf die Veranda zu kommen, um Brot zu fressen. Die Nashörner von dort kommen zwar ebenfalls auf den Rasen, sind aber nicht zahm …!

Lieblinge aller Touristen sind die großen afrikanischen Raubkatzen. Nummer eins ist natürlich der **Löwe** *(lion)*. Afrikas „König der Wildnis" ist der einzige, der in Gruppen bis zu 30 Tieren zusammenlebt und gemeinschaftlich jagt. Meist sind die Verbände jedoch kleiner. In vielen privaten Naturparks wurden Löwen wieder erfolgreich eingeführt. Ihr kilometerweit zu hörendes Gebrüll während einer nächtlichen Pirschfahrt gehört zu den aufregendsten Geräuschen Afrikas.

Löwen beim Riss

Die schönste Katze ist der **Leopard** *(leopard)*. Er ist ein Einzelgänger und Nachtjäger. Nur Weibchen leben mit ihrem Nachwuchs, bis dieser erwachsen ist. Selbst in der Nähe von Kapstadt, in den Hottentots Hollands Mountains und in den Cederbergen, haben einzelne Exemplare überlebt, von denen jedoch meist nur die Spuren gesichtet werden.

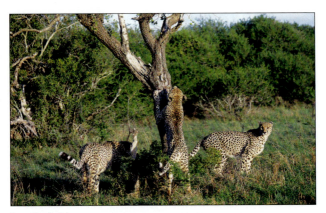

Geparden-Rudel

Der **Gepard** *(cheetah)* ist kleiner, schlanker und erheblich „länger" als der Leopard. Sein Fell weist schwarze Punkte auf, das des Leoparden besitzt schwarze Rosetten. Die Krallen des schnellsten Landsäugetiers der Welt lassen sich, im Gegensatz zu allen anderen Katzen, nicht ganz einziehen, da er seine Beute mit Geschwindigkeiten von bis zu 100 km/h hetzt und die Krallen als Spikes fungieren. Seinen langen Schwanz benutzt er dabei als Steuer. Er schafft jedoch nur recht kurze High Speed-Sprints und ist danach so fertig, dass ihm oft Hyänen, Leoparden, Wildhunde oder Löwen die Beute abnehmen und ihn, falls es ihm nicht gelingt zu flüchten, sogar töten. Aus diesem Grund gehen Geparden – sehr touristenfreundlich – meist tagsüber auf die Jagd. Die anderen Raubkatzen sind alle Nachtjäger. In „Gefangenschaft" lassen sie sich im *Wiesenhof Game Park* und bei *Cheetah Outreach* im *Spier Wine Estate,* beide bei Stellenbosch, und in der *Cango Wildife Ranch* bei Oudtshoorn aus der Nähe beobachten und sogar streicheln.

Die **Ginsterkatze** *(genet)* wiegt nur zwei bis drei Kilo, hat ein gepunktetes Fell und einen langen Schwanz mit neun oder zehn schwarzen Ringen und ähnelt einer Hauskatze. Sie ist ein Einzelgänger und Nachtjäger.

In Bodennähe leben **Zebra- und Fuchsmangusten** *(banded mongoose* und *yellow mongoose)*. Während letztere meist Einzelgänger sind, kommen die Zebramangusten in Gruppen bis zu 40 Tieren vor.

Die **Afrikanische Wildkatze** *(african wild cat)* unterscheidet sich von der Hauskatze nur durch die längeren Beine und die rotbraunen Ohren. In Südafrika ist ihr Genbestand sehr gefährdet, da sie sich problemlos mit verwilderten Hauskatzen paart. Sie ist die am meisten verbreitete Katze im südlichen Afrika.

Tüpfelhyänen *(spotted hyaena)* mit ihrem charakteristischen, abfallenden Rücken wurden früher gerne als feige Aasfresser bezeichnet. Neuere Forschungen, die vor allem nachts stattfanden, fanden das genaue Gegenteil heraus: Hyänen sind ausgezeichnete Jäger, die keine Angst haben im Kampf um ihre Beute oder beim Schutz ihres Nachwuchses Löwen anzugreifen. Mit ihren mächtigen Kiefern knacken sie Knochen wie Nüsse. Ihr heiseres „Lachen" gehört zu den typischen Buschgeräuschen in Südafrika. Die **Schabrackenhyäne** *(brown hyaena)* ist etwas leichter und kleiner, außerdem kein so guter Jäger, verlässt sich daher mehr auf Aas und andere Futterquellen wie Straußeneier.

Der **Wild- oder Hyänenhund** *(cape hunting dog)* ist das gefährdetste Säugetier Südafrikas. Er ist schlank, langbeinig, besitzt große runde Ohren und einen geraden Rücken. Das Fellmuster ist braun, schwarz und weiß gefleckt. Wildhunde leben in Packs von 6 bis 15 erwachsenen Tieren, plus Jungen. Sie sind tagsüber aktiv und hetzen ihre Beute im Pack zu Tode.

Der **Schabrackenschakal** *(black-backed jackal)* kommt fast überall in Südafrika vor. Sein Fell ist rotgelblich gefärbt mit einem charakteristischen silberschwarzen Sattel. Er ernährt sich von Insekten, Aas, kleineren Säugern bis zur Größe einer kleinen Antilope und von Beeren. Hält sich am liebsten in trockener, offener Savannenlandschaft auf.

Kleiner sind die **Löffelhunde** *(bat-eared fox)* mit ihren riesigen Ohren, sie kommen wie die Schabrackenschakale in vielen Regionen Südafrikas vor. Sicher derjenige Fleischfresser, den Südafrika-Besucher am wahrscheinlichsten zu sehen bekommen.

Der dunkelbraune **Kap-Fingerotter** *(Cape clawless otter)* lebt in Flüssen und Flussdeltas, von wo aus er ab und zu bis ins Meer schwimmt. Er ist spätnachmittags und früh morgens aktiv. Hauptsächlich im Wasser zuhause, aber auch recht flott auf dem Land unterwegs.

Das **Buschschwein** (*bushpig*) kommt in der Nähe von Wasserläufen vor. Da es mit Vorliebe Felder leerfrisst, mögen es Farmer nicht so gerne. Da ihr Hauptfeind, der Leopard, selten geworden ist, hat ihr Bestand dramatisch zugenommen.

Das **Stachelschwein** (*porcupine*) ist kein Fleischfresser. Es ernährt sich hauptsächlich von Knollen und Wurzeln. Seine langen schwarzweißen Stacheln, die man oft im Busch findet, werden gerne für Dekorationen verwendet. Das nachtaktive Tier ist relativ schwer zu beobachten. In den Randgebieten von Kapstadt gräbt es nachts bei der Futtersuche ganze Gärten um.

Warthogs (Warzenschweine)

Das **Warzenschwein** (*warthog*) ist im Gegensatz dazu tagsüber auf Nahrungssuche, deshalb auch recht häufig zu beobachten. Respekteinflößend sind seine gewaltigen Hauer, wobei die kleineren der Unterseite die erheblich gefährlicheren sind, da sie beim Fressen ständig von den oberen angeschliffen werden, was schon vielen Leoparden das Leben gekostet hat. Der Name kommt von den beiden Warzen unterhalb der Augen. Warzenschwein-Fleisch ist eine Delikatesse, die manchmal in den privaten Wildniscamps auf den Tisch kommt.

Das **Erdhörnchen** (*Cape ground squirrel*) ist die einzige Hörnchen-Art im südlichen Afrika, die in großen Gruppen mit bis zu 30 Tieren zusammenlebt. Während der Tageshitze benutzen sie ihre Schwänze als Sonnenschirme.

Durch seine Sprünge erinnert der in der Dämmerung aktive **Springhase** (*springhare*) an Känguruhs.

Die murmeltiergroßen **Klippschliefer** *(rock dassie)* sind echte Fighter. Selbst wenn sie dabei mehrere Meter tiefe Felsen hinunterstürzen, kämpfen sie weiter. Ähnlich wie Erdmännchen stellen sie Wachposten auf, wenn der Rest der Gruppe auf Nahrungssuche geht. Vor allem in den Bergen in und um Kapstadt sind sie sehr häufig zu sehen. Die auf dem Tafelberg sind am zutraulichsten – trotzdem bitte nicht füttern.

In den im Buch beschriebenen Regionen gibt es zwei Affenarten: **Bärenpaviane** *(chacma baboon)* und **Grünmeerkatzen** *(vervet monkey)*. Während letztere nur an Flüssen und Wasserflächen leben, sind Paviane in nahezu allen Ökosystemen heimisch. Die Grünmeerkatzen verfügen über eine primitive Vorform einer Sprache. Die Affen kennen Warngeräusche für verschiedene Raubtiere.

Die bis anderthalb Meter großen **Paviane** sind nach dem Menschen die größten Primaten im südlichen Afrika. Wie Menschen auch fühlen sie sich in den verschiedensten Ökosystemen zuhause. Zwischen 30 und 40 Tiere leben unter Leitung eines dominanten Männchens in einem Clan zusammen. Ihre Nahrung besteht hauptsächlich aus Früchten, Insekten und Wurzelknollen. Wenn sich die Gelegenheit bietet, töten Paviane allerdings auch kleinere Säugetiere und Vögel. Berüchtigt sind die vier Pavian-Clans, die am Kap der Guten Hoffnung leben und durch Erfahrung Touristen und ihre Autos mit Nahrung assoziieren. Auf keinen Fall Fenster offen stehen lassen oder Paviane füttern!

Ein „herausragender" Bewohner Südafrikas ist das höchste Landsäugetier, die **Giraffe**. Sie ernährt sich fast ausschließlich von den Blättern der Dornakazie. Mit ihrer guten Nase erschnüffelt sie die jungen Triebe, die sie dank ihres langen Halses ganz alleine für sich hat. Außerdem können sie so das Savannengelände, in dem sie sich aufhalten, besser beobachten. Starrt eine Gruppe von Giraffen gebannt in eine bestimmte Richtung, sind garantiert Löwen in der Nähe, ihre Hauptfeinde. In Shamwari und Kwandwe lassen sich gut Giraffen beobachten.

Nicht wegzudenken aus der afrikanischen Savannen- und Berglandschaft sind die attraktiven **Zebras**, von denen in Südafrikas zwei Arten, das **Steppenzebra** *(Burchell's zebra)* und das deutlich seltenere **Bergzebra** *(Hartmann's zebra)* vorkommen. Im Gegensatz zu den Steppenzebras sind die Beine der Bergzebras ebenfalls gestreift. Bei beiden Arten fungiert das Streifenmuster als eindeutiges Identifizierungsmerkmal. Jedes Muster ist anders, und neugeborene Fohlen werden von ihren Müttern einige Tage von der Herde auf Abstand gehalten, damit das Jungtier sich in Ruhe das individuelle Streifenmuster seiner Mutter einprägen kann. Nach vier Wochen ist es meist so weit.

Zebras

An Wasserlöchern gesellen sich Steppenzebras gerne zu Antilopen, vor allem zu Steifengnus, um von deren ausgezeichneten Geruchs-, Gehör- und Seheigenschaften zu profitieren. Steppenzebras verteidigen sich gegen Geparden, Löffelhunde und Tüpfelhyänen durch Kicken und Beißen. Selbst Löwen haben oft Schwierigkeiten, ausgewachsene Zebras zu töten.

Am häufigsten werden Südafrika-Besucher den Springbok und die **Schwarzfersenantilope** *(impala)* beobachten können. Sie haben sich bestens angepasst, überleben selbst auf stark in Mitleidenschaft gezogenem, ehemaligen Farmland, womit sie anderen, weniger anpassungsfähigen Antilopen den Lebensraum streitig machen. Charakteristisch ist das tiefe Röhren brünftiger Männchen, das man von solch eleganten Antilopen kaum erwartet. Impalas sind rotbraun mit weißem Bauch, ein schwarzes Band zieht sich vom Rumpf über den Oberschenkel. Nur die Männchen tragen Hörner.

Der **Springbock** *(springbok)*, der von Besuchern anfangs oft mit dem Impala verwechselt wird, weil er ebenfalls in größeren Herden vorkommt, hat zwar ungefähr die gleiche Größe, unterscheidet sich allerdings durch die charakteristische Dreifärbung seines Fells: zimtbraune Oberseite, dunkelbrauner, breiter Seitenstreifen und weißer Bauch. Sowohl weibliche als auch männliche Springböcke tragen Hörner. Springbok ist das Wildgericht, das in den Restaurants am häufigsten auf den Tisch kommt.

Das **Streifengnu** *(blue wildebeest)* lebte einst in riesigen Herden im südlichen Afrika. Sein Bestand hat durch Wilderei, Konkurrenz von Rindern und durch Zäune, die Migration verhinderten, drastisch abgenommen. Oft sterben die Tiere bei Trockenheit zu Tausenden, weil Viehzäune ihre traditionellen Wanderungen zu den Wasserlöchern unterbrechen.

Das **Weißschwanzgnu** *(black wildebeest)* kommt nur in Südafrika vor. Um die Jahrhundertwende stand die Antilope, die einst in Herden von Hunderttausenden durch die Ebenen zog, kurz vor dem Aussterben. Lediglich 550 Exemplare gab es noch. Heute sind es dank wirksamer Schutzmaßnahmen wieder gut 12.000 in vielen privaten und staatlichen Naturparks.

Der hübsche **Buntbock** *(bontebok)* gehört zu den seltensten Antilopen Südafrikas und kommt nur im südwestlichen Teil der Kap-Provinz vor. 1830 war er praktisch ausgerottet, doch 1992 war der Bestand durch strenge Schutzmaßnahmen wieder auf insgesamt 2000 Exemplare angewachsen. Speziell zu seinem Schutz wurde 1931 der *Bontebok National Park* in der Nähe von Swellendam gegründet. Die mit gut 400 Tieren größte Herde lebt heute im *De Hoop Nature Reserve*. Auch am Kap der Guten Hoffnung lassen sie sich gut beobachten.

Der **Blesbock** *(blesbok)* wird oft mit dem Buntbock verwechselt, hat allerdings viel weniger Weiß im Fellkleid und ist nicht so kräftig gefärbt. Um die Jahrhundertwende stark reduziert, haben sich die Bestände in Südafrika auf etwa 120.000 Exemplare erholt.

Die wunderschöne **Oryx-Antilope** *(gemsbok)* ist ein nicht zu unterschätzender Kämpfer. Ihre spitzen Hörner dienen bei der Verteidigung als tödliche Waffen, was schon des öfteren Löwen und Wilderern zum Verhängnis geworden ist. Sie kommen in den im Buch beschriebenen Regionen nicht natürlich vor. Einige Reservate, wie *Kwandwe* nördlich von Grahamstown, haben jedoch trotzdem Exemplare ausgesetzt, weil sie so attraktiv aussehen.

Die **Elenantilope** *(eland)* ist die größte der afrikanischen Antilopen. Wie die Oryx-Antilope auch, ist das Eland hervorragend an ein trockenes Klima angepasst. Eine sehr gute Chance Elen-Antilopen zu sehen besteht im *De Hoop Nature Reserve* und im *Cape of Good Hope Nature Reserve*.

Einen majestätischen Anblick bietet die schwarze **Rappenantilope** *(sable antelope)*, die aufgrund ihrer bis zu 120 cm langen und nach hinten geschwungenen Hörner eine beliebte Jagdtrophäe darstellt. Das Tier ist zunächst braun und wird mit zunehmenden Alter immer schwärzer. Rappenantilopen bevorzugen trockene, offene Buschsavanne mit mittelhohem bis hohem Gras. Wiederansiedlungen der Antilopen in privaten Wildniscamps funktionieren gut.

Zu den häufiger vorkommenden Antilopen gehören das **Große Kudu** *(Greater kudu)*. Nur die Männchen tragen Hörner, sich spiralförmig nach oben drehen und Längen von bis zu 1,8 Meter erreichen. Kudus sind berühmt für ihre Sprungkraft. Selbst zwei Meter hohe Zäune sind kein Problem, sie werden locker aus dem Stand bewältigt.

Der kräftig gebaute **Ellipsenwasserbock** *(waterbuck)* lebt in wasserreichen Gebieten. Charakteristisch ist der runde, weiße Kreis an seinem Hinterteil, der aussieht, als hätte das Tier eine Zielscheibe auf dem Hintern. Die Markierung dient bei der Flucht als Orientierung für nachfolgende Herden-Mitglieder.

Der **Kronenducker** *(common duiker)* gehört zu den am weitesten im südlichen Afrika verbreiteten

Antilopen und überlebt sogar sehr nahe an menschlichen Wohn- oder landwirtschaftlichen Nutzgebieten. Er kommt in allen Vegetationsgebieten vor, von Meereshöhe bis 1800 Meter. Sein Afrikaans-Name *duiker* kommt von seiner Eigenschaft, bei Gefahr ins Unterholz abzutauchen.

Der gedrungene **Klippspringer** *(klipspringer)* ist ein unglaublich guter Kletterer, den selbst steile Klippenwände nicht aufhalten können. In allen Berggebieten Südafrikas zuhause.

Die kleinen **Steinböckchen** *(steenbok)* sind im gesamten südlichen Afrika weitverbreitet.
Der **Kap-Greisbock** *(Cape grysbok)* lebt in den Küstengebieten der südwestlichen, südlichen und östlichen Kap-Provinz, hauptsächlich in der Fynbos-Vegetation. Im Addo Elephant National Park wurden einige Exemplare ausgesetzt. Ihr Bestand hat sich gut entwickelt. Sein Hauptfeind heute sind verwilderte Haushunde in der Nähe menschlicher Siedlungen.

Andere Tiere

Neben den autochthonen Tieren haben sich im Laufe der Zeit auch „Ausländer" an die südafrikanischen Lebensräume und Klimata gewöhnt. Cecil Rhodes brachte ein Pärchen der putzigen, ursprünglich aus Nordamerika stammenden **Hörnchen** *(grey squirrel)* aus England mit und setzte sie in den Kapstädter *Gardens* aus, von wo sie sich weit in die Wälder der gesamten Western Cape Province ausgebreitet haben. Er war jedoch nicht der erste. Bereits *Jan van Riebeeck* setzte **Kaninchen** *(rabbit)* auf Robben Island aus, deren Nachkommen noch heute dort herumhoppeln.

Zu Anfang des 20. Jahrhunderts zur Jagd ausgesetzte **Wildschweine** *(wild boar)* leben auf den Farmen der Westküste in großer Zahl. Weitere „Einwanderer" sind europäische **Hausratten** *(house rat)* und **Hausmäuse** *(house mouse),* die auf Schiffen in die südafrikanischen Hafenstädte gelangten und sich von dort aus im ganzen Land verbreitet haben.

Auf Inseln vor der Atlantikküste leben **Pelzrobben** *(Cape fur seals)* in größeren Gruppen. Bootstouren zum Robben beobachten gibt es nach *Duiker Island* bei Hout Bay und *Dyer Island* vor Gansbaai.

Südafrikas größte Säugetiere sind die Wale, vor allem **Glattwale** *(southern right whale)* und **Buckelwale** *(humpback whale)*, die mittlerweile wieder in großer Zahl zwischen Juli und November die Kapküste besuchen und dort hervorragend vom Land oder vom Schiff aus beobachtet werden können. Adrenalinfördernd sind Tauchgänge im Käfig zu den Jagdgründen der **Weißen Haie**.

The great white shark

In Südafrika gibt es eine ganze Reihe von Schlangen. Die Bisse von vielen von ihnen, wie **Kap-Kobra** *(cape cobra)*, **Puffotter** *(puff adder)* und **Baumschlange** *(boom slang)* sind meist tödlich. Die meisten Besucher bekommen sie allerdings nur in **Schlangenparks** *(snake parks)* zu sehen.

Südafrikas Vogelwelt

Vogelfreunde finden traumhafte Verhältnisse vor. In Südafrika leben gut zehn Prozent aller weltweit existierenden Vogelarten, über 900 sind klassifiziert. Mehr als 130 von ihnen sind endemisch. Berühmt ist Südafrika für seinen flugunfähigen Laufvogel, den **Strauß** *(ostrich)*, der früher wegen seiner Federn gezüchtet wurde. Heute verdienen die Farmer hauptsächlich an seinem Leder. In einigen Schutzgebieten kommt er noch wild vor.

Mit bis zu 125 Zentimeter auffallend groß sind die **Sekretäre** *(secretary bird)*, die auf der Suche nach Schlangen und anderen Kriechtieren immer paarweise durch Wiesen und Felder stolzieren. Erwachsene haben leuchtend orange-farbene Gesichter, Jungvögel gelbe.

Tiere und Pflanzen

Brillenpinguin

Vor allem auf den der Küste vorgelagerten Inseln, aber in der westlichen Kap-Provinz auch auf dem Festland gibt es die bis zu 60 Zentimeter großen **Brillenpinguine** *(African penguins)*.

Andere Seevögel, die im Meer jagen, sind die verschiedenen **Sturmvögel** *(petrels)*, **Sturmtaucher** *(shearwaters)* and **Albatrosse** *(albatrosses)*, die weit draußen in der See leben und nur zum Brüten an Land kommen, die wunderschönen **Kap-Tölpel** *(gannets)*, **Fregattvögel** *(frigatebirds)* und die fischfressenden **Kormorane** *(cormorants)*.

Die Frisch- und Brackwasservögel umfassen vor allem **Enten** *(ducks)* und **Gänse** *(geese)* und kommen an Seen, Tümpel und Wasserläufen vor. Manche sind auf Sümpfe im Landesinneren, andere auf Meereslagunen spezialisiert. Die meisten von ihnen sind sehr mobil und ständig auf dem gesamten Kontinent unterwegs, um gute Brut- und Futterplätze zu finden.

In Südafrika wurden bisher 70 verschiedene **Raubvögel** gezählt. Adler, Geier, Falken und Habichte kommen im ganzen Land vor. Beeindruckend sind die über einer kurz zuvor gerissenen Beute kreisenden **Geier** *(vultures)* oder der einsame **Gaukler** *(bateleur eagle)* mit seinem knallroten Schnabel und seinen ausgezeichneten Flugkünsten. **Fischadler** *(osprey)* und der attraktive **Schreisee-Adler** *(fish eagle)* fressen ausschließlich Fisch, und der 20 cm große **Zwergfalke** *(pygmy falcon)* ist so klein, dass er mit den Webervögeln in deren riesigen Nestern lebt.

Kraniche ähneln Störchen oder Reihern, sind aber typische Graslandbewohner. Schönstes Beispiel ist der **Kronenkranich** *(crowned crane)* mit seiner „Punkfrisur". Der **Paradieskranich** *(blue crane)* ist Südafrikas Wappenvogel, eine kleine Population dieser seltenen Tiere gibt es im *Kwandwe Private Game Reserve*.

Die **Watvögel** haben alle lange Beine und Hälse und Schnäbel, die den verschiedenen Fressgewohnheiten angepasst sind. **Reiher** *(herons)* haben dolchähnliche Schnäbel, um Fische und Frösche aufzuspießen. **Löffler** (spoonbills) haben eigenartige, flache Schnäbel, mit denen sie im Wasser hin- und herstreichen, um kleine Tiere zu fangen. **Ibisse** (ibis) haben lange, nach unten gebogene Schnäbel, um im weichen Sumpfboden herumzustochern, und **Störche** (stork) haben große, feste Schnäbel, um Bodenkriecher und Frösche aufzupicken.

Lilac-breasted roller (Grünscheitelracke)

Weitere Vogelarten sind **Tauben** (pigeons); **Turakos** (louries); **Bartvögel** (barbets); **Mausvögel** (mousebirds, die, wenn sie an Bäumen und Ästen „entlangkrabbeln", tatsächlich an Nagetiere erinnern); **Fischer** (kingfishers, die ihre kompakten Körper mit den festen Schnäbeln wie Geschosse ins Wasser tauchen, um Fische zu erbeuten); **Bienenfresser** (bee-eaters); **Racken** (rollers); **Wiedehopf** (hoopoe); **Eulen** (owls); **Nachtschwalben** (nightjars); **Segler** (swifts); **Schwalben** (swallows); **Finken** (finches); **Webervögel** (weavers); **Wida** (widows); **Stare** (starlings); **Lerchen** (larks); **Pieper** (pipits). Die kleinen **Nektarvögel** (sunbirds) und **Honigfresser** (sugarbirds) sind wunderschön gefärbt und leben im Kap-Fynbos.

Einzigartige Flora

Obwohl der **Fynbos** („feiner Busch", im Sinn von „feinblättrigen Pflanzen"; das Wort kommt ursprünglich aus dem Holländischen) nur eine kleines Areal in der Kap-Provinz einnimmt, ist er mit nur 0,04 Prozent der Landfläche der Erde **eines der sechs Florenreiche** der Erde. Die anderen fünf bedecken riesige Gebiete, wie zum Beispiel fast die gesamte nördliche Hemisphäre und ganz Australien.

Das Kap-Florenreich ist jedoch nicht nur kleinste, sondern auch das artenreichste der Welt mit der größten Konzentration von Pflanzenarten. Es gibt über 7700 im Fynbos, von denen 5000 im Western Cape endemisch sind. Die 470 km² große Kap-Halbinsel weist 2256 verschiedene Pflanzenarten auf, der 60 km² große Tafelberg 1470. Es kommen 600 verschiedene Erica-Arten vor, im Rest der Welt gibt es nur 26.

Scharlachrote Blütenpracht

Fynbos ist sehr anfällig für Biotop-Veränderungen. Der Bevölkerungsdruck im Western Cape hat bereits dazu geführt, dass einige Pflanzenarten ausgestorben sind, 500 gelten als sehr gefährdet. Die Böden unter dem Fynbos sind extrem nährstoffarm, was dazu führt, dass auch die Pflanzen selbst wenig Nährstoffe aufweisen, deshalb keine größeren Tierherden am Leben halten können. So existiert im Fynbos nur eine eingeschränkte Artenvielfalt.

Auch an der Westküste und im Namaqualand gibt es viele endemische Pflanzen. Das Gebiet, das sich bis zur namibischen Grenze erstreckt, hat sehr geringe, episodische Niederschläge, was sich im Pflanzenleben widerspiegelt. Es gibt sehr viele **Sukkulenten,** wasserspeichernde, dickblättrige Pflanzen, etwa 200 von ihnen sind gefährdet. Sobald es allerdings regnet, kommt es zu dramatischen Veränderungen: Das braune *Veld* explodiert im Frühling (August und September) in einem gewaltigen Farbenrausch, bunte **Blumenteppiche** ziehen sich oft bis zum Horizont. Beste Plätze um dieses Naturschauspiel zu erleben, ist der *Westcoast National Park* und nördlich davon die Gegend zwischen Lambert's Bay und Clanwilliam am Fuß der Cederberge.

Das aride **Inland-Plateau** der Western Cape Province wird von typischer **Karoo-Vegetation** beherrscht: kleinen, niedrigen Büschen und Sukkulenten, die weit auseinanderstehen. Sobald es mehr regnet, entstehen großflächige Graslandschaften.

Die einzigen Bäume in dieser Region kommen an den wenigen Wasserläufen vor.

In den Inlandgebieten der Eastern Cape Province herrscht **Grasland** vor, ebenfalls mit wenigen natürlich vorkommenden Bäumen. In den heißen und feuchten Sommern wächst das Gras sehr schnell, kommt dann im trockenen, kalten Winter in eine Ruheperiode. Das Grasland geht ohne klare Trennung in die Karoo über. Sobald es trocken wird, oder Gebiete von Vieh überweidet worden sind, breiten sich die Karoo-Büsche ins Grasland aus.

Die dicht besiedelte Küstenstreifen der östlichen Western Cape Province und der westlichen Eastern Cape Province waren einst dicht bewachsen mit **immergrünem Urwald.** In und um Knysna sind noch einige Bestände erhalten geblieben und geben einen guten Eindruck, wie die Gegend vor der Ankunft der ersten Europäer ausgesehen hat.

Die Königsprotea (Protea cynaroides) ist Südafrikas Nationalblume

Geschichte

3 Mio. bis 1 Mio Jahre	Funde des *Australopithecus africanus*, des Afrikanischen Südmenschen – der Beweis dafür, dass die Wiege der gesamten Menschheit in Südafrika liegt.
vor 500.000 J.	Erste Funde von Steinwerkzeugen in Nord- und Osttransvaal.
26.000 v.Chr.	Die ältesten Buschleute-Zeichnungen von San- und Khoi-Stämmen sind Meisterwerke, die von einem hohem Kunstverstand zeugen. Einige mit Naturfarben angefertigte Malereien zeigen naturalistisch die Anmut und Bewegung von Antilopen und anderem Wild. Jüngere Zeichnungen dokumentieren das Zusammentreffen mit schwarzen Stämmen und schließlich den Kontakt zu weißen Farmern.
300 n.Chr.	Bantusprechende Stämme kommen aus dem Norden und besiedeln Transvaal und Natal. Bei ihrem Vordringen vermischen sie sich mit den San und Khoi. Auf diese Weise gelangen die charakteristischen Klicklaute der Buschleute in die Xhosa-Sprache.
1488	Der portugiesische Seefahrer *Bartholomeu Diaz* segelt um das Kap der Guten Hoffnung und nennt es zunächst „Kap der Stürme".
1497	Ein weiterer Portugiese, *Vasco da Gama*, umsegelt die Südspitze Afrikas auf seinem Weg nach Indien, das er 1498 erreicht.
1510	Der portugiesische Vizekönig Francisco de Almeida und einige seiner Gefährten versuchen ein Kind des Khoi-Stammes am Kap zu entführen und werden daraufhin von aufgebrachten Khoi getötet.
1605	Erste Schiffe der holländischen *V.O.C (Verenigde Oostindische Compagnie)* ankern am Kap. Briefe für nachfolgende Schiffe werden unter großen Steinen, den sogenannten *post office stones*, hinterlassen.
6. April 1652	**Jan van Riebeeck** (Abb.) landet in der Tafelbucht. Was nur als vorübergehende Versorgungseinrichtung gedacht war, entwickelt sich zur ersten permanenten europäischen Siedlung in Südafrika (in Plettenberg Bay lebte 1630 eine Gruppe portugiesischer Schiffbrüchiger etwa acht Monate lang). Vieh wurde den Khoi abgekauft. Einige Angestellte der Ostindien-Kompanie werden zu Freibürgern, *free burghers* und bauen sich eigene Farmen auf. Bauer heißen auf Holländisch *boers* – Buren.
1657–1677	Bei immer wieder aufflammenden kriegerischen Auseinandersetzungen besiegen die mit Feuerwaffen ausgestatteten weißen Siedler die Khoi und nehmen ihnen mehr und mehr Land weg. Einige ziehen nach Norden, andere verdingen sich als Viehhirten für Rinderherden, die ihnen zuvor selbst gehört haben.

Bartholomeu Diaz

Geschichte

1662 — Riebeeck verlässt die Kolonie, um seinen neuen Job als Kommandeur in Malakka anzutreten. Es gibt mittlerweile 40 *free burghers,* die mit ihren 15 Frauen und 20 Kindern rund um den Tafelberg leben.

1679 — Ein neuer Verwalter, *Simon van der Stel,* trifft am Kap ein. Er sorgt dafür, dass der starke Männerüberschuss der Kolonie durch weibliche Vollwaisen aus Holland ausgeglichen wird.

1688 — 164 französische und belgische Hugenotten treffen in Kapstadt ein. Sie waren in der alten Heimat aufgrund ihres calvinistisch-protestantischen Glaubens verfolgt worden. Ihre Erfahrung im Umgang mit Reben führt zur Geburt des Weinbaus am Kap.

1717 — Es gibt deutlich mehr Sklaven als freie Bürger. Die Sklaven kommen zum größten Teil aus Indonesien. Sie bilden die Basis der heutigen Kap-Malaiischen Gemeinde. Andere kamen aus Ostafrika.

Schiffe in der Tafelbucht, 1730

1752 — Bis zu diesem Jahr praktiziert Gouverneur *Ryk Tulbagh* die Gleichstellung von befreiten schwarzen Sklaven und freien Bürgern. Doch die Tendenz der weißen Bevölkerung sich als rassische Elite zu isolieren, nimmt zu. Die andauernden Sklaventransporte ans Kap verhindern das Entstehen einer weißen Arbeiterklasse. Das führt immer mehr dazu, dass Weiße Dunkelhäutige als minderwertig ansehen.

1779–1791 — Erste kriegerische Auseinandersetzungen zwischen den nach Südwesten wandernden Xhosa und den nach Nordosten vordringenden weißen Siedlern. Beide Bevölkerungsgruppen stehen sich jedoch nicht geschlossen gegenüber. Es sind immer wieder kleine Gruppen, die aufeinandertreffen. Ab und zu sind diese Kontakte auch friedlicher Art. Viele Xhosa-Häuptlinge nutzen Weiße im Kampf gegen andere schwarze Stämme. Und umgekehrt gehen mit Xhosa verbündete Buren gegen ihre weißen Feinde vor.

1795 — Die Briten übernehmen die Macht am Kap, die Herrschaft der Ostindien-Kompanie ist beendet.

1814 — Das Land am Kap wird britische Kronkolonie.

9. April 1820	4000 britische Siedler treffen in der Algoa Bay nahe dem heutigen Port Elizabeth ein.
1827	Nur noch die englische Sprache ist vor Gericht zugelassen.
1790–1828	Afrikas größter Feldherr, der Zulu-Häuptling **Shaka**, macht sein Volk zu einer militärischen Supermacht, unterwirft etwa hundert Häuptlinge und gründet das erste Zulu-Reich. Seine Taktik wird *mfecane* – „Zerschmettern" – genannt. Gegner, die sich nicht unterwerfen, werden ausgerottet, Häuser und Felder niedergebrannt.

Zulu-König Shaka

Entwurzelte Volksstämme fallen marodierend über andere Stämme auf dem Hochveld her. Diese Umwälzungen gehen als *difaquane* in die Geschichte ein. Geschlagene Stämme flüchten weit nach Norden bis Tansania und Richtung Kap, den vordringenden Weißen entgegen.

1834	Die Engländer schaffen die Sklaverei ab. Die Buren weigern sich den Engländern zu gehorchen und machen sich auf den Weg nach Nordosten, Richtung Transvaal, um der englischen Vormundschaft und Gerichtsbarkeit zu entgehen.
1835	Der **Große Trek** beginnt. Rund 10.000 Trek-Buren oder **Voortrekker** dringen dabei in Gebiete vor, die seit Jahrhunderten von Xhosa besiedelt werden. Sie treffen auch auf *mfecane*-Flüchtlinge und schließlich auf Zulu-Krieger. Die Voortrekker glauben, dass der Große Trek Gottes Wille ist, vergleichbar mit der Flucht der Israeliten aus Ägypten, wie es im Alten Testament steht. Bei Angriffen bilden sie mit ihren Ochsenwagen einen Verteidigungsring, das *laager*.
6. Februar 1838	Der Voortrekker-Führer **Piet Retief** (Abb.) und 70 seiner Männer werden von Soldaten des Zulu-Königs Dingane in dessen Kral getötet. Auch die von den Voortrekker zurückgelassenen Frauen und Kinder ließ Dingane von seinen Soldaten umbringen.
16. Dez. 1838	Ein weiterer Voortrekker-Führer, **Andries Pretorius**, schwört Rache. Er sammelt seine Streitmacht in einem gut befestigten Lager, an einem strategisch optimalen Ort, der nur von einer Seite angegriffen werden konnte. Dort wartet er auf Dinganes Krieger. Bei der Schlacht in der heutigen Provinz KwaZulu-Natal besiegen die Voortrekker aufgrund ihrer überlegenen Feuerkraft ein 12.500 Mann starkes Zulu-Heer. Über 3000 Zulu sterben, nur vier Buren werden verletzt. Das Wasser des Flusses färbt sich rot, daher der Name „Schlacht am Blood River" (Blutfluss, ▶ s.S. 184).

Andries Pretorius

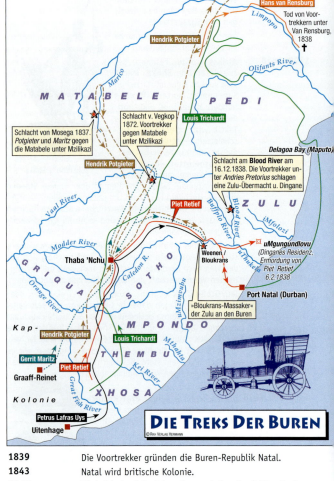

1839	Die Voortrekker gründen die Buren-Republik Natal.
1843	Natal wird britische Kolonie.
1846	Die britische Kolonialmacht annektiert das Gebiet des heutigen Orange Free State, in dem Voortrekkern siedeln.
1852	Gründung der Buren-Republik Transvaal.
1854	Gründung des Oranje Vrystaats durch die Buren.
1860	Die ersten Inder treffen als Plantagen-Arbeiter in Natal ein. Basis der heutigen indischen Gemeinde in Natal.
1867	Entdeckung der ersten Diamanten und Goldadern im Transvaal.

Geschichte

1877	Die Briten annektieren die Transvaal-Republik, verlieren das Gebiet aber 1880 im 1. Unabhängigkeitskrieg gegen die Buren.
1879	Die britische Armee wird in der Schlacht von *Isandlwhana* von den Zulu geschlagen. Unter Führung ihres Königs *Cetshwayo* werfen sich immer neue Wellen von Zulu gegen die britischen Rotröcke. Tausende opfern sich, bis dem Feind die Munition ausgeht. Dann nehmen sie Rache: Von 1600 Engländern überleben nur vier das Gemetzel. Die Zulu sind damit die einzigen Afrikaner südlich der Sahara, die jemals eine europäische Streitmacht besiegen konnten. Noch heute wird dieser Sieg jedes Jahr von den Zulu am Felsen von Isandhlawana gefeiert (KwaZulu-Natal, nördlich von Durban). Der derzeitige INKATHA-Führer Mangosuthu Buthelezi ist ein direkter Nachfahre des Briten-Besiegers Cetshwayo.
1883–1900	Der legendäre Bure **Paul Krüger** wird Präsident der Buren-Republik Transvaal.
1886	Entdeckung der größten **Goldvorkommen** der Welt am **Witwatersrand**. Die Briten wollen sich diesen Reichtum nicht entgehen lassen und versuchen die Buren-Republiken Transvaal und Oranje Vrystaats dem Empire einzuverleiben.
1893	Ein dunkler, schüchterner Mann, 21 Jahre alt, wird im Zug von Durban nach Pretoria vom Schaffner aufgefordert, in die dritte Klasse zu gehen. Der Mann weigert sich und wird mit Gewalt aus dem Zug geworfen. Später sagt er, dieses Ereignis hätte ihn entscheidend auf seinem politischen Weg geprägt. Sein Name: Mahatma Gandhi.
1899–1902	Englisch-Burischer Krieg (2. Burenkrieg). Auf burischer Seite kämpfen etwa 52.000 Mann, auf der Gegenseite fast 450.000. Trotzdem erzielen die Buren einige spektakuläre Anfangserfolge. Dann annektieren die Engländer beide Buren-Republiken. Versprengte Buren-Kommandos beginnen daraufhin mit einem zermürbenden Guerillakrieg. Um die Buren endgültig zu besiegen, startet Lord Kitchener eine Taktik der verbrannten Erde. Die burischen Farmen werden niedergebrannt, Frauen und Kinder in *Concentration Camps* interniert. Bis zum Ende des Krieges sterben dort etwa 25.000 Frauen und Kinder.
1910	Gründung der Südafrikanischen Union, bestehend aus Transvaal, Orange Free State, Natal und Cape Province.
1911	*Mines and Works Act*: Nichtweiße dürfen nur ungelernte Arbeit verrichten.
1912	Gründung des *African National Congress* (**ANC**) in Bloemfontein/Free State.
1913	Schaffung der ersten **Homelands**. Durch den *Natives Land Act* wird den Schwarzen der Besitz von Grund und Boden außerhalb dieser Reservate verboten. Der *Native Labour*

Paul Krüger

	Regulation Act besagt, dass Streik als kriminelles Vergehen geahndet wird.
1914	*Riotous Assemblies Act*: Politische Versammlungen oder Streiks können gewaltsam verhindert werden.
1915	Besetzung Deutsch-Südwestafrikas, des heutigen Namibias, durch das südafrikanische Heer.
1918	*Nelson Mandela* wird in Qunu, in der Nähe von Umtata, der Hauptstadt der Transkei, geboren. Sein zweiter Name ist *Rolihlahla*, was in der Xhosa-Sprache „Unruhestifter" bedeutet. Zu diesem Zeitpunkt leben die Schwarzen, die 78% der südafrikanischen Bevölkerung ausmachen, in Homelands mit einem Gesamt-Landesanteil von nur 7,3%.
1919	Südafrika erhält vom Völkerbund das Mandat über Südwestafrika.
1923	*Urban Areas Act*: Trennung der Wohnviertel nach Rassen. Für Afrikaner wird, außer in der Kap-Provinz, ein einheitliches Pass-System eingeführt.
1924	Wahlsieg der burischen Nationalen Partei. Premierminister J.B.M. Hertzog verankert die Rassentrennung vor allem im ökonomischen Bereich.
1925	Afrikaans wird zweite Amtssprache in Südafrika.
1926	*Masters and Servants Act:* Die Bestimungen des *Native Labour Regulation Act* werden auch auf Farmarbeiter ausgedehnt.
1927	*Immorality Act:* Der Geschlechtsverkehr zwischen Weißen und Schwarzen gilt als strafbare Handlung.
1931	Südafrika erhält volle Souveränität im Rahmen des Commonwealth.
1936	*Natives Trust and Land Act:* Alle in weißen Gebieten lebenden Schwarzen werden zur Arbeit bei weißen Farmern zwangsverpflichtet. Wer sich weigert, kann in die Homelands abgeschoben werden.
1937	*Natives Land Amendment Act:* Das Wohngebietsgesetz von 1923 wird verschärft, die Abschiebung aller Schwarzen in Reservate geplant.
1939	Nelson Mandela geht zusammen mit Oliver Tambo auf das Fort Hare University College, der ersten ernsthaften Ausbildungsstätte für Schwarze. Südafrika erklärt Deutschland den Krieg. Zu den südafrikanischen Truppen gehören auch Schwarze. Allerdings dürfen diese nicht auf Deutsche schießen, weil diese weiß sind.
1942	Nelson Mandela studiert Jura an der Witwatersrand Universität in Johannesburg.
1948	Die National Party unter D.F. Malan siegt bei den Parlamentswahlen. Die „Politik der getrennten Entwicklung" wird Regierungsprogramm. Malan prägt dafür den Begriff der **Apartheid.**
1949	*Prohibition of Mixed Marriages Act:* Gemischtrassige Ehen sind verboten.

Geschichte 79

1950	Die Südafrikanische Kommunistische Partei wird verboten. Hier will die Regierung vor allem auch gegen die weiße Opposition im Land vorgehen. Der *Group Areas Act* sieht die Schaffung eigener Wohngebiete für jede Rassengruppe vor. Zwangsumsiedlungen von Hunderttausenden.
1952	ANC und SAIC (South African Indian Congress) rufen zu friedlichen Ungehorsamskampagnen auf.
Januar 1953	Ausrufung des Ausnahmezustands
1953	*Population Registration Act*: Die gesamte Bevölkerung wird in vier Rassengruppen aufgeteilt: Weiße, Schwarze, Mischlinge und Asiaten. Volle Rechte haben nur die Weißen. Für die übrige Bevölkerung gelten abgestufte Rechte, je nach Hautfarbe.
	Bantu Education Act: Ein speziell ins Leben gerufenes Bantu-Ministerium ist für die Bildungseinrichtungen der Schwarzen zuständig. Es sorgt dafür, dass Schwarze nur entsprechend ihren „Bedürfnissen" ausgebildet werden. Höhere Schulbildung ist damit ausgeschlossen. *Reservation of Seperate Amenities Act:* Die Rassentrennung in öffentlichen Verkehrsmitteln wird eingeführt, später auf alle öffentlichen Einrichtungen ausgedehnt.
25. Juni 1956	Proklamation der *Freedom Charta*. Oppositionelle Gruppen aller Rassen fordern ein demokratisches Südafrika. Daraufhin werden 156 Personen wegen Hochverrats angeklagt.
21. März 1960	Blutige Unruhen in Sharpeville. Polizistenkugeln töten 69 Demonstranten. Die Befreiungsbewegungen ANC und Pan African Congress (PAC) werden verboten. Sie arbeiten im Untergrund und im Exil weiter.
1961	Eine Volksabstimmung unter den Weißen führt zum Austritt aus dem Commonwealth. Südafrika wird Republik.
5. August 1962	*Nelson Mandela* fährt mit einem Freund, verkleidet als dessen Chauffeur, von Durban nach Johannesburg. Er wird – von amerikanischen CIA-Agenten – enttarnt, verhaftet und zu lebenslanger Haft auf der Kapstadt vorgelagerten Gefängnisinsel *Robben Island* verurteilt. Auch sein älterer Freund *Walter Sisulu* sitzt dort ein. 1966 gelangt ein letzter Schnappschuss der beiden, aufgenommen im Gefängnishof, nach draußen. Bis zu Mandelas Freilassung wird es kein Foto mehr von ihm geben.
1966	Die UNO erklärt das Mandat Südafrikas über Südwestafrika für beendet.
1970	Schwarze werden durch das Staatsbürgerschaftsgesetz millionenfach ausgebürgert und auf zehn Homelands zwangsumgesiedelt.
Juni 1976	Nach der Einführung eines getrennten Schulsystems für Schwarze und Weiße sowie der Absicht, Afrikaans als Unterrichtssprache zu etablieren, kommt es zu schweren Unruhen in *Soweto*. Die Polizei erschießt rund 500 meist unbewaffnete Schwarze. Die Unruhen breiten sich im ganzen

Geschichte

Land aus. Premierminister Botha sieht sich gezwungen, eine Reihe von sozialen und gesellschaftlichen Reformen einzuleiten.

Oktober 1976 Als erstes von vier Homelands wird die Transkei von der südafrikanischen Regierung in die Unabhängigkeit geschickt. Es folgen 1977 Bophuthatswana, 1979 Venda und 1981 die Ciskei. Keines dieser künstlichen Staatengebilde wird von der Weltgemeinschaft politisch anerkannt.

1977 Im Gefängnis wird der charismatische schwarze Studentenführer *Steve Biko* brutal von der Polizei ermordet.

1983 Eine neue Verfassung räumt Indern und Mischlingen, den Coloureds, ein beschränktes politisches Mitspracherecht ein. Schwarze sind davon ausgeschlossen.

1984–1986 Der ANC fordert die Jugend auf, das Land unregierbar zu machen. Über 2300 Menschen sterben bei den folgenden Unruhen, mehr als 50.000 werden verhaftet. Als das Apartheid-Regime schließlich die Armee in den Townships einsetzt, steht Südafrika kurz vor einem Bürgerkrieg. Zehntausende werden durch die Gewalt obdachlos.

1986 Staatspräsident Pieter Willem Botha verhängt den Ausnahmezustand. Die Pressezensur wird verschärft. Die Polizei knüppelt den Widerstand in den Townships weiterhin gnadenlos nieder. Doch immer häufiger werden sie dabei von der Presse beobachtet. Die UNO verhängt weitere Wirtschaftssanktionen. Unter dem Druck von innen und außen werden die Passgesetze und das Verbot von Misch-Ehen aufgehoben. Zur selben Zeit machen Killer-Kommandos gezielt Jagd auf Oppositionelle. Selbst im Ausland werden Apartheid-Gegner ermordet. Erstmals nehmen Regierungsmitglieder geheime Gespräche mit dem inhaftierten Nelson Mandela auf.

1988 Vertrag zwischen Angola, Kuba und Südafrika über die Unabhängigkeit Namibias. Zum 70. Geburtstag von Nelson Mandela, der noch immer im Gefängnis sitzt, findet im Londoner Wembley-Stadion ein Gedächtnis-Konzert statt („Free Nelson Mandela"), das weltweit über eine Milliarde Menschen sehen.

Februar 1989 Frederik Willem de Klerk löst Botha als Parteichef ab.

5. Juli 1989 Staatspräsident Botha trifft erstmals Nelson Mandela.

August 1989 De Klerk wird Staatspräsident und konstatiert das Scheitern der Apartheid-Politik.

Oktober 1989 Walter Sisulu wird freigelassen.

2. Februar 1990 Mit seiner Rede im Parlament von Kapstadt versetzt de Klerk der Apartheid den Todesstoß. Es war ein einsamer Entschluss, getroffen ohne Absprache mit dem Parteivorstand. Den Text schrieb er mit eigener Hand. „Ich habe nicht einmal meine Frau Marike eingeweiht", sagt de Klerk später. Völlig geschockt hören seine Parteikollegen, wie er den Bann über den ANC und weitere 32 Oppositionsparteien aufhebt und Verhandlungen über eine neue Verfassung ankündigt.

Geschichte 81

11. Feb. 1990	Nelson Mandela, der ehemalige Staatsfeind Nummer eins, wird nach 27 Jahren aus der Haft entlassen. In kurzer Zeit trifft er viele ausländische Regierungschefs. Oliver Tambo kehrt aus dem Exil zurück.
1990	Der weiße rechtsradikale Widerstand, die „Afrikaner Widerstandbewegung" (AWB), formiert sich unter Eugene Terre Blanche („weiße Erde"), der 15.000 Neonazies unter Waffen hat und 150.000 Anhänger. Zum ersten Mal gehen Weiße gegen Weiße vor. Die konservativen Buren wollen auf keinen Fall die Macht aufgeben.
20. April 1990	De Klerk kündigt die Abschaffung aller Apartheidsgesetze innerhalb von zwei Jahren an und hebt den seit vier Jahren andauernden Ausnahmezustand auf.
6. August 1990	Der ANC verzichtet öffentlich auf den Guerilla-Kampf, den er seit 1960 gegen Südafrika führt.
Oktober 1990	Aufhebung des *Seperate Amenities Act*.
Juni 1991	Mit dem *Natives Land Act,* dem *Group Areas Act* und dem *Population Registration Act* fallen die Grundfesten der Apartheid.
Juli 1991	Das Olympische Komitee nimmt Südafrika wieder auf.
20. Dez. 1991	Die Konferenz für ein demokratisches Südafrika (Codesa) beginnt mit ihren Gesprächen über eine neue Verfassung. Eine Regierungsdelegation und 19 meist schwarze Organisationen nehmen teil.
19. Feb. 1992	Nach ihrem Sieg bei einer Nachwahl zum Parlament erklärt die Oppositionspartei der Konservativen, de Klerk habe kein Mandat mehr, im Namen der Weißen zu verhandeln. Daraufhin kündigt de Klerk eine Volksabstimmung an: die letzte rein weiße Wahl Südafrikas.
17. März 1992	In einem Referendum entscheiden sich zwei Drittel (68,7%) aller weißen Wähler für die Fortsetzung der Reformpolitik de Klerks.
Mai 1992	Mit Tränen in den Augen gibt Nelson Mandela die Trennung von seiner Frau und Kampfgefährtin Winnie bekannt. Ihr wachsender Radikalismus hatte sie immer mehr von der Politik des ANC entfernt.
17. Juni 1992	Beim Massaker im Transvaal-Township Boipatong ermordet ein Inkatha-Kommando eine Gruppe ANC-Anhänger, einschließlich Frauen und Kinder. Es stellt sich heraus, dass die Zulu von weißen Polizei-Einheiten an den Tatort gebracht worden waren. Einer von vielen Versuchen der weißen Regierung, den ANC als nicht regierungsfähig abzustempeln, da er nicht fähig sei, Gewalt in den Townships zu unterbinden. De Klerk streitet eine Mitwisserschaft ab und besucht den Ort des Massakers. Dort wird er von aufgebrachten Schwarzen verjagt. Die Polizei erschießt 30 von ihnen. Der ANC bricht daraufhin die Codesa-Gespräche mit der Regierung ab.

Geschichte

Juli 1992	De Klerk verspricht eine Reformation des Polizeisystems und die Entlassung einiger Security Service-Beamten.
September 1992	De Klerk und Mandela nehmen die Gespräche wieder auf.
1. April 1993	De Klerk beruft drei Farbige als Minister in die Regierung.
10. April 1993	*Chris Hani,* der Führer der Kommunisten und des radikalen Flügels des ANC, kommt bei einem Attentat eines rechtsradikalen Weißen ums Leben. Hani war bei der Jugend sehr beliebt und hatte versucht, die aufgebrachten jungen Schwarzen in den Friedensprozess eines neuen Südafrikas mit einzubinden. Er wurde bereits als Nachfolger von Nelson Mandela gehandelt. Mandela und de Klerk reagieren besonnen und appellieren gemeinsam an die Vernunft aller Südafrikaner. Ein Blutvergießen wird verhindert. Mandela fordert die Weißen auf, das Land nicht zu verlassen. Trotzdem setzt eine enorme Kapitalflucht ein: 1993 werden insgesamt etwa 15 Milliarden Rand aus dem Land geschafft. Oliver Tambo stirbt nach langer Krankheit.
25. Juni 1993	Die Feinde des Reformprozesses geben nicht auf. Maskierte Gangster richten in der St. James-Kirche in Kapstadt ein Blutbad an. Sie werfen während eines Gottesdienstes mit Nägel gefüllte Handgranaten in die Menge. 12 Menschen sterben, 56 werden schwer verletzt. Nach tagelangem Schweigen bekennt sich die Asanions People Liberation (APLA) zu dem Anschlag. Die APLA ist der bewaffnete Arm des Pan African Congress (PAC), „Afrika den Schwarzen" und „Ein Siedler – eine Kugel" heißen ihre Losungen.
17. Nov. 1993	Südafrikas Isolation geht zu Ende. Eine Mehrparteien-Konferenz unter Führung von Mandelas ANC und de Klerks Nationaler Partei verabschieden eine **neue Verfassung** mit gleichen Rechten für alle Rassen.
10. Dez. 1993 Wandbild im Apartheid-Museum in Johannesburg	Der Friedensprozess in Südafrika erhält enorme Schubkraft: Nelson Mandela und Frederik de Klerk erhalten in Oslo gemeinsam den **Friedensnobelpreis.**

Geschichte

März 1994 — Es werden Schulungszentren für die Wahl gegründet. Sie wird geprobt, da die Schwarzen noch nie in ihrem Leben gewählt haben. 10.000 internationale Beobachter überwachen die Stimmenabgabe.

26.–29. April 1994 — Die ersten demokratischen Wahlen finden statt. Von den 23 Millionen wahlberechtigten Südafrikanern sind 18 Millionen Schwarze. Es bilden sich zum Teil kilometerlange Warteschlangen vor den Wahl-Lokalen. Die bei den Wahlen 1989 in Namibia bewährte unlösliche Tinte auf der Hand sorgt dafür, dass niemand zweimal wählt. Drei Parteien gelangen in das neue Parlament: 12.237.655 Stimmen (62,7%) entfallen auf Nelson Mandelas ANC, 3.983.690 (20,4%) auf de Klerks National Party, und 2.058.294 (10,5%) auf die Inkatha Freedom Party Buthelezis. **Ab Mitternacht wird die neue Flagge gehisst.** 342 Jahre weißer Vorherrschaft gehen zu Ende. Südafrika wird in neun (statt bisher vier) Provinzen aufgeteilt: Northern Transvaal, Eastern Transvaal, PWV (Pretoria-Witwatersrand-Vereenigung), North-West, Orange Free State, KwaZulu-Natal, Northern Cape, Eastern Cape und Western Cape. Die zehn Homelands gibt es nicht mehr. Jede Form von Rassendiskriminierung ist verboten.

10. Mai 1994 — **Nelson Mandela** leistet den Amtseid als Staatspräsident. F.W. de Klerk (NP) und **Thabo Mbeki** (ANC) werden gemäß der Übergangsverfassung seine Stellvertreter. Mangosuthu Gatsha Buthelezi (IFP) wird Innenminister im Kabinett der nationalen Einheit.

Dezember 1994 — Die Provinz PMV (Pretoria-Witwatersrand-Vereenigung) wird in Gauteng (Sotho-Wort für „Platz des Goldes") umgetauft. Eine neue Feiertagsregelung wird verabschiedet.

27. April 1995 — Was im Jahr zuvor noch als unwirklicher Traum galt, hat sich verwirklicht: Der Versöhnungsprozess zwischen Schwarz und Weiß schreitet voran. Befürchtete Auseinandersetzungen blieben aus.

1997 — Mandela tritt als ANC-Präsident zurück und übergibt das Amt an seinen Nachfolger Thabo Mbeki.

1999 — Der ANC gewinnt die zweiten demokratischen Wahlen mit noch größerer Mehrheit als 1994. Robben Island wird UN-Weltkulturerbe *(UN World Heritage Site)*.

2000 — Eine Ölkatastrophe in der Tafelbucht führt zur weltgrößten Pinguin-Rettungsaktion.

2001 — Die Zahl der aidsinfizierten Südafrikaner steigt auf 4,7 Millionen an.

2002 — Aufgrund der weltweiten Terroranschläge gilt Südafrika als extrem attraktives und relativ sicheres Reiseziel, was im Laufe des Jahres 2002 die Besucherzahlen nach oben schnellen lässt.

Geschichte

2003

Nelson Mandela ruft, und internationale Top-Musiker, von Bono bis Queen, von Peter Gabriel bis Eurythmics, von Jimmy Cliff bis Ladismith Black Mambatho aus aller Welt kommen, um in einem Aids-Benefiz-Konzert in Kapstadt aufzutreten. Das Motto der gigantischen Veranstaltung ist „46664", Mandelas Gefängnisnummer auf Robben Island. Über 40.000 Zuschauer sind vor Ort im Kapstädter Greenpoint-Stadium, Millionen weltweit vor den Fernsehern. Das „46664"-Konzert geht Anfang 2005 in eine zweite Auflage, Veranstaltungsort ist diesmal das Fancourt Hotel in George.

Am 21. Dezember wird der berühmte Chapman's Peak Drive nach vierjähriger Schließung als Mautstraße zum Kap der Guten Hoffnung wiedereröffnet.

Übergroß:
Nelson Mandela
(Johannesburg/
Sandton)

2004

Südafrika feiert zehn Jahre Demokratie. Bei den dritten demokratischen Wahlen im April erzielt der ANC wieder einen Erdrutsch-Sieg. Diesmal erreicht er auch in KwaZulu-Natal und in der Western Cape Province Mehrheiten, regiert also nun alle neun Provinzen. Präsident Thabo Mbeki tritt seine zweite Amtszeit an.

Der 15. Mai 2004 ist ein weiteres historisches Datum in der Geschichte des Landes. Südafrika erhält den Zuschlag für die Austragung der **Fußballweltmeisterschaft im Jahr 2010**, nachdem sich Nelson Mandela persönlich in Zürich dafür eingesetzt hatte. Erstmals seit Gründung der FIFA vor über 100 Jahren finden die Spiele auf dem afrikanischen Kontinent statt.

Der Cape Peninsula National Park wird in *Table Mountain National Park* umbenannt, um ihn „touristenfreundlicher" klingen zu lassen.

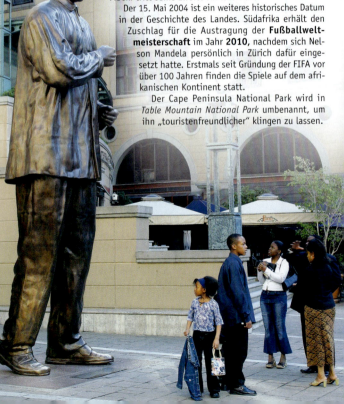

Geschichte

2005 Im Februar 2005 wird in Kapstadt das Gateway-Projekt gestartet, ein milliardenschweres Bauprojekt, das umfangreiche Sanierungen zwischen Flughafen und der City vorsieht. Alle temporären Wellblech-Behausungen sollen durch Wohnhäuser mit Parkanlagen ersetzt werden. Im ehemaligen von der Apartheid-Regierung plattgewalzten Stadtteil *District Six* werden die ersten fertiggestellten Häuser an die vor Jahrzehnten enteigneten ursprünglichen Besitzer zurückgegeben. In Kapstadts City und den Stadtteilen Green Point und Sea Point werden Milliarden von Rand in neue Bauprojekte investiert.

Im Juni 2005 beschließen Südafrika und Deutschland bei der Organisation und der Vermarktung der FIFA-Weltmeisterschaft 2010 in Südafrika eng zusammenzuarbeiten. Südafrika will bereits die FIFA WM 2006 in Deutschland dazu nutzen, sich als leistungsstarke Sportnation und als attraktives Tourismus-Ziel zu vermarkten. „Die Fußball-Weltmeisterschaft 2010 wird der größte Sport- und Tourismus-Event aller Zeiten für ganz Afrika", sagte der südafrikanische Minister für Tourismus und Umwelt, Marthinus van Schalkwyk während eines Besuches in Berlin. Neben Südafrika selbst soll dabei die ganze Region des südlichen Afrika vom erwarteten Touristenstrom profitieren. Die bereits bestehenden grenzüberschreitenden „Peace Parks" sollen bis zur WM weiter ausgebaut und ein gemeinsames Visum für die ganze Region eingerichtet werden.

Die Korruptionsvorwürfe gegen den Vize-Präsidenten *Jacob Zuma* führen zu einer Regierungskrise, die Thabo Mbeki beendet, indem er seinen Stellvertreter entlässt. Ein deutliches Indiz für seine Anti-Korruptionspolitik und sein ausgeprägtes Demokratie-Bewusstsein.

2007 Im Oktober wurden zwei neue Grenzübergänge nach Namibia, *Mata Mata* und *Sendelingsdrift*, geöffnet. Südafrika gewinnt nach 1995 zum zweiten Mal die Rugby-Weltmeisterschaft. Bei der ANC-Konferenz in Polokwane wird Jacob Zuma zum ANC-Präsidenten gewählt, was ihn für die Wahlen 2009 zum Präsidentschaftskandidaten macht. Davor muss er allerdings noch einen Korruptionsprozess „überstehen".

2008 Die Fußball-WM-Planung läuft auf Hochtouren. Alle Stadion-Bauprojekte sind im Zeitplan. Der Rand fällt auf ein historisches Tief (1 Euro = 12,5 Rand, Stand April 2008).

Elf Reise-Highlights in Südafrika

Kap der Guten Hoffnung, Chapman's Peak Drive

Der Trip rund um die Kap-Halbinsel mit dem Kap der Guten Hoffnung gehört zu den schönsten Tagestrips in Südafrika. Vor allem im Cabrio oder im Sattel eines Motorrades lässt sich der etwa 160 Kilometer lange Ausflug besonders intensiv genießen. Aus „sonnenuntergangstechnischen" Gründen am besten auf der False Bay-Seite beginnen und vom Kap aus zurück am Atlantik bis Hout Bay und über Llandudno und Camps Bay zurück nach Kapstadt fahren. Dann ist nämlich der **Chapman's Peak Drive,** Südafrikas schönste Küstenstraße, ins beste Licht gerückt. Er wurde nach etlichen massiven Steinschlägen im Januar 2000 geschlossen und nach 150 Millionen Rand teuren Bauarbeiten im Oktober 2003 als Mautstraße wiedereröffnet (24 Rand pro Auto pro Strecke. Unterwegs unbedingt erleben und ansehen: die Trödelläden von *Kalk Bay,* die Pinguin-Kolonie am *Boulders Beach* bei Simonstown, neben dem Kap der Guten Hoffnung auch Cape Point sowie die Strecke zwischen Scarborough und Kommetjie (▶ s.S. 318).

Aussicht vom Chapman's Peak Drive

Whale Watching

Die Walker Bay, an der u.a. **Hermanus** liegt, wurde vom World Wide Fund for Nature (WWF) zu einer der besten Walbeobachtungs-Regionen der Welt erklärt. Nur ein paar hundert Meter vom Land entfernt, schwimmen, tauchen und springen die gewaltigen Meeressäuger herum. *Free Willy* – live! In der Walsaison zwischen Juni und November läuft ein Walschreier mit Seetanghorn durch die Straßen von Hermanus. Auf der umgehängten Schiefertafel sind die neuesten Walsichtungen vermerkt. In letzter Zeit wurde die Tafel immer voller. Jährlich kommen mehr und mehr Wale in die Bucht. Einheimische nennen das dann sichtbar brodelnde Atlantikwasser respektlos „Walsuppe". Ein Klippenpfad schmiegt sich auf einer Länge von etwa 12 Kilometern die Küste entlang. Im Old Harbour ist ein Teleskop für Walbeobachter montiert (▶ s.S. 284).

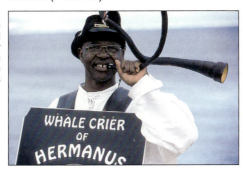

Walschreier: Auf einem Kelphorn blasend informiert er über Walsichtungen in der Bucht von Hermanus

Im September/Oktober wird in Kleinmond und in Hermanus das jährliche **Walfestival** gefeiert. Es gibt viele Stände mit Kunsthandwerk, Essen usw., Theateraufführungen, Freiluftshows und das immer gut besuchte Oldtimertreffen *Whales and Wheels*.

Sundowner

Ein vor allem im Sommer in Südafrika weitzelebriertes Ritual. Man nehme einen besonders schönen Platz mit Blick aufs Meer oder ein von wilden Tieren umringtes Wasserloch (dann aber bitte im Auto sitzen bleiben), eine Flasche gekühlten Weißwein – wenn die Außentemperaturen etwas kühler sein sollten, darf es natürlich auch ein Roter oder gar ein Cocktail sein – und trinkt der meist eindrucksvoll untergehenden Sonne zu. Auf das diese am nächsten Tag wolkenfrei wiederkommen soll, was sie im Gegensatz zu Mitteleuropa auch fast immer tut. In und um Kapstadt, auf dem Tafelberg (die letzte Seilbahn fährt um 22 Uhr runter), am Lion's Head, Signal

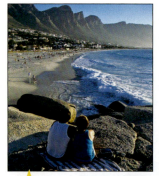

Hill, in den Kirstenbosch Botanical Gardens, am Chapman's Peak Drive oder an einem der vielen Strände (hier vor allem der von Llandudno mit seinen gewaltigen Granitfelsen) wird das gerne mit einem Gourmet-Picknick kombiniert. Bei den abendlichen Pirschfahrten mit Ranger im offenen Geländewagen, praktiziert in allen privaten Wildnisreservaten des Landes, ist der Sundowner natürlich Pflichtprogramm.

4 Tafelberg per Seilbahn oder zu Fuß

Kapstadts größte Sehenswürdigkeit ragt unübersehbar über 1000 Meter hoch hinter der City hoch. Bei den Khoi hieß das riesige, flache Sandstein-Monument *hoeri 'kwaggo* – Meeresberg. 1503 kletterte der portugiesische Seefahrer Antonio de Saldanha nach oben und nannte ihn *Taboa do Cabo*. Der Name blieb hängen. Heute stehen über 300 verschiedene Routen nach oben zur Verfügung – von der anstrengenden Wanderung bis zur extremen Kletterpartie.

Bequemer geht es mit der 1929 eröffneten Seilbahn, die 1997 in neun Monaten komplett renoviert wurde. Die beiden eckigen Kabinen wurden gegen runde ausgetauscht, die sich während der Himmelfahrt einmal um 360 Grad drehen und 65 Fahrgäste aufnehmen können (▶ s.S. 335).

Blick vom Tafelberg auf Lion's Head

TIPP

zum Sonnenuntergang hochfahren. Die Stadt im Abend- und Straßenlicht, die einem bei der Rückfahrt dann praktisch zu Füßen liegt, ist ein wunderbarer Anblick.

Safari in einem privaten Wildnis-Camp

Die Nonplusultra-Safari in Südafrika. Mit Ranger im offenen Geländewagen und nur einer Handvoll Mitfahrer auf Pirschfahrt. Ein zwar teures, aber garantiert unvergessliches Erlebnis. Die meisten der im Buch beschriebenen, luxuriösen Lodges in privaten Wildschutzgebieten liegen in und um den weltberühmten Krüger-Nationalpark. Die Reservate in der Eastern Cape Province haben den Vorteil, malariafrei zu sein. Im hohen Übernachtungspreis der exklusiven Lodges sind zwei Pirschfahrten pro Tag und alle Mahlzeiten enthalten.

Aufregend: Freiluft-Pirschfahrt

Tauchen im Indischen Ozean

Im Gegensatz zu Südafrikas zweitem Ozean, dem Atlantik, müssen es im Indischen Ozean nicht unbedingt 7-mm-Neoprenanzüge sein, um angenehm auf Tauchstation zu gehen. Besonders schön sind die Tauchgründe in der Rocktail Bay nördlich des **iSimangaliso Wetland Parks.** Hier gibt es neben den großen Wasserschildkröten auch die mächtigen Walhaie *(whale sharks)* zu beobachten.

uShaka Marine World, Durban

Schönstes und bestes Aquarium in Südafrika, im Stil eines untergegangenen Schiffes gebaut. Besucher laufen praktisch durch das „Wrack". Dazu gibt es einen

uShaka-Aquarium in Durban

feucht-fröhlichen Wasserrutschen-Park, eine stilvolle Einkaufs-Mall, viele Geschäfte, einen geschützten Strand und natürlich ein riesiges Delphinarium mit täglichen Vorführungen (▸ s.S. 199).

Apartheid-Museum, Johannesburg

Südafrikas wohl beeindruckendstes Museum, das die Geschichte der Apartheid eindrucksvoll in Exponaten, Originaldokumenten, Fotos und Videos darstellt (▸ s.S. 105).

Höchster Bungee-Jump der Welt

„Hole in the Wall" – ein gewaltiger, dem Strand vorgelagerter Felsen mit einem großen Loch

Der mit 216 m welthöchste kommerzielle Bungee-Jump ist von der Bloukrans-Brücke an der Garden Route zwischen Plettenberg und Tsitsikamma National Park möglich. In der Hitliste der verrücktesten Adrenalin-Aktivitäten in Südafrika dürfte dieser Sprung ganz oben liegen (▸ s.S. 48).

„Hole in the Wall" – Wild Coast

Eine der wildesten und noch unberührtesten Gegenden des Landes ist die **Wild Coast** nordöstlich von Buffalo City (East London). So zerklüftet, dass es Straßenbauern bisher unmöglich war, einen Küsten-Highway zu bauen. Was das Gebiet zum Geländewagen-Paradies macht. Das beeindruckendste Naturdenkmal an der Wilden Küste ist *Hole in the Wall,* eine gewaltige, dem Strand vorgelagerte Klippe mit einem großen Loch, durch das die Brandung röhrt (▶ s.S. 215).

Weinprobe

Wein muss sein – vor allem in Südfrika. Sowohl die Roten, als auch einige der Weißen haben weltweit einen erstklassigen Ruf. Zahlreiche Weingüter am Kap bieten regelmäßig Weinproben an. Die meisten verschicken die edlen Tropfen auf Wunsch auch in größeren Mengen nach Europa. Oder sie haben bereits dort Agenten und Internetshops, wo die Weine gekauft werden können. Südafrikanische Sonne im Glas zum Nachgenießen. Zum Wohl!

Weinprobe auf dem Gut Clos Cabrière

Reise-Know-Hows Lieblings-Restaurants:

Linger Longer, Wierda Valley, Johannesburg (▶ s.S. 109)
Carnivore, Muldersdrift, Johannesburg (▶ s.S. 111)
9th Avenue Bistro, Durban (▶ s.S. 204)
The Tasting Room at Le Quartier Français, Franschhoek, Weinland (▶ s.S. 295)
Moyo at Spier, Stellenbosch, Weinland (▶ s.S. 110)
Kitima, Hout Bay, Kaphalbinsel (▶ s.S. 325)
Africa Café, City, Kapstadt (▶ s.S. 341)
Ginja, City, Kapstadt (▶ s.S. 342)
The Showroom, City, Kapstadt (▶ s.S. 342)
Jardine, City, Kapstadt (▶ s.S. 342)

Reise-Know-Hows Lieblings-Übernachtungen:

Melrose Arch Hotel, Melrose Arch, Johannesburg (▶ s.S. 107)
Peech Hotel, Melrose, Johannesburg (▶ s.S. 108)
Mohlabetsi Safari Lodge, Krüger-Park (▶ s.S. 158)
Thonga Beach Lodge (▶ s.S. 179)
Montusi Mountain Lodge (▶ s.S. 188)
Buffalo Hills Game Reserve & Lodge (▶ s.S. 249)
The Retreat at Groenfontein, bei Calitzdorp, Klein-Karoo (▶ s.S. 271)
Metropole Hotel, City, Kapstadt (▶ s.S. 340)
Protea Hotel Fire & Ice, City, Kapstadt (▶ s.S. 338)

Reiseteil

JOHANNESBURG UND TSHWANE (PRETORIA)

Johannesburg

Geografisches und Geschichtliches

Johannesburg ist für viele Besucher der erste Kontakt mit Südafrika. Durch die kleinen Flugzeugfenster fällt der Blick auf die Hochhäuser im Zentrum, auf Hunderte von glitzernden, türkisfarbenen Pools in den nördlichen Vororten, auf die Rauchsäulen der Holzfeuer in den Townships und auf die gewaltigen Abraumhalden des Goldbergbaus. Am *OR Tambo International Airport* wird gebaut, erweitert und modernisiert, um mit dem stetig wachsenden Tourismus fertig zu werden.

Die Geschichte Johannesburgs ist relativ jung: Als George Harrison 1886 auf seiner Farm *Langlaagte* das begehrte gelbe Edelmetall entdeckte und ein Zelt aufbaute, löste er einen Goldrausch aus. Hunderttausende von Menschen aus aller Welt folgten ihm. Das City-Zentrum, einst aus Zelten und Wellblechhütten bestehend, wurde im letzten Jahrhundert vier Mal umgebaut. Daraus resultiert auch die vielfältige Architektur von viktorianisch über edwardianisch bis hin zu Art Déco und Postmoderne.

Obwohl in Johannesburg immer, vor allem in den Anfangszeiten, sehr viel Geld da war, blieb die Stadtplanung eher willkürlich. Es gab nie den Anspruch, eine afrikanische Version von Washington DC oder Buenos Aires zu kreieren. Joburger, einschließlich seiner Stadtplaner, haben traditionell immer lieber Geld gemacht als ausgegeben.

Der Stadtkern, **Central Business District (CBD)** genannt, in dem auch die Stadtteile **Newton** (früher der Marktplatz) und **Braamfontein** (früher eine Farm) liegen, hatte seinen Höhepunkt in den frühen 1980er Jahren. Danach ging es rapide bergab: Geschäfte schlossen, die Kriminalität uferte aus, und ein Großteil der weißen Bevölkerung zog in die neuen, weit nördlich gelegenen Vorstädte. Vor kurzem begann der Stadtverwaltung, thematische Distrikte und Zentren zu schaffen, um die Sanierung voranzutreiben. Im westlichen Teil Johannesburgs mit seinen „Kultur"- und „Finanz"-Stadtteilen sieht es momentan am vielversprechendsten aus: Junge Spekulanten kaufen die alten Bürokomplexe auf und konvertieren diese in luxuriöse Apartement-Gebäude.

Im Nordosten des CBD liegt **Hillbrow,** wo sich in den 1950er Jahren die Nachkriegs-Einwanderer aus Europa ansiedelten. Gegenwärtig leben in dem heruntergekommenen Viertel mit seinen Hochhäusern legale und illegale Immigranten aus dem gesamten afrikanischen Kontinent.

Aus der Innenstadt Johannesburgs führt die M 1 nach Pretoria. Auf dem Weg nach Norden liegt **Parktown,** wo früher die legendären *Rand-Lords,* die unermesslich reichen Minenbesitzer, lebten. Heute befinden sich dort hauptsächlich Büros. Ein Gebiet mit Häusern aus den 1930er Jahren zieht sich von den westlichen Stadtteilen **Westdene** und **Melville** über **Parkview** und **Houghton** im Norden und bis **Observatory, Bezuidenhout Valley** und **Troyeville** im Osten. Die zwiebelringartige Entwicklung zieht sich durch die Jahrzehnte: Je weiter weg vom Zentrum, desto jünger. Der 1930er-Ring wird dicht umschlossen von dem aus dem 1950er Jahren, mit den Stadtteilen **Greenside, Rosebank, Highlands North** und **Orange Grove.** Und die Entwicklung geht schnell weiter, vor allem im Norden, was dazu führt, dass Johannesburg und das etwa 50 Kilometer nördlichere Pretoria irgendwann in den nächsten Jahren zusammenwachsen werden.

Johannesburg ist die **größte Stadt Südafrikas.** Eine Millionenstadt, die weder an einem Fluss, See oder Meer liegt. Dafür aber über ein angenehmes Klima verfügt. Die Stadt liegt auf dem **Highveld** auf etwa 1700 Meter Höhe. Die Sommertage sind warm und – im Gegensatz zu Kapstadt – windstill. Die Wintertage sind zwar sonnig und klar, aber kalt. Im Sommer, zwischen Dezember und Februar, gibt es häufig enorme Nachmittagsgewitter.

Im **Großraum Johannesburg** leben über **fünf Millionen Menschen,** davon 1,3 Millionen Weiße. Das industrielle Herz Südafrikas, Sitz der Schwerindustie, ist die einst *Pretoria-Witwatersrand-Vereeniging* (PMV)

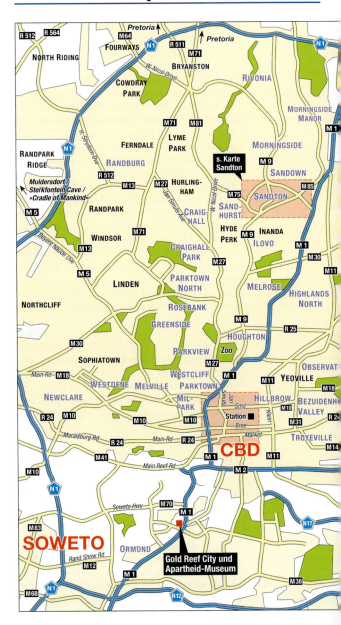

Johannesburg

genannte Region. Seit 1994 heißt die kleinste Provinz Südafrikas **Gauteng,** das Sotho-Wort für „Platz des Goldes". Auf zwei Prozent der Fläche Südafrikas leben weit über neun Millionen Menschen, was gut 25 Prozent der Gesamtbevölkrung entspricht. Rund die Hälfte des südafrikanischen Bruttoinlandsproduktes wird hier erwirtschaftet.

Besichtigung

City

Johannesburg ist der Nabel des Landes, das Lebenszentrum Südafrikas, hier sind Banken, Börsen und Big Business zuhause. Mit ihren verglasten Wolkenkratzern ähnelt die Stadt auf den ersten Blick einer amerikanischen Metropole. Doch hinter den Fassaden findet sich Afrika pur.

Dritte und Erste Welt liegen hier, wie so oft in Südafrika, nahe beieinander. In den 1990er Jahren wurde das Zentrum Joburgs immer „schwärzer". Die Weißen zogen in die neuen, modernen Satelliten-Vorstädte **Sandton** und **Randburg** an der nördlichen Peripherie. Zur Bekämpfung der Straßenkriminalität wurde in der Innenstadt ein Überwachungssystem mit zahllosen Video-Kameras installiert, und Dank eines ambitionierten Sanierungsplans, den die lokale Regierung zusammen mit Privatunternehmen entwickelt hat, ziehen nun zunehmend wohlhabendere Joburger zurück in „ihr" Zentrum. Ein deutliches Indiz: die Preise für Loft-Apartments nehmen deutlich zu. Langsam wird die City somit wieder zu dem kulturellen und kommerziellen Mittelpunkt, der sie früher immer war. Paradebeispiel dafür ist das

Sandton, Nelson Mandela Square

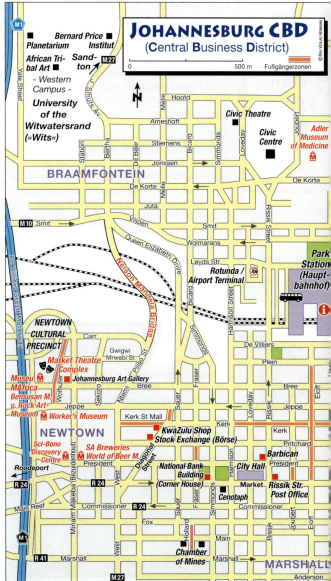

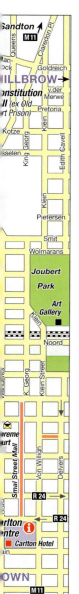

Carlton Centre mit dem gleichnamigen Hotel. Einst der Inbegriff des Luxus mit illustren Gästen aus aller Welt, machte das Fünfsterne-Hotel in den 1990er Jahren aufgrund der extremen Kriminalität in der City dicht. Auch der Aussichtspunkt im 50. Stock, des höchsten Gebäudes Afrikas, wurde immer mehr von Touristen gemieden. Für eine eventuelle Hotel-Neueröffnung gibt es nun einige Interessenten, und das Carlton Centre ist wieder zu 90% mit Geschäften belegt, die zunehmend exklusiver werden. Ja, es gibt sogar Unternehmer, die vom teuren Fluchtort Sandton zurück ins Zentrum ziehen. Im Rahmen einer organisierten Stadtrundfahrt muss das Carlton Centre aufgrund seiner grandiosen Hochhaus-Aussicht auf alle Fälle mit dabei sein!

Johannesburg ist keine Stadt, die sich Besuchern bereitwillig öffnet. Ihre versteckten Reize wollen entdeckt werden. Was am besten mit einheimischen Begleitern gelingt. Dann ist die Gefahr, überfallen zu werden, deutlich geringer. Von Ausflügen in die City **auf eigene Faust ist** momentan noch **abzuraten**.

Die **City Hall** in der Market/Ecke Rissik Street und das gleich östlich gegenüberliegende *Rissik Street Post Office* bilden das Zentrum Johannesburgs. Dort konzentrieren sich derzeit auch die Sanierungsarbeiten. Die City Hall war Veranstaltungsort der wöchentlichen Symphoniekonzerte, bis die CBD zu unsicher wurde und die Musikdarbietungen ins Linder Auditorium nach Parktown North verlegt wurden. Substanz und Innenausstattung sind noch immer in exzellentem Zustand. Vielleicht kommen die Konzerte ja bald zurück ins Zentrum.

Das **Rissik Street Post Office** wurde 1897 gebaut und wird gerade komplett renoviert, um als elegantes Boutique-Hotel wiedergeboren zu werden. Das eindrucksvolle **National Bank Building** mit seinen Marmorböden, wunderbaren Holztüren, Bleiverglasung und einem Marmor-Treppenhaus, Ecke Simmonds Street/Market Street, besser bekannt als das **Corner House,** wurde 1903 erbaut und kürzlich in ein luxuriöses Apartment-Gebäude verwandelt. Dem kleinen **Barbican**, Ecke Rissik Street/President Street, muss sich noch jemand erbarmen. Es wurde 1930 gebaut und vereinigt diverse architektonische Stile – ein schönes Denkmal für das alte Johannesburg. Vor den Gebäuden herrscht hektische Betriebsamkeit auf Gehwegen und Straßen. Mini-Busse hupen unaufhörlich, morsen damit potentiellen Fahrgästen ihren Zielort zu.

Kleine, bunte Läden säumen Joburgs einzige Straße, die sich nicht dem Schachbrettmuster der Stadtplaner angepasst hat und deshalb treffend **Diagonal Street** heißt. Hier stoßen Vergangenheit und Moderne direkt aufeinander. Im **KwaZulu-Shop** werden seit Jahrzehnten Tausende verschiedener Heilkräuter zermahlen, gestampft und als *muthi*, Medizin, verkauft. Direkt gegenüber steht die futuristische, ehemalige **Stock Exchange.** Auch die Börse hat sich von der Innenstadt nach Sandton zurückgezogen. Daneben ragt ein gewaltiges Bankgebäude in den Himmel, die dunklen Glasscheiben hat der Architekt zu einem riesigen, überdimensionalen Diamanten gestaltet.

Beim Betreten des **KwaZulu Shops** schlägt einem ein atemberaubender Geruch entgegen. Kein Wunder. Dutzende von ausgenommenen und getrockneten Affen sind an den Holzbalken unter der niedrigen Decke genagelt. Ein Pferdekopf erschreckt Besucher mit seinen leeren Augenhöhlen. Hinter einer großen Holztheke werden Pülverchen hergestellt, gegen Magenschmerzen, Liebeskummer und Impotenz.

Heilmittel aus der Natur-Apotheke

Neben dem originellen Medizinladen finden sich hier noch viele andere einstöckige Läden mit ihren gusseisernen Säulen und einem Durcheinander malaiischer, indischer, afrikanischer und weißer Händler. Im **Kapitan's**, einem kleinen Curry-Restaurant, hängt in einer Ecke der Kneipe ein gerahmter Brief von einem Rechtsanwalt namens *Nelson Mandela*. In den 1950er Jahren, als er mit Oliver Tambo eine Rechtsanwaltspraxis unterhielt, ging er hier immer essen. Und war so begeistert über die Qualität der

In der Diagonal Street

Currys, dass er diesen Dankesbrief verfasst hat (zum Glück kam noch niemand auf die Idee, ihn bei Ebay zu versteigern; angeblich soll Nelson Mandela kurz vor seiner Freilassung nach 27 Jahren Haft gefragt haben, ob es die Kneipe noch gibt, damit er dort, wie in alten Zeiten, zu Mittag essen könnte).

Wie alt und neu sinnvoll kombiniert werden können, zeigt sich ein Stückchen weiter nordwestlich im **Newton Cultural Precinct** an der Bree und Jeppe Street, einer mit Recht immer beliebter werdenden Touristenattraktion Joburgs. Der 1913 entstandene Früchte- und Gemüsemarkt, seit 1974 verfallen, wurde nach einer perfekten Sanierung und Renovierung wiederbelebt. Zu den Museen, die sich jetzt hier befinden, gehören: **Bensusan Museum, MuseuMAfrica** und **Museum of SA Rock Art.** Neben den Museen gibt es Restaurants und Kneipen, u.a. **Kippies,** die wohl beste Jazz-Lokalität der Stadt sowie den **Market Theatre Complex,** wo das kulturelle Herz der Stadt schlägt. 1931 erbaut, war der Komplex einst die edwardianische Früchtemarkthalle, von der noch einige Originalschilder ausgestellt sind. Der Markt wurde zum Kulturzentrum, als eine Gruppe von Schauspielern, unter der Führung von Stückeschreiber Barney Simon, Geld sammelten und das Gebäude 1975 renovierten. Während des Anti-Apartheid-Kampfes war es *das* Nervenzentrum des künstlerischen Widerstands. Immer wieder kamen während der Apartheid kritische Stücke zur Aufführung.

Kernstück des 300 Millionen Rand teuren City-Sanierungsprogramms ist die 2003 eröffnete **Nelson Mandela Bridge,** die größte Kabelbrücke der Südhalbkugel. Auf 284 Meter Länge überquert sie 42 aktive Eisenbahngleise. Die aus 4000 Kubikmeter Beton und 1000 Tonnen Stahl erbaute Brücke hat Johannesburgs Skyline verändert und ist schnell zu einem neuen Wahrzeichen geworden.

In der Höhe des Bus-Terminals am Hauptbahnhof, **Johannesburg Station**, taucht der Besucher wieder tief ins schwarze Afrika ein. Hier laden Hunderte von Mini-Bussen Passagiere ein und aus, bringen sie vom Land in die Stadt und nachdem sie eingekauft haben wieder zurück in ihre Townships. Mobile Frisöre, einer neben dem anderen, säumen, ausgerüstet mit Autobatterie, Kabel und Elektro-Rasierer, den Gehweg. Die Kunden können auf handgemalten Holzschildern ihre Lieblings-Frisur auswählen. Dann nehmen sie auf winzigen Holzstühlchen Platz und schon fängt der Rasierer an zu mähen.

Über die Hospital Street gelangt man zum **Constitution Hill.** Der „Hügel der Verfassung", der Platz des neuen, südafrikanischen Verfassungsgerichts ist da, wo sich früher, vor dem demokratischen Neubeginn im Land, der *Old Fort Prison Complex* befand, das berüchtigte Gefängnis, bekannt bei Apartheidgegnern unter dem Namen „Number 4", in dem Tausende von Menschen gefoltert und bestraft wurden, unter ihnen Mahatma Gandhi und Nelson Mandela. In Zukunft soll es hier auch einige Restaurants und ein Hotel geben.

Soweto

Ein Besuch von Südafrikas berühmt-berüchtigtem Siedlungskonglomerat **Soweto** sollte bei einem Johannesburg-Besuch wenn möglich mit auf dem Programm stehen. Was auf eigene Faust **nicht** zu empfehlen ist, funktioniert organisiert in der Gruppe problemlos. Mit Minibussen holen erfahrene Guides, die in Soweto leben, Touristen von ihren Hotels ab und fahren sie direkt ins Herz der Townships (einschließlich Shebeen-Besuch, s.u.).

Soweto ist die Abkürzung der englischen Bezeichnung für die 120 km² großen **So**uth **We**stern **To**wnship, die Schwarzensiedlungen im Südwesten der Stadt.

Insgesamt besteht Soweto aus 33 Bezirken. Mini-Busse transportieren täglich 600.000 Menschen zu ihren Arbeitsplätzen und wieder zurück in die Townships. Mit geschätzten drei Millionen Einwohnern ist Soweto die größte Schwarzen-Großstadt auf dem afrikanischen Kontinent. Die Abkürzung „BMW" steht hier nicht für die Automarke, sondern für „Break My Window" („Schlag meine Scheibe ein"), für die vielen Einbrüche. Lachend gibt der Tourguide weitere Besonderheiten seines Wohnortes preis. Drogenhändler heißen „Apotheker" und haben die schönsten Villen Sowetos. Was wiederum mit dem Vorurteil Schluss macht, dass Soweto ausschließlich aus Blech- und Bretterverschlägen bestehen würde. Soweto hat einige Dutzend Millionäre, mehrere Rolls Royce, zahllose Mercedes- und BMW-Fahrer und eine eigene Universität.

Minibusse in Soweto

In Sowetos Upper Class-Bezirk **Orlando West,** im Volksmund „Beverly Hills" genannt, steht Winnie Mandelas extrem abgesichertes Haus, einen Steinwurf entfernt wohnt Bischof Desmond Tutu, dessen Haus allerdings nicht der Öffentlichkeit zugänglich ist. Die **Vilakazi Street** ist somit die einzige Straße der Welt, die gleich zwei Friedensnobelpreis-Gewinner hervorgebracht hat, Desmond Tutu und Nelson Mandela. Mandelas bescheidenes Backsteinhaus, in dem er mit Winnie bis zu seiner Verhaftung 1963 lebte, ist heute das **Mandela Museum.** Nach 27 Jahren Gefängnis kehrte er kurz zu dem Haus zurück. Das Gebäude gibt einen intimen Einblick ins Leben eines der größten Staatsmänner der Welt. Auf seinem Bett befindet sich noch die traditionelle

Decke aus Schakalhäuten, das *kaross,* unter der er immer geschlafen hat.

In Soweto richtete die südafrikanische Polizei zu Hochzeiten der Apartheid eines ihrer schlimmsten Massaker an. Schwarze Schulkinder demonstrierten friedlich gegen die Einführung von Afrikaans als Unterrichtsprache. Singend zogen sie durch die Straßen, als die Polizei ohne Vorwarnung das Feuer eröffnete und viele von ihnen tötete. Unter ihnen der 13jährige Hector Pieterson. Daraufhin brachen Unruhen in Soweto aus, später im ganzen Land. In deren Verlauf erschossen die „Sicherheitskräfte" knapp 600 meist unbewaffnete Schwarze. Das dramatische Bild des schwarzen Pressefotografen Sam Nzima mit dem leblosen Hector Pieterson in den Armen von Mbuyisa Makhubu (der seither als vermisst gilt), daneben Hectors verzweifelte Schwester, ging als Symbol für die menschenverachtende Politik Südafrikas um die Welt. Und Hector wurde zum Symbol des Widerstands der Jugend in Südafrika. Kurz nach dem Massaker gab die Regierung ihren Plan auf, Afrikaans als alleinige Unterrichtsprache einzuführen.

Im Jahr 2002 weihte der ehemalige Präsident Nelson Mandela das **Hector Pieterson Memorial and Museum** an der Stelle in Soweto ein, wo er und die anderen Kinder ums Leben kamen. Hectors Schwester, Antoinette Sithole, damals 17 Jahre alt, führt heute durch das Museum.

Township-Shebeen

Letzter Stop ist einer der vielen **Shebeens,** eine Township-Spezialität: Zu Apartheid-Zeiten durften Schwarze nicht in weiße Bars, und in ihren Townships waren Kneipen verboten. Der Staat unterhielt lediglich ein paar Spirituosenläden. So traf man sich, meist zu politischen Diskussionen, im heimischen Wohnzimmer und schenkte dort vorher gekauften Alkohol aus, dazu gab es gegen etwas Geld eine warme Mahlzeit. Das *shebeen* war geboren. Ab 1986 legalisierte die Regierung dann zähneknirschend, was überall praktiziert wurde, lediglich eine Lizenz musste zum Alkoholausschank besorgt werden. Heute ist es für Weiße cool geworden, ihr Bier auch mal in einem Shebeen einzunehmen.

Organiserte Soweto-Touren

Ausführliche Infos zu Soweto-Touren: www.soweto.co.za
The Backpackers Ritz of Johannesburg, Tel. 011-3257125. www.backpackers-ritz.co.za; 300 Rand p.P. Touren Mo–Sa um 8.30 u. 13.30 Uhr, 250 Rand p.P.

Jimmy's Face to Face Tours, Tel. 011-3316109 o. 3316132, face2face@pixie.co.za, www.face2face.co.za. Dreistündige Touren tägl. um 9 u. 14 Uhr, 395 Rand p.P., mit Lunch 595 Rand p.P.

TIPP „Soweto bei Nacht", 830 Rand p.P.

Karabo Tours, Tel. 011-8884037. Touren tägl. 8.30 u. 13.30 Uhr, 250 Rand p.P.

Taga Safaris, Tel. 011-4655678, www.tagasafaris.co.za. Touren von Sandton-Hotels aus um 8.30 Uhr, von Rosebank-Hotels um 9.10 Uhr, Abholung vom Flugplatz gegen Aufpreis, 310 Rand p.P.

Weitere Tourveranstalter: **The Rock Soweto,** Tel. 011-9868182, 082-7666826 o. 082-9772518, Fax 011-9840144, tebogo@therock.co.za. – **Vhupi Cruiseliner Tours,** Tel. 011-9360411 o. 082-6339469, info@vhupo-tours.com, www.vhupo-tours.com. – **Rhubuluza Soweto-Tour,** www.simkile.co.za – **Soweto Tours,** www.sowetotours.com

Gold Reef City und Apartheid Museum

Keine Berge ragen am Horizont von *Egoli* – Zulu-Wort für „Stadt des Goldes" – auf, dafür die gewaltigen Abraumhalden des Goldbergbaus. Der Süden *Joeys* (die coolste Bezeichnung für die Stadt) ist ein einziges künstliches Gebirge aus Goldminengeröll. Rund um einen ehemaligen, echten Bergwerksschacht ist so etwas wie ein südafrikanisches Disneyland entstanden:

Gold Reef City (www.goldreefcity.co.za). Dort lebt die glorreiche Goldgräberzeit wieder auf. Rekonstruierte Straßenzüge zeigen Johannesburg so, wie es um die Jahrhundertwende ausgesehen hat: mit Pubs, Restaurants, alter Brauerei, Goldschmied und einem hübschen viktorianischen Hotel. Bei Vorführungen wird flüssiges Gold in Barren gegossen. Außerdem können Besucher, ausgestattet mit gelben Schutzhelmen und batteriebetriebenen Lampen, in einem Original-Aufzug in den alten Schacht einfahren.

Straßenkünstler in Gold Reef City

Erheblich interessanter ist das benachbarte, preisgekrönte **Apartheid-Museum** (www.apartheidmuseum.org), das wohl beeindruckendste des Landes. Hier werden die letzten 100 Jahre südafrikanische Geschichte manchmal erschreckend lebendig. Das Gebäude mit seiner karg-kühlen Architektur lässt Gefühle von Eingesperrtsein, Rassentrennung und Einzelhaft aufkommen.

Informationen Johannesburg

Tourismusbüro

The Gauteng Tourism Visitor Information Centre, Shop 401, Upper Level, Rosebank Mall, Rosebank, Tel. 011-3272000, werktags 8.30 bis 17 Uhr. Viele Broschüren, Karten, Literatur und Infos zu Gauteng. Es gibt auch einen Info-Kiosk am Internationalen Flughafen (tägl. 6 bis 22 Uhr). Das Infobüro in der *Craddock Avenue* in Rosebank, direkt vor dem African Craft Market, ist täglich von 9–17 Uhr geöffnet. Joburgs offizielle Webiste ist www.joburg.org.za.

Sandton

Sandton City liegt im Stadtteil *Sandown*, allgemein gleichfalls „Sandton" genannt. Ein paar Websites von Sandton: www.sandtoncity.co.za · www.sandtoncentral.co.za

Unterkunft

Hinweis: Die Hotels haben auf ihren Websites Anfahrtsbeschreibungen und Skizzen.

Melrose Arch Hotel (RRRRR), 1 Melrose Square, Melrose Arch, Tel. 011-2146666, Fax 011-2146600, www.sa-venues.com/ga/melrosearch.htm. Das coolste Hotel der Stadt ist ein Paradebeispiel für Hi-Tech-Minimalismus; die Böden sind beleuchtet und wechseln die Farbe; es gibt einen Daylight- und einen Nachtfahrstuhl, die Türsteher (männlich und weiblich) sind durchweg arbeitslose Models; alle 117 Zimmer haben Flatscreens und Surround-Sound.

Fairlawns Hotel (RRRRR), Akna Road (geht von der Bowling Avenue ab), Morningside Manor, nordöstlich von Sandton, Tel. 011-8042540, Fax 011-8027261, fairlawn@fairlawns.co.za, www.fairlawns.co.za. Boutique-Hotel mit klassischem Schick und exzellentem Service, Sandton-nah, dafür aber trotzdem erstaunlich ruhig gelegen.

Saxon Hotel (RRRRR), Sandhurst, 36 Saxon Rd (gleich westlich von Sandton), Tel. 011-2926000, Fax 011-2926001, reservations@saxon.co.za, www.thesaxon.com. Eine der exklusivsten Adressen in Johannesburg und eines der besten Boutique-Hotels im Land; sehr persönlicher Service, wunderbares ethnisch-elegantes Innendekor, das ehemalige Wohnhaus (!) bietet 26 sehr geräumige Gäste-Suiten mit Großbild-TV, DVD, Video, Surround Sound-System, Workstation mit mehreren Telefonanschlüssen, Fax und ISDN. Der Pool und die beiden Weinkeller würden jedem James-Bond-Film Ehre machen. Die realistischen Zeichnungen an den Wänden sind fantastisch. Hier hat Nelson Mandela nach seiner Freilassung aus dem Gefängnis seine Autobiographie „Der lange Weg zur Freiheit" geschrieben. *Der* High-Society-Platz in der Stadt des Goldes.

The Peech Hotel (RRRR), 61 North St, Melrose, Tel. 011-5379797, Fax 011-5379798, www.thepeech.co.za. Trendiges Boutique-Hotel, wunderbar hochwertige Bettwäsche (keine Selbstverständlichkeit in Südafrika, selbst bei Luxusherbergen) und dem Bistro @ The Peech, wo leckere Gerichte serviert werden. iPod-Dockingstation und WIFI, sowie ein dekadenter Veuve Cliquot-Keller. Günstige Online-Preise!

A Room With A View & A Hundred Angels (RRR-RRRR), 1 Tolip St/Ecke 4th Av, Melville, Tel. 011-4825435, Fax 011-7268589, lise@aroomwithaview.co.za, www.aroomwithaview.co.za. Faszinierend dekoriertes und hoch über dem Stadtteil Melville thronendes, komfortables Guest House mit hohen Zimmern und geräumigen Bädern mit großen Badewannen. Die Aussicht ist tatsächlich von jedem der Zimmer aus gigantisch. Großer, stilvoll integrierter Swimmingpool, üppige Frühstücke (Tipp: die gefüllten Omelettes). Kinder ab 12 Jahre.

Hakunamatata Guest Lodge (RRR), 171 Lake View Drive, Muldersdrift (nordwestlich von Johannesburg, an der N 14/R 28), Tel. 011-7942630, Fax 011-7942588, hakunamatata@gemco.za, www.hakunamatata.co.za. Lodge im afrikanischen Stil, wie man sie eher im Busch erwartet als so nahe an Joburg. Zimmer in reetgedeckten, bunten Häuschen, sehr stilvoll eingerichtet, Gourmet-Frühstücke, Dinner auf Wunsch. Wellness-Behandlungen, Konferenz-Zentrum, deutscher Besitzer.

Gold Reef City

Gold Reef City Hotel (RR-RRR), Gold Reef City Theme Park, Shaft 14, Northern Parkway, Ormonde, Tel. 011-2485700, Fax 011-2485791, res@phgoldreefcity.co.za, www.goldreefcity.co.za (bei Hotels klicken). Das Hotel im viktorianischen Stil liegt mitten im Vergnügungspark Gold Reef City. Der bewachte Parkplatz liegt außerhalb. Hotelgäste werden samt Gepäck von einem kleinen Elektrowagen abgeholt. Die 74 Zimmer dieses Hotels sind im alten Stil von 1860 eingerichtet. Sehr kinderfreundlich. Das Hotel gehört zur Kette der **Premier Protea Hotels,** www.places.co.za/html/8232.html.

Restaurants

Newtown

Lunch-Tipps

Kapitan's Oriental Restaurant (RR), 11a Kort St, CBD, Tel. 011-8348048, Mo–Sa 12.15–15 Uhr. Indisches Curry-Restaurant in einem alten Gebäude. Die guten Currys entschädigen für die etwas heruntergekommene Einrichtung. Als Nelson Mandela in den 1950er Jahren als Anwalt in Johannesburg arbeitete, war das sein Lieblings-Restaurant. Ein Brief des berühmtesten Südafrikaners hängt noch immer an der Wand. Das Restaurant wurde 1887 gegründet, seit 1914 befindet es sich in der etwas schmuddeligen Kort Street.

Dinner-Tipps **Gramadoelas Afrika Restaurant** (RR), Market Theatre Complex, Bree St, Newtown, Tel. 011-8386960, www.gramadoelas.co.za, Di–Sa Lunch, Mo–Sa Dinner. Traditionelle südafrikanische Gerichte in tollem Ambiente, mit ausladenden Kronleuchtern und riesigen Kerzenständern. Die gegrillten Mopani-Würmer in Peri-Peri-Soße sind nur etwas für Mutige. Hier treffen sich gerne Blaublütige, Film- und Musikstars.

Moyo @ The Market (RRR), Market Theatre Precinct, Newton, Tel. 011-8381715, www.moyo.co.za. Moderne, raffinierte afrikanische Küche in einem wunderbaren Dekor an einem der coolsten Plätze in Johannesburg.

Sandton

Lunch-Tipps **The Butcher Shop & Grill** (RR), Shop 30, Nelson Mandela Square (früher: Sandton Square), Sandton, Tel. 011-784 8676, www.thebutchershop.co.za. Mo–So Lunch & Dinner. Fleischliebhaber kommen hier voll auf ihre Kosten. Eines der besten Steakhouses im Land. Die Burger sind ebenfalls prima und ein ideales Lunch. Die Weinliste ausgezeichnet. Angeschlossen ist eine Metzgerei, wo die hervorragenden Fleischstücke zum Mitnehmen gekauft werden können.

Dinner-Tipps **Assaggi** (RR), 30 Rudd Rd, Illovo Post Office Centre, Tel. 011-2681370, Mo–Fr 12.30–14 u. 18.30–21 Uhr, Sa Lunch. Echter Italiener mit ausschließlich männlichen Bedienungen und ausschließlich weiblichen Köchen. Gestärkte weiße Tischdecken, Leinen-Servietten und ausgezeichnete Pasta. Gute Weinliste.

Bukhara (RRR), Shop U114, 1. Stock, Nelson Mandela Square, Sandton, Tel. 011-8835555, www.bukhara.co.za. Südafrikas bestes indisches Restaurant hat nun nach jahrelangem Erfolg in Kapstadt einen Ableger in Johannesburg bekommen. Auch hier ist das Butter Chicken ein Gedicht.

The Saxon (RRR), Saxon Hotel, 36 Saxon Rd, Sandhurst, Tel. 011-2926000, www.thesaxon.com, Mo–Fr 6.30–9.30 u. 12.30–14.30 Uhr, tägl. 18.30–22.30 Uhr, Sa/So 11.30–13.30 Uhr. Wer aufgrund der empfindlich hohen Preise nicht in dem fantastischen Boutique-Hotel übernachten möchte, sollte wenigstens einmal dort essen, um die einzigartige Atmosphäre zu erleben. Die Gerichte sind eine gelungene Fusion aus neo-afrikanischer und internationaler Küche, das Interieur ist Afro-Chic par excellence.

Linger Longer (RRRR), 58 Wierda Rd, Wierda Valley, Sandton, Tel. 011-8840465, Mo–Fr Lunch & Dinner, Sa Dinner. Einer der besten Gourmet-Tempel in Johannesburg in einem Haus im georgianischen Stil mit einem schönen Garten. Der ursprünglich aus Österreich stammende Chefkoch Walter Ulz ist hier schon seit über einem Vierteljahrhundert verantwortlich für Spezialitäten, wie Lachs- und Prawn

Ceviche mit Lachs-Tartar und wilden Austern, Seafood-Kasserolle, Wildbeeren-Mousse mit flambierten, lokalen Beeren.

Craighall Park

Dinner-Tipps

Bushveld Pub & Diner (R), Valley Centre, Ecke Jan Smuts Avenue/Buckingham Road, Craighall Park, Tel. 011-3260 170, www.bushveldpub.co.za, tägl. 10 Uhr bis spät. Typischer lokaler, dunkler Pub mit einheimischem Publikum. Pubs wie dieser sind vom Aussterben bedroht, da sie nicht so richtig im Trend liegen, der eher Richtung minimalistisches, helles Design und Afro-Chic geht. Klassische Pubgerichte, wie Fish & Chips.

Osteria Tre Nonni (RRR), 9 Grafton Av, Craighall Park, Tel. 011-3270095, www.osteriatrenonni.co.za, Di–Sa Lunch ab 12.30, Dinner ab 19 Uhr; sehr guter Italiener, bei dem sich immer die täglichen Spezialitäten empfehlen, die auf einem losen Zettel in der Speisekarte liegen. Die gerösteten Rosmarin-Kartoffeln sind ein Gedicht und können zu jedem Gericht bestellt werden. Exzellente Foie-Gras, gute Weinliste.

Rosebank/Melrose

Dinner-Tipps

Moyo (RRR), Melrose Arch, Shop 5, The High Street, Tel. 011-6841477, www.moyo.co.za. Afrikanische Küche in märchenhaftem Ambiente, serviert auf mehreren Ebenen, Live-Musik und afrikanische Gesichtsmalereien für die Gäste. Schwerpunkt des Essens liegt auf dem Norden des Kontinents, hier vor allem Marokko. Sehr gute Weinliste. Fantastische „Filialen" am Market Square im CBD und im Spiers Wine Estate bei Stellenbosch. In Johannesburg finden sich neben Melrose Arch noch zwei weitere *Moyo*-Restaurants, das eine am **Zoo Lake** (Zoo Lake Park, 1 Prince of Wales Drive, Parkview, Tel. 011-6460058, das andere am **Market Theatre** (Market Theatre Precinct, 129 Bree St, Newtown, Tel. 011-8381715).

La Belle Terrasse and Loggia (RRRR) im Westcliff Hotel, 67 Jan Smuts Av, Westcliff, Tel. 011-6462400, www.westcliff.co.za. Hoch am Westcliff Ridge gelegen, mit einer der besten Restaurant-Aussichten der Stadt, über das weite Grün des Johanneeburger Zoos, die umliegenden Stadtteile und die Magaliesberge in der Ferne. Manchmal hört man am Abend auf der Terrasse das Sonnenuntergangs-Röhren der Löwen. Afrika urban. Die Küche ist sehr gut, die Weinkarte ausführlich.

Soweto

Lunch-Tipps

Wandie's Place (RR), 618 Makhalamele St, Dube, Tel. 011-9822796, www.wandiesplace.co.za, tägl. 7 Uhr bis spät. Das erste Township-Restaurant in Soweto ist mittlerweile

Legende und läuft immer noch prächtig, Anlaufpunkt vieler organisierter Soweto-Touren. Die Wände sind mit Tausenden von Visitenkarten zugekleistert, die Gerichte wechseln noch immer täglich und gehören einduetig zur Kategorie Erlebnisgastronomie. Mal gibt es Kuhhufe, Schafskopf und Maisbrei, dann wieder Eintopf, Hühnchen und Reis.

Außerhalb von Johannesburg

Carnivore Restaurant (RRR), Drift Blvd., Muldersdrift (nordwestlich von Joburg, an der N 14/R 28), Tel. 011-9506061, www.rali.co.za, Mo–So Lunch (12–16 Uhr) & Dinner (18 Uhr bis spät). Das absolute Fleisch„fresser"-Paradies mit 500 Sitzplätzen. Auf riesigen offenen Grills brutzeln an langen Massai-Schwertern Tiere, die Besucher sonst nur in Nationalparks beschauen können: Zebra, Gnu, Springbok, Giraffe, Strauß, Elefant, Krokodil … Das Fleisch wird an gewaltigen Spießen an den Tisch gebracht und dort heruntergesäbelt bis der Gast aufgibt und die kleine Flagge am Tisch umlegt. Domestiziertes Getier wie Schwein, Lamm, Rind und Hühnchen gibt es ebenso wie – erstaunlicherweise – Vegetarisches.

Cornuti at the Cradle (RR), Cradle of Humankind, Route T 3, Kromdraai Rd, Tel. 011-6591622, www.thecradle.co.za, Fr/Sa 12–24 Uhr, So 12–16.30, Mo–Do nur für organisierte Gruppen. Eines der stilvollsten Restaurants des Landes (▶ siehe Website) mit einer der besten Aussichten! Lohnt auf alle Fälle einen Wochenendbesuch, vor allem, weil die Wiege der Menschheit nur ein paar Meter entfernt ist.

Nightlife

City

Kippies Jazz International, Market Theatre, Ecke Bree Stree/Wolhuter Street, Newtown, Tel. 011-8361805, Fr/Sa/So geöffnet. Tagsüber werden im Freien *light lunches* serviert, abends spielen Top-Jazzmusiker bis spät in die Nacht. Benannt nach dem berühmten Saxophonisten Kippie Moeketsi.

The Color Bar, 44 Stanley Av, Milpark (westlich der Universität), Tel. 011-4822038, Di–Sa 12 Uhr bis spät, Fr/Sa nach 21.30 Uhr, Cover charge R 40. Speziell freitags einer der Hotspots in Jozi. New York-Ambiente mit schönem Innenhof und Pilzheizern.

The Guildhall, Ecke Market Street/Harrison Street, Tel. 011-8331770. Joburgs älteste Bar. Guildhall Pub & Restaurant eröffnete 1888 am ehemaligen Marktplatz der Stadt, um durstigen Farmern und Goldgräbern Erfrischungen zu bieten. Geschlossen und über die Jahren zusammengefallen, wurde es kürzlich im alten Stil renoviert und wiederaufgebaut. Sehr schöne Holztäfelung und Eisenverzierungen und Blick auf das wiedererwachende Zentrum Johannesburgs. Samstags Live-Jazz, sicheres Parken in der Harry Hofmeyr-Garage gegenüber.

Adressen & Service Johannesburg

Gold Reef City, Shaft 14, Northern Parkway (M 1), Ormonde, Tel. 011-2486800, www.goldreefcity.co.za. Vergnügungspark im Süden von Johannesburg auf dem Gelände einer ehemaligen Goldmine. Mit Fahrt in einen alten Schacht, Goldschmelze, Achterbahn und unzähligen Souvenirshops ist Gold Reef City so etwas wie das südafrikanische Pendant zum amerikanischen Disneyland.

Apartheid Museum, Ecke Northern Parkway u. Gold Reef Road, Ormonde, Tel. 011-3094700, www.apartheidmuseum.org, Di–So 10 bis 17 Uhr, Eintritt 25/12 Rand. Eindeutig das wichtigste und interessanteste Museum im Land; die Geschichte der Apartheid in beeindruckenden Displays, Filmen und Fotografien.

Constitution Hill, Braamfontein, tägl. 9–17 Uhr, Eintritt 15 Rand (Di frei), www.constitutionhill.org.za. Der „Hügel der Verfassung", der Platz des neuen, südafrikanischen Verfassungsgerichts ist da, wo sich früher, vor dem demokratischen Neubeginn im Land, der *Old Fort Prison Complex* befand.

City Hall und Post Office, Rissik St. Das Rathaus von Johannesburg wurde zwischen 1910 und 1915 erbaut, das gegenüberliegende Postamt bereits 1897.

KwaZulu Shop, 14 A Diagonal St. Seit über fünf Jahrzehnten gibt es die exotisch anmutende Zulu-Apotheke, die ganz auf homöopathische Heilmittel setzt, 3600 verschiedene Kräuter und Wurzeln stehen zur Auswahl. Im düsteren Inneren hängen Dutzende ausgetrockneter Affen und Pferdeschädel. Auch wer nichts kaufen sollte, darf sich den Laden ansehen.

Market Theatre Complex, Ecke Bree Street/Wolhuter Street, Newtown, Tel. 011-8321641, www.markettheatre.co.za. Der Komplex besteht aus drei Theatern, einer Kunstgalerie, Restaurants und einer Bar. Sicheres, bewachtes Parken im Komplex möglich. Auf der gut gemachten Website finden sich ein Veranstaltungsplan sowie ein Link zu Computicket (www.computicket.co.za), wo die Eintrittskarten online gebucht werden können.

Bensusan Museum, Old Market Building, 121 Bree St, Newtown, Tel. 011-8335624, Di–So 9–17 Uhr, Eintritt 7/2 Rand (gilt auch für *MusuMAfricA* und *Museum of SA Rock Art*). Bensusan hat eine schöne Kollektion der frühen Tage der Fotografie und zeigt ihre Vielfalt, von den Anfängen bis zum CD-Rom-Zeitalter. Öfters finden Ausstellungen bekannter südafrikanischer Fotografen statt.

MuseuMAfricA, 121 Bree St, Newtown, Tel. 011-8335624, Di–So 9–17 Uhr, Eintritt 7/2 Rand. Der 1913 erbaute

Informationen Johannesburg

Gebäudekomplex war bis 1974 Johannesburgs Früchte- und Gemüsemarkt, er beherbergt heute ein Museum, das sich hauptsächlich der Geschichte Johannesburgs widmet. Besonders interessant sind die 1:1 nachgebauten Wellblechhütten der Townships, in denen Besucher sich ungefähr vorstellen können, wie dort das Leben aussieht.

Museum of SA Rock Art, Old Market Building, 121 Bree St, Newtown, Tel. 011-8335624, Eintritt 7/2 Rand. Ein mystischer Einblick in die Kultur der ersten Bewohner Südafrikas, der Khoi und San, teilweise sind Original-Felsmalereien zu sehen.

SAB World of Beer, 15 President St (hinter der Turbine Hall), Newtown, www.worldofbeer.co.za, Di–Sa 10–18 Uhr. Die 90 Minuten lange, geführte Tour führt durch 6000 Jahre Braugeschichte – vom antiken Mesopotamien bis zu den Township-Shebeens. Danach gibt es ein Glas Bier im Museums-Pub, dem *Tap room*. Eintritt R 10 (einschl. zwei Drinks), Tour telefonisch vorbuchen.

Market Theatre's Flea Market, Tel. 011-8321641. Auf dem Parkplatz gegenüber vom MuseuMAfricA werden jeden Samstag an über 300 Ständen kunsthandwerkliche Gegenstände aus Afrika und dem Rest der Welt verkauft.

Hector Pieterson Memorial and Museum, 8387 Khumalo Street/Ecke Pela Street, Orlando West (Soweto), Tel. 011-5360611, www.sa-venues.com/attractionsga/hector-pieterson-memorial-site.htm. Mo–Sa 10–17 Uhr, So 10–14 Uhr, Eintritt R 10. Das 2002 eröffnete Museum erinnert an die Schüleraufstände von 1976. Eindrucksvollstes Ausstellungsstück ist eine Schiefertafel mit der Kreideaufschrift „To hell with Afrikaans", die als Protestbanner während der Demonstration verwendet wurde. Im Innenhof des Museums liegen verstreut kleine Granitblöcke herum, in die die Namen der 350 Kinder, die während des Protests ums Leben kamen oder verschwanden, eingraviert sind.

Mandela Family Museum, 81 Ngakane Street/Vilakazi Street, Orlando West (Soweto), Tel. 011-9367754, www.sa-venues.com/attractionsga/mandela-museum.htm, tägl. 9.30–17 Uhr, Eintritt R 20. Nelson Mandelas ehemaliges Wohnhaus, bevor er für 27 Jahre ins Gefängnis musste.

Cradle of Humankind, Kromdraai Road, vorbei an Lanseria, Tel. 011-9570106, www.cradleofhumankind.co.za und www.sterkfontein-caves.co.za. Im September 2005 wurde das neue „Cradle of Humankind"-Informationszentrum in Sterkfontein eröffnet, genau an der Stelle, wo das Skelett von „Little Foot", bisher ältester menschlicher Fossilienfund der Welt, freigelegt worden ist. Der Platz ist Unesco-Weltkulturerbe. Hier sind einige Original-Fossilien ausgestellt, die an dieser sensitiven Ausgrabungsstelle gefunden wurden. In dem 470 km² großen Gebiet, 40 Kilometer westlich von Johannesburg, finden sich etwa 40 verschiedene

Ausgrabungstellen, wo einige der berühmtesten und wichtigsten Fossilien der Welt entdeckt worden sind. „Mrs Ples" (von „der" man nun glaubt, dass sich um Mr Ples handelt) ist 2,5 Millionen Jahre alt und „Little Foot", ein praktisch komplettes, affenmenschliches Skelett, sogar vier Millionen Jahre.

Shopping

Rooftop Market, Rosebank Mall, Rosebank, Tel. 011-7889693. www.craft.co.za/rooftop.aspx. Sonntäglicher Markt mit über 400 Ständen in einem Parkhaus. Mittlerweile fast beliebter als der Flohmarkt am Market Theatre. Kunsthandwerk aus ganz Afrika, Bekleidung, Töpferwaren, Antiquitäten, hausgemachtes Brot, seltene italienische Käsesorten, Nougat und Biltong.

Village Walk, Ecke Rivonia Road/Maude Street, Sandton, Tel. 011-7834620/1, www.villagewalk.co.za. Mo–Sa 9–17 Uhr, So 9–13 Uhr. Große, geschmackvoll im viktorianischen Stil erbaute Einkaufspassage auf drei Ebenen. Eine Vielzahl von Geschäften und Restaurants.

Nelson Mandela Square (früher: Sandton Square), gegenüber von Sandton City, Tel. 011-8064222, www.nelsonmandelasquare.com. Im mediterranen Stil erbaute riesige Piazza mit Springbrunnen in der Mitte. Um den großen Platz, der von einer überlebensgroßen Bronze-Statue (deren kleiner Kopf nicht ganz so gut zum Rest des Körpers passt) Nelson Mandelas dominiert wird, gruppieren sich exklusive Geschäfte und Restaurants. Sonntags findet hier ein großer Kunstmarkt statt. Tiefgarage für 2200 Autos.

Sandton City, Ecke Rivonia Rd u. Sandton Drive, www-usa.sandtoncity.co.za. Mo–Fr 9–18 Uhr, Sa 9–17 Uhr, So 10–14 Uhr. Stilvoll und exklusiv angelegtes Einkaufszentrum, in vielen Restaurants und Cafés gibt es sogar Piano-Spieler.

Tshwane (früher: Pretoria)

Geschichtliches

Wer Pretoria im Oktober besucht, wird mit Blumen empfangen. Die Stadt zeigt sich von ihrer schönsten Seite. Entlang der Straßen und Gehwege blühen Zehntausende von **Jacaranda-Bäumen** in leuchtendem Violett. Ein unvergleichlicher Anblick. Die Bezeichnung „Jacaranda-City" steht deshalb synonym für Südafrikas Hauptstadt.

Das war nicht immer so. Als Pretoria im Jahre 1855 von *Marthinus Wessel Pretorius* gegründet und nach seinem Vater Andries Pretorius benannt wurde, säumten Rosenhecken die Wasserrinnen rechts und links der Straßen. Erst 1888 begann der blühende Wechsel: Die ersten beiden Jacaranda-Bäume wurden in einem Garten in der Celliers Street gepflanzt. Einer steht heute noch. Ursprünglich aus Brasilien stammend, gediehen die im Deutschen „Palisander" genannten Edelhölzer prächtig in Pretorias Klima. Die flächendeckende Aufforstung der Stadt begann 1906. Würde man alle 70.000 Jacarandas in einer Reihe anpflanzen, ergäbe sich eine Strecke von 700 Kilometern.

Bis in den November hinein ist die Erde mit einem lila Teppich aus Tausenden von Blüten bedeckt. Das charakteristische Knacken, das bei ihrem Überfahren oder Zertreten ertönt, wird zum vertrauten Ton. In

Violett blühende Jacaranda-Bäume sind das Wahrzeichen von Tshwane

dieser Zeit stehen häufig Studenten unter den Bäumen, in der Hoffnung eine Blüte möge auf ihr Haupt fallen. Ein Aberglaube besagt, dass man dann die Prüfung auf alle Fälle schafft. Manche versuchen dem Zufall durch heftiges Schütteln auf die Sprünge zu helfen. Die fallen bestimmt durch.

Seit 1939 ist der **Jacaranda-Karneval** nicht mehr aus dem gesellschaftlichen Leben Pretorias wegzudenken. Neben Straßenumzügen und der Wahl der Jacaranda-Königin finden Musik- und Sportveranstaltungen statt. Höhepunkt ist der farbenprächtige Jacaranda-Ball in der **Pretoria City Hall.**

City-Besichtigung

Das **Tourist Rendezvous Travel Centre** am Sammy Marks Square hält für Blumenfreunde einen bunten Jacaranda-Routen-Plan bereit. Zentral gelegen in der Vermeulen/Ecke van der Walt Street bieten sich die modern und großzügig gestalteten Räume der Tourist Information als Startpunkt für einen Stadtrundgang an. Bei einem leckeren Cappuccino in der angegliederten Coffee Bar und einem Blick in das offerierte Info-Material wird klar, dass Pretoria längst das Image der verstaubten Buren-Metropole abgelegt hat und nicht mehr im Schatten des vierzig Autominuten weiter südlich gelegenen Johannnesburg steht. Das Leben läuft hier etwas ruhiger ab, was der Besucher schon auf den ersten Metern der Church Street spürt, aber langweilig ist es deswegen noch lange nicht. Und nach einem ermüdenden Flug ist Ruhe sowieso angesagter als Hektik.

Church Square Trotzdem würde der berühmteste Bewohner der Stadt, gesetzt dem Fall, er könnte von seinem Sockel am *Church Square* steigen, sein Pretoria niemals wiedererkennen. Zu viel hat sich seit den Zeiten der *Zuid Afrikaanse Republiek,* der Südafrikanischen Republik, verändert, als er – **Paul „Oom" Krüger** – Präsident war (zwischen

Tshwane (Pretoria)

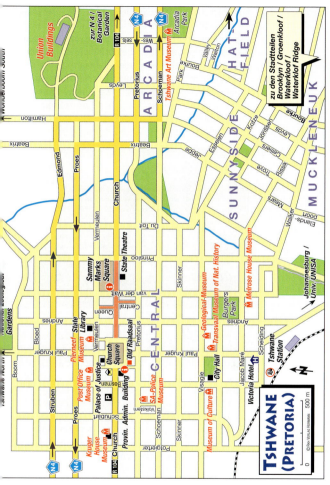

1883 und 1900). Hier, wo einst die erste Kirche stand und Pretoria aus ein paar Holzhäusern entstand, donnern heute Autos und Busse im Kreis herum.

Die freie Meinungsäußerung des schwarzen Rastalocken-Trägers, der den zylinderbewehrten Bronze-Krüger wüst beschimpft, bleibt erst seit kurzem ohne Folgen. Zu Apartheidzeiten wäre er wahrscheinlich für immer in einem dunklen Gefängnis verschwunden.

Kruger House Museum

Ein Stückchen weiter westlich steht, wie eine Insel im Verkehr, Krügers bescheidenes Einfamilienhaus, das *Kruger House Museum*. Hier hat der Präsident während seiner Amtszeit gelebt. Viele der persönlichen Besitztümer des Krüger-Ehepaars sind in den im Originalzustand belassenen Räumen ausgestellt. Krügers massiges, von einem Bart umrahmtes Gesicht, starrt von vielen Gemälden und Fotografien, wobei die Maler sichtlich mehr Möglichkeiten zum Beschönigen hatten.

Im Kruger House Museum lebt das 19. Jahrhundert wieder auf

Die Fotos belegen zeitgenössische Beschreibungen des Präsidenten: „Er ist hässlich wie die Sünde, sein Gesicht ist schroff, seine Nase höckrig, seine Augen blicken verschleiert". Der Besucher erfährt noch mehr: In seinem ganzen Leben besuchte Krüger nur insgesamt drei Monate eine Schule, das einzige ihm bekannte Buch war die Bibel. Er gehörte zu den echten Voortrekkern. Als Junge war er Mitglied des Potgieter-Trecks, der im westlichen Transvaal eine eigene Siedlung gründete. Er kämpfte gegen Mzilikazis Ndebele-Krieger, die sich verzweifelt gegen den Landraub der Buren wehrten und immer wieder deren Wagenburgen angriffen.

1883 wurde er zum Präsidenten von Transvaal gewählt. Er sah es als seine Pflicht an, das Land gegen die Engländer zu verteidigen und erklärte Großbritannien am 11. Oktober 1899 den Krieg. Nach anfänglichen Siegen seiner Buren-Kommandos wendete sich das Blatt. Die Erinnerung an seine treuen Kämpfer halten vier *Burgher* aufrecht, die, sichtlich müde vom Kampf, an den vier Enden des Krüger-Denkmals am

Church Square sitzen. Der Präsident musste in die Schweiz flüchten, wo er am 14. Juli 1904 starb. Seine sterblichen Überreste wurden später nach Pretoria zurückgebracht.

Die Veranda des Krüger-Hauses gehört heute zu dem *Coffee House* des Museums. Bei einem kühlen Drink können sich Besucher vorstellen, wie der riesige Mann hier, mit Zylinder und engem schwarzen Gehrock, in seinem Lehnstuhl gesessen hat, so dass ganz Pretoria sehen konnte, wie er sein Volk regierte.

Transvaal Museum
Das Wal-Skelett im Vorgarten des Transvaal Museums soll bei Besuchern das Interesse an diesem Naturkunde-Museum wecken. Neben unzähligen ausgestopften Säugetieren und Vögeln sind auch die Fossilien prähistorischer Menschen ausgestellt.

Railway Station
Am südlichen Ende der Paul Kruger Street, gegenüber des 1892 erbauten und kürzlich restaurierten **Victoria Hotels**, liegt Pretorias Bahnhof. Von hier aus startet der historische Dampfzug **Rovos Rail** nach Kapstadt. Er ist das südafrikanische Pendant zum weltberühmten Orient-Express (Exkurs darüber ▶ s.S. 15). Eine bis ins Detail restaurierte alte Lok ist ausgestellt.

Melrose House
Auch der nächste Stop ist lohnenswert. Das *Melrose House* in der Jacob Maré Street gehört zu den schönsten viktorianischen Gebäuden Südafrikas. Hier wurde am 31. Mai 1902 der Englisch-Burische Krieg durch den Friedensvertrag von Vereenigung beendet. Während der bewaffneten Auseinandersetzungen beherbergte es die britischen Krüger-Gegner Lord Kitchener und Lord Roberts. Neben dem Original-Geschirr, das die Vertragsunterzeichner benutzt hatten, sind eine Fülle viktorianischer Möbelstücke ausgestellt. Aber Vorsicht, da die schwarze Dame an der Kasse ihre Postkarten verkaufen möchte, ist Fotografieren streng verboten.

Burgers Park
Nach dem vielen Laufen und Sightseeing kommt der gegenüberliegende *Burgers Park* mit seinen schattenspendenden Bäumen als Oase der Entspannung gerade recht. 1882 angelegt, ist der nach dem zweiten Präsidenten der Südafrikanischen Republik benannte Park der älteste Pretorias.

Voortrekker Monument

Um zu dem sechs Kilometer südlich vom Stadtzentrum entfernt liegenden Nationalheiligtum aller Buren zu gelangen, empfiehlt sich das Auto. Das aus Granit gehauene, klotzige *Voortrekker Monument,* Walhalla der weißen Südafrikaner, ragt 61 Meter hoch in den Himmel. 1938 gedachten Tausende von Weißen mit einem symbolischen Ochsenwagen-Zug von Kapstadt ins Landesinnere dem Großen Trek ihrer Vorväter. Sie trafen sich in Pretoria, um den Grundstein für das Voortrekker Monument zu legen. Eingeweiht wurde es genau 111 Jahre nach der am 16. Dezember 1838 stattgefundenen Schlacht am Blood River (Exkurs darüber ▶ s.S. 184).

Das Granit-Denkmal wird von 56 steinernen Ochsenwagen in Originalgröße umrahmt. Genauso viele bildeten das *Laager,* die Wagenburg bei der Schlacht am Blood River. Vier Granitfiguren der Helden des Großen Treks stehen an den Ecken des Denkmals: *Piet Retief, Andries Pretorius, Hendrik Potgieter* und der *Unbekannte Voortrekker.*

Nationalheiligtum aller Buren: Voortrekker Monument

Jedes Jahr am 16. Dezember um Punkt zwölf Uhr dringt ein Sonnenstrahl durch eine kleine Öffnung in der Decke ins Innere des Monuments. Dort leuchtet dann eine Inschrift auf dem Opfer-Altar auf: *„Ons vir jou, Suid-Afrika"* – „Wir für Dich, Südafrika". Die 27 Marmortafeln des Frieses zeigen die Ereignisse des Großen Treks – aus der Sicht der Weißen. Sie kamen, um Land zu besiedeln, das seit Jahrhunderten von Schwarzen bewohnt war. Deren Versuch sich selbst zu verteidigen, werteten die calvinistischen Voortrekker als heidnische Überfälle und gingen mit geballter Feuerkraft aus Gewehren und Kanonen gegen die waffenmäßig weit unterlegenen Krieger vor.

Aufbruch der Voortrekker zum Großen Trek

Im **Voortrekker Monument Museum** wird das Leben der Voortrekker (1835–1852) lebendig. Karten zeigen den Verlauf des Großen Treks, eine der folgenreichsten Völkerwanderungen in der Geschichte des südlichen Afrikas. Persönliche Gegenstände der Voortrekker sind ebenso zu sehen wie lebensgroße Dioramen, die eine Schmiede und eine Pionierhütte zeigen.

Union Buildings

Im Oktober ist der folgende Abstecher am schönsten: Von den **Union Buildings,** den Regierungsgebäuden oben auf dem *Meintjieskop* an der Government Avenue, bietet sich ein wunderbarer Blick über die Stadt, deren blühende Jacarandas im nachmitttäglichen Licht fast unwirklich schön leuchten. Die Sandsteingebäude sind von dem berühmten südafrikanischen Architekten Sir Herbert Baker entworfen worden.

Die zwei Flügel des Gebäudes, das in einem großzügig angelegten Garten steht, symbolisieren die zwei offiziellen Sprachen Südafrikas: Englisch und Afrikaans.

Informationen Tshwane
Tourismusbüros

Tshwane Tourism Association, Sammy Marks Square, Vermeulen Street/Ecke van der Walt, Tel. 012-3285961, www.tshwanetourism.com. Neben zahlreichen Infos zu Übernachtungsmöglichkeiten, Sehenswertem, Auto-Vermietern und Ausflügen auch eine *Coffee bar,* wo die Prospekte bei einem Frühstück mit Espresso oder Cappuccino studiert werden können.

Ein weiteres Büro: **Tshwane Tourism,** Ground Floor, Old Netherlands Bank Building, Church Square, Tel. 012-3374430, www.tshwane.gov.za. Tipps und kostenlose Broschüren zu Pretoria und Umgebung.

Unterkunft

Illyra Guest House (RRRR), 327 Bourke St, Muckleneuk, illyria@mweb.co.za, www.illyria.co.za. Ein wunderschönes, koloniales Anwesen am Hang in Tshwanes Stadtteil Muckleneuk, das schönste Guest House in der Hauptstadt und eines der komfortablesten im Land. Schöner kann der Einstieg in den Südafrika-Urlaub wohl nicht ausfallen. Die Wellness-Behandlungen im idyllischen Garten, die romantischen Kerzenlicht-Dinner und der extrem aufmerksame Service lassen bei den Gästen königliche Gefühle aufkommen. So werden sonst nur Promis verwöhnt. Die attraktive Besitzerin, *Marietjie van der Walt,* könnte gar nicht besser zu dem edlen Ambiente passen.

Victoria Hotel (RR-RRR), 200 Scheiding St, Tel. 012-3236054 o. 3232425, Fax 3242426, www.places.co.za/html/6504.html. Die Betreiber der Dampfzug-Linie Rovos Rail (Exkurs darüber ▶ s.S. 15) haben das 1892 erbaute Bahnhofshotel übernommen. Die 11 Zimmer sind sehr schön restauriert worden. Vor allem die Badezimmer mit ihren freistehenden, viktorianischen Wannen passen gut zum Nostalgie-Trip.

Restaurants
Stadtviertel Hatfield, Arcadia und Waterkloof Ridge

Dinner-Tipps

Bistro Boer'geoisie (RR), 370 Hilda St, Hatfield (ca. 5 km östlich vom Church Square), Tel. 012-4600264, 12–15 Uhr Soi–Fr, 18–22 Uhr Mo–Sa. Wie der Name schon vermuten lässt ein typisch südafrikanischer Platz, sowohl vom Dekor als auch von den Speisen her. Fröhlich dekoriert mit Südafrika-Krimskrams, von Kitsch bis zu ernsthaften Africana-Sammelstücken. Aus der Speisekarte kann ganz Authentisches gewählt werden, wie Wildpastete und *Waterblommetjie Bredie* (ein Eintopf mit Wasserblumen). Die Portionen sind ordentlich, Besuch lohnt sich.

Brasserie de Paris (RRR-RRRR), 525 Duncan St, Hatfield, Tel. 012-3622247, Mo–Fr 12–14.30 Uhr, Mo–Sa 19–21.30 Uhr. Feine französische Küche in passendem edlen Ambiente. Erstklassiges Essen mit himmlischen Desserts.

Stadtviertel Brooklyn, Groenkloof und Waterkloof

LunchTipps

Capeesh? (R-RR), Shop 35, Cherry Lane Centre, Ecke Fehrsen Street/Middle Street, Brooklyn (ca. 5 km südöstlich vom Church Square), Tel. 012-3461932, tägl 12–23 Uhr. Wie der Name bereits vermuten lässt, ein italienisches Restaurant. Guter Vibe, prima Gerichte.

Dinner-Tipps

Matsuya (RR), 1. Stock, Waterkloof Shopping Centre, Ecke Main Street/Rupert Street (ca. 6 km südöstlich vom Church Square), Waterkloof, Tel. 012-3460800, Mo–Sa 11.30–15 Uhr, 17.30–22 Uhr. Der beste Japaner der Stadt. Ein Beweis dafür ist das häufig hier anzutreffende Botschaftspersonal, ja, natürlich auch vom japanischen Konsulat. Perfektes Sushi und Teppanyaki.

Pride of India (RR), 22 Groenkloof Plaza, George Storrar Drive (ca. 3 km südöstlich vom Church Square), Groenkloof, Tel. 012-3463684, Mo–Fr 12–15 Uhr, Mo–Sa 18.30–22.30 Uhr. Das edle indische Restaurant ist offen und luftig angelegt, ein Besuch macht in der Gruppe mehr Spaß, um am gemeinsamen Tisch mehrere Gerichte auszuprobieren. Die erfahrenen Bedienungen helfen Inder-Novizen bei der Auswahl und Zusammenstellung der Gerichte.

Imagine Restaurant (RR-RRR), 310 Eastwood St, Arcadia, Tel. 012-3429281, Mo–Sa Frühstück, Lunch & Dinner. Leichte, relaxte Lunches im Deli-Stil, aber sehr feines Essen am Abend. Mediterrane Küche mit interessanten Vegetarier-Optionen und leckeren Nachspeisen. Schöner Garten zum Draußensitzen.

Zest Bistro (RR), Greenlyn Village Centre, 13th St, Menlo Park, Tel. 012-4600275, Di–Fr u. So Lunch, Di–Sa Dinner. Gemütliches, trotzdem schickes Bistro mit jüngerem Publikum. Kleine Karte, die aber dafür monatlich wechselt. Es gibt zwei- und dreigänge Menüs. Große Portionen und exzellente Weinkarte.

Adressen & Service Pretoria

Church Square, Church Street, Central. Am berühmtesten Platz Südafrikas blickt der einstige Präsident der Südafrikanischen Republik, *Paul Krüger,* von seinem Podest auf ein Pretoria, das sich seither gewaltig verändert hat. Der Platz ist so gestaltet, dass seine südliche Seite dem Trafalgar Square in London und seine nördliche Seite dem Place de la Concorde in Paris ähnelt.

Kruger Museum, 60 Church St, Central, Tel. 012-3269172, Mo–Fr 8.30–16.30 Uhr, Sa/So und Feiertage 9–16.30 Uhr. Das Museum zeigt Gegenstände aus dem Besitz von Präsident Krüger und seiner Frau sowie die Einrichtung, wie sie während seiner Amtszeit zwischen 1884 und 1901 bestand. Coffee House und Museums-Shop.

Transvaal Museum, Paul Kruger St, Central, Tel. 012-3227632, Mo–Sa 9–17 Uhr, So 11–17 Uhr, Eintritt R 10/8. Naturkunde-Museum in einem schönen Gebäude, das alleine schon einen Besuch wert ist, mit riesigem Wal-Skelett im Vorgarten. Interessante archäologische und geologische Sammlung, Restaurant.

Railway Station. Schönes Gebäude aus dem Jahre 1910 am Ende der Paul Kruger Street. Eine guterhaltene Dampflok ist ausgestellt.

Melrose House, 275 Jacob Mare St, Parkplatz-Einfahrt in der Scheiding St, Central, Tel. 012-3222805, www.melrosehouse.co.za, Di–So 10–17 Uhr, Eintritt 8/5 Rand. Hier wurde am 31. Mai 1902 der Friedensvertrag zwischen Engländern und Buren unterschrieben. Das 1886 erbaute Haus gehört zu den schönsten viktorianischen Bauten Südafrikas. Restaurant.

Burgers Park, Jacob Mare St, Central, tägl. 8–18 Uhr. Ältester Park Pretorias, 1882 angelegt. Benannt nach dem zweiten Präsident der Südafrikanischen Republik, Thomas Burgers.

Vortrekker Monument und Museum, Eufees Rd, südl. außerhalb, M 7, Tel. 012-3230682, www.voortrekkermon.org.za. Sep.–April tägl. 8–18 Uhr, Mai–Aug tägl. 8–17 Uhr, Eintritt R 32/10 sowie R 13 pro Auto. Die am 16. Dezember 1949 eröffnete Gedenkstätte gilt als Nationalheiligtum aller Buren. Das Museum gibt Einblick in das Leben der Voortrekker. Restaurant-Tel. 012-3230682.

Union Buildings, Meintjieskop. Die Regierungsgebäude liegen östlich des Zentrums in einer sehr schönen Gartenanlage. Tolle Aussicht auf die Stadt. Dort, wo Nelson Mandela seinen Amtseid als erster schwarzer Präsident Südafrikas leistete, machen die meisten Besucher ihr Erinnerungsfoto. 1901 war dies das größte Gebäude des Landes.

Jacaranda-Blüte, im September und Oktober blühen in ganz Pretoria über 70.000 Jacaranda-Bäume in strahlendem Violett. Das Tourismusbüro gibt kostenlos eine Landkarte mit den schönsten Jacaranda-Routen heraus. Von Ende September bis Anfang Oktober findet der farbenfrohe Jacaranda-Karneval statt. Mit Straßen-Umzügen, Krönung der Jacaranda-Königin und viel Musik in der ganzen Stadt.

Sammy Marks Museum, Old Bronkhorstspruit Rd, Straße R 104 (ca. 25 km östlich vom Church Square), über die N 4, Ausfahrt Hans Strijdom, dann den Schildern folgen, Tel: 012-8036158, www.places.co.za/html/marksmuseum.html, Di–Fr 10–17 Uhr, Sa/So 10–16 Uhr, Touren Mo–Fr um 10, 11.30,13, 14.30 u. 16 Uhr, Sa/So- und feiertags jede Stunde zur vollen Stunde von 10–16 Uhr, Eintritt R 20/7. Sammy Marks war ein guter Freund von Präsident Paul Krüger und trug viel zur industriellen, bergbaulichen und landwirtschaftlichen Entwicklung der Buren-Republik bei. Das Haus zeigt den luxuriösen Lebensstil, dem Reiche hier frönten. Ein schöner Platz, um ein Frühstück, ein leichtes Lunch oder den berühmten Fünfuhr-Tee einzunehmen (Restaurant-Tel. 012-8021485). Spezielle Geistertouren in der Nacht.

2. LIMPOPO UND MPUMALANGA PROVINCE, KRÜGERPARK

Raus aus der Stadt

Beim Verlassen der Ballungsgebiete von Johannesburg und Pretoria lässt sich die landschaftliche Schönheit des Tagesziels im morgendlichen Berufsverkehr noch nicht erahnen. Die allgegenwärtigen Zeitungsverkäufer sind schon lange wach. Sie zwängen sich durch die Blechschlangen, die vor roten Ampeln verharren, um sich kurz danach wieder auf einzelne Fußgänger zu stürzen. Im Straßenverkehr sind Südafrikaner gnadenlos. Fälle von *road rage* sind nicht selten. Sobald sie allerdings ihre Blechhülle verlassen haben, ändert sich ihre Persönlichkeit, sie sind dann fast immer freundlich, hilfsbereit und zuvorkommend.

Wieder brüllt der Zeitungsjunge die Schlagzeile der Titelseite durch das halbgeöffnete Fenster. Ein anderer, der eine ganze Kiste Pfirsiche auf einem Arm balanciert, drängt ihn beiseite. Der aufgeschlagene

Stadtplan hat die Pkw-Insassen als Touristen geoutet. Die sind dafür bekannt, dass sie alles kaufen. *„Peaches, peaches, madam, cheap, cheap." – „No thank you, I am not hungry." – „It is not for hungry, it is good for your blood."* Okay, der war gut. Der Reiseproviant erhöht sich um vier Pfirsiche, die nicht gegen Hunger sind, dafür aber gut fürs Blut.

Auf der Autobahn N 4 Richtung Osten nimmt der Verkehr deutlich ab. Auf den ersten gut hundert Kilometern ist ruhiges Dahingleiten angesagt. Zeit, um sich an das Linksfahren zu gewöhnen. Gewelltes Grasland dehnt sich rechts und links aus. Einst weideten hier riesige Herden von Gnus, Antilopen, Zebras und Giraffen. Ihren Platz haben heute Schaf- und Rinderherden eingenommen. Das Land wird intensiv landwirtschaftlich genutzt. Mais- und Sonnenblumenfelder erstrecken sich bis zum Horizont.

Dann tauchen die ersten Rauchsäulen auf. **Witbank** steht synonym für Kohle. Ihren Namen hat die Stadt ironischerweise von einer weißen Felsnase, vor der Transportfahrer früher ihre Ochsenwagen ausgespannt haben. Heute ist sie das Zentrum einer Region, die jährlich 75.000 Millionen Tonnen Kohle fördert! Das 1903 gegründete Witbank ist damit die größte kohleproduzierende Stadt Afrikas. 22 Minen versorgen etliche Kraftwerke in der näheren Umgebung. Diese erzeugen einen Großteil des südafrikanischen Energiebedarfs. Die Luftverschmutzung in dieser Gegend ist entsprechend hoch, saurer Regen kein Fremdwort mehr.

Also, etwas stärker aufs Gaspedal treten und durch. Eine kleine Begebenheit sei noch erwähnt: Ganz hier in der Nähe brach im Dezember 1899 ein englischer Abenteurer und Kriegsberichterstatter aus einem burischen Gefängnis aus. Er fand Unterschlupf beim Besitzer eines Bergwerkes und wurde später in einem Zug in die damalige Hauptstadt Mosambiks, nach Lourenço Marques, dem heutigen Maputo, geschmuggelt. Sein Name: Winston Churchhill.

Noch im Gebiet der Kohleminen und Maisfelder beginnt eine von Südafrikas vielen **„Art Routes"**, Strecken, an denen sich „Kunsthandwerker" angesiedelt haben. Das **Little Elephant Craft Centre** im

Midway Hotel in **Middelburg** (Kontakt: Lynette Odendaal, Tel. 072-3791772) vereint diverse Künstler in einem beeindruckenden Dorf mit reetgedeckten Hütten. Ebenfalls in Middelburg hat *Sarah Mahlangu* eine Kultur-Tour ins Leben gerufen, die sich „Something Out of Nothing" (Tel. 082-9395492) nennt. Sie führt interessierte Besucher durch ihre Welt, zeigt und erklärt ihnen das Kunsthandwerk und nützliche Dinge, die aus Recycling-Material hergestellt worden sin.

Die Region nördlich von hier ist traditionelles Stammesgebiet der **Ndebele,** deren Frauen für ihre farbenprächtigen Perlenarbeiten und geometrischen Hausbemalungen weit über die Grenzen Südafrikas hinaus bekannt sind. Beide sind hier zu bewundern. Ausgesprochen schöne Beispiele für die bunten Fassadenbilder lassen sich im sehr sehenswerten **Botshabelo Museum and Craft Centre** (Tel. 013-2459003), 10 km nördlich von Middelburg, in einer ehemaligen Missionsstation besichtigen.

Ndebele-Graffiti: Wunderschöne Hausbemalungen

Die einst deutsche Missionsstation **Botshabelo** liegt direkt neben dem Dorf. Am 21. Januar 1865 kauften Alexander Merensky und Heinrich Grützner, zwei junge Berliner Missionare, ungefähr zwölf Kilometer nördlich von Middelburg eine Farm die sie *Botshabelo,* „Platz der Zuflucht", nannten. Während Pedi-Häuptling Sekwati den Weißen und ihrer Religion noch wohlwollend gegenüberstand und nichts dagegen hatte, dass seine Stammesmitglieder getauft wurden, war sein Sohn *Sekhukhuni* radikaler eingestellt: Nach dem Tod des Vaters ließ er Jagd auf die Christen machen. Diese bildeten in Botshabelo eine Schutzburg zu ihrer Verteidigung, das heutige **Fort Merensky.**

Die Kunst der Ndebele

Das Volk der **Ndebele,** die wie die Zulu, Xhosa und Swazi zur ethnischen Gruppe der Nguni gehören, entwickelten keine Schriftsprache. Ihre Vokabel *amagama* bedeutet „Muster", „Wort" oder „Bildbotschaft". Bis ins 19. Jahrhundert waren die Stammesmitglieder Nomaden, die ihre Geschichte mündlich weitergaben. Auseinandersetzungen um Häuptlingsansprüche teilten das Volk in drei Gruppen, die sich voneinander lösten und selbständige Stammesverbände bildeten: die Matabele (oder Ndebele) von Zimbabwe, die Ndebele des nördlichen und die des südlichen Transvaal.

Nomaden bemalen keine Wände, deshalb begann die Kunst der Ndebele-**Wandmalereien** mit dem Sesshaftwerden des Stammes. Sie malen nie nach Vorlage, immer aus einer Intuition heraus, ganz ohne Hilfsmittel. Wenn sie mit einer Linie beginnen, wissen sie noch nicht, wo diese enden wird. Die **Perlenkunst** ist noch viel älter. Noch bevor die Frauen bunte Glasperlen von portugiesischen Händlern kaufen konnten, formten sie Kügelchen aus Ziegenmilch und Lehm, durchbohrten und trockneten sie, um sie später auf Tierhaar aufzuziehen.

Die Muster in den Perlenarbeiten wiederholen sich im Design der Häuser. Die Frauen mit ihrem Perlenschmuck sind genauso farbenprächtig wie ihre Wohngebäude. Für Hochzeiten, rituelle Tanzfeste, bei Erntebeginn oder zur Beschneidungszeremonie werden die Wände immer wieder neu bemalt.

Die Ndebele sind ein zerrissenes Volk, dessen Schicksal vor über hundert Jahren, zwischen November 1882 und Juli 1883, besiegelt wurde. Damals standen sich der legendäre Ndebele-Häuptling *Nyabela* und *Piet Joubert,* der Führer der Südafrikanischen Republik,

Seit dem Jahre 1849 war es das vierte Mal, dass die Buren versuchten, die Ndebele zu vernichten. Dort, wo die Ndebele schon lange siedelten, hatte das Volk der weißen Afrikaner, das sich von Gott legitimiert sah alle „Heiden" zu töten, seine Republik errichtet.

Als die Republik-Truppen angriffen, befanden sich etwa 15.000 Menschen in dem befestigten königlichen Kral. Die Buren konnten ihn nicht erstürmen und entschlossen sich, die Ndebele auszuhungern. Erst acht Monate später gaben diese auf. Kral und Felder wurden zerstört. Zurück blieben 7000 Tote.

Doch was auch immer mit ihnen in den folgenden Jahrzehnten passierte, von der Vertreibung über Zwangsarbeit bis zur erzwungenen Umsiedlung in ein „unabhängiges" Homeland, die Frauen der Ndebele besannen sich auf das Geheimnis ihrer Perlen, Muster und Riten. Die internationale Anerkennung ihrer Kunst hat das Selbstvertrauen der Ndebele sehr positiv beeinflusst und zu vielen Einladungen ins Ausland geführt. Eines der neun schwarzen Völker Südafrikas, dem es gelungen ist, zu seiner Identität zurückzufinden.

Wer das Ndebele-Dorf besichtigt, sollte daran denken, dass die Hütten und bemalten Lehmhäuser Wohnungen sind, die nicht ohne Erlaubnis der Besitzer betreten werden sollten. Die Siedlung ist kein Menschenzoo. Anstatt den Kindern Trinkgeld zu geben, ist es sinnvoller, im kleinen Dorfladen eine Perlenarbeit zu erstehen.

Sehenswert

Botshabelo South Ndebele Village and Mission, Middelburg, Tel. 013-2435020, Fax 013-2431319, www.middelburgsa.co.za/botshabelo, Mo–Fr 6–18 Uhr. Ein Freilichtmuseum des Süd-Ndebele-Stammes mit den charakteristischen farbenprächtigen Hütten. Ndebele-Frauen leben hier zeitweise und stellen ihre Kultur vor. Restaurant mit lokalen Spezialitäten.

Botshabelo Museum. Historische Station der Berliner Missionsgesellschaft, Einführung in die deutsche Missionsgeschichte in Südafrika. Restaurant.

Botshabelo-Naturpark. Der Park wurde 1984 eröffnet und beherbergt vor allem Antilopen und Gazellen, aber auch Affen, Zebras, Strauße und eine Vielzahl von Vögeln.

Um direkt zum Krügerpark zu kommen, fahren Sie zurück zur N 4 und dann entweder über Lydenburg (▶ s.S. 163) oder Nelspruit). Oder Sie bleiben auf der N 4 bis zum südlichen Krügerpark-Gate, „Malelane".

Auf dem Weg nach Norden

Auf dem weiteren Weg auf der N 11 nach Norden verändert sich die Landschaft. Es wird trockener und heißer. Rötliche Erde und kakteenbewachsene Hügel lösen das Grasland ab. Ein großer Pavian mit einem schwarzen, viereckigen Gegenstand im Maul hetzt über die Straße. Das sah aus wie ein Autoradio, denken sich die Touristen in ihrem Mietwagen und drehen, wie zur Beruhigung, die Musik etwas lauter.

In das ehemalige Homeland *Lebowa,* das bei der Fahrt nach Polokwane zu durchqueren ist, verirrt sich normalerweise kein Tourist. Unfruchtbar und überbevölkert ähnelt das Gebiet anderen vom einstigen Apartheidstaat ausgewiesenen Schwarzen-Gebieten. Eine vorsichtige Fahrweise sei hier wegen des freilaufenden Viehs angeraten.

Am **Chuniespoort-Pass** dann wieder schöne Landschaft. Nur zwei Kilometer ist die Passstraße lang, schlängelt sich allerdings so spektakulär nach oben, dass sie zu Südafrikas schönsten Strecken gerechnet wird. Mit Recht. Immer wieder fällt der Blick nach unten, auf den mit Felsbrocken übersäten Chuene River. Nur etwas für Schwindelfreie.

Polokwane

In Polokwane (früher Pietersburg), der Hauptstadt der Limpopo Province, herrscht eine entspannte Atmosphäre. Das Straßenbild ist gemischt, hier leben Schwarz und Weiß selbstverständlich nebeneinander. In einem der schönsten, viktorianischen Gebäude, dem zum National Monument erklärten *Irish House,* befindet sich das **Polokwane Museum.** Eine umfangreiche Ausstellung hat die Besiedlung Südafrikas zum Thema. Plastischer wird die jüngere Geschichte in der restaurierten holländisch-reformierten Kirche. In dem 1880 erbauten Gebäude ist das **Photographic Museum** untergebracht. Bilder, insgesamt 23.000 Glas-Negative des südafrikanischen Fotografen Hugh Exton geben einen guten Eindruck vom Leben in Polokwane in den ersten Jahren des letzten Jahrhunderts.

132 Limpopo, Mpumalanga und Krügerpark — Karte S. 132

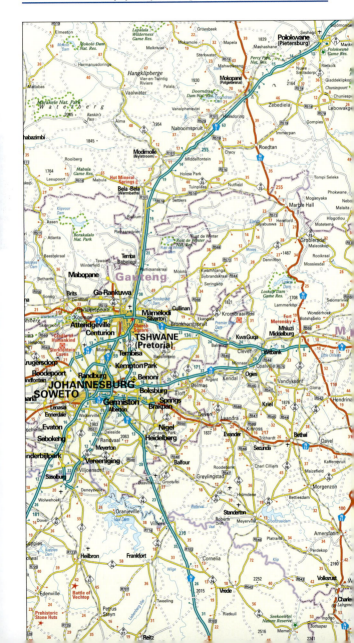

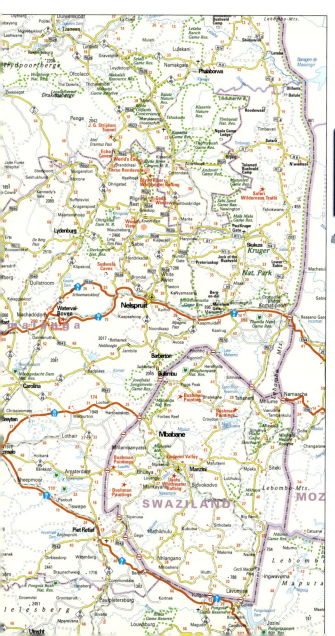

Information

Polokwane Tourism Bureau, Civic Centre, Tel. 015-2902010, Fax 015-2902009, www.pietersburg.org.za, Mo-Fr 8–16.30 Uhr. Fundierte, kostenlose Informationen zur Limpopo Province.

Restaurant

The Restaurant (RR), Ecke Dorp Street/Thabo Mbeki Street, Tel. 015-2911918, Lunch 11–15, Dinner 18 Uhr bis spät, Sa kein Lunch, So geschlossen. Das historische, mit Antiquitäten möblierte Haus datiert auf die Anfangszeit des Ortes, was dem trendigen Restaurant augenblicklich ein gemütliches Ambiente verleiht. Der Garten mit dem schattenspendenden Jacaranda-Baum ist ebenso einladend wie das kühle Hausinnere. Im Winter brennt das Feuer im Pub-Kamin. Spezialität: Tiger Prawns und indische Currys.

Sehenswert

Pietersburg Museum, Irish House, Ecke Market Street/Vorster Street, Tel. 015-2902182. In dem viktorianischen Haus, mittlerweile ein National-Denkmal, ist ein interessantes Stadtmuseum untergebracht. Die Geschichte der Besiedlung Südafrikas ist mit Bildern und Zeitdokumenten dargestellt.

Hugh Exton Photographic Museum, Civic Square, Tel. 015-2902182, Mo-Fr 8–17 Uhr. Interessante Foto-Ausstellung, die die Geschichte von Polokwane und Umgebung in 23.000 historischen Aufnahmen des Fotografen Hugh Exton zeigt. Das Museum ist in der ehemaligen, 1880 erbauten holländisch-reformierten Kirche untergebracht. Eintritt frei.

Nach Osten Richtung Krügerpark

Kein Schild zeigt die Grenze ins Homeland **Lebowa** an, aber sofort ist klar, wo auf der R 71 „weißes" Gebiet aufhört und „schwarzes" beginnt. Im späten Abendlicht erhält die Armut etwas Ästhetisches: Im Staub, den Menschen und Tiere aufwirbeln, brechen sich die Sonnenstrahlen, diffuses Licht liegt wie ein Schleier über der mit roten Felsen durchsetzten Hügellandschaft. Rundhütten heben sich wie Scherenschnitte am Horizont ab. Was aus der Ferne wie ein Blendspiegel wirkt, ist das Angebot des Radkappen-Verkäufers *Solomon Fiki* links am Straßenrand, kurz bevor es in die Berge geht. Sehenswert ist sein komplett aus leeren Flaschen gebautes Haus und sein „Ratten-Terrarium". Besucher können sich in seinem *Visitor's book* verewigen.

So plötzlich wie Lebowa begonnen hat, hört es auch wieder auf. Eine kurvenreiche Straße schlängelt sich durch zunehmend grünere Landschaft. Die Temperatur fällt auf ein erträgliches Maß. Immer dichtere Vegetation, die aus Hainen, Sträuchern mit subtropischen Früchten und blühenden Bäumen besteht, drängt sich bis zum Straßenrand. Farne lugen aus dem Unterholz, Lianen hängen von oben herab.

Bei **Magoebaskloof** überwindet die Straße auf nur sechs Kilometern einen Höhenunterschied von 600 Metern. Von einem Aussichtspunkt auf der Passhöhe bietet sich ein herrlicher Blick in das Tal mit seinen Teeplantagen, die sich wie eine Patchwork-Decke über das grüne Hügelland legen.

Tzaneen

Mitten in den **Transvaal-Drakensbergen** liegt in einem stark bewaldeten, subtropischen Tal das Städtchen Tzaneen. Der Name bezieht sich auf diese Lage, er kommt aus der Tsonga-Sprache und bedeutet „Korb". Der Reichtum der sehr lebendigen Siedlung beruht hauptsächlich auf dem Anbau von Tee. Aber auch mit Holz, Zitrusfrüchten und Tabak wird hier Geld verdient. Straßenhändler verkaufen Bananen, Litchies, Avocados und Mangos kistenweise zu günstigen Preisen.

Wer sich für Abend und Nacht etwas Besonderes gönnen möchte, hat noch 16 wunderschöne Kilometer durch Teeplantagen vor sich. Die Schleife der **Agatha Road** südlich Tzaneens ist Teil der alten Kutschenlinie, die in Polokwane ihren Anfang nahm und in Leydsdorp endete. Die Schwierigkeiten der Kutscher sind heute kaum mehr vorstellbar. Bei schlechtem Wetter war die Strecke tagelang unpassierbar. So etwas wie Komfort war unbekannt.

Die Kutschen lieferte die amerikanische Firma Abbot-Downing aus New Hampshire. Sie wurden baugleich im „Wilden Westen" eingesetzt. Im Innern befanden sich zwölf Sitzplätze und das Gepäck, auf dem Dach saßen sechs weitere Passagiere. Gezogen von sechzehn Mulis erreichte das Gespann eine Geschwindigkeit von 20 km/h. Versuche mit Zugpferden schlugen fehl, sie starben an den Stichen der Tsetse-Fliege.

Die *Zeederberg Coach Company* versuchte sogar gefangene Zebras einzuspannen. Es existieren zwar Fotos von dem exotischen Gespann, bewegt hat es sich allerdings nie, die Tiere waren einfach zu schwach.

Zwischenstation der Kutscher und ihrer Fahrgäste war das kleine **Altenroxel-Hotel.** Hier wurden die Mulis ausgespannt, um sie gegen frische Zugtiere zu tauschen. Es gab sechs Rundhütten, einen Speiseraum und die Ställe. Das „Gästebadezimmer" war ein ausgehöhlter Baumstamm, der von einem Schwarzen ständig mit frischem Wasser gefüllt wurde. Badenutzung war im Zimmerpreis enthalten.

Das ist auch heute noch so. Doch zwischenzeitlich erwartet den Reisenden viel Komfort, gepaart mit dem nostalgischen Charme eines romantischen Landhotels. Das 1983 erbaute **Coach House** liegt auf 1100 Meter Höhe und ist eines dieser romantischen Landhotels, die sich glücklicherweise überall in Südafrika finden. An die unbequeme Vergangenheit erinnern nur noch die verblichenen Schwarzweiß-Fotos an den Wänden und ein jährlich stattfindendes Ereignis: Immer im Juli fährt ein restauriertes Ochsengespann die alte Transportroute entlang und legt hier am Platz der ehemaligen Kutschen-Station eine Rast ein.

Und falls der Gast einen dieser neblig-kühlen Abende erlebt, wie sie in der Limpopo-Provinz selbst im Sommer recht häufig vorkommen, dann wird es besonders gemütlich: Jedes Zimmer hat einen offenen Kamin, ein paar dicke Holzscheite liegen bereit.

Wenn sich der würzige Geruch des knisternd verbrennenden Harzes langsam im Raum verteilt, fehlt nur noch eine guter südafrikanischer Roter, um den Tag zufrieden zu beschließen.

Information

Tzaneen Tourist Information, Agatha St, Tel. 015-3071411, Fax 015-3071507, www.tzaneen.co.za. Detaillierte Informationen zur Limpopo Province, Übernachtungs- und Freizeittipps.

Restaurant

Zeederberg Restaurant at the Coach House (RR-RRR), an der Old Coach Road, Agatha, Tel. 015-3068000, Frühstück 7–10, Lunch 12.30–14, Dinner 19.30–21 Uhr. Frische Zutaten aus lokaler Produktion, sehr aufmerksamer Service, Gourmet-Küche, Weinkeller mit 8000 Flaschen.

Magoebaskloof Hotel (RR), an der R 71 nach dem Ebenezer-Damm, Tel. 015-2764776, Frühstück 7–9, Sa/So 7.30–10, Pub-Lunches 11–15, Dinner 19–21.30 Uhr. Restaurant mit toller Aussicht ins Tal, die Steaks sind besonders gut, die Desserts unwiderstehlich. Neben dem Restaurant gibt es noch das *Afro Continental Café,* wo täglich leichte Gerichte serviert werden, entweder drinnen oder draußen. Herzhafte Pub-Lunches wie Ochsenschwanz oder Brathuhn im Korb werden mittags im Phoenix und Fireman Pub serviert.

Unterkunft

Coach House & Agatha Spa (RRRR-RRRRR), an der Old Coach Road, Agatha, Tel. 015-3068090, Fax 015-3068008, info@coachhouse.co.za, www.coachhouse.co.za. Wunderbar gelegenes, luxuriöses Landhotel, 15 km südlich von Tzaneen. Von allen 45 Zimmern – und vom Swimmingpool – hat man eine fantastische Sicht auf die Drakensberge. Alle Zimmer haben einen offenen Kamin für kühle, neblige Nächte.

Magoebaskloof Hotel (RRR), s.o., Tel. 015-2764776, Fax 015-2764780, enquiries@magoebaskloof.co.za, www.magoebaskloof.co.za. Nach einem Brand ist das vorher recht heruntergekommene Hotel zu neuem und besserem Leben erwacht, tolle Aussicht auf die Berglandschaft, großer Swimmingpool, gutes Restaurant.

Glenshiel Hotel (RRR), Magoebaskloof, Tel. 015-2764335, Fax 015-276-4338, www.glenshiel.co.za. Historisches Hotel mit englischen Landhaus-Ambiente.

Sehenswert

Pekoe View Tea Garden, Middel Kop Tea Estate, Tzaneen, Tel. 015-3053241, tägl. 11 Uhr Besichtigung der Teeplantage mit anschließendem Tässchen im Tea Room mit grandioser Aussicht auf die umliegenden grünen Hänge.

Die **Middel Kop** bzw. Sapekoe-Teeplantage ist 5 km² groß und erntet in der Saison mit 800 Pflückern 50 Tonnen Teeblätter pro Tag, was 10 Tonnen Tee entspricht.

Besuch einer Teeplantage

Wie bunte Blumen in einer grünen Wiese sehen die Teepflückerinnen aus, die sich rupfend und mit großen Körben auf dem Rücken durch die langen Buschreihen bewegen. Die Teeplantagen um Tzaneen wurden 1963 angelegt und waren ursprünglich nur für den lokalen Markt gedacht. Heute ist eine richtige Industrie daraus entstanden. Bei einer Besichtigung des **Middel Kop Tea Estates** an der R 71 erfahren Besucher genaueres über die kleinen grünen Blätter, die irgendwann alle in heißem Wasser enden.

Doch bevor sich aromatischer Teeduft verbreiten darf, muss einiges getan werden. Nach fünf Jahren sind die Pflanzen erntereif und werden dann alle acht bis zehn Tage bepflückt. Dabei reißt die Pflückerin zwei, drei der oberen jüngsten Triebe und Blätter ab und wirft sie nach hinten in ihren Korb. Etwa 30 Kilogramm schafft eine erfahrene Pflückerin am Tag, was ungefähr acht Kilogramm fertigen Tees entspricht.

Nach dem Pflücken müssen die Blätter welken, anschließend werden sie gerollt, um ihre Zellwände aufzubrechen. Danach verschwinden sie für ein paar Stunden, bei 30 bis 40 Grad, in einer Gärtrommel, um zu fermentieren. Schließlich folgt die Trocknung bei über 100 Grad. Nach dem Sortieren kann der Tee bereits abgepackt werden. Abfälle, wie Blattbruch, Stiele und sonstige Reste kommen in die sogenannten Teebeutel. Ach ja. Beim anschließenden Tässchen Tee auf der Terrasse des Pekoe View Tea Gardens mit Panoramablick achten die Besucher ganz genau darauf, ob der Tee auch wirklich aus der Packung kommt. Teebeutel sind plötzlich out.

Zwischen High- und Lowveld

Bei der Abfahrt vom Coach House ins Tal gilt es, möglichst viel sattes „Grün" zu tanken, denn auf dem weiteren Weg ins **Lowveld** trocknet die Landschaft zunehmend aus. Lichte Busch- und Strauchsavanne lösen die dichte Treibhaus-Vegetation rund um Tzaneen ab.

Dafür legen die Bäume an Umfang zu. In den Tagen des Goldfiebers nutzten Digger den hohlen Stamm des **Kremetartboom** – wie der **Affenbrotbaum** auf

Afrikaans heißt (engl. Baobab) – als Bar. Ein geschäftstüchtiger Wirt versorgte die ausgetrockneten Goldgräber aus dem schattigen Innern heraus mit kühlen Getränken. So wurde der Baobab zum Bao-Pub. Reisende können es ihnen auf dem Gelände der Sunstar Nursery heute im angeblich weltgrößten Baobab gleichtun.

Auf der R 527 18 km weiter östlich liegt der **Swadini Reptilienpark.** Er bietet Besuchern Schlangen, Spinnen, Leguane, Skorpione, Schildkröten und Krokodile hautnah. Die Tiere leben in schön angelegten Terrarien, die eine natürliche Umgebung simulieren. Die schwarzen Mambas haben sogar ihren eigenen kleinen Wasserfall. Gut ausgebildete Ranger beantworten Fragen, beschreiben und erklären die natürlichen Verhaltensweisen der Tiere. Da wird auch einmal eine Schlange aus ihrem Glashaus geholt, um dem Besucher zu beweisen, dass sie sich nicht glitschig anfühlt, sondern überraschend angenehm. Die Ranger lehren auch den schwarzen Kindern in der Umgebung den richtigen Umgang mit Schlangen. Eine Gummi-Attrappe dient als Demonstrationsobjekt.

Obwohl jährlich einige Menschen Schlangenbissen zum Opfer fallen, ist die Wahrscheinlichkeit, in Südafrika gebissen zu werden, sehr gering. Schlangen greifen nur an, wenn sie sich in die Enge getrieben fühlen, ihr Fluchtweg also abgeschnitten ist. Wichtig ist, bei Spaziergängen in dichtem Busch festes Schuhwerk zu tragen und zu schauen, wo man hintritt.

Sehenswert

Größter Affenbrotbaum (Baobab) der Welt. In der Nähe der Einmündung der R 527 in die R 36 ragt ein mächtiger Baobab-Baum hoch. Er steht auf der Farm von Doug und Heather van Heerden, die diese 1990 gekauft und in die *Sunland Nursery* umgewandelt haben. Im Innern des Affenbrotbaumes ist ein Pub untergebracht.

Swadini Reptile Park, Tel./Fax 015-7955203, reptile@yebo.co.za, tägl. 8–17 Uhr. Sehr gute individuelle Führungen, bei denen die Lebensweise von Schlangen, Echsen und Krokodilen anschaulich erklärt wird. Kinder dürfen Pythons und Leguane streicheln. Der Park betreibt auch aktiven Naturschutz. Jährlich werden zwischen 200 und 300, meist auf Farmen gefangene Reptilien wieder rehabilitiert.

Zur schönsten Schlucht Südafrikas – Blyde River Canyon

Bei der Weiterfahrt auf der R 36 nach Süden taucht zur Linken der mächtige Steilabbruch der *Transvaal Drakensberge* auf. Oben liegt das Highveld, die kühlere Hochebene. Riesige, dunkle Wolken türmen sich dort auf. Unten im Lowveld ist der Himmel noch blau, die Straße flimmert in der Hitze.

Die Berge rücken näher. Jetzt zucken bereits einzelne Blitze aus den schwarzen Wolken. Eines der typischen, mächtigen Sommergewitter. Warme feuchte Luftmassen, die vom Indischen Ozean her über das Lowveld ziehen, laufen schließlich auf den Höhenzug auf, steigen an ihm nach oben, kühlen ab und verursachen dabei diese heftigen Gewitter.

Jetzt beginnt die Straße steil anzusteigen, in wenigen Kehren von etwa 600 auf fast 2000 Meter. Erst 1959 wurde diese Passstraße eröffnet. Sie führt durch eine der schönsten Landschaften Mpumalangas. Hinter dem **Strijdom Tunnel** öffnet der Himmel schließlich seine Schleusen. Auf dem Weg zum **Abel Erasmus-Pass** schüttet es wie aus Kübeln, das Wasser rinnt über die Straße. Die Temperatur fällt dramatisch, von über 30 Grad in der Ebene auf 10 Grad im Gewitter. Die Souvenir-Verkäufer am Strijdom Tunnel bringen ihre geschnitzten Figuren und Töpferwaren in Sicherheit, kauern sich unter grellbunte Plasikplanen. Hier oben, auf 1850 m Höhe, wo die durchschnittlichen Niederschläge viermal so hoch sind wie im heißen, staubigen Lowveld, wachsen dichte Wälder, selbst Stinkwood- und Eisenholzbäume gedeihen hier.

Noch dringen vom Lowveld her Sonnenstrahlen durch den Regenschleier, tauchen die bemoosten Felsen in ein fast unwirkliches Licht. Die riesigen Steinbrocken sehen aus wie die Gesichter von Männern, mit denen nicht gut Kirschen essen ist. Blitze zickzacken zu Tal, gefolgt von markerschütternden Donnerschlägen. Es sieht aus, als mache es der Natur Spaß, sich einmal so richtig auszutoben.

Eine gute Ouvertüre zum bekanntesten Naturphänomen Mpumalangas, dem **Blyde River Canyon**, oft als „afrikanischer Grand Canyon" bezeichnet. Bei

Blyde River Canyon

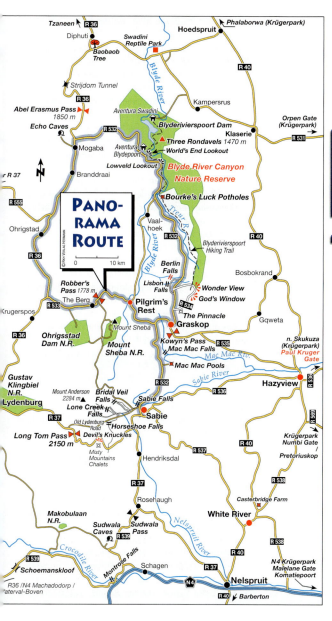

der Einfahrt ins **Blyde River Nature Reserve** lässt der Regen etwas nach. Es hat allerdings so abgekühlt, dass die tief unten im Koffer verstauten Goretex-Jacken herausgekramt werden müssen. Der erste Aussichtspunkt zeigt auf dramatische Art und Weise die fast 800 Meter Höhenunterschied zur Lowveld-Savanne. Fast senkrecht fallen die roten Klippen nach unten ab. Verwitterungsbeständigere Quarzitgesteine bildeten eindrucksvolle Gipfel, die dazwischen liegenden weicheren Schiefertongesteine sind zu tiefen Canyons erodiert. Im Hintergrund stehen die **Three Rondavels.** Drei Berge, deren Form tatsächlich afrikanischen Rundhütten ähnelt. Links von ihnen ragt die höchste Erhebung der nördlichen Ausläufer der Drakensberge empor, der 1944 Meter hohe **Mariep's Kop.** Benannt ist der Gipfel nach dem Häuptling *Maripe Mashile,* der Anfang des 19. Jahrhunderts einige Stämme vereinte, um sich gegen die übermächtig gewordenen Swazis aus dem Tiefland zu verteidigen. Er bezog Verteidigungsstellung auf dem Berg, und als die Angreifer anrückten, ließ er Felsbrocken den Hang hinunterrollen. Der Überfall wurde zurückgeschlagen und der Berg hatte einen Namen.

Bei gutem Wetter und klarer Sicht reicht der Blick vom Aussichtspunkt weit über den Krügerpark hinweg fast bis Mosambik. Tief unten schlängelt sich der *Blyde River* durch das Tal.

In einer Schlucht am Zusammenfluss von *Blyde River* und *Treur River* sind die **Bourke's Luck Potholes** entstanden. Tiefe, zylinderförmige Löcher, die der Fluss mit Hilfe von Steinen und Sand über Jahrmillionen in die Felsen gefräst hat. Besucher können von Stahlbrücken aus direkt in die Löcher schauen. Der Name der Erosions-Phänomene ist irreführend, der Goldsucher Tom Bourke hatte nicht wirklich Glück. Er behielt zwar Recht mit seiner Vermutung, dass es in der Umgebung Gold geben müsste, fand selbst aber nur ein paar Krümel. Dafür liegt heute ein Vermögen auf dem Grund der Potholes: Besucher haben auf der Suche nach Glück Hunderte von Münzen hineingeworfen.

Und zur Namensgebung der Flüsse Treur und Blyde gibt es natürlich auch eine Story: Als die Voortrekker unter ihrem Führer *Andries Hendrik Potgieter* 1840 nach Delagoa Bay am Indischen Ozean vordringen wollten, um mit den Portugiesen Kontakt aufzunehmen, ließen sie einen Großteil ihrer Gruppe an einem Fluss zurück. Als sie zur verabredeten Zeit nicht zurückgekehrt waren, rechneten die Wartenden mit dem Schlimmsten, tauften den Fluss *Treur River* – „Trauerfluss" – und zogen weiter. Als sie an einem anderen Wasserlauf campierten, wurden sie von Potgieter und seinen Männern eingeholt. Vor lauter Freude über das glückliche Wiedersehen nannten sie diesen zweiten Fluss *Blyde River,* „Fluss der Freude".

An der Nahtstelle zwischen High- und Lowveld schneiden sich zahlreiche Wasserfälle in den Fels, bilden natürliche Pools, in denen es sich herrlich baden lässt – vorausgesetzt, die Sonne scheint. Wenn der Nebel in den grünen Bergen hängt, verwandelt sich der Regen- in einen Märchenwald. Das steht den 80 Meter nach unten donnernden **Berlin Falls** wahrscheinlich sogar besser als strahlender Sonnenschein.

Eine Brücke überspannt die Bourke's Luck Potholes

Freunde spektakulärer Fotos sollten vorsichtig sein. Geländer finden hier nur spärlich Verwendung, und die Klippenränder sind höllisch rutschig. Jedes Jahr machen übermütige Besucher den unfreiwilligen Bungee-Jump ohne Gummiseil an den Beinen.

Am Ende des Blyde River Canyons bietet sich noch einmal ein göttlicher Ausblick. Vom Aussichtspunkt **God's Window** lässt sich der gesamte Steilabbruch und das grenzenlose Panorama des Lowveldes überblicken.

Blick von God's Window in den Blyde River Canyon

Die Temperatur kann sich immer noch nicht dazu entschließen, über die 20-Grad-Marke zu klettern. Der aufziehende Nebel macht die Klamotten feucht. Zieht man jetzt noch die Uhrzeit in Betracht – es ist kurz vor Fünf –, kann das nur eines bedeuten: *Teatime*. In dem herrlich gelegenen Städtchen **Graskop** servieren einige kleine, gemütliche Restaurants nicht nur das anregende Aufgussgetränk, sondern auch leckere Pfannkuchen. Und wer mit seiner Teetasse so vor dem offenen Kamin sitzt und nach draußen blickt, kann sich nun denken, woher der nächste Ort seinen Namen hat: **Hazyview** heißt übersetzt „neblige Aussicht".

Aber keine Angst, der Name täuscht. Hazyview ist noch knapp 40 Kilometer entfernt und liegt bereits wieder im Lowveld. Am Ortsende von Graskop sorgt der steil abfallende **Kowyn's Pass** dafür, dass Reisende schnell wieder hinunter in die Wärme kommen. Tatsächlich reißt bei der Abfahrt der Nebel auf, die nachmittägliche Sonne leckt die letzte Feuchtigkeit von der Straße.

Sehenswert

Blyde River Canyon. Die 800 m tiefe und 20 km lange Schlucht liegt im *Blyde River Nature Reserve* und ist Südafrikas Grand Canyon. Die spektakulärsten Aussichtspunkte sind *Three Rondavels, Wonder View* und *God's Window*.

Bourke's Luck Potholes. Durch Fluss-Erosion entstandene Auswaschungen in den Felsen, dort, wo sich Blyde- und Treur River treffen. Information Center, Snack Bar und Wildlife-Museum. Eintrittsgebühr pro Auto.

Berlin Falls. Beeindruckende 80 Meter stürzt der Berlin-Wasserfall in einen tiefen Pool. Am Parkplatz verkaufen fliegende Händler Souvenirs.

Information

Mpumalanga Tourism Authority, Tel. 013-2432253, Fax 013-7525441, www.mpumalanga.com. Kostenlose Infos zur gesamten Mpumalanga-Provinz.

Restaurants

Harrie's Pancakes (RR), Ecke Louis Trichardt Street/Kerk Street, Graskop, Tel. 013-7671273. Originell eingerichtetes kleines Café mit offenem Kamin und guten Pfannkuchen in verschiedenen Geschmacksrichtungen. Mittlerweile hat eine Filiale in der Kapstädter Waterfront aufgemacht.

Silver Spoon Pancake Cabin (R), Louis Trichardt St, Tel. 013-7671039, tägl. 7–17.30 Uhr. Die Pfannkuchen-Alternative zum alteingesessenen Harrie's.

Einkaufen

Delagoa – African Craft Centre, Graskop, Tel. 013-7671081. Große Auswahl an allen möglichen, qualitativ hochwertigen afrikanischen Souvenirs.

Große Auswahl an schönen Souvenirs: Delagoa African Craft Centre

Unterkunft

Blue Mountain Lodge (RRRRR), Kiepersol, Tel. 013-7378446, bluemtnlodge@icon.co.za, www.bluemountainlodge.co.za, 27 km von Hazyview auf der R 536 Richtung Sabie. Ruhig am Ende einer holprigen Piste gelegen, vermitteln die individuell und geschmackvoll eingerichteten Zimmer ein viktorianisches „Out-of-Africa"-Ambiente. Der Service und das Essen sind gut. Laut Gästebuch eine von Nelson Mandelas und Frederik de Klerks Lieblingsherbergen.

Casa do Sol (RRRR), Hazyview, Tel. 013-7378111, Fax 013-7378166, casadosol@casadosol.co.za, www.casadosol.co.za. Die im Stil eines spanischen Dorfes erbaute Hotelanlage mit Springbrunnen, kopfsteingepflasterten Wegen, einem Traum-Pool und zwei Restaurants liegt an der R 536, etwa vier Kilometer westlich von Hazyview.

Jatinga Country Lodge (RRRRR), White River, Tel. 013-7515059 o. 7515108, Fax 013-7515119, info@jatinga.co.za, www.jatinga.co.za. Wunderbar ruhig gelegene Lodge, stilvolle Zimmer, untergebracht in weit voneinander stehenden Häuschen. Gemütliches Haupthaus, in dem Fünfuhr-Tees, Dinner und herrliche Frühstücke serviert werden. Toller Pool und ein idealer Platz, um sich nach einer Krügerpark-Safari auszuruhen oder auf diese vorzubereiten.

Summit Lodge (RR), Graskop, Tel 013-7671058, Fax 013-7671895, www.summitlodge.co.za. Rustikale Rundhütten zu günstigen Preisen. Besitzer André ist begeisterter Motorradfahrer, deshalb kommen auch die Hälfte seiner Kunden auf zwei Rädern an. Tourentipps für die Umgebung. Gute Küche.

Außerhalb: Last Post Nature Reserve (R), etwa eine Stunde nördlich von Polokwane, östlich von Bandelierkop, Tel. 082-376-9918, www.lastpost.co.za. Lohnt den Umweg. Rustikal, trotzdem luxuriöse und extrem günstige Lodge für Selbstversorger mit großer Küche, Grillplatz, Bar und zwei Pools. Auf der Limpopo-Schichtstufe gelegen, südlich von Louis Trichardt. In die Felsen gebaut, mit Natursteinen der Umgebung, auf dem Gipfel eines Hügels mit Super-Aussicht. 18 Erwachsene können gemeinsam dort übernachten.

Auf Safari im Krügerpark – Jagd auf die „Big Five"

Auf Pirsch

Der schwarze Spurensucher vom Stamm der Shangaan hat etwas entdeckt. Der Ranger, in klassisch-olivfarbenen Shorts und grünem Safarihemd, bremst den ebenfalls grünen, offenen Landrover ab und hält an. Er nimmt das Gewehr aus der Halterung und gleitet aus dem Fahrersitz. Der *tracker* springt von seinem kleinen Spähsitz, der auf dem vorderen linken Kotflügel des Geländewagens montiert ist und zeigt auf den gewaltigen Abdruck im roten Sandboden: *„Lion tracks –* Löwenspuren!". „Wir gehen zu Fuß weiter, bleibt dicht zusammen, und nicht reden", sagt der Ranger, und die kleine Gruppe von Touristen folgt ihm. Im Gänsemarsch marschieren sie auf eine felsige Anhöhe zu, nervös jedes Rascheln im Gebüsch registrierend. Die brütende Nachmittagshitze lässt die Luft flimmern. Das Konzert der Zikaden ebbt kurz ab, schwillt, nachdem die Spurensucher vorbei sind, wieder an.

Im Krügerpark gibt es:

- 1982 Pflanzenarten
- 52 Fischarten
- 517 Vogelarten
- 35 Amphibienarten
- 119 Reptilienarten
- 147 Säugetierarten
- 1500 Löwen (lions)
- 1000 Leoparden (leopards)
- 200 Geparden (cheetahs)
- 350 Hyänenhunde (cape hunting dogs)
- 2000 Tüpfelhyänen (spotted hyenas)
- 11670 Elefanten (elephants)
- 5000 Breitmaulnashörner (white rhino)
- 350 Spitzmaulnashörner (black rhino)
- 32000 Steppenzebras (Burchell's zebra)
- 3000 Flusspferde (hippos)
- 3800 Warzenschweine (warthogs)
- 9000 Giraffen (giraffes)
- 25150 Büffel (buffalos)
- 300 Elen-Antilopen (elands)
- 70 Pferdeantilopen (roan antelopes)
- 550 Rappenantilopen (sable antelopes)
- 5000 Kudus (greater kudu)
- 300 Nyalas (nyalas)
- 500 Buschböcke (bushbucks)
- 5000 Ellipsenwasserböcke (waterbucks)
- 300 Großriedböcke (reedbucks)
- 150 Bergriedböcke (mountain reedbucks)
- 17000 Streifengnus (blue wildebeest)
- 200 Halbmondantilopen (tsessebe)
- 15000 Schwarzfersenantilopen (impalas)
- 5000 Krokodile (crocodiles)

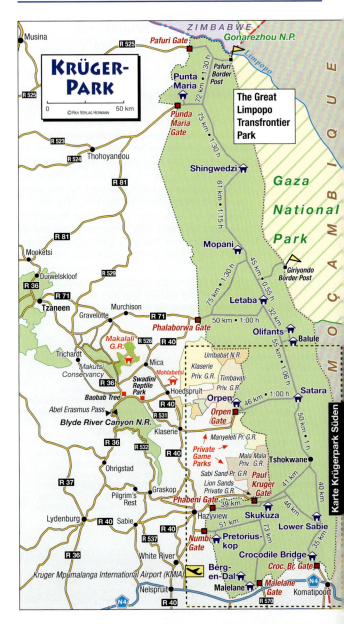

Plötzlich bewegen sich vor den erschrockenen Touristen ein paar Büsche, blitzschnell entsichert der Ranger das Gewehr. Nur Sekundenbruchteile später macht sich in etwa zwanzig Meter Entfernung eine Löwengruppe aus dem Staub.

Die abendliche Pirschfahrt wird durch einen *sundowner* gekrönt, dem klassischen Tagesausklang im südlichen Afrika: Man nehme einen offenen Geländewagen sowie eine Kühlbox mit Getränken und suche einen landschaftlich reizvollen Platz, was vor allem hier im Krügerpark nicht besonders schwerfällt. Dort angekommen, macht man es sich bequem und beobachtet, während der kühle Drink die ausgedorrte Kehle hinunterrinnt, wie die Sonne am Horizont verschwindet. Es raschelt rechts und links. In der Ferne trottet eine Hyäne durch das Gras. Kurz danach ertönt ihr krächzendes Lachen.

Das folgende fantastische Farbenspiel am Himmel wird durch ein kristallklares Sternenfirmament abgelöst. Die Dunkelheit kommt überraschend schnell. Praktisch übergangslos. Zeit für die nächtliche Pirschfahrt unter dem „Kreuz des Südens". Der schwarze Tracker leuchtet mit einem lichtstarken *spotlight* in den Busch, die Augen des Rangers folgen dem Lichtstrahl, tasten das Gelände ab wie ein Scanner, entdecken Löwen, Gazellen, Hyänen und eine seltene afrikanische Wildkatze, lange bevor die ungeschulten Augen der Mitfahrer etwas erkennen können. Plötzlich bremst er ab, fährt drei Meter zurück und ein Stückchen nach links, greift in einen Busch und hat ein etwa streichholzgroßes Chamäleon auf dem Finger.

Majestätisch: Geparden

Relikte aus prähistorischer Zeit: grasfressende Breitmaulnashörner (white rhinos)

Im Gegensatz zu den sehr exklusiven, privaten Camps mit 24-Stunden-Hütten-Service und Telefon, wo es darum geht in möglichst kurzer Zeit die **Big Five** – Löwe, Leopard, Büffel, Elefant und Nashorn – aufzuspüren, legen die Ranger in den kleineren Zeltcamps mehr Wert auf das gesamte Ökosystem des Lowveldes. Pflanzen werden ebenso detailliert erklärt wie die verschiedenen Vogelarten. Der Ranger hält auch mal an, um eine Leoparden-Schildkröte aufzuheben oder ein Mini-Chamäleon auf den Finger zu nehmen.

In allen privaten Camps erfahren die Gäste viel Interessantes über die Tiere Afrikas. Die am häufigsten im Park zu beobachtenden hellbraunen Impalas besitzen beispielsweise eine ganz besondere Fähigkeit. Die weiblichen Tiere tragen nur etwa drei Monate lang, sind aber dann in der Lage, den Zeitpunkt der Geburt genau zu bestimmen. Ist es zum Beispiel sehr trocken, warten sie drei bis vier Wochen lang, bis es geregnet hat und wieder genug Nahrung zur Verfügung steht.

Neugeborene Zebras werden von ihren Müttern immer eng an ihrer Seite gehalten. Der Abstand zu den Artgenossen muss sein, damit das Jungtier Zeit findet, sich das individuelle Streifenmuster seiner Mutter einzuprägen. Nach vier Wochen ist es meist so weit.

Trifft ein männlicher Löwe auf eine Gruppe von Löwinnen, versucht er sofort alle Jungen zu töten, um nur eigene Nachkommen zu zeugen. Der Live-Unterricht vergeht immer wie im Flug.

Leopard an Wasserstelle

In der Nacht hängt der Geruch des über offenem Holzfeuer gegrillten Antilopenfleisches verführerisch in der noch immer warmen Luft. Doch erst gegen zehn Uhr signalisieren dumpfe Trommelschläge, dass das gemeinsame Mahl unter freiem Himmel, in einer mit hohen Holz- und Strohwänden umgebenen Arena, der *boma*, angerichtet ist. Durch die nächtlichen Spähfahrten verschieben sich die Essenszeiten im Busch.

Nach dem Essen im Tausend-Sterne-Restaurant kommt der Zeitpunkt zum Geschichten erzählen. Heute sind wieder mal die Taiwanesen dran. Zwei Männer aus einer chinesischen Reisegruppe verließen, trotz strengen Verbots, ihr Fahrzeug, um sich grinsend vor einer Löwenfamilie fotografieren zu lassen. „Das Foto haben die nie gesehen – *Chinese Takeaway*", sagt der Ranger, ohne eine Miene zu verziehen. Die tragische Begebenheit ist wahr, hat sich allerdings nicht im Krügerpark, sondern im Lion Park in der Nähe von Johannesburg zugetragen.

Dass dem Busch im Krügerpark nicht das gleiche Schicksal zuteil wurde wie den umliegenden Landschaften, verdankt er allerdings nicht dem Mann, dessen Namen er trägt: Der kauzige Burenpräsident und begeisterte Großwildjäger Paul Krüger hatte nichts mit Naturschutz am Hut. Wild interessierte ihn ausschließlich in Biltong-Form, also getrocknet und gut gewürzt. James Stevenson-Hamilton, dem ersten Parkranger, gelang es jedoch ganz geschickt, den Namen Krügers vorzuschieben, um die bei den jagdlustigen Afrikanern unpopuläre Etablierung eines Schutzgebietes zu ermöglichen. Er war es, der dem *Volksraad* vorschlug, einen Teil des Landes von der Besiedlung auszusparen. Eine für die damalige Zeit völlig unpopuläre Ansicht. Weiße Farmer glaubten, jeder einigermaßen fruchtbare Landstrich müsse genutzt werden. Es kostete ihn eine Menge Zeit und Mühe, bis er sein Ziel erreicht hatte. Im *Transvaal Lowveld* entstand am 26. März 1898 das *Gouvernement Wildtuin,* später *Sabie Game Reserve* genannt.

Das eigentliche Nationalpark-Gesetz wurde erst 28 Jahre nach Krügers Tod, am 31. Mai 1926, im Parlament verabschiedet. Das Sabie Game Reserve wurde zum *Kruger National Park*. Die Idee bestimmte Gebiete der menschlichen Nutzung zu entziehen und damit ein ökologisches Bewusstsein waren geboren.

Beobachtungsmöglichkeiten

Es gibt grundsätzlich zwei Möglichkeiten die Tier- und Pflanzenwelt des größten und berühmtesten Nationalparks Südafrikas zu erkunden. Entweder mit dem eigenen Wagen, oder auf Pirschfahrten *(game drives)* mit Ranger und Spurensucher im offenen Landrover in die im Westen und im Innern des Krüger- parks gelegenen privaten Wildparks *(private game reserves)*. Im Krügerpark sind Besucher auf sich al- leine gestellt, an das Straßennetz gebunden und sie dürfen ausschließlich tagsüber auf Fotojagd gehen.

Immer beste Aussicht: Giraffen

Fragt man einen Ranger oder kundigen Einheimischen, wo der beste Platz im Krügerpark ist, um Wild zu beobachten, wird die Antwort in den meisten Fällen „H4-1 zwischen Lower Sabie und Skukuza" lauten. Die mit Akazien durchsetzte Fluss-Savanne in diesem Gebiet ist die fruchtbarste Region des gesamten Parks. Wer hier eine Weile bleibt, muss schon sehr viel Pech haben, keine Elefanten, Breitmaulnashörner, Giraffen, Büffel, Flusspferde, Kudus, Buschböcke, Impalas, Gnus, Zebras, Löwen, Leoparden, Hyänen und Wildhunde zu sehen. Seltener, aber ebenfalls hier anzutreffen, sind Spitzmaulnashörner und Geparden.

Skukuzas Nachteil sind seine Ausmaße. Als größtes Camp im Park bietet es Platz für 1000 übernachtende Besucher, eine kleine Stadt sozusagen, mit Shops, Restaurants, Ärzten, Tankstelle und Golfplatz. Aber schon 5 km vom Camp entfernt dünnen die Besuchermassen, vor allem ganz früh morgens, aus.

Die besten Pirschfahrten von Skukuza aus beginnen nordöstlich auf den H1-2 zum *Tshokwane Picknickplatz,* mit Stops an den Wasserlöchern Elephant, Jones, Leeupan und Siloweni.

Die nächste Route führt von Skukuza auf der H4-1 sehr langsam am Sabie River entlang bis zur Brücke zur H12. Am besten natürlich in der Dämmerung oder im Morgengrauen.

Elen-Antilope

Üppiges Frühstück im Busch im privaten Wildreservat Royal Malewane

Die dritte Pirschfahrt führt von Skukuza nach Westen auf der wenig befahrenen *Doispane Road* (S1) zu den *Albasini Ruins*. Und Nummer vier folgt der auf der bereits erwähnten H 1-4 nach Süden bis zum *Nkulu Picknickplatz* am Sabie River, treffend „Leoparden-Dreieck" genannt, wo sich oft Löwen, Leoparden und Elefanten sehen lassen.

Was man im Krügerpark mühsam selbst zusammensuchen muss, wird einem in den teilweise sehr luxuriösen, **privaten Wildreservaten** im wahrsten Sinne des Wortes auf dem Silbertablett serviert. Die offenen Land Rover der „Privaten" fahren auf der Suche nach den Big Five auch schon mal querfeldein. Jede Nacht findet außerdem eine Pirschfahrt mit einem *spotlight* statt. Dafür ist der Aufenthalt in einem Private Game Reserve wesentlich teurer (▶ siehe konkrete Preisangaben im Infoteil, für aktuelle Preise oder Sonderangebote in der Nebensaison die jeweilige Website besuchen). Man sollte sich diesen einzigartigen Luxus zumindest einmal gönnen. Die besten Wildsichtungen gibt es in der Sabi Sands-Region, nördlich vom Paul Kruger Gate, wo einige private Lodges liegen.

Informationen Krügerpark

Die Haupt-Telefonnummer des Parks in **Skukuza** ist 013-7354000. An allen Eingängen des Krügerparks gibt es die für Selbstfahrer unentbehrlichen Straßenkarten. Auch die Shops und Visitor Center im Park halten detaillierte Orientierungshilfen bereit. Von Norden nach Süden kommt man folgendermaßen an die neun verschiedenen Eingänge des Krügerparks:

Pafuri: R 525 über Tshipise
Punda Maria: R 524 über Makhado
Phalaborwa: R 71 über Tzaneen
Orpen: R 531 über Klaserie
Paul Kruger: R 536 über Hazyview
Phabeni: R 536 über Hazyview
Numbi: R 569/538 über White River
Malelane: N 4 über Nelspruit
Crocodile Bridge: R 571 über Komatipoort

Öffnungszeiten der Park Gates

ab

5.30 Uhr Oktober bis März

6.00 Uhr April bis September

bis

17.30 Uhr (Mai bis Juli)

18.00 Uhr (März bis April u. August bis Oktober)

18.30 Uhr (November bis Februar)

Die **Camp Gates** innerhalb des Parks sind natürlich früher geöffnet, um im Park übernachtenden Besuchern erfolgreiche Pirschfahrten zu ermöglichen – ab 4.30 Uhr (November bis Januar) bzw. 5.30 Uhr (Februar, März und Oktober) bzw. 6.00 Uhr (April bis September). Tempolimit: 50 km/h auf asphaltierten Straßen, 40 km/h auf Pisten und 20 km/h innerhalb der Rest Camps.

Eintrittspreise: 120 Rand für Erwachsene, 60 Rand für Kinder pro Tag.

Preise für Aktivitäten:

Wilderness Trails: Eine Wanderung (drei Nächte, zwei Tage) 1250 Rand pro Person.

Geführte Tageswanderungen: zwischen 165 und 210 Rand

Mountain Bike Trail: zwischen 150 und 600 Rand

Bush Braais und **Busch-Frühstücke:** die Kosten erfährt man bei der Buchung

Lebombo Motorised Trail: eine Geländewagen-Strecke (!) im Park mit vier einsamen Übernachtungen 4750 Rand pro Fahrzeug.

Golfspielen in Skukuza: 75 Rand für neun Löcher, 100 Rand für 18.

Geführte Pirschfahrten: zwischen 85 und 165 Rand, je nach Tageszeit.

Unterkunft

Es gibt Camps mit diversen Übernachtungsmöglichkeiten in **Rondavels** und **Bungalows** im Park. Einige private Lizenzen wurden ebenfalls vergeben, was mehr Luxus verspricht. Neben den etwas komfortabler ausgestatteten gibt es eine Anzahl **Wildcamps,** deren Einrichtung eher spartanisch ist, dafür garantieren diese ein intensiveres Erleben der Wildnis. Alle Camps sind das ganze Jahr über geöffnet, die größeren haben Restaurants. Caravan- und Zelt-Stellplätze finden sich ebenfalls in einigen Camps. Sieben große Wildwanderwege (nur mit Ranger-Begleitung) bieten hautnahen Kontakt zur Wildnis. Die Zäune, die private Camps vom staatlichen Krügerpark abtrennten, wurden 1994 entfernt. Seither können sich die Tiere frei auf dem gesamten Areal bewegen. **South African National Parks** (Tel. 086-1234002) veröffentlicht eine detaillierte Liste aller Restcamps mit genauer Beschreibung der Unterkünfte in der übersichtlich gestalteten Website www.sanparks.org. Reservierungen im Park sollten möglichst frühzeitig (in der Hochsaison ein Jahr im voraus) gemacht werden.

Innerhalb des Krügerparks:

Camping: Sowohl Plätze für Zelte als auch für Wohnwagen/Wohnmobile, die meisten haben Stromanschluss – 100 Rand die Nacht pro Platz für bis zu sechs Personen.

Bungalows: Ein Zimmer mit Bad, einige haben Gemeinschaftsküchen, andere haben kleine, eigene Kücheneinheiten – zwischen 365 und 600 Rand pro Nacht, 2 bis 6 Betten pro Bungalow.

Family Cottage: Schlaf- und Wohnzimmer, Bad und Küche – zwischen 765 und 850 Rand pro Nacht, 4 bis 6 Betten pro Cottage.

Guest House: Schlaf- und Wohnzimmer, Bad, Bar – zwischen 1500 und 1700 Rand pro Nacht, 6 bis 12 Betten pro Guest House.

Safari Tent: Permanente Leinwand-Holz-Struktur, mit Bad, manche mit Gemeinschaftsküche, manche voll ausgestattet, teilweise recht komfortabel – zwischen 230 und 530 Rand pro Nacht, 2 bis 4 Betten pro Zelt.

Guest Cottage: Schlafzimmer mit mindestens zwei Badezimmern und einer voll ausgestatteten Küche – zwischen 850 und 870 Rand pro Nacht, 4 bis 6 Betten.

Bushveld Camp Cottage: Schlaf- und Wohnzimmer, Bad und Küche – zwischen 727 und 850 Rand pro Nacht, 2 Betten und 2 Liegen.

Privat Game Reserve im Park:

Jock Safari Lodge (RRRRR), 5 km von der asphaltierten H3, 36 km vom Malelane Gate entfernt, Tel. 013-7355200, Fax 013-7355944, reservations@jocksafari-lodge.com, www-.jocksafarilodge.com. Die Lodge liegt im zentralen Südbereich des Parks, in einem 60 km^2 großen privaten Konzessionsgebiet. Es gibt 12 Suiten, jede mit kleiner Terrasse, Mini-Pool und Holzliegen, sowie Holzdecks, die bis über den Rand der Flüsse Biyamiti und Mitomeni gebaut worden sind. Das Hauptgebäude der Lodge hat eine Bar im oberen Stock mit Aussicht über den Biyamiti river. Es gibt außerdem ein Wellness-Zentrum mit verschiedenen Anwendungen. Zusätzlich zu Pirschfahrten werden auch kurze Buschwanderungen und Nachtsafaris angeboten. Die Mahlzeiten können in der Suite, im Restaurant oder in der Boma im Freien eingenommen werden. Ab 3250 Rand pro Person, alles inklusive.

Private Game Reserves außerhalb des Krügerparks:

Reise-KnowHow-Tipp:

Mohlabetsi Safari Lodge (RRRRR), Balule Nature Reserve, am Rande des Krüger-Parks gelegen, Tel 015-793-2166, Fax 015-7939023, www.mohlabetsi.co.za. Mit Übernachtungstarifen, die bei 1500 Rand p.P. starten und alle Mahlzeiten sowie zwei Pirschfahrten beinhalten, gehört die Lodge zu den günstigsten „Privaten" im Großraum Krüger. Sehr nettes Manager-Ehepaar, prima Essen. Sehr gutes Preis-/Leistungsverhältnis. Die Pirschfahrten sind sehr oft mit „Big Five"-Erfolgen gekrönt.

Makalali Private Game Reserve (RRRRR), westlich vom Gate Phalaborwa gelegen; zwischen R 36 und R 40, den Hinweistafeln von der R 36 aus folgen. Lodge: Tel. 015-7931720, Fax 015-7931739. Reservierung: Tel. 011-8835786, Fax 011-8834956, makalali@icon.co.za, www.makalali.co.za. Vier 12-Betten-Camps am Fluss, mit jeweils eigenem Swimmingpool und Dining-Platz, die panafrikanisch gestylten, reetgedeckten Häuschen haben große Badezimmer und offene Kamine; architektonisch ist die 1992 mit vielen lokalen Künstlern und Handwerkern erbaute Ethno-Lodge mit Indiana Jones/Tarzan-Ambiente immer noch eine der aufregendsten im Land (▶ siehe Fotos in der Website). Kinderfreundlich, mit eigenen Kinderprogrammen. Ab 2400 Rand p.P. im DZ.

Ngala Tented Safari Camp (RRRRR), Reservierung über: CCA, Tel. 011-8094300, Fax 011-8094400, www.ngala.co.za. Die am Ufer des Timbavati River gelegene Lodge mit ihren 20 reetgedeckten Chalets ist mit Sicherheit das schönste „Zelt"-Camp in der Krüger-Region. Holz und Leinwand sind geschickt und stilsicher mit einem Touch Zen-Minimalismus kombiniert. Der Überlauf-Pool ist ein Traum, Essen und Service sind überragend. Gehört zur exklusiven Riege der „Small Luxury Hotels of the World". Ab 4844 Rand p.P. im DZ.

Royal Malewane (RRRRR), Tel. 015-7930150, Fax 015-7932879, info@royalmalewane.com, www.royalmalewane.com (Thornybush Game Reserve). Sehr luxuriöse und exklusive Lodge, sprich Perserteppiche auf den Holzplanken der Decks, hervorragende Küche. Ein stilvolles Boutique-Hotel mit allem Komfort mitten im Busch. Ab 6450 Rand p.P. im DZ.

Leopard Hills Private Game Reserve (RRRRR), Sabi Sands, Game Lodge: 013-7355142, Fax 013-7355134, Reservierung Tel. 013-7376626 oder 7376627, Fax 013-7376628, www.leopardhills.com. *Das wohl beste Preis-/Leistungsverhältnis der hier beschriebenen Lodges,* vor allem deswegen, weil die Pirschfahrten so ergiebig sind, da das Sabi Sands-Gebiet die mit Abstand größten Chancen auf eine erfolgreiche Big Five-Safari bietet. Kinderfreundlich, sehr schöne Häuschen, Afro-Chic-Interieur mit großen Badezimmern und eigenem Pool. Ab 5600 Rand p.P. im DZ.

Lion Sands Game Reserve (RRRRR), Sabi Sands, Reservierung Tel. 011-4849911, helenv@lionsands.com, www.lionsands.co.za. **River Lodge** ab 3575 Rand p.P. im DZ und **Ivory Lodge** ab 7350 Rand p.P. im DZ. Zwischen den beiden Lodges auf diesem Anwesen liegen Welten, was sich bereits in den Übernachtungspreisen widerspiegelt: Zum einen die traditionelle, afrikanisch-ethnische River Lodge, zum anderen die afro-chice, Boutique-Hotelartige Ivory Lodge, die immer mal wieder von Scheichs exklusiv für ein paar Tage gebucht wird. Die Safaris sind wie überall in Sabi Sands sehr gut, von beiden Lodges hat man einen wunderbaren Blick auf den Fluss, in dem sich oft Dutzende von Elefanten erfrischen.

Tanda Tula (RRRRR), Timbavati Game Reserve, Camp-Tel. 015-7933191, Fax 015-7933191, Reservierung Tel. 011-7922115, lianne@uitsig.co.za, www.tandatula.co.za. Acht Luxuszelte, Ab 2900 Rand p.P. im DZ. Im Vergleich zu den anderen Lodges „relativ" günstig, sehr gute Pirschfahrten.

Honeyguide Tented Safari Camp (RRRRR), Lodges of Manyeleti, Tel. 011-3410282, Fax 011-3410281,honeyguide@mix.co.za, www.honeyguidecamp.com. Honeyguide Tented Safari Camp besteht aus zwei voneinander getrennten Camps: **Mantobeni** und **Khoka Moya.** Jedes Camp besitzt 12 Zelte mit zwei Einzelbetten oder einem Doppelbett, eigenem Badezimmer, Duschen und Toilette. Jedes Zelt hat Busch- oder Flussblick. Das allen Gästen zugängliche Areal von Khoka Moya ist in einem komfortablen, aktuellen Ambiente gestylt. Mantobeni ist das koloniale Gegenstück, mit typischem Safari-Ambiente. Khoka Moya bietet spezielle Kinderprogramme. Beide Zeltcamps liegen im relativ unbekannten, 230 km^2 großen *Manyeleti Game Reserve,* 12 km südlich vom Orpen Gate. Ab 2800 Rand p.P. im DZ.

Sabi Sabi Lodges, zentrale Buchung: 85 Central St, Houghton, Tel. 011-4833939, Fax 0114833799, res@sabisabi.com, www.sabisabi.com. Es gibt drei exklusive, verschieden gestylte Camps:

Bush Lodge (RRRRR), Tel. 013-7355656, Fax 013-7355165, bush@sabisabi.com. 25 Suiten/Chalets, ab 5150 Rand p.P. im DZ. Hier ist im Vergleich zu den anderen beiden Lodges eher viel los, der große Essensbereich erinnert, trotz der hohen Preise, ein bisschen zu sehr an „Massenabfertigung", wie in den viel günstigeren, staatlichen Krüger-Camps.

Selati Camp (RRRRR), Tel. 013-7355771, Fax 011-7355236, selati@sabisabi.com. 8 Suiten/Chalets, ab 5300 Rand p.P. im DZ. Sabi Sabis intimes Selati Camp mit nur 8 reetgedeckten Suiten fügt sich perfekt in den Busch ein und ist in einem historischen Orient-Express-Ambiente gestylt, mit Original-Dampflokomotiven-Plaketten, Signalen und anderen Sammelstücken in den Zimmern. Rangierer-Lampen leiten die Gäste nachts zu ihren Gemächern, die alle über Aircon und Ventilatoren verfügen. Im Camp selber brennen allerdings noch die romantischen, alten Ölfunzeln. Die Suiten haben großzügige Bäder und Außenduschen. Dinner und Lunch wird auf hölzernen Stegen, die über das Flussbett gebaut sind, in der Boma oder der Farmhaus-Küche serviert.

Earth Lodge (RRRRR), Tel. 013-7355261, Fax 013-7355260, earthlodge@sabisabi.com. 13 Suiten/Chalets, ab 6500 Rand p.P. im DZ. Die exklusivste der drei Sabi-Sabi-Lodges mit der ungewöhnlichsten Architektur, weg vom traditionellen Safari-Ethno-Ambiente zu mehr nüchternem Minimalismus, allerdings mit Bezug zur natürlichen Umgebung, die Lodge sieht man auf den ersten Blick kaum. Einfühlsam in die Umgebung integriert, bildet sie mit der Landschaft eine Einheit. Inspiriert von Beschaffenheit, Farben und Formen der Natur erlebt man hier Wildnis hautnah. Ein unterirdischer Gang führt in eine andere Welt. Zusätzlich zur Amber Suite bietet die Lodge 12 Suiten, von denen jede über einen persönlichen Butler, eigens künstlerisch gefertigte Einrichtungsgegenstände, Tauchbecken und eine Freiluftdusche verfügt. Die Boma wird von einer „Mauer" aus Wurzeln umgeben. Der Earth Nature Wellnessbereich bietet Massagen, natürliche Therapien sowie klassische Wellnessbehandlungen. Bibliothek, Kunstgalerie, Abendessen im Weinkeller.

Panorama-Route
von Hazyview über den Long Tom Pass nach Pilgrim's Rest und White River

Vom **Paul Kruger Gate** führt eine schnurgerade Asphaltstraße nach **Hazyview.** Trotzdem lohnt es sich, etwas langsamer zu fahren. Am Straßenrand verkaufen die Menschen, die hier leben, handgeschnitzte Löwen, Elefanten und fast mannshohe Giraffen. Die Preise sind nirgendwo günstiger – und das Geld bleibt direkt bei den Leuten, die es am dringendsten brauchen. Wer sich erst in Kapstadt entschließen sollte eines dieser originellen und gut gearbeiteten Souvenirs zu erstehen, zahlt drei- bis viermal mehr als hier.

Die Hitze des Lowveldes liegt schon wieder drückend auf der Landschaft, zum Glück funktioniert die Aircondition. Hazyview ist das Zentrum des Bananen-Anbaus und auf dem Weg nach **Sabie** wächst die üppig-grüne, subtropische Vegetation fast bis in die Straße.

Die Warnschilder in der Nähe des Sabie River, mit dem Flusspferd im roten Dreieck, sind nicht nur reizvolle Fotomotive, sondern unbedingt ernst zu nehmen. Vor allem in der Dämmerung pflegen die massigen Schwergewichte kleinere Spaziergänge auf der noch warmen Straße zu unternehmen. Ein Zusammenstoß mit den Viertonnern kann fatal enden.

Langsam beginnt die R 536 anzusteigen, der Rand des Highveldes nähert sich wieder, der Baumbewuchs nimmt zu. Das kleine Städtchen **Sabie** liegt dann schon wieder über 1200 Meter hoch. Bei Temperaturen um die 20 Grad ist die Klima-Anlage überflüssig.

Sabie

Sabie ist Zentrum des bewaldeten und hügeligen Teils Mpumalangas. Wie viele Orte in der Gegend, ist die Siedlung aus einem Goldminen-Camp entstanden. Ein ideales Gebiet zum Goldsuchen, nicht zuletzt wegen der Wälder, deren Holz für die Stützbalken in den Stollen genutzt wurde.

Restaurants

Country Kitchen (RR), 75 Main St, Tel. 013-7641901, Lunch 11.30–15 Uhr, Dinner 18 Uhr bis spät, Mo kein Lunch, So geschlossen. In einem kleinen Bistro werden traditionelle südafrikanische Gerichte serviert, von Krokodil-Streifen mit Kürbis bis zu Wasserblumen mit Wild und eher „normale" Steaks vom Rind und Strauß.

Artist's Cafe (R), an der R 37 in Hendriksdal, 15 km südl. von Sabie, Tel. 013-7642309, tägl. 10–14 Uhr, Dinner nur auf Reservierung. Überall in Südafrika wird alten, ausgedienten Bahnhöfen neues Leben eingehaucht, der von Hendriksdal ist in ein trendiges Restaurant nebst Kunstgalerie verwandelt worden. Italienisch ausgerichtete Küche, es gibt aber auch ein paar typisch südafrikanische Sachen, gute Weinauswahl.

Jock of the Bushveld

Wie in vielen Städten Mpumalangas findet sich auch in Sabie eine Gedenktafel mit einem Hund und der Inschrift „Jock of the Bushveld". Ob der Hund tatsächlich gelebt hat, ist nicht sicher. Seine Story ist trotzdem jedem Südafrikaner bekannt. Sir Percy Fitzpatrick hat die Hundegeschichten Anfang des 20. Jahrhunderts geschrieben, 1907 ging das Werk „Jock of the Bushveld" erstmals in Druck und wurde seither immer wieder neu aufgelegt. Auch ein Film wurde über die Erlebnisse des Mischlings-Hundes Jock gedreht.

Im Buch beschreibt Fitzpatrick, wie sein Hund Jock, als er nur ein paar Tage alt war und noch halb blind, von der Kutsche fiel und sich seinen Weg nach Hause durch unbekanntes, hohes Buschgras erkämpfte. Älter geworden, erwarb sich Jock immer mehr die Reputation eines furchtlosen Draufgängers, der auch mit viel größeren Tieren den Kampf aufnahm. Bis ihm ein Kudu-Bock einen Tritt an den Kopf verpasste. Die Trommelfelle platzten, und fortan war Jock taub. Als er aus diesem Grund in Barberton fast von einer Kutsche überfahren worden wäre, gab ihn sein Herr einem Freund, der 22 Kilometer entfernt auf dem Land wohnte. Doch der treue Hund biss seinen Strick durch und lief zurück nach Barberton, wo er zeitgleich mit seinem überraschten Herrn eintraf. Als Fitzpatrick schließlich einen Job in einer Johannesburger Minengesellschaft annahm, gab er Jock seinem Freund Tom Barnett in Mosambik. Eines Nachts, als Jock die Hühner von Barnett gegen einige Wildhunde verteidigte, erschoss ihn sein neuer Besitzer aus Versehen, da er ihn in der Dunkelheit nicht erkannte. Heute lebt die Erinnerung an ihn durch zahlreiche Gedenktafeln, Denkmäler und sogar einem Wanderpfad, der seinen Namen trägt, weiter.

Jetzt steht wieder ein straßenbaulicher Leckerbissen auf dem Programm. Auf der R 37 zieht sich der **Long Tom Pass** 46 Kilometer durch die sanft geschwungenen und bewaldeten Hügel der nördlichen Drakensberge. Er ist Teil der sogenannten **Panorama-Route** durch Berge und Täler. Mit 2150 Metern ist er Südafrikas höchster befestigter Bergpass, und an seinem Scheitelpunkt steht auch unübersehbar die Erklärung für seinen Namen. „Long Toms" hießen die berühmt-berüchtigten 155-Millimeter-Kanonen, die die Buren-Kommandos im Englisch-Burischen Krieg 1899–1902 gegen die Engländer einsetzten. Ein Replikat des weitreichenden Artillerie-Geschützes steht auf der Passhöhe. Bei den **Devil's Knuckles,** einer Serie steiler Hügel, wurden die Kanonen zum letzten Mal gegen die Briten eingesetzt. Vom Pass bietet sich in südöstlicher Richtung eine tolle Aussicht. Ein Schild weist zur „Old Harbour Road". Eine Straße zum Hafen, und das so weit weg von der Küste? Tatsächlich haben die Transportreiter früher diese Strecke auf ihrem Weg nach Mosambik benutzt. Ein anderes Schild führt zu „The Staircase", einem besonders steilen Stück in der alten Straße.

Lydenburg

Lydenburg liegt in einem lieblichen Tal, wieder ein bisschen außerhalb der Panorama-Route. Das viele Grün und die forellengefüllten klaren Bäche lassen fast Alpen-Gefühle aufkommen. Doch „Lyden" ist das holländische Wort für „Leiden". Was haben die ersten Weißen hier erlitten? Eine Gruppe von Voortrekkern unter Andries Pretorius gründete 1845 eine Stadt, genannt Andries-Ohrigstad, in einer fruchtbaren Flussniederung. Was sie nicht wussten, war, dass sie sich in einem Malaria-Gürtel niedergelassen hatten. In den folgenden Sommermonaten starben Menschen und Vieh an den Stichen der Moskitos. Der Trek zog weiter und gründete gute 50 Kliometer weiter nördlich, im Jahre 1850, eine neue Stadt, die zur Erinnerung an die Leiden „Lydenburg" getauft wurde.

Die Voortrekker bauten die erste holländisch-reformierte Kirche und das erste Schulhaus im Transvaal. Relikte einer noch viel älteren Kultur sind im städtischen Museum ausgestellt: Replikate der sogenannten „Lydenburg Heads", sieben Terrakotta-Köpfe, die etwa 500 Jahre v. Chr. angefertigt worden sind. Gefunden wurden sie auf der Sterkspruit-Farm. Sechs von ihnen zeigen menschliche Gesichter, einer ist ein Tierkopf. Wahrscheinlich wurden die Masken für rituelle Zwecke benutzt. Die wertvollen Originale lassen sich übrigens im South African Museum in Kapstadt bewundern.

Pilgrim's Rest

Nehmen Sie die R 36 nach Norden und biegen Sie nach rechts auf die R 533 ab. Wieder geht es steil nach oben, über den **Robber's Pass** mit seinen 1778 Metern. Zu beiden Seiten des *Blyde River* sind die Berghänge dicht bewaldet. In einer kleinen Senke liegt er dann, der legendäre Ort, wo Südafrikas größter Goldrausch stattgefunden hat: **Pilgrim's Rest.** Ob Alaska, Kalifornien oder eben Südafrika, die Pioniere unter den Diggern waren fast immer verschrobene Einsiedler mit einem Tick und einem entsprechenden Spitznamen. *Alec Patterson* machte da keine Ausnahme. Da er sein gesamtes Hab und Gut in einer Schubkarre vor sich herschob, war er im ganzen Transvaal als *Wheelbarrow-Alec,* „Schubkarren-Alec", bekannt.

Für Patterson waren zwei Leute bereits eine Menschenmenge und drei zwei zuviel. Als es rund um seinen Claim bei Mac Mac zu voll wurde, lud er seine Schubkarre voll und zog weiter nach Westen, über die Berge in das nächste Tal. Nach wochenlangem Suchen am Blyde River schmiss er eines Tages, im September 1873, eine Handvoll Dreck in seine Waschpfanne, und es glänzte ihm entgegen: Gold.

Goldgräberstädtchen Pilgrim's Rest

Erst Monate später stolperte der nächste Goldsucher in das Tal, William Trafford. Er hatte ebenfalls Glück und es heißt, er hätte vor lauter Freude geschrien: „The pilgrim is at rest" – „Der Pilger hat sich niedergelassen". Die umliegenden Hügel warfen ein verkürztes Echo zurück: *„pilgrim rest, pilgrim rest"* .... Der Name für den zukünftigen Ort war gefunden.

Eine zweite, weniger spannende Deutung ist die, dass die Stadt nach den ersten Siedlern der Gegend, den „Pilgrims" aus Pietermaritzburg benannt worden ist.

Während Alec seinen Fund für sich behielt, prahlte William damit herum, und in kürzester Zeit wimmelte es am Blyde River vor Glücksrittern. Etwa 1500 von ihnen hatten Ende 1873 bereits 4000 Claims abgesteckt. Innerhalb eines Jahres gab es in dem Zeltcamp bereits 14 Kneipen.

Im Jahr 1896 wurde die „Transvaal Gold Mining Estates" (TGME) gegründet. Sie förderte Gold im Wert von etwa 20 Millionen Pfund Sterling, bevor die Quelle versiegte. Und obwohl die letzte Mine 1972 dichtmachte, blieb Pilgrim's Rest das Schicksal einer *ghost town* erspart. Der gesamte Ort mit seiner typischen Wellblech-„Architektur" steht seit 1974 unter Denkmalschutz.

Ein Gang durch die Main Street lässt erahnen, wie es während des Goldrausches zugegangen sein muss. Der alte *Drezden & Company General Store* ist ebenso Museum wie die Druckerei der *Pilgrim's and Sabie News*. Das historische *Royal Hotel* weist eine besondere Kuriosität auf: Die Bar diente einst als Kapelle in Lourenço Marques, dem heutigen Maputo, Hauptstadt von Mosambik. Sie wurde zerlegt und von einem Händler auf Ochsenwagen in den 1890er Jahren nach Pilgrim's Rest transportiert.

Information

Pilgrim's Rest Information Centre, Main St, Tel. 013-7681060, Fax 013-7681469, www.pilgrims-rest.co.za, www.pilgrimsrest.org.za, www.pilgrimsrest.com, tägl. 9–12.45 Uhr, 13.45–16 Uhr. Hier erfährt man alles über die Geschichte von Pilgrim's Rest, nicht nur, dass der gesamte Ort ein *National Monument* ist. Außerdem gibt es Eintrittskarten für die drei Museen des Ortes.

Restaurants

Diggers Den (RR), Royal Hotel, Main St, Tel. 013-7681100. Originelle Kneipe, die Kaffee und Tee in Emailletassen und -kannen serviert; die Servietten sind karierte Geschirrhandtücher.

Inn on Robber's Pass (RR), Doornhoekplaas, an der R 533, 17 km außerhalb von Pilgrim's Rest, Tel. 013-7681491, www.guestnet.co.za/mp/robberspass/robberspass.htm, tägl. 7.30–20.30 Uhr, nur auf vorherige Reservierung. Romantische Atmosphäre in einem alten, kolonialen Farmhaus. Kerzenlicht-Dinner und gelegentliche Auftritte von Opernsängern machen den Platz zu einem echten Erlebnis, schöne Aussicht auf das Tal. Auf Wunsch werden Picknick-Körbe zubereitet.

Mount Sheba Hotel (RRR), Grootfonteinweg 561KT, Lydenburg Rd, Tel. 013-7681241, www.sa-venues.com/visit/mountsheba, tägl. 7.30–21.30 Uhr, Lunch 12–17, Dinner 19–21 Uhr, Frühstück und Dinner nur bei vorheriger Reservierung. Restaurant in einem typischen Landhotel auf dem gleichnamigen Berg. Offener Feuerplatz für kalte Winterabende, gute Küche.

Unterkunft

Royal Hotel (RRR), Main Rd, Pilgrim's Rest, Tel. 013-7681100, Fax 013-7681188, www.pilgrimsrest.org.za/royal.htm. Das renovierte historische Hotel aus der Goldgräberzeit ermöglicht seinen Gästen einen Trip in die Vergangenheit und ist die stilechte Möglichkeit im Ort zu nächtigen. 50 Zimmer mit Bad, Restaurant im Haus.

Sehenswert

Drezden & Company General Store; der alte Laden sieht noch so aus wie zwischen 1930 und 1950. Alte Schachteln und Dosen, die über einen Zeitraum von 20 Jahren im Angebot waren, stehen in den Regalen. Auch die Wohnräume des Ladenbesitzers können besichtigt werden.

Pilgrim's & Sabie News; Ende des 19. Jahrhunderts erbautes Gebäude, das als Druckerei für die lokale Zeitung genutzt wurde. Die alten Maschinen sind ausgestellt. Am 24. Januar 1874 erschien die erste Zeitung, „Gold News", die kurz danach in „Goldfields Mercury" umgetauft wurde. Erst ab 1910 hieß die wöchentlich erscheinende Publikation dann „Pilgrim's and Sabie News".

Weiterfahrt Richtung Sabie

Die Gegend um Pilgrim's Rest ist berühmt für ihren Bergnebel, und auch der heutige Tag bleibt davon nicht verschont. Um so gespenstischer wirken die kopflosen Gestalten in langen Gewändern, die am Straßenrand auf und ab springen. Sie sehen aus wie lebendige Vogelscheuchen. Beim Anhalten stellt sich heraus, dass es verkleidete Kinder sind, die sich ein paar Münzen von den Touristen erhoffen. Genau wie die Autowäscher in Pilgrim's Rest, die ungefragt ihre Arbeit erledigen und dann hoffnungsvoll neben dem Wagen sitzenbleiben.

Hinter der Passhöhe blinzelt bereits wieder die Sonne durch den Wolkenschleier. Ideale Voraussetzungen für eine kleine Badepause. In den **Mac Mac Pools** darf gegen ein kleines Eintrittsgeld in den natürlichen Felsenbecken, mit erfrischend kaltem Wasser, gebadet werden. Am Ufer ist Gras gepflanzt, es gibt Toiletten und Grillplätze. Die Pools sind übrigens nach den vielen Schotten benannt – jeder zweite war irgendein „Mac" –, die um 1872 hier nach Gold gegraben haben.

In **Sabie** schließt sich dann wieder der Kreis, die Panorama-Route ist zu Ende. Auf der gut ausgebauten, kurvenreichen Straße R 537 geht es durch eine waldreiche Hügellandschaft zum Tagesziel, nach White River.

White River

Die subtropische Stadt ist ein Zentrum des Zitrusfrüchteanbaus und im Sommer ein Blütenmeer. Die 2,5 km nördlich außerhalb des Ortes an der R 40 liegende **Casterbridge Farm** mit Shops, Restaurants, Kino, Theater, Mini-Brauerei und dem hochinteressanten **White River History & Vintage Car Museum** ist einen längeren Besuch wert.

Information

White River Tourism and Publicity Association, Ecke Kruger Park/Graham Street, Tel. 013-7501599, www.mpumalangahappenings.co.za/whiteriver_homepage.htm und www.mpumalanga.com. Bed & Breakfast-Buchungen, kostenlose Infos zur Region.

Lowveld Tourism Information Office, Casterbridge Farm, Tel. 013-7501073, www.lowveldinfo.com. Gut bestücktes Infozentrum auf der Shopping-Farm Casterbridge.

Einkaufen

Casterbridge Farm Country Shopping, an der R 40, info@casterbridge.co.za, www.casterbridge.co.za, Mo–Fr 9–16.30, Sa/So 9–16 Uhr. Die ehemalige Mango-Plantage ist in ein für die Gegend überraschend stilvolles und charmantes „Shopping-Zentrum" verwandelt worden. Hier trifft toskanisches Flair auf viktorianische Architektur, grüne Gärten, schattige Innenhöfe mit Mango-, Feigen- und Jacaranda-Bäumen. Es gibt eine ganze Auswahl an geschmackvollen Geschäften, die Möbel, Leinen, Klamotten und Dekor verkaufen. Außerdem Buchladen, mehrere gute Restaurants (s. Website) und die Deli/Espresso-Bar *Porcellino Cafe & Deli* (R-RR, Tel. 013-7502102). Genießbaren Espresso in dieser Gegend Südafrikas zu bekommen, wäre vor ein paar Jahren noch ein Ding der Unmöglichkeit gewesen.

Sehenswert

Das **Barnyard Theatre** auf der Casterbridge Farm bietet regelmäßig Aufführungen und Live-Konzerte (Tel. 013-7501117, s. Website für das laufende Programm).

In den vergangenen Jahren nahm die Popularität des **White River Motor Museum,** einem der wenigen Automuseen Südafrikas, mehr und mehr zu. Gleichzeitig wuchs die Sammlung derart an, dass eine neue Location gefunden werden musste. Die Besitzer Louis van der Merwe und sein Vater Hans entschlossen sich zu expandieren. Der Platz für das neue Museum ist ein dreistöckiger, 2000 m² großer Komplex auf der Casterbridge Farm. Mehr als 60 historische Fahrzeuge sind dort permanent ausgestellt.

3. INDISCHER OZEAN – DRAKENSBERGE – DURBAN

Wie durch ein grünes Wellenmeer verläuft die Fahrt ab **White River** nach Nelspruit. Rechts und links wachsen Plantagen und Nutzwälder an den Berghängen. Knallrote Feuerbäume säumen den Straßenrand. In Nelspruit die R 40 nach Süden nehmen, nach 45 km erreichen sie Barberton.

Barberton

Wie viele andere Städte in Mpumalanga ist auch Barberton auf Gold gebaut. Hier ereignete sich Südafrikas erster Goldrausch. Das Pioneer Reef wurde 1883 von einem gewissen „French Bob" entdeckt, aber erst nachdem Graham und Fred Barber am 21. Juni 1884 einen in der Sonne funkelnden Felsen fanden, ging es richtig los. Drei Tage später wurde die Zeltbehausung von Barber und seinen beiden Vettern zur Stadt erklärt und „Barberton" genannt. Damit durften offiziell Claims abgesteckt und gekauft werden. 1886 gab es bereits 4000 davon im Tal, und die wilde Stadt wuchs auf über 20.000 Einwohner an, damals die größte der Region.

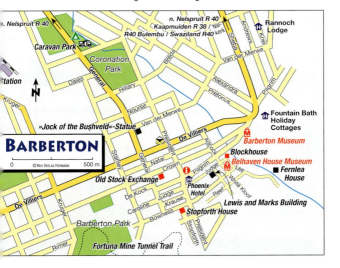

Zeit, um feste Häuser zu bauen, gab es am Anfang nicht, Goldsuchen war wichtiger. So entstand eine Wellblechhütte neben der anderen. Es gab allerdings auch Unterhaltung in Form von Tanzhallen, Spielhöllen und Whiskey-Bars, wo die Digger ihr hart erkämpftes Edelmetall schnell wieder verlieren konnten. Vor allem, wenn *Cockney Liz* tanzte. Die Prostituierte tat das mit Vorliebe auf einem Billardtisch, von dem aus sie an den Höchstbieter für die Nacht versteigert wurde.

Barberton entwickelte sich schnell zu einer reichen Stadt. Südafrikas erste Börse entstand. Von der **Old Stock Exchange** steht heute allerdings leider nur noch die beeindruckende Fassade. Auch die wunderschönen Wohnhäuser des Ortes entstanden alle während des Goldrausches.

Als dann die wirklich großen Goldvorkommen am Witwatersrand entdeckt wurden, endete auch die Hoch-Zeit des Lowveld-Juwels Barberton. Die Geschichte der Stadt ist anschaulich im **Barberton Museum** dargestellt. Dort erfahren Besucher auch, dass hier, im De Kaap Valley, die mit 4,2 Millionen Jahren ältesten Sedimentgesteine der Welt entdeckt wurden. Das Tal hieß früher *Valley of Death,* da viele der Goldgräber an Malaria erkrankten und starben. Der Autor eines der besten Romane über Südafrika „The Power of One", Bryce Courtenay, wurde in Barberton geboren. Sein Held wächst ebenfalls dort auf.

Farbenfrohes Haus in Barberton

Zu den schönsten Gebäuden im Ort gehört das viktorianische **Belhaven House**, das besichtigt werden kann. Das **Stopforth House** in der Bowness Street ist ein typisches Mittelklassehaus, das ebenfalls Besuchern offen steht. Interessant ist das an der Ecke Lee Street/Judge Street stehende Bauwerk, ein englischer Wachturm aus Holz und Eisen, **Blockhouse** genannt. Als der Englisch-Burische Krieg (1899–1902) in seine Guerilla-Phase ging, bauten die Briten eine Kette dieser *blockhouses* im ganzen Land, um sich gegen Angriffe der Buren-Kommandos zu wehren.

Information

Barberton Information Bureau, Market Square, Tel. 013-7122121, info@barberton.info, www.barberton.info, www.barberton.co.za. Informationen zum gesamten Lowveld. Touren zur **African Pioneer Mine**: Tel. 013-7128002.

Unterkunft

Fountain Baths (R), 48 Pilgrim Street, Tel. 013-7122707, Fax 013-7123361. Originelle und günstige Selbstversorger-Unterkunft im 1886 erbauten ehemaligen Gemeinschaftsbad der Minenarbeiter. Bis auf den großen Pool ist alles umgebaut worden. Ein subtropischer Garten gibt einem nicht das Gefühl, mitten in der Stadt zu sein. Im hinteren Teil des Gartens befindet sich ein Teil der ältesten Gesteinsformation der Erde, der *Barberton Greenstone Belt* ist über 3,5 Milliarden Jahre alt.

Restaurants

Lunch-Tipps

Victorian Tea Garden and Restaurant (R), Market Square/Crown St, Mo–Fr 7.30–17 Uhr, Sa 8–14 Uhr, So 9–14 Uhr. Schöner viktorianischer Pavillon mitten in Barberton, idealer Platz für ein zweites Frühstück.

Bye Apart (H)ate (R-RR), 18 Judge St, Tel. 013-7122846, Mo–Do 9–17 Uhr, Fr/Sa 18.30 Uhr bis spät, So 9–15 Uhr. *Bye bye Apartheid,* was für ein Name für ein Restaurant, auf alle Fälle einer der neugierig macht: der Nachname der schwarzen Besitzerin Lavinia ist „White". Im Innern finden sich Porträts der früheren südafrikanischen Premierminister neben Madiba-Bildern, und neben der alten Flagge ist die neue bunte drapiert. Besitzerin Lavinia ist eine prima Köchin und macht „traditional food the old-fashioned way", es gibt Light unches wie Salate und Pastas sowie herzhafte Frühstücke.

Diggers Retreat (R-RR), ca. 14 km nördlich außerhalb an der R 38 nach Kaapmuiden, in der Nähe der Consrot Mine, Tel. 013-7199681 o. 7199684; Frühstück 6.30–9 Uhr, Lunch

12–15 Uhr, Dinner 18–21 Uhr. Der über 80 Jahre alte Gasthof liegt im kühlen Schatten von riesigen Bäumen, was an heißen Lowveld-Tagen viele Besucher anlockt. Er ist bekannt für gute Steaks. Sehenswert sind die alten Wandmalereien, die Buschveld-Szenen und die alte Zeederburg-Kutsche zeigen. Die Gemälde stammen von einem reisenden Künstler, der sie kurz nach Eröffnung der Kneipe für Kost und Logis angefertigt hat.

Sehenswert

Old Stock Exchange. Von der ersten Börse Transvaals steht heute nur noch die beeindruckende Fassade.

Belhaven House, Lee Rd, Di–Fr 10–15 Uhr, Sa 10–12. Besichtigungen jeweils zur vollen Stunde. Elegantes, viktorianisches Haus einer reicheren Familie aus der Goldgräberzeit.

Blockhouse, Ecke Lee Street/Judge Street. Ein 1901 im Englisch-Burischen Krieg aus Wellblech erbauter Geschützstand.

Barberton Museum, 36 Pilgrim St, Tel. 013-7124208, Fax 013-7124281, Mo–Fr 9–16 Uhr, Sa/So 9–13 Uhr u. 14–16 Uhr. Sehr gute Ausstellungen zur Geschichte und zum Goldrausch rund um Barberton.

Abstecher Wer sich das Lowveld samt **Barberton** noch einmal von oben betrachten möchte, sollte auf der R 40 einen Abstecher auf den **Saddleback-Pass** machen (ca. 20 km). Hinter der Passhöhe folgen nach wenigen Kilometern die Grenzposten Josefsdal/Bulembu ins Königreich Swaziland

Unsere Reiseroute geht jedoch auf der R 38 nach Westen Richtung Carolina. Am **Nelshoogte-Pass** liegt völlig einsam mal wieder eine dieser unerwartet stilvollen Übernachtungsmöglichkeiten in völliger Ruhe, die **Dawsons Game and Trout Lodge.** Wie der Name bereits andeutet, ein Paradies für Forellenfischer.

Dawsons Game and Trout Lodge (RRRRR), Tel. 083-5764215, Fax 083-5764224, info@dawsonslodge.co.za, www.dawsonslodge.co.za. Stilvoll gebaute Lodge auf einer großen Farm, sehr ruhig gelegen. Forellen, Antilopen, Zebras und Giraffen.

Badplaas

Die Fahrt geht weiter, vorbei an ausgedehnten Nutzholz-Plantagen, bis am Fuße der *Hlumuhlumu Mountains,* der Donnerberge, die kleine Siedlung **Badplaas** auftaucht. Wieder einer dieser Namen, der sich auch ohne fundierte Afrikaans-Kenntnisse erfassen lässt: „Badeplatz".

Indischer Ozean · Drakensberge · Durban

Seit Jahrhunderten machten sich schwarze Stämme die Heilkraft der heißen Quellen zunutze, bis die Weißen kamen. 1876 soll ein gewisser *Jacob de Clerque* bei der Verfolgung eines verwundeten Blesbockes die Quellen „entdeckt" haben. Von diesem Zeitpunkt an war der Platz auch bei weißen Afrikanern beliebt.

Präsident Krüger erklärte die heißen Quellen schließlich zu einem „Wellness"-Zentrum für die gesamte burische Nation. Viele Familien aus dem unwirtlichen Highveld kamen im Winter zu dem klimatisch begünstigten Platz. Sie badeten direkt in einem natürlichen Pool im Flussbett. Das 50 °C heiße Quellwasser wurde durch Einleiten eines kalten Baches auf die gewünschte Temperatur gebracht. Besonders bei Rheuma half das Bad im warmen Fluss.

Die Buren kamen zwischen Mai und August und errichteten jedes Jahr ihr Zeltcamp. Erst 1932 baute die Regierung permanente Unterkünfte und stellte einen Vollzeit-Bademeister ein. Wenn dieser eine Glocke läutete und eine rote Flagge in dem wilden Feigenbaum hisste, mussten alle Männer das Bad verlassen. Der Grund: Früher wurde nackt gebadet und Männlein und Weiblein sollten einander nicht entblößt zu Gesicht bekommen.

Fahren Sie nun auf der R 541 nach Süden. Die Straße zieht sich weiter durch Weideland, auf dem Kühe gehalten werden. In **Lochiel** geht es nach rechts auf die N 17, etwa 30 km weiter wieder links auf die R 33 Richtung Piet Retief. Am Horizont kratzt eine Bergkette an den Wolken.

Es herrscht praktisch kein Verkehr. Die Hitze flimmert über dem leergefegten Asphalt. Vorbei an Amsterdam – missverständlicher könnte die kleine Stadt im Nichts kaum heißen – geht es sanft auf und ab. Großflächige Baumplantagen haben das Weideland abgelöst. Etwa 50 Kilometer hinter Amsterdam erreicht man einen geschichtsträchtigen Ort, in dem der Reisende noch einmal in die südafrikanische Historie eintauchen kann.

On the road: Lkw-Modell aus Draht und Blechabfällen

Piet Retief

König Dingane

Piet Retief war einer der bekanntesten Voortrekker-Führer. Er und 70 seiner Männer trafen sich am 18. Februar 1838 mit **Zulu-König Dingane,** um sich mit ihm über eine Verteilung des Landes zu einigen. Sie ließen, wie es die Tradition verlangte, ihre Waffen außerhalb des Krales liegen, unterzeichneten den Vertrag. Es folgten einige Kriegstänze, wobei sich die *impis,* die Zulu-Krieger, den Voortrekkern immer weiter näherten, bis Dingane schließlich „bulalani abatagati" schrie, „Tötet die Zauberer!". Seine Angst vor der militärischen Übermacht der Weißen war einfach zu groß geworden. Auch die von den Trekkern zurückgelassenen Frauen und Kinder ließ Dingane von seinen Soldaten umbringen. Ein burischer Märtyrer und die Überzeugung, dass es mit Schwarzen niemals ein friedliches Zusammenleben geben kann, waren geboren.

Der Ort **Piet Retief** mit seiner hübschen, schneeweißen Kirche, deren Turm aussieht wie aus Zuckerguss modelliert, wirkt friedlich und verschlafen. Nach 1877, als die Briten den Buren-Staat Transvaal annektierten, wurde das Gebiet rund um Piet Retief *Little Free State* genannt. Mit etwas über 100 Quadratkilometern und nur 72 Einwohnern war es einer der kleinsten jemals ausgerufenen unabhängigen Staaten.

Die **Zulu** sind nach wie vor ein stolzer und Südafrikas größter Stamm, die meistgesprochene Sprache in Südafrika ist Zulu. In **KwaZulu-Natal,** dessen Grenze man auf der N 2 etwa 65 km südöstlich von Piet Retief erreicht, fallen gleich die traditionellen Zulu-Rundhütten auf, die in kleinen Ansammlungen beisammen stehen. Afrika wie aus dem Bilderbuch. Windräder drehen sich krächzend und langsam in der sanften Brise.

Auf der gut ausgebauten N 2 ist **Pongola** dann relativ schnell erreicht. Hier liegen bereits die ersten Wildnisreservate KwaZulu-Natals.

Unterkunft

White Elephant Bush Camp (RRRR-RRRRR), auf der N 2 45 km südl. von Pongola oder 25 km nördlich von Mkuze, 4 km gute Piste zur Westseite des Pongolapoort-Stausees, Tel.

034-4132489, Fax 4132499, info@whiteelephant.co.za, www.whiteelephant.co.za. Game Lodge mit fünf einfacheren, reetgedeckten Chalets, einem Honeymoon-Chalet und einer Familienunterkunft. Sehr kinderfreundlich, Kinder dürfen auch auf den Pirschfahrten im offenen Geländewagen mitfahren.

Lembombo- und Maputa-Land

Zurück auf der Hauptstraße N 2 zweigt nach dem Pongola-Staudamm nach links eine kleine, nicht numerierte, aber asphaltierte Straße nach **Jozini** ab. Jetzt hat der Besucher den Eindruck, im tiefsten Afrika zu sein. Überall Menschen, fliegende Händler, Lärm und Gestank, freilaufendes Vieh.

Vogelparadies Ndumo Wilderness Camp

56 km weiter nördlich herrscht dann wieder Ruhe. Dort liegt das komfortable **Ndumo Wilderness Camp,** eine private Zelt-Lodge, die im staatlichen Game Reserve, nur ein paar Kilometer von der mosambikanischen Grenze entfernt, gebaut worden ist. Ein echtes Paradies für Vogelfreunde. Über 400 Arten wurden hier bereits klassifiziert. Die Luxuszelte sind auf Holzplattformen errichtet – die Natur wird so hautnah erlebt. Auf den Safaris im offenen Geländewagen gibt es neben Krokodilen auch Flusspferde, Hyänen, Schakale, Giraffen und Nashörner zu sehen. Grund für die Etablierung dieses Naturschutzgebietes war, die vom Aussterben bedrohten Flusspferde zu retten. Was dann gelungen ist, eine gesunde Population von über 300 Tieren lebt derzeit in Ndumo.

Auch die Flora begeistert, vor allem die Fieberbäume *(fever trees).* So genannt von den ersten Weißen, die hierher kamen. Die Bäume wachsen in subtropischen Flussniederungen, die heute wie damals malariagefährdet sind. Viele Siedler bekamen deshalb hier Fieber und machten die Bäume mit ihrer seltsam grünlichen Rinde dafür verantwortlich.

Sobald die Straße auf die R 22 trifft, die derzeit zum Mosambik-Südafrika-Highway ausgebaut wird, geht es rechts Richtung Süden. Nach ein paar Kilometern zweigt eine rotsandige Piste links Richtung Meer ab. Dort liegen zwei Lodges in traumhafter Umgebung, die **Rocktail Bay Lodge,** Schwester-Lodge vom Ndumo Wilderness Camp, und die **Thonga Beach**

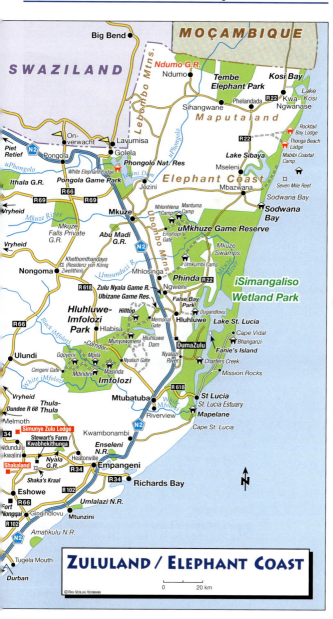

Soweit die Füße tragen: Unberührte Sandstrände ...

Lodge, eine der schönsten Übernachtungsmöglichkeiten Südafrikas beim Lake Sibaya (Anfahrt s. Karte bei www.isibindiafrica.co.za/thonga_map.pdf).

Da zu beiden Plätzen nur teilweise tief versandete Pisten führen, werden Gäste, die in Pkw anreisen, an einem gekennzeichneten Parkplatz abgeholt. Die abgeschlossenen Autos stehen hier sicher in der Nähe der Polizei/Ranger-Station.

Die einsamen und unberührten Sandstrände zwischen *Kosi* und *Sodwana Bay* bieten nicht nur traumhafte Tauchgründe, sondern zwischen November und Februar auch erstklassige Schildkröten-Beobachtungsmöglichkeiten. Die bis zu zwei Meter großen und bis 650 kg schweren Karettschildkröten und Lederschildkröten kommen in die Buchten, vor allem in die **Rocktail Bay,** um am Strand ihre Nester in den Sand zu graben und ihre Eier – etwa 1000 pro Weibchen – abzulegen. Gut zwei Monate später schlüpfen die Jungen und machen sich gleich auf den Weg ins Meer – ein extrem gefährlicher Trip. Von 500 schafft es jeweils nur eine lebendig.

Unterkunft

Ndumo Wilderness Camp (RRRRR) und **Rocktail Bay Lodge** (RRRRR), Infos über Wilderness Safaris, www.wildernesssafaris.com. Die beiden Camps können nicht direkt gebucht werden, sondern nur über Afrika-Reiseveranstalter oder Reisebüros. Ndumo verfügt über acht Luxuszelte. Bei Rocktail Bay Übernachtung in 11 „Baumhaus-Chalets", jedes Zimmer besitzt einen Balkon, ein Badezimmer mit Spültoilette, Heiß- und Kaltwasser sowie mit einer zusätzlichen

Außendusche im Wald. Der Hauptbereich besteht aus einem Gemeinschaftsraum, einer Bar und Pool. Hausmannskost wird entweder im Speiseraum, am Swimmingpool oder unter dem riesigen Natal-Mahagonibaum serviert.

Thonga Beach Lodge (RRRRR), Reservierung über *Isibindi Africa Lodges*, Tel. 035-4741473, Fax 035-4741490, info@isibindi.co.za, www.isibindiafrica.co.za. Einer der wenigen Plätze, wo einfach alles stimmt: wunderbar leichte Beach-Architektur, fantastische, ruhige Lage direkt am Meer, hervorragendes Essen, sehr guter Service, Super-Tauchgründe. Bei den Top-Ten-Übernachtungen Südafrikas liegt die Thonga Beach Lodge ganz oben.

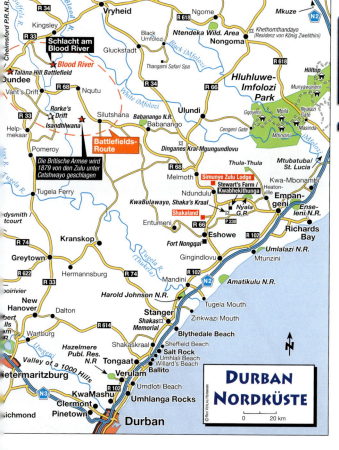

Im Land der Zulu

Auf der N 2 gelangt man über **Empangeni** nach **Eshowe**, wo Besucher gleich an zwei Orten Zulu-Kultur hautnah erleben können: im **Shakaland** und in **Simunye**. Shakaland liegt unterhalb der Hügel, wo einst *Kwabulawayo* stand, der große Militärkral des Zulu-Königs Shaka. Die Zulu-Siedlung entstand 1984/85 als Kulisse für die sehr erfolgreiche, internationale TV-Serie „Shaka Zulu". Nach den Dreharbeiten wurde das Gelände zum Kulturzentrum. Im August 1987 übernahm *Protea* das Hotelmanagement. In den Rundhütten kann jetzt rustikal, aber mit Dusche und WC übernachtet werden. Dazu gibt es kulturelle Programme, vom Bierbrauen (mit Probieren!) bis zur Kriegsführung, die das Leben und die Traditionen der Zulu veranschaulichen. Das Freilichtmuseum ist ständig bewohnt, abends führen Männer und Frauen traditionelle Zulutänze vor. Oft so heftig, dass der Kopfschmuck der Tänzer davonfliegt.

„Sawubona, unjani?", sagt der Zulu-Guide, „Hallo, wie geht's?" Dann führt er die Handvoll Touristen in den Kral und erklärt einige Benimmregeln der Zulu-Etikette. „Jeder, der sich einer Zulu-Hütte nähert, muss das Heim erst grüßen und dann um Erlaubnis fragen, eintreten zu dürfen. Besucher sollten immer zuerst grüßen, da der andere den sozialen Status des Ankömmlings noch nicht kennt. Der doppelte Zulu-Handschlag, *xawula,* ähnelt dem afro-amerikanischer Rapstars.

Zulu-Krieger im Shakaland

Gegenstände werden mit der rechten Hand überreicht, die leere linke Hand liegt dabei auf dem rechten Oberarm. Entgegengenommen wird auf die gleiche Art und Weise.

Zulu-Siedlungen, *umuzi*, liegen immer am Hang, zum einen wegen der Drainage, und zum anderen wegen besserer Verteidigungsmöglichkeiten. Sie sind rund und von einem hohen Zaun umgeben. Es gibt jeweils nur einen Eingang und ein Viehgehege im Zentrum, um das die Rundhütten angeordnet sind. In der großen Hütte lebt die Mutter des Besitzers, in den kleineren sind die erste, zweite und dritte Frau untergebracht.

Vor einer Hütte zeigt eine Frau in traditioneller Kleidung das Herstellen des Zulu-Biers, *utshwala*. Sie trägt den roten, perlenbestickten Kopfschmuck *inhloko* (oder *izicholo*), das Erkennungszeichen einer verheirateten Frau. Dazu einen ledernen Faltenrock, *isidwaba*, und *isibhamba,* ein Oberteil aus weichem Antilopenleder.

Dann erklärt der Zulu-Guide den Unterschied zwischen einem *sangoma* und einem *inyanga*. Der Sangoma ist am ehesten mit einem Psychologen vergleichbar. Menschen kommen zu ihm, um mit den Seelen ihrer verstorbenen Ahnen, *amadlozi*, Kontakt aufzunehmen. Die Inyangas besitzen Kenntnisse über die Heilwirkung von Rinden, Blättern, Wurzeln, Früchten und Beeren, ihr Wissen wurde von Generation zu Generation weitergegeben.

Zwei Sangomas

Die Heilpraktiker sammeln Medizinalpflanzen und ihre Zutaten in der Natur, zerkleinern, mahlen, kochen oder verbrennen sie und mixen dann eine Vielzahl von Arzneimitteln. Risiken und Nebenwirkungen sind nicht bekannt.

Dann erfahren die Besucher noch etwas über die Geschichte des stolzen Zulu-Kriegervolkes: Um 1670 siedelten ihre Vorfahren im „Reich der 1000 Hügel", auch da, wo sich heute Shakaland und Simunye befinden. Später, unter der Führung des jungen Häuptlings Zulu, wanderten sie weiter nach Westen in das Tal des Mkhumbane River. Der Clan übernahm den Namen seines *inkosi*, des Häuptlings, und wurde bekannt als *KwaZulu*.

Der Clan wuchs, und 1785 wurde Senzangakhoma *inkosi*. Eines Tages traf er ein hübsches Mädchen, das zum Nachbarstamm der Langeni gehörte. Ihr Name war *Nandi*. Die Beziehung der beiden sollte ungeahnte Folgen für die Zulu-Nation haben. Nandi wurde schwanger, aber die Traditionen verbaten Senzangakhoma eine Heirat mit ihr, weil die beiden Stämme zu eng verwandt waren.

So schickten die Zulu-Ältesten eine Nachricht an den Langeni-Stamm, dass Nandi nicht schwanger sein könnte, dass sich vielmehr *ishaka*, ein Käfer, in ihren Eingeweiden befinden würde. Sie und ihre „Käfer" seien nicht willkommen.

Aus dem Neugeborenen wurde **Shaka Zulu**, der die stärkste Streitmacht aufstellen sollte, die Afrika je gesehen hat. 1816 wurde er *inkosi* und vereinigte viele kleinere Stämme. Er gab ihnen seinen Clan-Namen und nannte sein Königreich *KwaZulu*, „Platz der Zulu". Seit 1994 heißt die einstige südafrikanische Provinz Natal deshalb **KwaZulu-Natal.**

Sehenswert/Unterkunft

Shakaland (RRRRR), Protea Hotel Shakaland, 14 km nördlich von Eshowe an der R 66, Tel. 035-4600912, Fax 4600824, res@shakaland.com, www.shakaland.com. Shakaland wurde vor vielen Jahren für die damals auch in Deutschland ausgestrahlte Fernsehserie „Shaka Zulu" als Kulisse aufgebaut, was der Anlage auch heute noch etwas Künstliches verleiht. Die Zulu-Kulturprogramme sind trotzdem sehr interessant. Übernachtung in reetgedeckten Rundhütten.

Simunye Zulu Lodge (RRRRR), Melmoth, Tel. 035-4500101 o. 035-4500103, Fax 035-4500102, info@simunyelodge.

co.za, www.simunyelodge.co.za. Die Lodge liegt in dem schönen Mfule Valley und ist nur per Pferd, Eselskarren, Ochsenkarren oder auf Wunsch mit einem Safari-Geländewagen erreichbar. Erbaut in der Tradition der Zulu mit natürlichem Baumaterial aus dem Tal, Übernachten in der Royal Suite im Dorf oder in der strohgedeckten Naturstein-Lodge an der Felssteilwand am Mfule River. Jedes Zimmer hat handgehauene Natursteinwände und ein natürliches Felsenpool-Bad. Gäste erleben Zulu-Tänze, traditionelle Zeremonien und lernen etwas über die Nutzung natürlicher Heilmittel und Kräuter von einem echten Sangoma.

Zu den Battlefields

Von Shakaland geht es auf der R 66 nach Norden, nach **Melmoth**. Von dort schlängelt sich die R 34 durch sonnenverbranntes Hügelland. Dann breitet sich wieder Weideland rechts und links der Straße aus. **Vryheid** war zwischen 1884 und 1887 Hauptstadt der burischen „Neuen Republik". Die weißen Siedler machten sich die Landstreitigkeiten unter Zulu-Führern zunutze. Diese waren nach dem Tod von *Cetshwayo* ausgebrochen, dem letzten Häuptling eines geeinten Zulu-Landes. Einer der Kontrahenten, *Dinuzulu,* engagierte ein burisches Söldnerkommando, um seine Gegner auszuschalten. Er zahlte einen hohen Preis für seinen Sieg: Ein Drittel des Landes ging an seine Helfer, die dort ihre Neue Republik mit der Hauptstadt Vryheid gründeten. Doch schon drei Jahre später, 1887, annektierten die Briten das gesamte Gebiet. In Vryheid erinnert der alte *Raadsaal* in der Landdrost Street an die kurze Zeit der burischen Freiheit.

In der sanften Hügellandschaft, den *rolling hills,* fanden die bedeutendsten Schlachten der südafrikanischen Geschichte statt. Hier kämpften einheimische Stämme untereinander, weiße Voortrekker gegen Schwarze, Engländer gegen Zulu und Buren gegen Briten. Wie Zinnsoldaten in einem Diorama standen sich die gegnerischen Armeen auf den *killing fields* gegenüber.

Die Tourismus-Ämter haben sich auf diese kriegerische Vergangenheit eingestellt. Es gibt *battlefield maps,* in denen alle Schauplätze verzeichnet sind und *battlefield guides,* die sachkundig durch das dornige, blutgetränkte *African bushveld* führen.

Die Schlacht am Blood River

Historisches Schlachtengemälde

Die wohl bekannteste und für die burische Geschichtsschreibung bedeutendste Schlacht war die am **Blood River**. Sie hat in der jüngeren Weltgeschichte keine Parallele. Am Ort des Geschehens stehen heute 64 Bronze-Ochsenwagen in Originalgröße. Sie sind zu einem *laager*, der burischen Bezeichnung für eine Wagenburg, zusammengestellt. Für Besucher, vor allem früh am Morgen, wenn sonst noch keine Touristen unterwegs sind, hat die Grabesruhe über dem *laager* etwas Unheimliches. Wer sich in einiger Entfernung von der Wagenburg auf der grasbewachsenen Ebene niederlässt, spürt nach einiger Zeit fast die stampfenden Schritte von 12.500 Zulu-Kriegern.

Der Voortrekker-Führer *Andries Pretorius* wollte die Ermordung von *Piet Retief*, seiner Männer und deren Familien rächen. Er brannte darauf, die Zulu dafür zu bestrafen. Mit einem reinen Männer-Kommando, dem *wenkommando*, bestehend aus 464 Männern und 64 Ochsenwagen, trekkte er nach Norden bis zum Ufer des Wasbank Rivers, wo seine Männer und er ihr Gelöbnis ablegten: Wenn Gott ihnen den Sieg bringen würde, würden sie den Tag der Schlacht für immer zu einem Feiertag machen und zum Gedenken eine Kirche bauen. Das Kommando zog weiter nordwärts, bis es eine Stelle am *Ncome River* fand, die ihnen geeignet erschien. Der Platz war von zwei Seiten durch Flusstäler und Berge geschützt, und nachdem das *laager* in D-Form aufgestellt war, konnten die Zulu praktisch nur von einer Seite aus angreifen. Pretorius ließ die Räder jedes Wagen mit dem nächsten zusammenketten, die Zwischenräume wurden mit Dornenhecken ausgestopft. Zwei Öffnungen waren vorgesehen, eine für die mitgebrachte Kanone, die andere ein variables Tor aus zwei Wagen, um einen berittenen Ausfall praktizieren zu können.

Am Abend vor dem 16. Dezember 1838 wiederholten die Männer ihren Gottesschwur. Am nächsten Morgen, als sich der Dunst lichtete, sahen sie sich komplett umzingelt. Pretorius wartete nicht auf den Angriff der Zulu, er ließ sofort aus allen Rohren das Feuer eröffnen. Zwei Stunden lang rannten die 12.500 Zulukämpfer gegen den verschanzten Feind an und versuchten mit ihren *assegais*, den kurzen Kampfspeeren, gegen Gewehre, Pistolen und Kanonen anzukommen. Sie stampften mit den Füßen, brüllten und stürzten sich direkt auf das *laager*. Die Buren warteten, bis die *impis*, die Zulu-Krieger, auf etwa zwei Meter herangekommen waren und feuerten ihnen dann direkt in die Brust. Ihre sonst undurchdringlichen Schilde aus getrockneter Kuhhaut zerfetzten im Kugelhagel. Eine Angriffswelle nach der anderen brach tot zusammen.

Im Land der Zulu

Als etwa 2000 tote Krieger vor der Wagenburg lagen, nahmen die Zulu-Generäle an, die Männer im *laager* wären erschöpft. Sie beschlossen, ihre beiden besten Regimenter in die Schlacht zu schicken, jene, die weiße Armbinden und Knieschmuck und weiße Schilder trugen. Diese *impis* waren alle gleich alt und gleich groß. Über die Leichen ihrer Kameraden hinweg marschierten sie auf das *laager* zu.

Drinnen befahl Pretorius seinen Leuten *Ou Grietjie*, das „alte Gretchen" und drei weitere Kanonen mit Schrott und Bleikugeln zu laden. Als sich die Elite-Regimenter der Zulu genau vor den Mündungen befanden, feuerten die Buren direkt in die Gesichter. Gewehrschützen unterstützten sie von den Flanken aus. Die Krieger zogen sich nicht zurück, keiner floh, sie gingen einfach weiter, bis sie tödlich getroffen umfielen. Dann ließ Pretorius etwa 100 Voortrekker aufsitzen und galoppierte mit ihnen durch die Reihen der verbliebenen Zulu. Feuernd stürmten sie bis in das Herz der Streitmacht und wieder zurück. Das Ganze wiederholten sie dreimal, bevor sie ins *laager* zurückkehrten. Weitere zwei Stunden hetzten die Zulu-Generäle ihre Soldaten gegen die Wagenburg, doch kein einziger schaffte es einzudringen. Schließlich gaben sie das Zeichen zum Rückzug. Im Zululand war eine neue Macht an ihre Stelle getreten, und sie würde bis 1994 bleiben.

Keiner weiß genau wieviele tausend Zulu ums Leben kamen, von den 464 Buren wurden nur vier leicht verletzt. Bis 1993 war der 16. Dezember, der „Tag des Gelöbnisses", der höchste Feiertag der Buren. 1994 wurde er abgeschafft.

Die Rekonstruktion der Wagenburg ist übrigens einzigartig in der Welt. Es gibt zwar viele Nachbildungen von Steinzeit-, Indianer- und anderen Dörfern, von römischen Forts und sogar amerikanischen Bürgerkriegs-Schlachtfeldern. Wagenburgen wurden jedoch nie rekonstruiert, obwohl sie in der Geschichte von Hunnen, Gothen und amerikanischen Siedlern eine nicht unerhebliche Rolle gespielt haben.

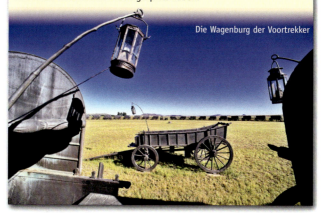

Die Wagenburg der Voortrekker

Dundee

In **Dundee,** auf dem *Talana-Battlefield,* das etwa 6 km nordöstlich außerhalb an der R 33 liegt, standen sich zwei weiße Streitmächte gegenüber. Es war die erste Schlacht im Englisch-Burischen Krieg, der zwischen 1899 und 1902 stattfand. Zum ersten Mal in der Geschichte trugen die Briten Khaki-Uniformen statt ihres legendären, knallroten Outfits. Im **Talana Museum** gibt es Walk'n'Talk-Kassetten. Besucher können so nach den Anweisungen eines Tonbandes die Hänge des Talana Hill erklimmen. Am 20. Oktober 1899 stürmten englische Truppen den Hügel und wurden von den Buren-Kommandos vernichtend zurückgeschlagen. Am Tag darauf siegten die Briten bei der Elandslaagte-Bahnstation in der Nähe von Ladysmith, wo die Hälfte der Buren ums Leben kam. Trotzdem konnten die Engländer Dundee nicht halten. Sie mussten unter dem Druck der burischen Belagerung flüchten.

Sehenswert

Talana Museum und Battlefield, Dundee, Tel. 034-2122654, Fax 2122376, info@talana.co.za, www.talana.co.za, Mo–Fr 8–16 Uhr, Sa 10–16 Uhr, So 12–16 Uhr. Das einzige Museum Südafrikas auf einem ehemaligen Schlachtfeld, wo noch die Originalgebäude stehen und der Friedhof Teil der Ausstellung ist. Viel Interessantes zur südafrikanischen Geschichte. Restaurant in historischem Haus, Picknickplatz, Souvenirshop.

Ladysmith

Als General Joubert Dundee in seinen Händen hatte, machte er sich mit seinen Buren-Kommandos in die 90 km südwestlich von Dundee liegende und von 16.000 britischen Soldaten besetzte Stadt **Ladysmith** auf. Die folgende, 118 Tage dauernde Belagerung, *The siege of Ladysmith,* war die schlimmste in der Geschichte der Britischen Armee. Bei einem Versuch, die Stadt zu befreien, versuchte General Sir Redvers Buller 18.000 englische Soldaten in einem Frontalangriff über den Tugela-Fluss zu bringen. Die Buren, 6000 Mann stark unter Louis Botha, hatten sich in gut befestigten Positionen verschanzt und trieben Buller zurück. Dieser telegrafierte in die

Stadt, die Soldaten sollten alle Munition verschießen und dann aufgeben. Am 28. Februar 1900 wurde die Stadt doch noch befreit.

Das **Siege-Museum** in Ladysmith zeigt anschaulich und in vielen Original-Dokumenten und Dioramen die Belagerung der Stadt und ihre Befreiung. Einen friedlicheren Eindruck vermittelt die **Soofie-Moschee**, eine der schönsten im südlichen Afrika. Es ist gerade Gebetsstunde. Im Vorraum ziehen die Männer ihre Schuhe aus, waschen ihre Füße und gehen in den mit weichen Teppichen ausgelegten Gebetsraum. Ein netter Südafrikaner, indischer Abstammung, zeigt Koranschriften und erzählt davon, wie seine Vorfahren als Händler aus Indien nach Natal kamen und wie die Moschee in Ladysmith gebaut wurde. 1885 entstand sie mit finanzieller Unterstützung am heutigen Platz, weit weg vom ehemaligen Ortskern. Ein alter blinder Moslem hatte die Eingebung, dass die Moschee genau an diesem Platz, auf der anderen Seite des Klip River stehen müsste. Viele Moslems wollten nicht so weit laufen und trafen sich in Ladysmith, um zu beten. Erst mit der Apartheid-Politik bestätigte sich die Vorhersehung des alten Mannes. Alle Inder mussten die Stadt verlassen und sich jenseits des Klip River eine neue Siedlung bauen. Ihre Moschee wartete bereits auf sie. In ihrer heutigen Form wurde sie 1969 vollendet.

Information

Ladysmith Tourist Information, Ladysmith, www.ladysmith.co.za, Mo–Fr 8–12.30 Uhr, 13.30–16 Uhr. Kostenlose Stadtpläne und Infos über die ganze Region.

Sehenswert

Siege Museum, Ladysmith, Murchison Street, Tel./Fax 036-6372992, Mo–Fr 8–16 Uhr, Sa 9–13 Uhr. Im ehemaligen Rathaus von Ladysmith ist ein historisches Museum untergebracht, das sich der 118tägigen Belagerung *(siege)* der Stadt durch die Buren und ihrer Befreiung durch den englischen General Buller widmet.

Soofie-Moschee, Ladysmith, Tel. 036-6377837, tägl. 13–14 u. 17–21 Uhr. Die 1969 fertiggestellte Moschee gilt als eine der schönsten im südlichen Afrika.

In die Drakensberge

Der **Spioenkop**, am Fuße der am Horizont steil aufragenden Drakensberge gelegen, hat zwar eine kriegerische Vergangenheit, dient aber heute friedlichen Zwecken. Das einstige Schlachtfeld, etwa 35 km westlich von Ladysmith und 13 km von Winterton entfernt, wo sich Buren und Engländer bis aufs Blut bekämpften, ist heute in ein Wildreservat mit Stausee integriert. Vor allem wegen der hier angesiedelten Nashörner lohnt sich eine Fahrt auf den staubigen Pisten durch den Park. Der Anblick der ruhig grasenden Tiere beruhigt, trägt die Gedanken weg von den vielen Schlachten, die entlang der *battlefield route* stattgefunden haben.

Spioenkop Game Reserve, Tel. 036-4881578, tägl. 6–18 Uhr, Eintrittsgeld. Eine gute Möglichkeit, um Nashörner vom eigenen Auto aus zu beobachten; Picknickplatz.

Pause am Sterkfontein-Damm

Hinter **Winterton** geht es dann endlich aufwärts, Richtung „Berg", wie die große Randstufe der Drakensberge auf Afrikaans genannt wird. Die Luft wird klarer und frischer, verbranntes Gelb macht sattem Grün Platz. An der Grenze zu Lesotho, hoch oben, ragt die gezackte Bergkette auf, die tatsächlich an den Rücken eines Drachens erinnert.

Unterkunft

Montusi Mountain Lodge (RRRR), Bergville, Tel. 036-4386243, info@montusi.co.za, www.montusi.co.za. Wunderbar ruhiger Platz mit fantastischer Aussicht auf das Amphitheatre der nördlichen Drakensberge. Persönlich-freundlicher Service, schöner Pool, diverse Wanderungen und Pferdeausritte in die Berge. Vogelbeobachten und Flyfishing in den Dämmen und im Fluss. Adventure Centre mit Trapez- und Bungee-Swing. Abends Kerzenlicht-Dinner.

Drakensberge

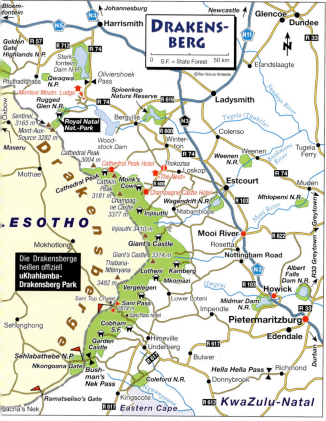

Den verschneiten Drakensbergen entgegen

Beim Morgenspaziergang in den nebelverhangenen Drakensbergen fällt es schwer sich vorzustellen, am Nachmittag in den Wellen des wohltemperierten Indischen Ozeans zu baden. Mit ordentlich Zeit und Kondition besteht auch die Möglichkeit, richtig in die Berge aufzusteigen. Ganz oben, am Ende am Rand der Steilstufe, beginnt das **Königreich Lesotho,** ein unabhängiger Staat, der von allen Seiten von Südafrika umschlossen ist. Aufgrund seiner isolierten Lage auf einem nahezu unerreichbaren Hochplateau haben die dort lebenden *Sothos* ihre Unabhängigkeit bewahren können. Allerdings nicht in wirtschaftlicher Hinsicht. Tausende arbeiten als Gastarbeiter in Südafrika.

Die Menschen da oben sind doppelt *high,* erzählt ein alter, schwarzer Bergführer: Erstens leben sie in der Höhe, und dann rauchen sie ständig Marihuana. Ein herzhaftes Frühstück klingt da verführerischer.

Unterkunft

Drakensberg Sun Hotel (RRRR-RRRRR), an der R 600, Central Drakensberg, Winterton, Tel. 036-4681000, Fax 036-4681224, www.southernsun.com. Mit 78 Zimmern das größte Hotel in den Drakensbergen, sehr komfortabel, geführte Wanderungen, Tennisplatz, Kanuverleih, Spielplatz, Pool.

Cathedral Peak Hotel (RRR-RRRR), über Winterton/Bergville erreichbar, Tel. 036-4881888, Fax 4881889, info@cathedralpeak.co.za, www.cathedralpeak.co.za. Das Hotel liegt einsam und ruhig im nördlichen Teil der zentralen Drakensberge. Wandertouren, Spielplatz, Pool. 41 km von Winterton.

The Nest (RRR), R 600, Champagne Valley, Winterton, Tel. 036-4681068, Fax 4681390, thenest@thenest.co.za; www.thenest.co.za. Das 1855 erbaute Hotel mit seinen 53 Zimmern ist eines der ältesten in den Drakensbergen; Zimmerpreise mit Vollpension, besonders schön sind die Mountain View-Zimmer. Tennis, Spielplatz, Reiten, Mountainbikes, Pool, sehr kinderfreundlich.

Champagne Castle Hotel (RRR), an der R 600, Champagne Valley, 38 km von Winterton. Tel. 036-4681063, Fax 468 1306, info@champagnecastle.co.za, www.champagnecastle.co.za. Schöne Lage, direkt an der Bergkette. Selbstbedienungs-Restaurant mit abendlichem Krawattenzwang! Geführte Wanderungen und Bergtouren. Reitausflüge, Spielplatz, Pool und eigenes Kinder-Restaurant. 47 Zimmer, Preise mit Vollpension, einschließlich Nachmittagstee.

Sani Pass

Abenteuerlustige, die sich einen Geländewagen gemietet haben, sollten den Abstecher auf den unasphaltierten Sani Pass einplanen. Dort liegt, an der Grenze zum Königreich Lesotho, der mit 2874 Metern höchste Pub Südafrikas. Bereits 1913 wurde der Bergübergang mit Packmulis bewältigt. 1948 wurde in Schwerstarbeit das erste Auto, ein „kriegserfahrener" Willys Jeep, nach oben gequält. Der 1955 eröffnete Sani Pass ist die einzige „Straßen"-verbindung zwischen KwaZulu-Natal und dem östlichen Lesotho und gehört zu den spektakulärsten Strecken Südafrikas. Die Spitzkehren sind teilweise atemberaubend steil, im Schatten kann es selbst im Sommer noch Eisfelder geben. Auf den letzten sechs Kilometern überwindet die Piste 1000 Meter Höhenunterschied. Die Aussicht von oben ist fantastisch. Im Pub der *Sani Top Chalets,* wo meist ein Feuer im offenen Kamin prasselt, gibt es zur Belohnung das „höchste" Bier Südafrikas und natürlich ein T-Shirt mit Sani Pass-Aufdruck.
Unterkunft: Sani Top Chalets (R-RR, Tel./Fax 033-7021069, Tel. 082-7151131, sanitop@futurenet.co.za, www.sanitopchalet.co.za). Für die rustikale Übernachtung ganz oben wird ein gültiger Pass benötigt, da, um die Unterkunft zu erreichen, die lesothische Grenze passiert werden muss. Der südafrikanische Grenzübergang ist von 8 bis 16 Uhr geöffnet.

Richtung Pietermaritzburg und Durban

Ein schnurgerades, leicht gewelltes Asphaltband entfernt sich von den Bergen, zieht sich durch ausgedehntes Weideland, die **Natal Midlands.** Bei **Mooi River** sieht die Landschaft dann aus wie im Allgäu: sanfte, grüne Hügel, dahinter Berge, Wäldchen, braune und sogar schwarzweiße, sichtlich glückliche Kühe, die in blumenübersäten Wiesen zufrieden wiederkäuen.

Unterkunft

Granny Mouse Country House (RRR-RRRR), Balgowan, Midlands, Tel. 033-2344071, Fax 033-2344429, info@grannymouse.co.za, www.grannymouse.co.za. Wunderbar gemütlich und sehr englisch anmutendes Landhaus im Hügelland der Natal Midlands. Sehr gute Küche und eine Super-Weinauswahl, die genauestens erklärt wird. Übernachtet wird in 10 Häuschen oder 6 Suiten, alle mit offenen Feuerplatz.

Im Städtchen **Howick** machen die über 100 Meter hohe **Howick Falls** die Landschaftsidylle perfekt. Das Einzige was stört ist der viele Müll, der hier überall herumliegt. Das beeindruckende Naturphänomen war bereits den ersten Siedlern bekannt. Die Furt durch den Karkloof River lag nur einen Kilometer oberhalb der Howick Falls. Bei den Zulu heißt die Stelle „Kwa Nogqasa" – „Ort des Großen". Schon sehr früh, im Jahr 1951, wurden Wasserfall und die Gegend um ihn herum zum *National Monument* erklärt und damit geschützt. Die täglich von 9.30 bis 16 Uhr geöffnete Tourist Information und ein kleines Restaurant befinden sich direkt gegenüber.

Souvenir-Jäger haben eine gute Gelegenheit ihre Bestände aufzustocken. *Craft Southern Africa* ist in der alten, 1899 erbauten landwirtschaftlichen Halle untergebracht und nur 100 Meter von den Howick Falls entfernt. Der Laden hat alle möglichen kunstgewerblichen Gegenstände aus ganz Afrika im Angebot, mit Schwerpunkt auf Zulu-Kunsthandwerk. Selbstverständlich gibt es auch eine große Auswahl an Südafrika-T-Shirts mit der bunten Flagge.

Craft Southern Africa, 1 Falls Drive, Old Agricultural Hall, Tel. 033-3305859, Fax 3307081, tägl. 8–17 Uhr, So 8.30–17 Uhr.

Pietermaritzburg

In den Natal Midlands

Wasserratten haben jetzt nur noch eine Stadtbesichtigung zwischen sich und dem Meer. Obwohl die Versuchung groß ist, Pietermaritzburg einfach links liegen zu lassen und auf der Autobahn die restlichen 70 Kilometer nach Durban zu düsen, lohnt sich der Besuch in einer der englischsten Städte Südafrikas. So englisch wie Gurken-Sandwiches, sagen Kenner.

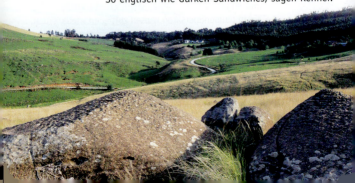

Ein Spaziergang durch den alten Stadtkern mit seinen engen, kopfsteingepflasterten Gassen gibt einem tatsächlich das Gefühl, das viktorianische London wäre komplett nach KwaZulu-Natal exportiert worden. Vor allem die wunderschönen Ladenfronten sehen aus, als seien sie für einen historischen Film wiederaufgebaut worden. Kurioserweise ist diese so englische Stadt ursprünglich von den burischen Voortrekkern gegründet worden, die sie nach ihren Trek-Führern *Piet Retief* und *Gert Maritz* benannt hatten. Kurz nach der Schlacht am Blood River wurde der Ort Sitz des *Volksraades* der Voortrekker-Republik Natal, ein Jahr später, im Februar 1839, bekam die Siedlung Stadt-Status. Doch bereits 1842 annektierte England die Provinz Natal. Die englische Besatzung prägte dann das Gesicht der Stadt, die heute die Hauptstadt von KwaZulu-Natal ist.

Großzügig angelegte Fußgängerzonen machen Spaziergänge in der Innenstadt zu einem Genuss. Auffälligstes Bauwerk ist die rote **City Hall**, das größte Backsteingebäude der Südhalbkugel. Den Vorgängerbau zerstörte 1898 ein Feuer, der jetzige

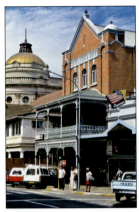

In Pietermaritzburg

Backstein-Gigant City Hall

wurde 1900 von britischen Handwerkern erbaut. Eine enorme Uhr und zwölf Glocken zieren den 47 Meter hohen Turm. Einst nur an die burische Vergangenheit erinnerte das **Voortrekker Museum** in der 351 Langalibalele (Longmarket) Street. Es wurde kürzlich in **Msunduzi Museum Complex** umbenannt und ist nun eine multikulturelle Institution für alle Bevölkerungsgruppen des Landes, das z.B. auch auf die Zulu-Bambatha-Rebellion von 1906 eingeht. Mo–Fr 9–16 Uhr, Sa 9–13 Uhr, Tel. 033-3946834, www.voortrekkermuseum.co.za. Sicheres Parken, Eintritt R 5.

Kernstück ist nach wie vor die **Church of the Vow,** errichtet 1841, drei Jahre nach dem vor der Schlacht am Blood River abgelegten Gottesgelöbnis (Sieg über die Zulu). Geöffnet Mo–Fr 9–16 Uhr, Sa/So 8–13 Uhr. Nachdem die wachsende burische Gemeinde in der Kirche keinen Platz mehr fand, wurde daneben die neue **Memorial Church** gebaut (drinnen die Originalworte des Schwurs der Buren), die alte diente als Schulhaus, Schmiede und Apotheke und wurde schließlich ab 1912 als Museum genutzt, das zahlreiche Gegenstände der Voortrekker, wie Bibeln und Gewehre, zeigt. In einem Nebengebäude befindet sich ein Ochsenwagen (erbaut 1824, der zweitälteste Südafrikas, fuhr im großen Trek mit) und der Eisenholz-Stuhl des Zulu-Königs Dingane. Vor der Memorial-Kirche stehen die Statuen von Piet Retief und Gert Maritz und zum Komplex gehört auch ein Zulu-Hütte sowie das zweistöckige, reetgedeckte Wohnhaus von Andries Pretorius von 1842, Kommandant der Buren bei der Schlacht am Blutfluss am 12. Dezember 1838.

Zum Msunduzi Museum Complex gehören auch das Voortrekker-Haus und der Sri Shiva Subrahmanya Tempel. Das 1840 erbaute **Voortrekker-Haus** liegt ein paar hundert Meter weiter westlich in der Boom Street 333 und ist das älteste zweistöckige Gebäude der Stadt. Die soliden Mauern wurden mit lokalem Schiefergestein hochgezogen, das Originaldach war reetgedeckt. Die Yellowood-Decken und die Holzparkettböden sind immer noch in einem hervorragenden Zustand. Weiter die Langalibalele Street entlang kommt man zum **Sri Shiva Subrahmanya** und zum **Marriamen Hindu Temple,** beide unmittelbar gegenüberliegend in einem vorwiegend indischen Geschäftsviertel. Der Tempel wurde 1898 errichtet, als bereits schon viele Inder in Natal eingetroffen waren. Am Karfreitag Schauplatz ritueller Läufe über glühende Kohlen (Mo–Sa 7–18 Uhr, So 8–18 Uhr).

Im alten **Börsenviertel** von Pietermaritzburg, einem Netzwerk kleiner Gassen und Straßen südlich vom Parliament Building zwischen Church- und Longmarket Street finden sich viele Kneipen, wo in Ruhe zu Mittag gegessen werden kann. Auffällig schön ist die 1904 entstandene **Harwin's Arcade** im edwardianischen Stil zwischen Timber Street und Theatre Lane.

Information

Pietermaritzburg Tourism, 177 Commercial Rd, www.pmptourism.co.za, Tel. 033-3451348, www.pietermaritzburg.co.za, Tel., Mo–Fr 9–16.30 Uhr, Sa 9–12 Uhr. In dem historischen, ehemaligen Polizeigebäude von 1884 gibt es kostenlose Infos zur Stadt und einen ausführlichen City-Plan mit allen Sehenswürdigkeiten.

Restaurants

The Butchery (R-RR), 101 Roberts Rd, Clarendon, Tel. 033-3425239, tägl. 12 Uhr bis spät. Mit großem Holzdeck, von dem man einen Park überblickt. Wie der Name bereits vermuten lässt, gibt es hier Fleisch, viel Fleisch perfekt zubereitet, die Stücke reifen vor Ort und werden auch dort geschnitten.

Pesto Italian Trattoria (R-RR), 101 Roberts Road, Tel. 033-3422778, tgl. Lunch & Dinner. Geschäftige, typisch italienische Trattoria mit Spezialitäten aus dem Norden des Landes, prima Preis-/Leistungsverhältnis, authentischer Geschmack, ob nun *Melanzane parmagiana, Antipasto, Carpaccio, Veal saltimbocca* oder *Pasta* bzw. *Pizze*.

Sehenswert

City Hall, Ecke Church St/Commercial Rd. Das 1900 erbaute Rathaus ist das größte aus Ziegelsteinen erstellte Gebäude der südlichen Hemisphäre.

Old Stock Exchanges. Das historische Börsenviertel von Pietermaritzburg, ein Netzwerk kleiner Straßen und Gassen, beherbergt heute viele kleine Kneipen und Shops, teilweise mit alten, viktorianischen Ladenfronten.

Natal Museum, Loop St, Tel. 033-3451404, Mo–Fr 9–16 Uhr, So 14–17 Uhr. Eines von fünf Nationalmuseen Südafrikas. Sehr gute Nachbildung einer viktorianischen Straßenzeile mit Geschäften.

Voortrekker Cemetary, Ecke Commercial Rd/Prince Alfred St. Der verwilderte Friedhof mit zum Teil umgestürzten Grabsteinen ist eher etwas für Horrorfans.

Durban

Laufsteg Marine Parade

Nach Low- und Highveld, nach Hitze und Staub, Nebel und Bergen, Schlachtfeldern und Städtebesichtigungen kann man auf der flotten Autobahnfahrt nach **Durban** den Indischen Ozean schon fast wieder riechen. Verführerisch bläst einem die kühle, salzig schmeckende Brise entgegen. Mit geschätzten anderthalb bis drei Millionen Einwohnern ist sie die größte Stadt KwaZulu-Natals.

Durban so etwas wie das Miami Südafrikas. Miami Beach findet sich somit an den weißen Sandstränden der **Marine Parade.** Ein guter Platz, um sich in einem der großen Beachfront-Hotels einzuquartieren. Am Strand ist sehen und gesehen werden angesagt. Skateboard- und Rollerskate-Artisten kratzen vorbei. Braungebrannte Surfer mit gestählten Körpern joggen scheinbar schwerelos mit Brett unter dem Arm durch den Sand Richtung Meer.

Eine Zulu-Truppe führt traditionelle Tänze vor. Die jungen Männer und Frauen tragen Stammeskleidung, ihre nackten Oberkörper sind mit weißen Zeichen bemalt. Hunderte von begeisterten Zuschauern klatschen frenetisch Beifall.

An der „Golden Mile" von Durban

Durban-Rikschafahrer

Ganz in der Nähe steht eine Gruppe, vor der man sich besser in acht nehmen sollte: Die **Zulu-Rikscha-Fahrer** mit ihren bunten Fantasie-Klamotten und ihrem gigantischem Kopfschmuck. Sind Touristen so dreist sie ohne Bezahlung zu fotografieren, können sie etwas erleben. Geldeintreiber rücken ihnen so lange nicht von der Pelle, bis sie gelöhnt haben.

Anfang eines jeden Jahres wird die Szene noch durch einen weiteren Farbtupfer bereichert. Dann bauen Hare-Krischna-Jünger ihren Zelt-Tempel am Strand auf, verteilen kostenlos vegetarisches Essen und versuchen Andersgläubige und Fleischesser zu bekehren. Den Abschluss ihres Festes bildet immer ein prächtiges Feuerwerk am Strand.

Die grünen Parkanlagen entlang der Marine Parade erfeuen sich bei schwarzen Brautpaaren großer Beliebtheit. Am Wochenende finden sich oft bis zu einem Dutzend elegant herausgeputzter Hochzeitsgesellschaften ein, um sich in romantischer Umgebung ablichten zu lassen.

Ein paar Meter weiter hechten Inder, Schwarze, Coloureds und Weiße nebeneinander in die Wellen des Indischen Ozeans. Eine friedliche, fröhliche Leichtigkeit, wie in vielen anderen Beach-Metropolen der Welt.

Direkt an der nördlichen Marine Parade liegt **Mini Town,** eine Stadt im Maßstab 1:25. Viele von Durbans bekanntesten Sehenswürdigkeiten lassen sich hier auf relativ kleinem Raum betrachten. Ein idealer Stadtrundgang für Fußkranke. Mit viel Liebe sind die einzelnen Gebäude zusammengesetzt, vor allem die Hafen-Anlage, die über Lichter und ein Hafenbecken mit 218.000 Liter Wasser verfügt.

Am südlichen Ende der Golden Mile, auf der Landzunge **„The Point",** einem ehemals von Seeleuten, Prostituierten und Obdachlosen bevölkerten Viertel, wird gerade renoviert was das Zeug hält. Auf einer über 70 Hektar großen Fläche entstehen im Schatten von leerstehenden Depots, Hafengebäuden und heruntergekommenen Wohnhäusern moderne Apartments- und Businesskomplexe. Wenn das Projekt und die Revitalisierung abgeschlossen sind, dürfte die attraktive **Point-Waterfront** sogar die Kapstadts hinter sich lassen. Hauptmagnet ist **uShaka Marine World.**

uShaka Marine World

Durbans brandneues **Aquarium**, das mit 17.500 Kubikmetern Wasservolumen größte in Afrika, befindet sich im riesigen **uShaka Marine World**-Komplex. Es ist noch viel attraktiver als das in Kapstadts Waterfront. Mitte 2004 eröffnet und untergebracht in einem alten 1920er Schiffsfrachter-Rumpf, haben Besucher das Gefühl, durch ein gesunkenes Schiff zu wandeln. Das Schiffswrack-Thema wurde konsequent und stilsicher durchgehalten. Was leicht hätte in Kitsch ausarten können, ist erstaunlich gut gelungen. Die Böden sind schief, alles ist rostig, es knackt und knirscht aus diversen versteckten Lautsprechern – „Titanic" lässt grüßen. Durch dicke Scheiben blickt man direkt nach draußen ins „Meer". Es gibt ein spezielles Nemo-Becken, mit den Live-Darstellern des Pixar-Hits, nur Bruce der Hai ist separat untergebracht. Insgesamt gibt es sieben massive Aquarium-Tanks. Die hier präsente Hai-Population ist die größte der gesamten Südhalbkugel.

Schiffswrack mit Innenleben

Nach dem Verlassen des Wracks locken bereits die nächsten Attraktionen, nämlich **Dolphinarium** mit 1200 Sitzplätzen (natürlich ebenfalls das größte in Afrika nach dem Motto „wenn schon, denn schon…"), **Seehund-Pool** und **Pinguin-Gehege** *(Penguin rookery)*. Daneben wartet noch ein weiterer Spaß auf kleine, große und ganz große Kinder: **Wet'n Wild,** ein wilder Wasserrutschen-Park, mit diversen Steilabfahrten, Röhren und Kurven. Vor allem wenn es richtig heiß ist ein Genuss!

uShaka Marine World besitzt auch seinen eigenen, bewachten und eingezäunten Strandabschnitt, **uShaka Beach.** Neben Sonnenbaden, Schwimmen und Sandburgenbauen gibt es noch ständig andere Aktivitäten wie Windsurfen, Kayaking, Beach Volleyball und Kite-Surfing. Und wer gerne einkauft, kommt im **uShaka Village Walk** voll auf seine Kosten. Es wartet eine Fülle toller, interessanter Geschäfte, gut sortierter Retail-Stores und natürlich auch viele Restaurants – von Fast food bis *dine in style*. Kurzum – in uShaka kann man locker einen ganzen Tag mit der Familie verbringen.

Ozeanbewohner hautnah

City Hall / Durban Natural Science Museum

Im Durban Natural Science Museum demonstrieren ausgestopfte Säuger und Vögel stumm die tierische Vielfalt Südafrikas. Die lebensgroße Nachbildung eines Tyrannosaurus Rex geriet zur Witzfigur. Sie reißt Jurassic Parc-verwöhnte Kids nicht vom Hocker. Eine von drei in Südafrika befindlichen ägyptischen Mumien, immerhin 2300 Jahre alt, erfreut da schon eher die Herzen der kleinen und großen Mummy-Fans.

Das Museum ist Teil des **City Hall**-Komplexes. Das mächtige Rathaus wurde im Jahr 1910 erbaut und dem im irischen Belfast nachempfunden. Im parkähnlichen Garten vor dem Gebäude erledigen die Tauben ihr Geschäft ungeniert in Sir John Robinsons auf dem Rücken gefalteten Hände. Was den auf seinem Podest stehenden ersten Premierminister Natals (1839–1903) aber nicht zu stören scheint.

Indien in Afrika

Auf der **West Street** stadteinwärts drängen sich Menschen, meist indischer Abstammung, auf den engen Bürgersteigen. Man hat das Gefühl, irgendwo in Bombay oder Delhi unterwegs zu sein. Die meisten der über eine Million Inder KwaZulu-Natals leben hier in Durban. Über 150.000 kamen 1860 mit Schiffen aus Indien, um als billige Arbeitskräfte auf den Zuckerrohr-Plantagen Natals zu arbeiten. Ihnen folgten geschäftstüchtige Händler, die rund um das einstige Port Natal ihre *shops* eröffneten.

Der alte Indian Market Durbans ist zwar leider abgebrannt, die vielen kleinen Geschäfte sind im **Victoria Street Market** allerdings wieder aufgebaut worden. Vor dem Gebäude hat ein Zulu-Medizinmann seine „Naturheil-Praxis" aufgebaut. Der glatzköpfige *inyanga* trägt ein traditionelles Leopardenfell über Schultern und Hüften, seine Medizin, *muti*, steht in Gläsern und Dosen vor ihm. Er hört sich die Krankheitssymptome seiner Patienten geduldig an. Schweiß perlt ihm über die Stirn. Es ist brüllend heiß in der Sonne. Mit einem Löffel scharrt er da und dort ein bisschen Pulver zusammen, schüttet alles in eine alte Zeitung und schlägt sie zusammen. Der nächste bitte. „Wunderheiler" wurden diese Medizin-Männer zu Apartheidzeiten abfällig genannt. Doch in der letzten Zeit gibt es eine neue Entwicklung. Immer mehr Schulmediziner arbeiten mit *inyangas* zusammen, nutzen deren jahrhundertealtes Wissen über Kräuter und Heilpflanzen, um Krankheiten zu heilen.

Im Innern des Victoria Markets geht es zu wie in einem orientalischen Basar. Rinderköpfe und Innereien liegen auf gescheuerten Holztischen herum. Jeder Stand, ob Fisch- oder Fleischverkäufer, hat seinen eigenen Marktschreier. Ohrenbetäubend laut brüllt dieser den Passanten die Vorteile des jeweiligen Fisches oder Rinderteiles ins Gesicht. Im Nebengebäude riecht es etwas angenehmer. Curry in verschiedensten Zusammensetzungen und Farben gibt es hier haufenweise. Ein Händler mit rudimentären Deutschkenntnissen nutzt diesen Wettbewerbsvorteil, indem er „Schwiegermutter"- und „Flitterwochen"-Curry anbietet. Wobei, so erzählt er lachend, der Schwiegermutter beim Curry-Genuss das Reden vergehen, die Flitterwochen-Zeit aber bewusst „verschärft" werden soll.

Königin der Gewürzmischungen

Nach so viel Curry-Theorie muss am Abend unbedingt die Praxis erprobt werden. Als die Inder in den 1860er Jahren in Südafrika an Land gingen, hatten sie wertvolle Samen, sorgfältig verpackt, in ihrem Handgepäck. Tamarinde, Betelnuss, Koriander, Gelbwurz, Fenchel, Chili und Knoblauch gehörten zu den neuen Pflanzen, die sie in den fremden Boden pflanzten. Der Grundstein für Durbans Ruf als Südafrikas Curry-Hauptstadt war damit gelegt. Aber erstaunlicherweise platzt Durban nicht vor lauter guten Curry-Restaurants aus den Nähten. London, beispielsweise, hat über 700 scharfe Lokalitäten. Durban verfügt über gerade mal ein Dutzend. Curry-Gerichte sind so verschieden wie Indiens Religionen, Sprachen und Traditionen. Da ist der vegetarische Einfluss der Hindus in südindischen, durchdringend scharfen Rezepten, mit viel Kokosnuss und Reis.

Echt scharf: Großes Curry-Angebot

Nordinder mögen lieber *chapati* (Fladenbrot) als Reis, sie bevorzugen das *tandoor*, ein im Tontopf mit glühenden Kohlen zubereitetes Gericht. Pakistani wiederum lieben viel Fleisch und Zwiebeln. Was alle seit etwa 4000 Jahren verbindet, ist die Würzung. Nicht alle aus Indien mitgebrachten Gewürzpflanzen gediehen, und die indischen Hausfrauen mussten improvisieren. Dazu kamen der Einfluss der Malaien, die „Löschversuche" englischer Kolonisten, deren indische Köche ihnen oft die Gaumen ansengten, und kreolische Würz-Zutaten. All das zusammen ergibt *„Indian food South African style".*

Curry-Essen muss scharf sein, allerdings sollen die Gewürze den Geschmack des Essens betonen, nicht die Gäste zu unfreiwilligen Feuerschluckern machen. Deshalb die Soße und das Fleisch immer mit Reis zusammen essen, dann verteilt sich die Schärfe angenehm. Wer doch noch etwas nachlöschen möchte, vielleicht mit Blick auf das plätschernde Meer, dazu ein bisschen Rockmusik im Ohr wünscht, ist im **Joe Kool's** direkt am Beach gut aufgehoben.

Adressen & Service Durban

Durban Metropolitan Tourism Authority, Tourist Junction, Old Station Building, 160 Pine St/1.Stock, Tel. 031-3044934, Fax 3046196, funinsun@iafrica.com, www.durban.gov.za o. www.tourism-kzn.org, Mo–Fr 8–16.30 Uhr, Sa 8.30–12.30 Uhr. Kostenlos erhältlich sind der Stadtplan *„Durban Tourist Map"* und das monatlich erscheinende *„What's on in Durban".*

Unterkunft

Quarters (RRRR-RRRRR), 101 Florida Rd (nördl. vom Golf Course), Tel. 031-3035246, Fax 3035269, www.quarters.co.za. Stilvolles Boutique-Hotel, vier viktorianische ehemalige Wohnhäuser wurden restauriert und zu einem „Hotel"-Komplex mit 25 Zimmern zusammengefasst. Modernes Innendesign, Bistro (RR), das Frühstück, Lunch und leichte Abendessen serviert. Leider nahe an der Straße, die ruhigsten Zimmer sind Nummer 6, 7, 10, 11, 12, 14, 22, 23 und 24.

The Balmoral (RRR-RRRRR), 125 Marine Parade, Ecke Palmer Street, Tel. 031-5538325, Fax 5538572, www.places.co.za/html/9064.html. Nach einer stilvollen Renovierung gehört das historische Beachfront-Hotel mit seinen 95 Zimmern nun zu den Perlen an Durbans Golden Mile.

Essenwood House (RRR), 630 Essenwood Road (nordwestl. vom Golf Course), Tel./Fax 031-2074547, info@essenwoodhouse.co.za, www.essenwoodhouse.co.za. Elegantes, koloniales Anwesen mit Stadt- und Meeresblick, tropischer Garten, Pool, 7 Zimmer, Dinner wird auf Wunsch serviert.

Sica's Guest House (RR), 19 Owen Av, Tel. 031-2612768, Fax 2615081, sica@mweb.co.za, www.sica.co.za (mit Anfahrtsbeschreibung). Schönes Gästehaus mit 48 Zimmern in einem ehemaligen Farmhaus, erbaut 1886, in Durbans Nobel-Stadtteil Berea. Restaurant für Gäste.

Außerhalb

Lynton Hall (RRRR-RRRRR), Pennington, 46 km südlich von Durban, Tel./Fax 039-9753122, lyntonhall@futurenet.co.za, www.lyntonhall.co.za. Ein über 200 Jahre altes, burgähnliches Herrenhaus mit ausgezeichneter Küche, wurde vom amerikanischen Conde Nast Traveler-Magazin zu den 80 besten Hotels der Welt gewählt.

Restaurants

Lunch-Tipps

New Café Fish (RR); 31 Durban Yacht Mole, Tel. 031-3055062, Lunch 11.30–15 Uhr, Dinner 18.30–22 Uhr. Seafood in allen Variationen, relaxte Atmosphäre, tolle Aussicht auf den Yachthafen und eine gute Weinkarte.

Primi Piatti (RR), Gateway Shoppertainment, Umhlanga Drive, Umhlanga, Tel. 031-5665102. Wie bereits bei „Essen und Trinken" erwähnt, Südafrikas bestes Ketten-Restaurant mit exzellenten Pizzen, Pasta u.a. und nettem, flottem Service.

9th Avenue Bistro (RR), Avonmore Centre, Ninth Avenue (nördl. vom Golf Course), Greyville, Tel. 031-3129134, Mo-Sa Lunch 12–14.30 Uhr, Dinner 18–22 Uhr. Kleines Bistro in schrecklicher Lage mit Blick auf einen Parkplatz, dafür aber fantastisches Essen. Das Restaurant wurde 2004 von der International Food and Wine Society zum besten in KwaZulu-Natal gewählt! Die Speisekarte wechselt je nach Saison, bestimmte typische Gerichte sind immer erhältlich, wie: Salat mit Gorgonzola, Birne und kandierten Pecan-Nüssen *(Gorgonzola pear and candied pecan nut salad)*, hausgemachte Kürbis-Ravioli *(home-made butternut ravioli)* oder die knusprige, mit Zimt-Orange glasierte Ente mit Ingwer, Süßkartoffel- und Kürbisbrei *(crispy duck with ginger and sweet potato and butternut mash with a cinnamon-orange demi-glacé)*. Etwa 50 verschiedene Weine zur Auswahl.

Café 1999 (RR), Shop 2, Silvervause Centre, Ecke Silverton Road/Vause Road, Berea, Tel. 031-2023406, Lunch 12.30–14.30 Uhr, Dinner 18.30–22.30 Uhr, Sa kein Lunch, So geschlossen. Sehr trendiges Bistro mit absolutem Schwerpunkt auf ausgezeichneten Desserts, ein Paradies für Kalorienunbewusste. Zum Abschluss gibt es richtigen Espresso.

Cargo Hold (RR-RRR), 1 Bell Rd, uShaka Marine World, Point Waterfront, Tel. 031-3288065, tägl. Lunch 12–15 Uhr,

Dinner 18–22 Uhr. Populäres Schiffswrack-Themen-Restaurant auf drei Ebenen in uShaka Marine World, auf der einen Seite das Meer, auf der anderen ein Haitank; viele Fisch-, aber auch Fleischgerichte.

Dinner-Tipps

Jewel of India (RR), im Holiday Inn, Elangeni, 63 Snell Parade, Tel. 031-3621300, Lunch 12–15 Uhr, Dinner 18–22.30 Uhr, Mo kein Lunch. Edel-Inder mit sehr guten Currys und Tandooris, die Gäste speisen wie in einem indischen Palast von silbernen Untertellern, reflektiert von Dutzenden von Spiegeln an der Wand. Nordindische Küche, die milden Starter-Chicken Tikkas sind echt lecker. Wer will, kann seine Schuhe am Eingang lassen und sich wie Maharaja persönlich auf plüschigen Kissen zum Essen niederlassen.

Jaipur Palace (RRR), zwei Filialen, eine in Durban North, die andere in North Beach: *Riverside Hotel,* Northway, Durban North, Tel. 031-5630287, Lunch 12–14.30, Dinner 18–22.30 Uhr, Sa kein Lunch. – *Suncoast Casino,* North Beach, Tel. 031-3322767 o. 3686800, tägl. 12–23 Uhr. Indisch eingerichtetes, luxuriös-edles Palast-Ambiente mit sehr gutem Service, sowohl süd- als auch nordindische Küche, Schwerpunkt allerdings auf letzterer.

Saagries (RR), im Holiday Inn Garden Court, Marine Parade, Tel. 031-3327922, Lunch 12–14 Uhr, Dinner 18–22 Uhr, So geschlossen, kein Lunch im Winter an Dienstagen und Samstagen. Opulent und plüschig und kinderunfreundlich, sowohl nord- als auch südindische Küche, hier kommen sogar die Zulu-Royals her, wenn sie mal richtiges indisches Curry zu sich nehmen möchten.

Butcher Boys (RR), 170 Florida Rd, Morningside, Tel. 031-3128248, Lunch 12–14.30, Dinner 18–22.30 Uhr, So bis 21.30 Uhr, Sa kein Lunch. Wer von Fisch eine Weile die Nase voll hat, ist hier genau richtig: dicke, saftige Steaks für Fleisch-Enthusiasten. Das Pfeffersteak ist super, das Filet ganz besonders geschmackvoll.

Havanna Grill & Wine Bar (RRR), Suncoast Casino & Entertainment World, Suncoast Boulevard, Durban's Golden Mile, Tel. 031-3371305, Lunch 12.30–14.30, So 12.30–15.30 Uhr, Dinner 18.30–22.30 Uhr, Fr/Sa Dinner 18.30–23 Uhr, So 18.30–21.30 Uhr. Großes, stilvolles Restaurant mit Super-180-Grad-Blick über das Meer, einer relaxten Atmosphäre sowie Top-Service. Lateinamerikanische Gerichte, perfekte Steaks mit verschiedenen Salsas. Tipp: die Ceviche aus Peru, dünn geschnittener, roher Fisch mariniert in einem Mix aus Limonen- oder Zitronensaft, gemahlenem Chili, Zwiebelringen, Knoblauch, Salz und Pfeffer – Sushi à la Leuchtender Pfad. 1500 der besten südafrikanischen Weine, zwischen 70 und 900 Rand die Flasche. Und zum Abschluss natürlich eine echte Havanna auf der Terrasse mit Blick auf den Sternenhimmel und Indischen Ozean.

Saint Verde (R-RR), Ecke Essenwood Street/Thomas Road, Berea, Tel. 031-2019176, tägl. 7–21.30 Uhr, So 7–16 Uhr. Untergebracht in einem alten Elektrizitäts-Umspannungswerk, einer der trendigsten Plätze in Durban, eine Mischung aus Restaurant, Café, Patisserie und Küchentrödel-Shop. Kleine, aber äußerst befriedigende Speisekarte mit leckeren kleinen Gerichten, wie gefüllte Bagels, Pasta und kreative Salate. Cappuccino und Espresso sind ebenfalls perfekt.

Nightlife

Blues Bottle, Point Waterfront, Durban Harbour, Tel. 031-3684030, Mo–So ab 10.30 Uhr. Dieser In-Treffpunkt am Hafeneingang bietet ein Sonnendeck mit einer 360 Grad-Aussicht auf Durban und Umgebung, ein Restaurant für 150 Personen und echte 70er Jahre Tanzmusik.

Joe Kool's, North Beach, 137 Lower Marine Parade, Tel. 031-329697/8. Coole Bierkneipe und Restaurant mit Rockmusik und Blick aufs Meer. Junges Publikum (bitte nur mit einer gewissen Grundbräune besuchen, sonst fühlt man sich unter all den bronzenen Körpern doch etwas blass ...).

Roxy's Café, 42 Marriot Rd, Morningside, Tel. 031-3091837, Mo–So 18–3 Uhr. Stilvolles Late-Night-Café mit guter Musik, für Freunde des Feinen.

Sehenswert

uShaka Marine World, 1 Bell St, Tel. 031-3288000, Fax 3288090, www.ushakamarineworld.co.za. Durbans mit Abstand attraktivste Sehenswürdigkeit ist das brandneue uShaka Marine World-Vergnügungszentrum. *Wet'n Wild* kostet Rand 55/40 Erw./Kinder Eintritt, Sea World R 80/50. Kombinationstickets für alle Attraktionen sind günstiger. Um lange Warteschlangen zu vermeiden, können die Tickets über die Website per Kreditkarte vorbestellt werden.

City Hall, West Street. Das 1910 fertiggestellte edwardianische Neobarock-Gebäude ist eine „Raubkopie" des Belfaster Rathauses.

Sugar Terminal, 57 Maydon Rd, Tel. 031-3010331. Touren tägl. 8.30, 10, 11.30 und 14 Uhr, organisierte Touren zu den gigantischen Zucker-Silos im Hafen.

Minitown, 114 Snell Parade, North Beach, Tel. 031-3377892, Di–Sa 9–18 Uhr, So 9.30–16.45 Uhr. Durban kleinkopiert zum Durchlaufen für Fußkranke.

The BAT Centre, Durban Yachthafen, Tel. 031-3320451 u. 3320468, Fax 3322213, Di–So. Einer der coolsten Plätze Durbans, hier gibt es zeitgenössische und traditionelle südafrikanische Kunst, Ausstellungen und häufig Konzerte.

Kwa Muhle Museum, 130 Ordnance Rd, Tel. 031-3111111, Mo–Sa 8.30–16 Uhr, So 11–16 Uhr. Das Museum erinnert an die Apartheid-Ära Durbans, zahlreiche Original-Fotos, kleiner Laden mit Kunsthandwerk der Zulu.

Time Warp Surf Museum, Ocean Sports Centre, Marine Parade, Tel. 031-3685842, Mo–So 10–16 Uhr. Kleines Museum zur Surf-Geschichte.

Durban Natural Science Museum, Durban City Hall, Tel. 031-3006212, Mo–Sa 8.30–16 Uhr, So 11–16 Uhr. Naturkunde-Museum, das besonders stolz ist auf seine ägyptische Mumie, die einzige Südafrikas.

The Natal Sharks Board, 1 A Herrwood Drive, Umhlanga, Tel. 031-5660400, Mo–Fr 8–16 Uhr. Ein Hai-Museum, wo Touristen Di–Do 9–14 Uhr und jeden ersten So im Monat um 14 Uhr zusehen können, wie diese seziert werden!

Temple of Understanding, Chatsworth, gegenüber Chatsworth Centre (ca. 20 km südwestlich an der N1), Tel. 031-4033384, tägl. ab 10 Uhr geöffnet. Der märchenhafte Hare Krishna- „Tempel des Verstehens" wurde 1985 gebaut, im Untergeschoss ist ein vegetarisches Restaurant untergebracht.

Einkaufen

Victoria Street Market, Tel. 031-3064021, Mo–Fr 6–18, Sa 6–14, So 10–14 Uhr. Errichtet am Standort des alten viktorianischen Marktes, der vor ein paar Jahren abgebrannt ist. Knapp 200 Stände und Geschäfte.

African Art Centre, Old Station Building, 160 Pine St, Tel./Fax 031-3047915, Mo–Fr 8.30–17, Sa 9–13 Uhr. Eine große Auswahl an guter südafrikanischer Kunst.

Joe's Curios, Victoria Street Market, Tel. 031-3066964. Große Auswahl an Souvenirs, von antiken Schnitzereien bis zu legalen Zebrafellen mit Zertifikat.

Curry Shop, Shop 70, Victoria Street Market, Tel. 031-3072186. Die Tochter des Besitzers, der unter anderem ein „Flitterwochen-Curry" anbietet, spricht Deutsch und freut sich sehr über Postkarten aus Deutschland, die sie im Laden aufhängt.

WILD COAST UND EASTERN CAPE PROVINCE

Durbans Südküste

Wie auf einer Perlenschnur aufgezogen, folgt auf dem Weg von Durban nach Süden ein Badeort auf den anderen. Immer wieder laden weißsandige Strände zu einem kurzen Halt ein und der Blick gleitet nach links zum Meer. **Isipingo** mit seinen weißen Sandstränden und seiner Lagune lässt den Gasfuß schon ein bisschen weniger fest zutreten. **Amanzimtoti** ist der Beach für die Surfer, auf den Parkplätzen weisen ihre Buggys mit den Dachgepäckträgern darauf hin.

In **Port Edward,** Natals südlichstem Badeort, nach knapp zwei Stunden Fahrt, muss es einfach sein: Der Sandstrand sieht zu einladend aus. Am Parkplatz wird eine kleine Gebühr verlangt. Das Fast food-Restaurant und der kleine Laden erinnern ein bisschen an die USA. Der Platz könnte auch irgendwo am Golf von Mexiko in Florida liegen. Die mächtige Stahlbrücke, die sich über den *Umtamvuna*-Fluss spannt, bildet die Grenze zwischen Natal und dem ehemaligen *Homeland* Transkei, das seit 1994 wieder zu Südafrika gehört.

Die Überquerung des Umtamvuna ist eine Fahrt von der Ersten in die Dritte Welt. Obwohl das Gebäude, das auf der anderen Seite sofort ins Auge fällt, überhaupt nicht danach aussieht: Das luxuriöse **Wild Coast Sun Casino** entstand in der ehemaligen Transkei, weil Glücksspiel im puritanischen Südafrika unter Strafe stand. In allen Homelands, die nach Definition der Apartheid-Regierung „souveräne" Staaten waren, entstanden so gut besuchte Spielhöllen.

Direkt vor dem Hotel stehen schwarze Kinder und verkaufen Golfbälle im Dreierpack. Sobald das Casino im Rückspiegel verschwunden ist, befindet sich der Reisende mitten in „Schwarzafrika": Rundhütten mit reetgedeckten Dächern stehen bis zum Straßenrand, das Vieh läuft frei herum, zerzauste Hunde ohne Halsband hetzen einander. Der Abfall liegt überall herum, verfängt sich in den Stacheldrahtzäunen und flattert im Wind. Früher war alles Weggeworfene organisch und verrottete, heute rosten Dosen vor sich hin, Plastik verschandelt die Landschaft, zerbrochenes Glas glitzert in der Sonne. Autowracks liegen in den Gräben oder wie tote Käfer auf dem Rücken in den ausgetrockneten Feldern. Bilder, die nicht so oft in Reiseprospekten auftauchen und die andere, hässliche Seite Südafrikas zeigen. Ein Entwicklungsland, das sich in einem hochentwickelten Industrie-Staat versteckt.

Durch die ehemalige Transkei

Zunächst auf einer Asphaltstraße, dann auf einer holprigen, staubigen Piste, vorbei an kahlen Hügelketten, rattert der Mietwagen auf der R 61 dem Küstenort **Port St. Johns** entgegen. Die Landschaft wechselt ihr Thema. Bäume und Büsche bringen ein bisschen mehr Grün ins Bild. Die blaubemalten Rundhütten

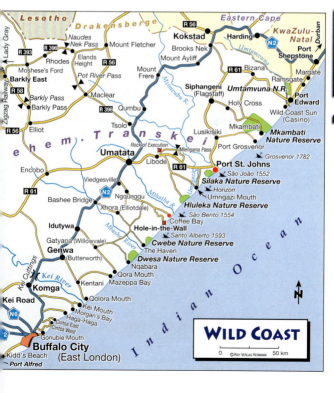

wirken jetzt fast idyllisch. Selbst diese Tradition hätten die Xhosa aufgeben müssen, wäre es nach dem Willen der weißen Missionare gegangen. Die strohgedeckten Lehmhütten waren ihnen ein Dorn im Auge, etwas Teuflisches. Sie hätten sie am liebsten gegen viereckige Häuser mit Blechdach ausgetauscht. Was ihnen glücklicherweise nicht gelungen ist.

Etwa 99 Prozent der ländlichen Transkei-Siedlungen bestehen aus den traditionellen Rundhütten. Ihre Türöffnungen weisen immer nach Osten, um die Bewohner vor bösen Geistern zu schützen. Die meisten Häuschen sind nicht komplett gestrichen. Was nicht daran liegt, dass den Hausbauern die Farbe ausgegangen ist. Vielmehr sind die zur aufgehenden Sonne exponierten Wände grellbunt gestrichen, um die Hitze zu reflektieren und das Innere der Hütte kühl zu halten. Abends, wenn die Sonne im Westen verschwindet, scheint sie auf die unbemalten Flächen, die die Hitze absorbieren und so nach Einbruch der Dunkelheit ein bisschen Wärme speichern.

Kurz nachdem der Ort **Lusikisiki** passiert ist, bietet sich in **Gemvale** ein toller Blick über den *Umzimvubu River* hinweg bis zum Meer. **„Gates of Saint John"** nennt sich dieser Aussichtspunkt, weil er rechts und links von hohen Bergen flankiert wird. Am Ende der steilen und kurvigen Piste nach unten liegt **Port St. Johns,** das aus der Ferne sehr idyllisch wirkt. Nach der Brücke über den Umzimvubu hat das Pisten-Geschüttel endlich ein Ende.

Beste Zähne trotz viel weißem Zucker

Port St. Johns

Die Stadt liegt paradiesisch. Einst wohl wunderschöne Gebäude rotten allerdings vor sich hin, es gibt immer noch wenig touristische Einrichtungen. Mitte des 19. Jahrhunderts war Port St. Johns eine umtriebige Stadt mit etwa 500 weißen Kolonisten. Schiffe legten regelmäßig an und Menschentrauben beobachteten, wie Schweine für den Export verladen wurden.

Ein anderes wichtiges Exportgut für Port St. Johns war Marmor, der flussaufwärts gewonnen wurde und der sich angeblich mit dem feinsten in Italien messen konnte (der Eingang des Hauptpostamtes in Kapstadt besteht aus Port St. Johns-Marmor). Mit den Jahrzehnten versandete der Fluss immer mehr und Kähne konnten nicht mehr einfahren, was das Ende des Marmorabbaus bedeutete.

Die Wild Coast ist so zerklüftet und – nomen est omen – wild, dass es selbst kühnen Ingenieuren nicht möglich war, einen Küsten-Highway zu bauen. Die Transkei-Durchgangsstraße N 2 verläuft weit weg vom Meer im Landesinneren. Kleine Pisten, fast immer in sehr schlechtem Zustand, zweigen von ihr ab, zu einsamen Buchten an der Küste.

Die Wild Coast ist eine von fünf neuen *Marine Protected Areas* (MPAs), die 2004 entlang der südafrikanischen Küste ausgewiesen wurden. Etwa 20% der Küstenlinie Südafrikas sind so geschützt, was das Land weltweit in die Führungsriege des Küstenschutzes katapultiert hat. Weltweit genießen nur 0,5% aller Küsten 100%igen Schutz.

Port St. Johns wirkt wie eine multikulturelle Alt-Hippie/Surfer-Kolonie – und ist es auch. Wer Luxus erwartet, ist hier fehl am Platz. Die Unterkünfte haben Backpacker-Niveau und auf den Tisch kommt, was Land und Meer hergeben. Junge Schwarze vom Stamm der xhosasprechenden Pondos, die hier leben, haben sich auf Felslangusten-Fang und Cannabis-Anbau spezialisiert. Der Geruch von Marihuana ist allgegenwärtig. Viele kamen hier zu Besuch und sind geblieben. In Port St. Johns wird das „Pondo-Fieber" genannt.

Information

Port St. Johns Tourism Office, Tel. 047-5641187, tourismpsj @wildcoast.co.za, www.portstjohns.org.za. Engagierte Infostelle, die über Unterkünfte, Restaurants und Aktivitäten in der Umgebung Bescheid weiß.

Ein sehr empfehlenswertes Privatunternehmen hat sich auf die Wild Coast spezialisiert und bietet Unterkunftsbuchungen sowie organisierte Trips an: **Wild Coast Holiday Reservations,** Tel. 043-7436181, meross@iafrica.com, www.wildcoastholidays.co.za. Die Karten auf der Website ermöglichen einen guten Überblick über das Zielgebiet.

Unterkunft

Es gibt einige Gästehäuser und Campingplätze im Ort. Da Diebstahl ein Problem darstellt, sollte nur in gesicherten Plätzen übernachtet werden.

Cremorne Estate (RR), am Umzimvubu River, etwa 5 km außerhalb von Port St. Johns, Tel. 047-5641110, Fax 047-5641113, www.cremorne.co.za. Nette Holzhütten mit Frühstück, Cottages für Selbstversorger, Caravan- und Campingplätze. Die gesamte Anlage ist bewacht und sicher, Restaurant „The Captain's Cabin".

Umngazi River Bungalows (RRR), Port St. Johns, Tel. 047-5641115/6/8/9, oder: Goss & Co., Tel. 031-7016881/2, Fax 031-7017006, www.umngazi.co.za. Wunderbare Lage 11 km südlich von Port St. Johns am Umngazi-Fluss und am Meer, ein Paradies für Angler und Baderatten, schöne Anlage mit reetgedeckten Häuschen, Vollpension, großer Weinkeller, immer frisches Seafood.

Restaurants

Captain's Cabin (RR), Cremorne Estate, Tel. 047-5641110. Große Auswahl an guten Gerichten, von Steaks über Fisch bis zu Vegetarischem.

Wildromantische Wild Coast

Dry Dock (R-RR), Outspan Inn, Tel. 047-5641057. Von Thai-Currys bis zu Felslangusten.

Delicious Monster (R-RR), Second Beach, Tel. 047-5641317. Felslangusten und Mezze-Platten, freitagabends Live-Musik mit lokalen Bands.

Wood 'n' Spoon Restaurant (R-RR), Second Beach, Tel. 047-5648202. Schweizer Küche und verschiedene Currys.

Gecko Moon (R-RR), First Beach, Tel. 047-5641221. Hier kocht ein Schwabe (!), dessen Fischgerichte besonders lecker sind. Es gibt außerdem Pizzen aus dem Holzofen.

Aktivitäten

In Port St. Johns gibt es einiges zu sehen und zu unternehmen: das *Panorama* lässt sich am besten vom Mount Thesiger aus genießen; *Ausritte* in den Küstenwald und entlang unberührter Sandstrände (Tel. 082-4003385); *Wanderungen,* geführt oder auf eigene Faust durch den küstennahen Bergwald mit seiner enormen Vogelvielfalt; *Bootsausflug* aufs offene Meer, um die Küste und die Surfer zu sehen (Tel. 082-5505430); *Silaka Nature Reserve,* Tel. 047-5641177, das Naturreservat, das gleich hinter Second Beach beginnt, besitzt eine große Vielfalt an Pflanzen- und Vogelarten. Außerdem Besuch des 100 Jahre alten *Port Captain's Lighthouse* mit schöner Aussicht über die Flussmündung.

Umtata

Über den **Mlengana-Pass,** hoch über dem Umngazi River, geht es weiter Richtung Umtata. Zur Rechten ragt ein großer Fels empor, der aussieht wie ein Laib frischgebackenen Brotes. Die Engländer haben ihn irgendwann einmal **Executioner's Rock,** „Henker-Felsen", genannt, weil sie glaubten verurteilte Xhosa wären von ihm in den Tod gestoßen worden. Ein Irrtum, das Todesklipp liegt ein Stück weiter entfernt.

Umtata ist die ehemalige Hauptstadt der Transkei. Hier regierten ab 1963 die korrupten Brüder Matanzima, die von den Buren im „Transkei Self Rule Act" die Verwaltungshoheit über das Homeland bekommen hatten. Der oberste Häuptling, Dr. h.c. *Kaiser* – tatsächlich Namensausleihung vom deutschen Kaiser Wilhelm I. –, *Daliwonga Matanzima,* wurde Regierungschef. Er war damals mit 90.000 Euro Gehalt im Jahr der höchstbezahlte Politiker Südafrikas. Seinen Bruder, einen Anwalt, der seine Lizenz wegen Betrugs verloren hatte, ernannte er zum Justizminister. Erst 1988 putschte der junge General Holomisa mit Hilfe des Militärs gegen die korrrupte Regierung.

Das Regierungsgebäude ist eines der architektonisch ansprechendsten in Umtata. In der Sprache der Xhosa wird es „Bunga" genannt, was so etwas wie „Schwatzbude" bedeutet. Auch in Umtata gelten die gleichen Statussymbole wie im restlichen Südafrika: Wer Wohlstand demonstrieren will, fährt einen neuen BMW oder Mercedes, *Made in South Africa*.

Beim Verlassen Umtatas fällt auf der linken Seite ein großes, modernes Gebäude auf, die **University of Transkei** (Unitra). Sie wurde 1976 als ein Ableger der University of Fort Hare gegründet, das heißt, Südafrika „spendierte" der Transkei die Uni zur „Unabhänggikeit" des Homelands. Seit 1986 ist die Unitra freie Universität.

Abstecher zur Küste: Coffee Bay

Bei Viedgesville führt die einzige Asphaltstraße, die die N 2-Autobahn mit der Wild Coast verbindet, nach *Coffee Bay*. Aus gutem Grunde: Ein Minister des alten Transkei-Regimes benutzte die Strecke sehr oft, ihn nervte das Pistengeschüttel, und außerdem war sein Benz immer staubig, wenn er im Ocean View Hotel in Coffee Bay ankam, wo seine Freundin an der Rezeption arbeitete. Also veranlasste er, dass die Piste asphaltiert wurde.

In eleganten Kurven durchzieht die Straße eine sanfte, grüne Hügellandschaft. In kleinen Grüppchen stehen die blauen Rundhütten beieinander. Trotz vereinzelter Autowracks kann sich der Reisende hier noch am ehesten vorstellen, wie die Transkei vor ein paar hundert Jahren ausgesehen haben mag.

Zwischen den Geruch von Kuhmist und Holzfeuern mischt sich plötzlich wieder der charakteristische, salzige Duft des Meeres, erst ganz zart, dann immer stärker, die Hügellandschaft öffnet sich, fällt in steilen Klippen zum Meer ab. Zwischen den Flüssen *Nenga* – „Walfluss" – und *Mapuzi* – „Ort der Kürbisse" – liegt die traumhafte **Coffee Bay** mit ihrem einen Kilometer langen, geschwungenen Sandstrand und dem türkisfarbenen Meer. Zum Namen der Bucht gibt es natürlich auch wieder eine gute Geschichte: Im Jahre 1863 lief, wie so oft, ein Schiff vor der Küste auf Grund. Seine Ladung bestand hauptsächlich aus Kaffeebohnen, die an den Strand gespült wurden. Ein

Gemächliches Landleben bei Umtata

paar von ihnen keimten, versuchten in der ungewohnten Umgebung Wurzeln zu fassen, starben aber schließlich ab. Der Name blieb. Bei den Xhoas heißt die Bucht *Tshontini,* eine Bezeichnung für den dichten Küstenwald, der hinter dem Strand wächst.

Das **Ocean View Hotel** liegt direkt am Meer, und noch vor dem Auspacken ist eine Runde Schwimmen angesagt. Bei den Klippen, wo die Dünung stärker ist, liegen Hunderte angeschwemmter Muscheln. Angler haben hier fast immer Glück.

Unterkunft

Oceanview Hotel (RR-RRR), Tel 047-5752005/6, Fax 047-5752083 oder 082-5586531, oceanview@coffeebay.co.za, www.oceanview.co.za. Kleines Hotel mit Restaurant und einer Bar, direkt am Strand. Die Zimmer 1 bis 8 haben einen uneingeschränkten Meeresblick und eine Liegewiese vor der Terrasse. Der Übernachtungspreis pro Person beinhaltet alle drei Mahlzeiten.

„Hole in the Wall" und das Drama der Xhosa

Wer früher gerne die amerikanische TV-Kinderserie „Flipper" angesehen hat, sollte heute bald aufstehen. Dann ist die Chance am größten, Delphine live zu erleben. Manchmal kommen sie fast bis zum Strand, erzählt ein Angler. Dann lassen sie sich sogar streicheln und füttern. Und wenn sie nicht da sind, ist die Atmosphäre, so kurz vor Sonnenaufgang, trotzdem faszinierend. Das Rauschen des Meeres und der feuchte, noch kühle Sand, der die Füße sanft massiert. Am Horizont errötet der kurz vorher noch nachtfahle Himmel, erst ein bisschen, dann immer mehr.

Nach dem Frühstück geht es zu einem weiteren Highlight an der Wild Coast. Knapp 20 Kilometer nordwestlich von Coffee Bay zweigt eine staubige Piste nach links ab, die 19 Kilometer weiter auf einer grasbewachsenen Anhöhe endet. Von hier lässt sich ein Großteil der Küste, die Mündung des *Mpako-River* und natürlich das **„Hole in the Wall"** überblicken, ein natürliches Felsentor südlich von Coffee Bay, von der Meeresbrandung umspült.

In der Geschichte der Xhosa steht es für das traurigste Kapitel: die Katastrophe von Nongqause – *Isihelegu sikaNongqause*. Im Jahre 1856 hat das Xhosa-Mädchen *Nongqause* an den Ufern des Flusses Gxara eine Eingebung. Sie „sieht" seltsame Männer. Ihr Onkel Mhlakaza, der Ambitionen hat ein Prophet der Xhosa zu werden, interpretiert den Vorfall auf seine Weise. Er verbreitet die Kunde, dass die Fremden Russen gewesen seien, von denen die Xhosa annahmen, dass sie schwarzer Hautfarbe wie sie selbst sind, weil sie auf der Krim gegen die verhassten Briten gekämpft haben. Zusammen mit den Geistern toter Xhosa-Krieger würden diese „Russen" nun durch das „Hole in the Wall" kommen, um alle Weißen zurück ins Meer zu drängen. Unter einer Voraussetzung: Die Xhosa müssten ihr gesamtes Vieh töten und ihre Felder abbrennen. Mit den „Russen" würden dann große Rinderherden zurückkommen, und die Felder würden mit mehrfachen Erträgen zurückwachsen. Alle, die diese Prophezeiung missachteten, würden mit den Weißen ins Meer geworfen werden.

Eine Katastrophe ungeahnten Ausmaßes bahnte sich an. Bis in die Gegenwart hat sich das Volk der Xhosa nicht von diesem Massen-Desaster erholt:

Erfrischendes Bad beim „Hole in the Wall"

30.000 Rinder wurden abgeschlachtet, ebensoviele Xhosa verhungerten kläglich. Tausende dienten sich Weißen als Arbeitskräfte an, um etwas zu essen zu bekommen.

Heute nimmt man an, dass Mhlakaza und der Häuptling der Xhosa, Kreli, das Viehschlachten geplant hatten, um die Hirten, nachdem ihre Rinder tot waren, in einer großen Streitmacht gegen die Weißen zu mobilisieren. Dass sie damit einen nationalen Selbstmord auslösen würden, war ihnen nicht bewusst.

Wer die Schönheit dieser Landschaft sieht, kann sich überhaupt nicht vorstellen, wie hier überall in den sattgrünen Wiesen tote Menschen und Tiere gelegen haben.

Das Wasser des Mpako-Flusses ist wunderbar weich. Seine Ufer sind mit kleinen Sandstränden gesäumt. Das Loch im Felsen fordert immer wieder Wagemutige heraus. Was vom Ufer aus sehr einfach aussieht, endet oft tödlich: Schwimmer, die den Felsdurchbruch durchqueren wollen, ertrinken entweder im Sog der Strömungen oder werden von der Brandung auf die Klippen geworfen.

Die ersten portugiesischen Seeleute nannten das Naturdenkmal *Penido das Fontes,* „Felsen der Springbrunnen". Auch hier fanden die Xhosa wieder eine wesentlich treffendere Beschreibung: *esiKhaleni* – „Platz des Getöses". Große Wellen brechen mit lautem Krachen, das vor allem bei Sturm kilometerweit zu hören ist, durch das Felsportal.

Auf der N 2 nach Buffalo City

Auf der Hauptstraße N 2 nimmt das Verkehrsaufkommen wieder zu. Mini-Busse liegen zertrümmert im Straßengraben. Streunendes Vieh läuft auf der Straße herum. Vorsichtiges und vorausschauendes Fahren ist hier angesagt. **Idutywa** ist die erste größere Handelsstadt auf dem Weg nach Süden. Die Coca-Cola-Schilder sind nicht mehr selbstgemalt wie auf dem Land. Menschen in traditioneller und westlicher Kleidung drängen sich auf den Fahrbahnen und Gehsteigen, sie bringen ihre Waren in die Stadt, kaufen Lebensmittel. Ein Gewimmel wie Sommerschluss- und Weihnachtsverkauf zusammengenommen. Minibus-Fahrer sind laut hupend und schreiend auf der

Kleine Wild-Coast-Straßenverkäufer

Suche nach Passagieren. Sie sitzen oft 30 Stunden am Lenker und verursachen die meisten Unfälle – mit fast immer fatalem Ausgang, denn bis zu 20 Passagiere drängen sich in die kleinen Transporter.

In **Genwa** (früher: Butterworth) sieht es ähnlich aus. Die älteste Stadt der Transkei, 1827 gegründet, ist größer und noch mehr Menschen drängen sich. Beide Städte könnten auch in irgendeinem afrikanischen Land weit nördlich liegen.

An der Ausfallstraße haben sich Dutzende von fliegenden Händlern in der prallen Mittagssonne niedergelassen. Sie verkaufen alles, vom japanischen Taschenradio bis zum altbackenen Büstenhalter in Übergröße. Dazwischen finden sich immer wieder Naturheiler. Aus großen Säcken kippen sie Wurzeln, Hölzchen und andere getrocknete Pflanzenteilchen über einer auf dem Gehweg liegenden Plastikfolie aus. Die grüne Apotheke der Volksmedizin. Frauen und Männer schildern ihre Wehwechen, der alte Heiler stochert mit einem Stöckchen in dem Haufen herum, fingert ein kleines Wurzelstück heraus und zerkleinert es mit einem Steinmörser. Fertig ist das Medikament.

So plötzlich wie „Schwarzafrika" begonnen hat, hört es auch wieder auf. Nach einer spektakulären Gefällstrecke durch die *Kei Cuttings* und dem Passieren der *Great Kei River Bridge,* die die ehemalige Transkei-Südgrenze markiert, befindet sich der Reisende wieder im europäisch anmutenden, reicheren Teil des Landes. Nach dem Fluss Kei ist die **Transkei** benannt, das Land jenseits des Kei-Flusses. Die Grenzstation ist in eine moderne Touristen-Information mit sehr freundlichem Personal umgebaut worden.

Zwischen **Gonubie Mouth** und Buffalo City liegen die beliebtesten Surfstrände der Eastern Cape Province. Die Wellen eignen sich hier ganz besonders gut. Aber es ist auch gefährlich. Der Weiße Hai lauert vor der Küste. Und wenn sich die Surfer zu weit hinauswagen, schlägt er immer wieder mal zu. Trotzdem steht er unter Naturschutz und darf nicht getötet werden.

Buffalo City (früher: East London)

Zu Weltberühmtheit gelangte die Stadt aufgrund eines Meeresbewohners: Naturkundler hielten den im Dezember 1938 gefangenen Knochenfisch *Coelacanth* seit 70 Millionen Jahren für ausgestorben. Nur von Fossilien her war seine Art und Größe bekannt. Der Fund war eine wissenschaftliche Sensation, seine Entdeckung ein Zufall.

Kapitän Hendrik Goosen tuckerte mit seinem Trawler südlich von East London herum, und als er sein Netz einholte, wunderte er sich über den bläulichen, ungefähr 1,6 Meter langen Fisch, der 57 Kilogramm auf die Waage brachte. So einen hatte er noch nie gesehen. Die unteren vier Flossen ähnelten Beinen! Er legte ihn auf die Seite. Zurück im Hafen ließ er beim Museum anrufen und von dem eigenartigen Fund berichten. Da das Museum damals noch nicht über ein Fahrzeug verfügte, legten sie den seltsamen Fund in den Kofferraum eines Taxis, dessen Fahrer nur unter Protest die Fahrt antrat. Hätte er gewusst, dass er eine der wichtigsten biologischen Entdeckungen des 20. Jahrhunderts spazieren fuhr, hätte er wahrscheinlich etwas mehr Enthusiasmus gezeigt.

Erst vierzehn Tage später identifizierte der herbeigeeilte Professor J.L.B. Smith den zu diesem Zeitpunkt bereits relativ streng riechenden Fisch. Er nahm an, dass er mit der Mosambik-Strömung nach Süden gelangt war und dass es an der Ostküste Äquatorialafrikas noch mehr geben müsste. Über hundert Coelacanth sind seither in der Nähe der Komoren gefangen und für viel Geld an Museen in aller Welt verkauft worden. Erst in letzter Zeit werden sie massiv geschützt. Das **East London Museum** beherbergt neben dem präparierten Coelacanth eine eindrucksvolle Ausstellung über die Kultur der Xhosa.

Am einzigen kommerziellen Flusshafen Südafrikas ist, ähnlich wie in Kapstadt, eine kleine Waterfront, **Latimers Landing,** mit Kneipen und Geschäften direkt am Ufer des Buffalo Rivers entstanden. Ein noch originelleres Einkaufszentrum – **Lock Street Gaol –** liegt in der gleichnamigen Straße in einem ehemaligen Gefängnis, das 1880 erbaut worden ist. Die Shops sind in den alten Zellen untergebracht.

Nach dem Kaufrausch wieder ein bisschen Sightseeing: Die beeindruckende **City Hall** mit ihrem Uhrenturm entstand Ende des 19. Jahrhunderts. Das **Gately House** im Queens Park gehörte dem ersten Bürgermeister von East London und ist ein in Südafrika einzigartiges Stadthaus, da alles, was ausgestellt ist, von den einstigen Besitzern über die Jahre zusammengekauft wurde. Das 1866 erbaute Gebäude ist seit 1973 denkmalgeschützt und ist ein außergewöhnliches Heimat-Museum.

Zwei Sehenswürdigkeiten liegen an der **Esplanade** am Ozean eng beieinander: das **Aquarium,** für jene, die noch immer nicht genug von Fischen und Haien haben, und das **German Settlers Memorial,** das klotzig an die deutsche Besiedlung der Gegend erinnert. Im Jahre 1857 kamen 2362 deutsche Söldner, die für die Briten auf der Krim kämpfen sollten, ins Land, mit 361 Frauen und 195 Kindern. Die Familien sollten einen Puffer gegen eventuell angreifende Xhosa bilden. Obwohl im gleichen Jahr etwa 1000 deutsche Soldaten nach Indien ausrücken mussten, um den dortigen Aufstand niederzuschlagen, wurde die deutsche Kolonie durch weitere Ankömmlinge verstärkt. 1858 landeten 2315 Siedler und nannten die Grenzorte, in Erinnerung an ihre Heimatstädte, *Berlin, Potsdam, Breidbach, Frankfort, Hamburg, Braunschweig* und *Hanover.*

Kleine Plaketten in dem Gehweg entlang der Esplanade weisen auf die vor East London **gesunkenen Schiffe** hin. Es wird geschätzt, dass etwa 150 Kähne samt ihrer teilweise wertvollen Ladung direkt vor der Küste auf Grund liegen. Wer einen Tauchschein hat, kann an einer der häufig stattfindenden Unterwasser-Expeditionen teilnehmen, um nach den Schätzen zu suchen. Die schönsten Fundstücke der letzten Jahre sind im East London Museum ausgestellt.

Information

Tourism Buffalo City, Shop 1 und 2 King's Entertainment Centre, Esplanade, Tel. 043-7226015, Fax 043-7435091, info@tourismbuffalocity.co.za, www.tourismbuffalocity.co.za und www.eastlondonsa.com, www.buffalocity.gov.za. Infos zur Stadt und Umgebung.

Sehenswert

East London Museum, Upper Oxford St, Eingang und Parkplätze in der Dawson Rd, Tel. 043-7430686, Fax 043-

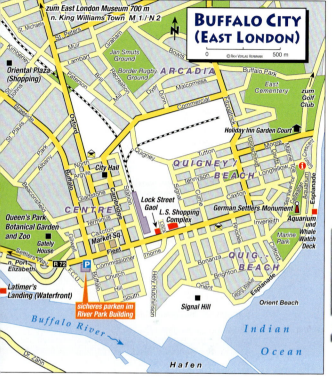

7433127, Mo–Fr 9.30–17 Uhr, Sa 14–17, So 11–16 Uhr, Eintritt 5 Rand. Sehr gutes Naturkunde- und Kultur-Museum. Berühmt für den am 22. Dezember 1938 vor der Küste East Londons ins Netz gegangenen Quastenflosslers *Coelacanth*.

Gately House, Queenspark, 1 Park Gates Road (Eingang auch vom Zoo her), Tel. 043-7222141, Di–Do 10–13 u. 14–17 Uhr, Sa/So 15–17 Uhr, Mo geschlossen. Das seit 1973 denkmalgeschützte Haus gehörte John Gately, dem ersten Bürgermeisters von East London, und ist ein sehr sehenswertes Heimat-Museum.

German Settlers Memorial, Esplanade. Die Vater-Mutter-Kind Granitskulptur erinnert an 2315 deutsche Siedler, die 1857 in East London landeten.

Lock Street Gaol Shopping Complex, Fleet St, Mo–Fr 9–16.30 Uhr, Sa 9–13 Uhr. In einem ehemaligen Gefängnis, das im 19 Jahrhundert erbaut worden ist, untergebrachte originelle Shopping Mall mit vielen Souvenirläden. Geschäfte und Restaurants befinden sich in den einstigen Zellen.

East London Aquarium und Whale Watch Deck, Esplanade, Tel. 043-7052637, www.elaquarium.co.za. Das älteste Aquarium in Südafrikas mit vielen Süß- und Salzwasser-Spezies. Täglich Seehund-Show um 11.30 u. 15.30 Uhr, Fütterungszeiten 10.30 u. 15 Uhr, geöffnet 9–17 Uhr. Vom Wal-Deck aus lassen sich die gigantischen Meeressäuger am besten beobachten. Wenn die blaue Flagge gehisst ist, sind Wale im Meer!

Latimers Landing, Ufer des Buffalo River, East Londons kleine Waterfront mit Restaurants und Geschäften, sonntags Flohmarkt.

Restaurants

Lunch-Tipps

Quarterdeck (R), Orient Pavilion, Esplanade, Tel. 043-7435312, Mo–Sa 12–14.30, 18–23 Uhr. Angenehmes, relaxtes Restaurant mit maritimem Ambiente und Super-Meeresblicken. Sowohl Fisch- als auch Fleischgerichte in großer Auswahl und zu günstigen Preisen.

Ernst's Chalet Suisse (RR), Orient Beach, Esplanade, Tel. 043-7221840, So–Fr 12–14.30 Uhr und ab 18 Uhr (außer So). Auch ein Klassiker im Ort: tolle Aussicht auf den Orient Beach und den Hafeneingang. Gutes Essen, immer frische Meeresfrüchte.

Café Avanti (R), Shop 7–9, 1. Stock, Vincent Park Shopping Centre, Tel. 043-7268515. Eine Mischung aus New Yorker Deli und modernem Bistro, große Auswahl an Gerichten, von exotisch bis „gewöhnlich".

Dinner-Tipps

Le Petit (RR), 54 Beach Rd, Tel. 043-7353685, Mo–Sa 12–14, 18–22 Uhr. Französische Küche mit kontinentalen und afrikanischen Einflüssen. Bereits seit 25 Jahren im Geschäft, eine Seltenheit in Südafrika. Selbst Froschschenkel und geräuchertes Krokodil finden sich auf der dicken Speisekarte.

Grazia Fine Food & Wine (RRR), Upper Aquarium Rd, Esplanade, Tel. 043-7222009, www.michaelas.co.za, www.graziafinefood.co.za, tägl. 12–22.30 Uhr. Eindrucksvolles neues Restaurant in Toplage am Meer mit gutem Essen und aufmerksamen Service, die hausgemachte Pasta ist sehr zu empfehlen. Außerdem Salate, dünne Pizzen und auch Fleischiges.

Michaela's of Cintsa (RRR), Steenbras Drive, *Cintsa East* (ca. 30 km nordöstlich am Meer), Tel. 043-7385139, Lunch 11.30–14.30, Dinner 18–21.30, Di geschlossen. Das hoch auf den Dünen liegende Restaurant ist nur zu Fuß über 149 Stufen oder per Zahnradbahn erreichbar, weiches Beach-Resort-Dekor, die Aussicht aufs Meer ist natürlich unschlagbar. Serviert werden lokale Spezialitäten wie Springbok-Carpaccio, Straußenfilet, fangfrischer Fisch und Hühner bzw. Garnelen-Currys.

Strandloper Café (RRR), 95 Old Transkei Rd, Tel. 043-7354570, Dinner 18.30–21.30 Uhr, So geschlossen.

Exklusives Seafood-Restaurant mit Gerichten wie spanische Paella, Cajun-Fisch oder Lachsforelle aus Franschhoek. Es gibt aber jeden Abend auch drei Nichtfischgerichte. Die Speisekarte ist flexibel, kann problemlos den speziellen Wünschen der Gäste angepasst werden.

Unterkunft

Holiday Inn Garden Court (RRRR), Esplanade, Tel. 043-722 7260, higceastlondon@southernsun.com, www.southernsun.com. Restaurant und Bar, Swimmingpool, toller Meeresblick, Fitness-Raum und Internet-Café.

Bunkers Inn (RR), 23 The Drive, Bunkers Hill (beim Golf Club), Tel. 043-7354642, Fax 7351227, bunkersinn@mweb.co.za, www.bunkersinn.co.za. Acht Zimmer, einen Abschlag von einem der schöneren Golfplätze Südafrikas entfernt. Swimmingpool.

The Loerie Hide (RR), 2B Sheerness Rd, Bonnie Doon, Tel. 043-7353206, Fax 7353302, info@loeriehide.co.za, www.loeriehide.co.za (mit Anfahrtsskizze). Bewaldetes Grundstück in der nördlichen Stadt. Tipp: der afrikanisch angehauchte *Safari Room* mit Holzveranda und Blick auf den subtropischen Garten.

Weiterfahrt auf der R 72

Kleiner Schreck in der Morgenstunde. Beim Einwerfen der am Tag zuvor geschriebenen Ansichtskarten in den Briefkasten an der Hauptpost grabscht eine schwarze Hand durch den Schlitz. Was wie eine Buffalo City-Variante von „Verstehen Sie Spaß" anmutet, ist normal: Die Post ruht hier nicht lange im Kasten, sie wird sofort weitergeleitet.

Kurz hinter Buffalo City sieht es entlang der R 72 aus wie in Irland: eine friedliche, grüne Landschaft, der Morgennebel hängt noch zwischen den Büschen, vom Meer dringt salzige Luft an die Nase – *Green Peace*.

Ein Stückchen weiter ging es vor vielen Jahren deutlich hektischer zu. Die Landstraße benutzt einen Teil des ehemaligen *Grand Prix Race Tracks,* wo Südafrikas erste internationale Rennen stattfanden. Eine alte Tribüne und verwitterte Boxen mit verblichenen Sponsoraufklebern erinnern noch an Dramen, die sich hier abgespielt haben, an Sieg und Niederlagen, Gewinner und Verlierer.

Ein Verlierer im Geschäft um den Tourismus war der Küstenstreifen nördlich und südlich von Buffalo City bis zur Wahl 1994. Aufgrund seiner geographischen

Lage zwischen den beiden Homelands Transkei und Ciskei verirrte sich kaum ein Tourist hierher, die meisten flogen darüber hinweg, von Durban direkt nach Port Elizabeth bzw. vice versa. Heute ist Buffalo City ein wichtiges Zentrum in der Eastern Cape Province.

Der Übergang in das ehemalige Homeland Ciskei ist nicht so krass wie der in die Transkei. Das Gebiet ist kleiner und etwas fruchtbarer. Auch hier stehen die charakteristischen Rundhütten der Xhosa. Am Mündungsdelta des *Keiskamma River* siedelte sich 1857 eine Gruppe von Deutschen an. Sie wollten zunächst einen Hafen anlegen, der jedoch ständig versandete. In wehmütiger Erinnerung an die alte Heimat nannten sie ihren kleinen Ort **Hamburg**. Bei den Xhosa heißt er *Emthonjeni* – "Platz der Gewässer".

In **Wesley**, 58 km vor Port Alfred, gibt es einen sehr empfehlenswerten Souvenirladen: **Bira Crafts & M'n J's Coffee Shop** (Tel. 040-6771036), der eine riesige Auswahl an handgeknüpften Wollteppichen aus lokaler Produktion bietet, aber auch weniger sperrige Mitbringsel. Die Auswahl an *township art* ist groß. Plastik- und Blechdosen-Abfälle sind zu dekorativen Auto- und Flugzeugmodellen zusammengesetzt worden. Einige besonders gelungene Exemplare stehen bereits in verschiedenen Kunstmuseen Südafrikas. Es gibt außerdem ein Restaurant, wo leichte Gerichte serviert werden.

Mit dem Passieren der *Great Fish River Bridge* ist die Ciskei dann bereits wieder durchquert.

Port Alfred

Port Alfred wirkt auf den ersten Blick wie ein Resort an der französischen Riviera: blauer Himmel, türkisfarbenes Meer, weiße Häuser und teure Segelyachten. Ein Blick auf die Speisekarten in den netten Restaurants zeigt jedoch, dass sich der Besucher noch im preislich moderateren Südafrika befindet. Neben alten viktorianischen Gebäuden gibt es viele kleine *antique shops*. Vor allem alte Bücher und englisches Tafelsilber fallen Schnäppchensuchern beim Durchstöbern in die Hände.

Der *Kowie River* teilt die Stadt und damit den Strand in einen Ost- und einen Westteil. In letzterem liegen die beliebtesten Badestrände, unberührter ist der Ostteil. Die Beton-Bogenbrücke über den Kowie ist das Wahrzeichen von Port Alfred. Und vom Fluss hat die Stadt auch ihren Spitznamen, „Kowie".

Das Halyards Hotel und ein Pub bilden das neue, künstliche Hafenviertel. Die **Wharf Street**-Restaurierung neben der alten Brücke samt viktorianischer Häuserzeile sieht da schon erheblich authentischer aus. In Nummer 20 gibt es etwas für Durstige: eine Micro-Brauerei, die *Coelacanth Brewing Company,* die das *Old Four Legs Lager* herstellt.

Information

Tourism Port Alfred, Tel. 046-6241235, tourism@ndlambe. co.za, www.port-alfred.co.za. Ausführliche Infos zu den historischen Sehenswürdigkeiten in Port Alfred und Bathurst und zur Summerhill-Ananas-Farm. Das Gebäude ist nicht zu verfehlen: Es ist knall-orange angestrichen.

Restaurants

Butler's Riverside Restaurant, 25 Van der Riet St, Kowie River, Tel. 046-6243464, Di–So ab 11 Uhr Lunch & Dinner. Das nobelste Restaurant der Stadt mit toller Lage am Fluss, gutes Seafood.

Guido's (RR), Main Beach, Kowie River, Tel. 046-6245264, tägl. geöffnet. Vor allem die Pizzen sind bei diesem Italiener ein absoluter Hit, junges, trendiges Publikum, Terrasse im 1. Stock., kein erkennbarer Service.

Trainspotting (RR), Tel. 046-6245869. Wie der Name bereits vermuten lässt im alten Bahnhof untergebracht.

Water's Edge Restaurant (RR), Anchorage Centre, Tel. 046-6245778. Beliebtes Restaurant am Meer mit Fleisch- und Fischgerichten.

Boardwalk Restaurant (R), Anchorage Centre, Gluckman St, Tel. 046-6245778, Di–So Lunch, Di–Sa Dinner. Gourmet-Essen in relaxter, informeller Atmosphäre, beliebt bei Einheimischen und Besuchern, ordentliche Portionen mit saisonalen Gemüse und frischen Salaten als Beilage.

Unterkunft

The Hayards Resort Hotel (RRRR), Royal Alfred Marina, Albany Rd, Tel. 046-6242410, www.places.co.za/html/6313.html. Das vornehmste Hotel der Stadt, etwa 15 Minuten vom East Beach und der City entfernt.

Royal St. Andrews Lodge (RR), 19 St. Andrews Rd, Tel. 046-6241379, Fax 6242080, www.royalstandrewslodge.co.za. Gästehaus mit schottischem Ambiente.

The Residency (RR), 11 Vroom St, Tel./Fax 046-6245382, www.theresidency.co.za. Das historische Siedlerhaus mit der tollen Aussicht wurde 1898 erbaut, es gibt polierte Oregon-Holzböden, freistehende viktorianische Badewannen, eine komplett um das Haus laufende Veranda und einen großen Garten. Sehr freundliche Besitzer.

Villa De Mer Guest House (RR-RRR), 22 West Beach Drive, Tel./Fax 046-6242315, villademer@intekom.co.za, www.villademer.co.za. Moderne, mediterrane Villa direkt am Sandstrand, vier großzügige, sonnige Zimmer.

Kap River at l'Aquila Lodge (R-RR), Tel. 046-6751056. Für Selbstversorger, hoch oben auf den Klippen gelegen.

Auf der R 67 nach Grahamstown

Bathurst

Bathurst an der R 67 wirkt durch seine Lage im Grünen, seine Hecken, alten Häuschen und mit dem handgemalten Pub-Schild wie ein Dorf irgendwo in England. Aber ein Stückchen außerhalb wird die Landschaft wieder drastisch südafrikanisch. Vor allem die ausgedehnten Ananasplantagen würden im englischen Klima nicht so gut gedeihen. Gut 70 Millionen Pflanzen sollen es in der Eastern Cape Provinz mittlerweile sein.

Die Erfolgstory begann, wie so oft, durch einen Zufall. Charles Purdon, der mit den ersten englischen Siedlern 1820 in die Gegend kam, saß 1865 bei seinem Friseur und bewunderte dessen Pflanzen im Schaufenster. Der Barbier schenkte ihm eine, Purdon pflanzte sie auf seiner Farm ein und sie gedieh prächtig, sogar ohne Bewässerung. Die *Pineapple industry* war geboren.

Auf der **Summerhill Farm,** Tel. 046-6250833, Fax 6250621, erfahren Besucher alles über die leckere Frucht. In der *Giant Pineapple* ist ein Auditorium für 50 Besucher untergebracht. Dort wird ein 12-Minuten-Video über die *pineapple production* gezeigt. Außerdem Streichelzoo für Kinder, Mini-Farm, 60-Minuten-Farmtour mit Traktor und Anhänger, Barn & Homestead Restaurant und Packshed Pub. Im *Gift Shop* unbedingt frischen Ananas-Saft kaufen und probieren, der kühle Trunk schmeckt bei der Hitze richtig gut.

Information

Bathurst Publicity Association, Tel. 046-6250639, Fax 046-6250054, www.bathurst.co.za. Infos zu Übernachtungen und Aktivitäten.

Unterkunft

Pig and Whistle Hotel (RR), Tel. 046-6250673, Fax 6250116. Das 1831 erbaute Hotel steht unter Denkmalschutz und besitzt einen ebenso historischen Pub, „*The Porcupine Bar & Restaurant*", wo es auch etwas zu essen gibt. Mit dem „*Cathcart Arms*" in Grahamstown streitet es sich um den Rang der ältesten Kneipe Südafrikas.

Summerhill Inn (RR-RRR), an der R 67 nach Port Alfred gelegen, Tel. 046-6250833, Fax 6250621, summerhill@albanyhotels.co.za, www.albanyhotels.co.za. Auf der gleichnamigen Ananasfarm gelegene komfortable Unterkunft mit 16 Zimmern.

Grahamstown

Unter den englischstämmigen Südafrikanern gilt **Grahamstown** als deren geistige Heimat. Ihre Vorfahren, die ersten Siedler aus dem fernen England, trafen 1820 hier ein. Ihre Farmen lagen außerhalb der Stadt, im Osten, und sie galten als letzte Außenposten der „Zivilisation". Jenseits des

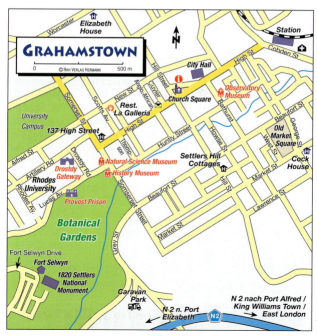

Great Fish River „lauerten" die Xhosa-Krieger. Schon 1812, kurz nach dem vierten Grenzkrieg gegen die Xhosa, schickte der damalige Kap-Gouverneur Sir John Cradock einen Colonel namens *John Graham* in diese Gegend, um eine Pufferzone bis zum Great Fish River freizukämpfen.

Graham errichtete nach der Erfüllung seiner Mission ein Fort auf dem Gebiet der aufgelassenen Burenfarm *De Rietfontein* oberhalb des Kowie River. 1819 spielte das Fort eine wichtige Rolle bei der Schlacht um Grahamstown. Tausende von Xhosa-Kriegern stürmten die Stadt unter ihrem Führer Makana, im Schutz der Festung wurden sie von 301 Männern zurückgeschlagen, 1000 von ihnen kamen dabei ums Leben. Makana wurde gefangengenommen und auf der Gefängnisinsel Robben Island vor Kapstadt eingekerkert. Bei einem Fluchtveruch ertrank er in den Fluten des Meeres. Der markante Hügel im Norden von Grahamstown trägt seinen Namen: **Makana's Kop.** Am Fuße des Berge liegt heute das riesige schwarze Township mit seinen Bretterbuden und Wellblechhütten, hier leben die Nachkommen der Xhosa-Krieger.

Sehenswertes

Die Innenstadt von Grahamstown sieht aus wie ein Freilichtmuseum. Die **Tourist Information** verkauft detaillierte Stadtführer. Den ersten Aussichtspunkt erreichen nur Sportliche ohne Auto: Das **Settlers Memorial** liegt auf dem **Gunfire Hill,** hoch über der Stadt. Es hat für die englischsprachigen Südafrikaner die gleiche Bedeutung wie das Voortrekker Monument in Pretoria für die Buren.

Die anderen Sehenswürdigkeiten, die größtenteils in der **High Street** liegen, lassen sich gut zu Fuß erreichen. *„Albany Museum Complex"* inkorporiert fünf separate Museen:

Viktorianisches Open-air-Museum: Grahamstown

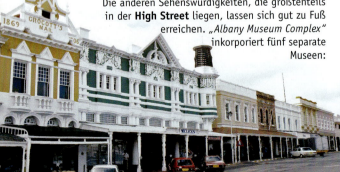

Natural Science Museum, History Museum, Provost Prison, Fort Selwyn und *Observatory Museum*. Das **History Museum** zeigt ausführlich und mit vielen zeitgenössischen Exponaten, wie die Briten das Land besiedelt haben. Das 1842 errichtete **Drostdy Gateway** war einst das Tor zur Landvogtei, heute bildet es den Eingang zur Universität. Dort, in der Lucas Street, befindet sich auch das mit einem kleinen Turm verstärkte **Provost Prison,** ein früheres Militärgefängnis. Der Gouverneur der Kap-Kolonie, Sir Benjamin D'Urban, ordnete 1835 seinen Bau an.

Kommen wir zu den Kirchen. Grahamstown wird nicht umsonst „Stadt der Heiligen" genannt. Ein besonders beeindruckendes Exemplar steht am Church Square, die **Anglican Cathedral of St. Michaels and St. George** ist die älteste anglikanische Kirche in Südafrika. Der Bau der Kathedrale im frühgotischen Stil begann im Jahre 1824 und endete 128 Jahre später im Jahr 1952 mit dem Anbau der Lady Chapel. Der Dachstuhl ist aus dem Wrack eines vor der Küste aufgelaufenen Schiffes erbaut. Jahrzehntelang war die Kirche mit ihrem 53 Meter hohen Turm das höchste Gebäude in Südafrika, bis Port Elizabeth 1923 seinen Kirchturm errichtete.

Die Methodist **Commemoration Church** soll an die Ankunft der englischen Siedler im Jahre 1820 erinnern. Sie birgt einige beeindruckende Schnitzereien, die allerdings nicht offiziell in Auftrag gegeben worden sind. Hunderte von gelangweilten Schülern haben sich über Jahre hinweg mit ihren Taschenmessern in den Kirchenbänken der Empore verewigt.

In einem der schönsten viktorianischen Gebäude von Grahamstown ist das **Observatory Museum** untergebracht. Im Dachgeschoss befindet sich die einzige original viktorianische *Camera obscura* der südlichen Hemisphäre. Eine Art Periskop, mit dem sich bei schönem Wetter ganz Grahamstown im dunklen Innern der Kuppel auf eine runde Scheibe projizieren lässt.

Das **Cock House** entstand bereits 1830, also nur zehn Jahre nach der Ankunft der ersten englischen Siedler in Grahamstown. Das denkmalgeschützte Anwesen wurde liebevoll restauriert und die alten Ställe im Hof in vier gemütliche Gästezimmer verwandelt.

Ein Foto an der Barwand zeigt den Ex-Staatspräsidenten Nelson Mandela, der immer, wenn er in Grahamstown weilt, im Cock House übernachtet.

Information

Tourism Grahamstown, 63 High Street, Tel. 046-6223241, Fax 6223266, www.grahamstown.co.za. Wer auf eigene Faust die Stadt erkunden möchte, besorgt sich die Broschüre „Walking Tours of Graham's Town", die es für ein paar Rand zu kaufen gibt. Buchung von Unterkünften in der Stadt und Umgebung.

Restaurants

The Cock House (RR), 10 Market Street, Tel. 046-6361287, tägl. Lunch, Mo–Sa Dinner. Eines der beliebtesten Restaurants der Stadt, speziell während des National Arts Festivals im Juli. Typische, hausgemachte südafrikanische Gerichte wie Wildpastete, Hühner-Lasagne und Straußenfilet.

La Galleria (RR), 13 New Street, Tel. 046-6222345, Mo–Sa Dinner. Ein typischer Italiener mit viel Pasta und etwas Fleisch und Fisch auf der Karte. Die üppig bestückten Vor- und Nachspeisen-Wägen sind verführerisch.

Evolution (R), Shop 15, Pepper Grove Mall, African Street, Tel. 046-6362433, Mo 8–18 Uhr, Di–Sa 7.30–19 Uhr, So 8–15 Uhr. Der Trend-Spot in Grahamstown für jene, die gerne gesund essen und trinken. Alle Arten von Fruchtsäften, Tees, Smoothies. Sehr gute Sandwiches, viele vegetarische Gerichte. Abends gibt es Thai- und indisch angehauchte Gerichte und sogar eine kleine Weinkarte.

Unterkunft

Cock House (RR), 10 Market Street, Tel-Fax 046-6361287 o. 63612 95, cockhouse@imaginet.co.za, www.cockhouse.co.za. Schöne, stilvolle Unterkunft in einem englischen Siedlerhaus von 1826, 9 Zimmer, eine Wohnung mit zwei Schlafzimmern für Selbstversorger. Ex-Präsident Nelson Mandela hat bereits drei Mal hier übernachtet.

Settlers Hill Cottages (RR), 71 Hill Street, Tel./Fax 046-6229720, www.settlershillcottages.co.za. Die drei kleinen Häuschen der 1820er Siedler stehen alle unter Denkmalschutz. *Sheblon Cottage* hat ein Strohdach, Gelbholzböden und einen hübschen Garten. Das gemütliche *Custard Apple Cottage* ist nach dem Apfelbaum in seinem kleinen Innenhof benannt. Das *Coach House* hat Terracotta-Böden und hohe Decken.

137 High Street (RR), 137 High Street, Tel. 046-6223242, Fax 6222896, www.137highstreet.co.za. Das Haus wurde 1843 im Stadtzentrum erbaut, 7 Zimmer. Das Restaurant serviert einen guten Capuccino zum Frühstück.

Sehenswert

1820 Settlers Monument. Das die Stadt überblickende Denkmal auf dem *Gunfire Hill* ist das englische Äquivalent zum burischen Voortrekker Monument in Pretoria. Das **Natural Science Museum** und das **History Museum** liegen in der Somerset Street vor der Universität, Mo–Fr 9.30–13 u. 14–17 Uhr, Sa/So 14–17 Uhr. Beide präsentieren eine Fülle von Ausstellungsstücken zur Naturgeschichte, Völkerkunde und zur englischen Besiedlung Südafrikas.

Gleich in der Nähe: **The Drostdy Gateway,** einst das Eingangsportal (1842) zum Exerzierplatz der Drostdy, und das **Provost Prison** in der Lucas Avenue.

Anglican Cathedral, Church Square. Älteste anglikanische Kirche in Südafrika, Baubeginn 1824.

Methodist Commemoration Church, am oberen Ende der Bathurst Street. Zur Erinnerung an die Ankunft der Briten im Jahre 1820 wurde die Kirche 1850 gebaut.

Observatory Museum, 10 Bathurst Street, Tel. 046-6222312, Mo–Fr 9.30–13 u. 14–17 Uhr, Sa 9–13 Uhr. Das Museum in einem wunderschönen, viktorianischen Haus beherbergt die einzige *Camera obscura* der Südhalbkugel.

Feste

Grahamstown's Art Festival. Das nationale Kunst-Festival findet jedes Jahr im Juni/Juli statt. Wer sich für Südafrikas Theater, Filmwesen, Musik und Kunsthandwerk interessiert, sollte rechtzeitig ein Zimmer buchen. Infos bei der Publicity Association oder auf www.nafest.co.za.

Kwandwe Private Game Reserve

Das **Kwandwe Private Game Reserve** nördlich von Grahamstown ist eines der schönsten der riesigen privaten Wildschutzgebiete in der malariafreien Eastern Cape Province. Auf dem Gelände von sechs ehemaligen, überweideten Schaf- und Rinderfarmen wurden 7000 Tiere wieder eingeführt, pro Jahr sollen gut 1400 weitere dazukommen. 2000 Kilometer Zäune wurden entfernt und 110 neu errichtet. Spurlos verschwunden sind Wassertröge und -leitungen, Windmühlen, alte Pickups und rostige Traktoren, ein Großteil der Farmhäuser samt ihrer Fundamente und alle Hinweise auf die extensive, bodendegradierende Viehwirtschaft. „Kwandwe" kommt aus der Xhosa-Sprache und bedeutet „Platz des Paradieskranichs", von den seltenen Tieren gibt es hier eine kleine Population.

Eastern Cape Province

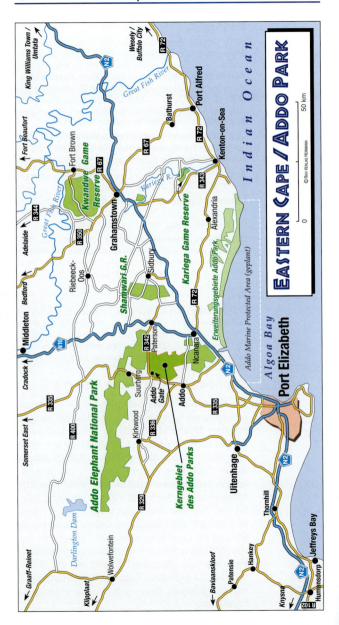

Die Kwandwe-Lodge mit ihren reetgedeckten Chalets aus Holz und Glas liegt traumhaft, direkt oberhalb des geschichtsträchtigen *Great Fish River*, wo im 18. Jahrhundert erstmals in der Geschichte Südafrikas Weiße aus der Kapregion und Schwarze aus dem Nordwesten mit ihren Viehherden aufeinandertrafen und wo 1779 der erste von neun blutigen Grenzkriegen ausgefochten wurde.

Traumhafte Kwandwe-Lodge

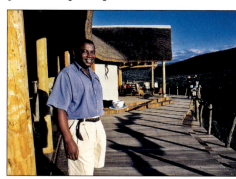

Wer heute mit einem gekühlten Glas Sauvignon Blanc auf der hölzernen Terrasse der Lodge steht und auf das Flusstal und die friedliche Berglandschaft dahinter blickt, kann sich diese gewalttätigen Konfrontationen kaum vorstellen. In Kwandwe ist die lokale Xhosa-Bevölkerung sehr stark eingebunden. Es gibt Ausbildungsprogramme, fast alle Angestellten kommen aus den umliegenden, ehemaligen Agrargebieten. Die meisten hatten vorher keine Ausbildung und keinen Job. Selbst Schulen für die Kinder und Kliniken wurden gebaut.

Ähnliche soziale Programme laufen seit einigen Jahren im weiter westlich gelegenen, 140 km² großen und gleichfalls privaten **Shamwari Game Reserve,** wo ebenfalls nicht mehr gewinnbringende Farmen in ein gigantisches Big Five-Reservat verwandelt worden sind. Gäste wohnen im Norden des Gebietes in der afrikanisch angehauchten **Lobengula Lodge** oder in einigen stilvoll restaurierten Farmhäusern, die englische Siedler, die 1820 in der Algoa Bay nahe dem heutigen Port Elizabeth landeten, gebaut haben. Kundige Ranger kutschieren ihre Gäste in offenen Landrovern durch die Botanik.

Shamwari Private Game Reserve

Addo Elephant National Park

Auch von staatlicher Seite tut sich einiges im Eastern Cape. Der *Addo Elephant National Park* erfuhr durch den Kauf von privatem Land eine gewaltige Erweiterung und ist mittlerweile das landschaftlich abwechslungreichste Naturschutzgebiet des Landes. Neben Elefanten können bald, dank zukünftigem Meeresanschluss, auch noch größere Säuger beobachtet werden: Wale und auch Weiße Haie, was Addo zum ersten **„Big-Seven"-Reservat** Südafrikas machen wird. Im Gegensatz zu den privaten Parks dürfen Besucher im eigenen Wagen auf die Pirsch gehen.

Noch 1919 sah es in der Region extrem schlecht aus für die Dickhäuter. Siedler hatten die Elefanten in den Jahren zuvor immer weiter in kärgere Gebiete abgedrängt, bis die Elefanten anfingen sich zu wehren. Um an Wasser zu gelangen, brachen sie in die Zitrusplantagen der Farmer ein und trampelten alles nieder. In ihrer Not wanden sich die Bewohner der Gegend an die Regierung der Kap-Provinz. Die heuerte einen der letzten großen weißen Jäger an, Major *Jan Pretorius*. Er machte sich mit Freude und tödlicher Effizienz an die Arbeit. Innerhalb eines Jahres starben 120 der mächtigen Tiere im Kugelhagel. Dann schlug die Stimmung im In- und Ausland um. Plötzlich setzten sich immer mehr Menschen für den Schutz der Dickhäuter ein, von denen nur elf Exemplare den Elefantenkrieg überlebt hatten.

Am 3. Juli 1931 erklärte die südafrikanische Regierung einige Farmen der Gegend, insgesamt 9712 Hektar, zum **Addo Elephant National Park.**

Wasserlöcher wurden gebohrt, um die Elefanten in dem Gebiet zu halten. Aber es war äußerst schwierig. Die Überlebenden waren misstrauisch und reagierten agressiv auf Menschen. Elefanten sind extrem intelligent, sie wussten ganz genau, wer ihre Artgenossen auf dem Gewissen hatte. Immer wieder durchbrachen sie die Zäune des Parks und zerstörten die umliegenden Plantagen und Felder.

Erst dem Ranger *Graham Armstrong* gelang es, eine elefantensichere Barriere um das Areal zu ziehen. Zwei Jahre lange baute er den stärksten Zaun der Welt mit alten Liftkabeln und Eisenbahnschienen. Nur einem Elefanten gelang es seit 1948, diesen Wall zu durchbrechen, *Hapoor*. Als Addo-Elefanten noch gejagt wurden, war Hapoor ein junger Bulle. Aus dieser Zeit stammt sein Spitzname. Ein Jäger hatte ihm ein Stück seines Ohres weggeschossen, „hapoor" heißt auf Afrikaans so etwas wie „Kerb-Ohr". Die Verletzung erzeugte in ihm einen tiefen Hass gegen alle Menschen. Unter seiner 24 Jahre dauernden „Regierung" wuchs die Elefanten-Population von 20 auf über 50 Tiere. Erst 1968 wurde er von einem jungen Bullen im Kampf besiegt und musste die Herde verlassen. Traurig über seine Einsamkeit brach er durch den Armstrong-Zaun und begann Menschen anzugreifen. Die Ranger hatten keine andere Chance als ihn zu erschießen. So starb er unter den Händen seiner Beschützer, denen er sein Leben lang misstraut hatte.

Elefanten im Gänsemarsch

Information

Addo Elephant National Park, SANP Central Reservation Office, Pretoria Tel. 012-4289111, Fax 012-3430905, Kapstadt Tel. 021-5520008, Durban Tel. 031-3044934, Parknummer direkt Tel. 042-2330556; reservations@sanparks.org, www.addoelephantpark.com. In der Website sind alle Unterkünfte im Park detailliert mit den jeweiligen Kosten beschrieben, sie können dort auch online gebucht werden, und wie bei allen Nationalpark-Unterkünften in Südafrika empfiehlt sich eine möglichst frühzeitige Buchung.

Buchungen für die geführten Pirschfahrten und Pferdeausritte unter Tel. 042-2331151, Fax 042-2331154, addogamedrives@sanparks.org.

Unterkunft

Riverbend Country Lodge (RRRRR), Addo, Tel. 042-2338000, Fax 2338028, riverbend@icon.co.za, www.riverbend.za.com. Überraschung in der „Wildnis": Eine Lodge mit nur 8 Zimmern im englischen Landhaus-Stil, stilvoll eingerichtet, gute Küche, kinderfreundlich (Babysitter und Spielräume für Kinder), ruhige Lage. Im September 2002 sind die Zäune zum benachbarten Addo Elephant Nationalpark entfernt worden, was manchmal Elefanten zum Frühstück beschert.

Elephant House (RRRR-RRRRR), Addo, Tel. 042-2332462, Fax 2330393, elephanthouse@intekom.co.za, www.elephanthouse.co.za. Die „afrikanisch-ethnische" Alternative zur Riverbend. Lodge-Feeling in liebevoll dekorierten Zimmern, sehr nette Besitzer, nur einen „Leoparden-Sprung" (5 km) vom Addo Elephant National Park entfernt. Im Gegensatz zu Riverbend allerdings sehr nahe an der Hauptstraße.

Protea Hotel Addo (RR-RRR), Addo, Tel. 042-2338300, Fax 2330070, www.addo.co.za. Urig übernachten in einer ehemaligen Kutschenstation, die 1861 erbaut worden ist. Wunderbare Lage an einem Bergpass, dank Erweiterung des Addo Elephant National Parks nun direkt an dessen Grenze gelegen. Leider Sperrmüll-Ambiente im Innern, die neueren Rundhütten sind die beste Option.

Private Game Reserves

Die sehr hohen Übernachtungspreise in den Private Game Reserves beinhalten Frühstück, Lunch, Fünfuhr-Tee und Dinner sowie zwei Pirschfahrten mit Ranger im offenen Geländewagen pro Tag.

Kwandwe Private Game Reserve (RRRRR), auf der R 67 von Grahamstown 22 km Richtung Fort Beaufort, am Kwandwe/Kransdrift-Wegweiser links abbiegen, 11 km Piste bis zur Rezeption bei Heatherton Towers. Reservierung und Infos in Deutschland: CCAfrica, Tel. 011-8094300,

Eastern Cape Province

Fax 8094400, information@ccafrica.com, oder booking @ccafrica.com, www.ccafrica.com oder www.kwandwe.com. Privates Big-Five-Wildnisreservat, 160 km² groß, wie in allen CCA-Lodges sind Kinder willkommen. Übernachtung in 9 luxuriösen Chalets mit afrikanischem Dekor, Blick auf den Great Fish River und eigenem Pool.

Shamwari Private Game Reserve (RRRRR), Reservierung in Deutschland: Tel. 0208-4445424, Fax 4445407, germany@mantiscollection.com, www.shamwari.com. Eines der ersten privaten Wildnisreservate im Eastern Cape, entstanden aus mehreren aufgelassenen Farmen, ehemalige Farmgebäude und englische Herrenhäuser dienen heute als edle Übernachtungsmöglichkeiten. Im *Long Lee Manor* mit seinen 20 Zimmern ist es abends recht laut. Tipp: die Riverdene Lodge im edel-ethnischen Stil oder die im Norden des Reservats liegende und kürzlich aufwendig renovierte, afrikanische *Lobengula Lodge* mit nur 6 Zimmern.

Port Elizabeth

Port Elizabeth ist die größte Stadt im Gebiet der malariafreien Wildnisgebiete der Eastern Cape Province. In den letzten Jahren versucht P.E. sein schmuddeliges Industriestadt-Image abzulegen. Was nur bedingt gelingt. Mehr als eine Nacht empfiehlt sich nicht. Zeit genug, um den alten schönen Stadtkern mit diversen historischen Häusern zu besichtigen und einen Rundgang durch den *Boardwalk Casino & Entertainment World Complex* zu machen.

Stimmungsvoll: Boardwalk Casino & Entertainment World Complex

Eastern Cape Province

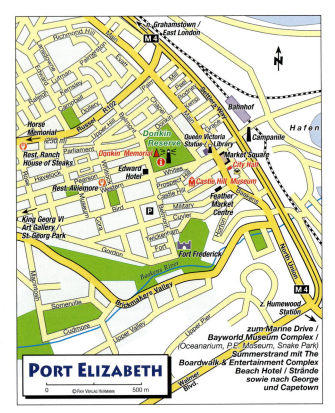

PORT ELIZABETH

Boardwalk Casino & Entertainment World Complex, Marine Drive, Summerstrand (ca. 4 km südöstlich des Zentrums), Tel. 041-5077777, Fax 5077778, sveck@sunint.co.za, www.suninternational.com. Geschmackvoll gestyltes Unterhaltungszentrum rund um einen künstlichen See. Kernpunkt ist ein Casino, das aber nicht unbedingt besucht werden muss. Der Komplex hat einige gute Restaurants und Geschäfte aufzuweisen, außerdem gibt es Kinos. Am künstlichen See kommt sogar ein bisschen Waterfront-Feeling auf.

Information

Nelson Mandela Bay Tourism, Tel. 041-5858884, Fax 58525 64, info@nmbt.co.za, www.nmbt.co.za. Tipps zu Übernachtungen, Restaurants und Touren zur See und auf dem Land.

Unterkunft

The Windermere (RRRR), Marine Drive, Humewood, Tel. 041-5822245, Fax 041-5822246, info@thewindermere.co.za, www.thewindermere.co.za. Absolut hip: neues, komfortables Boutique-Hotel an P.E.s berühmtestem Strand, die derzeit coolste Möglichkeit in der Stadt zu nächtigen; natürlich mit DVD und CD-Player im Zimmer.

The Beach Hotel (RRRR), Marine Drive, Summerstrand, Tel. 041-5832161, Fax 5836220, reservations@pehotels.co.za, www.pehotels.co.za/beach.htm. Restauriertes historisches Haus am Strand, direkt neben dem Boardwalk Casino & Entertainment World Complex, 58 geräumige und freundlich eingerichtete Zimmer.

Edward Hotel (RRR), Belmont Terrace, Tel. 041-5862056, Fax 5864925, reservations@pehotels.co.za, www.pehotels.co.za. Das historische Hotel, ein Wahrzeichen von P.E. liegt mitten in der Stadt und gehört zur südafrikanischen Hotelkette Protea. Gutes Preis-/Leistungsverhältnis, 110 Zimmer im typischen Hotelketten-Stil.

Restaurants

Old Austria (RR), 24 Westbourne Rd, Tel. 041-3730299, Mo-Fr Lunch, Mo-Sa Dinner. Eine lokale Institution, sehr gutes Essen bei günstigen Preisen. Tipps: die gegrillten Calamari oder die Klassiker Wiener Schnitzel und Cordon Bleu vom Kalb, oder *Liver Wiblin,* Kalbsleber gedünstet mit Zwiebeln, Sherry und Knoblauch, serviert mit Rösti. Nachtisch für Kalorienunbewusste: die dunkle französische Schokoladentorte.

Natti's Thai Kitchen (R-RR), 21 Clyde St, Tel. 041-5854301, Mo-Sa Dinner ab 18.30 Uhr. Einziges authentisches Thai-Restaurant im Eastern Cape; winzig, längere Zubereitungszeiten, dafür Super-Ergebnis. Tipp: Der erfrischende Lemongrass-Tee.

Royal Delhi (RR), 10 Burgess St, Tel. 041-3738216, Mo-Fr Lunch & Dinner. Hier gibt es die besten Currys der Stadt. Tipp: Wenn erhältlich, Krabben-Curry, sehr gut, aber nur mit einer großen Serviette fleckenfrei zu genießen.

34° South (RR), Boardwalk Casino & Entertainment Complex, Tel. 041-5831085, www.34-south.com, tägl. Frühstück, Lunch & Dinner ab 10 Uhr. Wie sein großer Bruder in Knysna ein echter Seafood-Tempel. Die Kombination aus Delikatessenladen und Restaurant mit tollem Dekor ist ein echtes Erfolgsrezept. Blick auf den künstlichen See.

Jeffreys Bay

Etwa 60 km westlich von P.E. können Sie von der N 2 einen Abstecher nach Jeffreys Bay nach Süden machen. Der quirlige Urlaubs-Strandort mit seinen architektonisch interessanten Häusern bietet sich als Lunch-Stop an. J-Bay gilt als Heimat der perfekten Welle – ein Surfer-Paradies.

Restaurants

De Viswijf Restaurant (RR), 55 Diaz Rd, Tel. 042-2933921, Lunch 11–15 Uhr. Dieses luftige Restaurant mit Holzveranda ist untergebracht in einer alten Fischfabrik mit tollem Blick auf den Strand. Hauptsächlich Seafood, aber auch viele südafrikanische Spezialitäten. Die Besitzer haben offensichtlich Humor, das Restaurant ist nach einem holländischen Schiff benannt, das vor der Küste sank und hier an den Strand gespült wurde – ohne Koch! Bester Platz, um Surfer und Fischer zu beobachten.

Die Walskipper (RR), Marina Martinique Beachfront (ca. 2 km südlich des Zentrums), Tel. 042-2920005, Lunch 12–15 Uhr, Mo geschlossen. Direkt am Strand, so nah, dass man beim Essen den Sand zwischen den Zehen spürt. Frischer Fisch wird auf offenen Grills zubereitet, rustikale Holzbänke und -tische machen das Robinson-Beach-Ambiente perfekt – vor allem dann, wenn die Sonne scheint und man zwischen den Gängen immer mal wieder ins Meer springen kann.

Östliche Garden Route

In Humansdorp beginnt die berühmte **Garden Route.** Mehr und mehr **kapholländische Häuser** tauchen im Landschaftsbild auf. Der Baustil geht auf die ersten holländischen Siedler zurück, hat seine Wurzeln in Europa, ist aber trotzdem dem südafrikanischen Klima angepasst. Mit ihren dicken verputzten Wänden, die schneeweiß gestrichen sind, sorgten die bis etwa 1860 gebauten Häuser dafür, dass es nicht zu extremen Temperatur-Unterschieden kam. Heute erledigen das Klimaanlagen deutlich weniger stilvoll. Charakteristisches Merkmal der *Cape Dutch*-Architektur, wie der Baustil auf Englisch heißt, sind das reetgedeckte Dach *(thatched roof)* und der ausgeprägte Giebel, der sich meist über der Eingangstüre befindet. Die Grundrisse variieren, es kommen I-, U-, L-, T-, TT- und H-Formen vor. Alle haben aber die große *voorkamer* gemeinsam. Die Türen sind oft auf halber Höhe

Östliche Garden Route

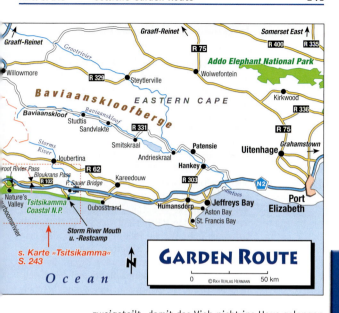

zweigeteilt, damit das Vieh nicht ins Haus gelangen konnte, trotzdem aber Licht und Luft durch die geöffnete, obere Hälfte eindringen konnten. Viele der restaurierten historischen Gästehäuser haben diese Türenform beibehalten und es ist immer erheiternd, Touristen zu beobachten, die nur die obere Hälfte öffnen und dann praktisch aus den Häusern fallen.

Haus im typisch kapholländischen Stil

Tsitsikamma National Park

Die Landstraße R 102 läuft nun eine ganze Weile südlich und auch mal nördlich parallel zur Autobahn N 2, und der genussfreudige Reisende tut gut daran, die schmälere Alternative zu wählen. Die Schnellstraße ist nur etwas für Menschen die es eilig haben, doch welcher Urlauber will schon hetzen?

Kurz vor der **Paul Sauer Bridge** ist dann aber Schluss, die R 102 geht einfach in die N 2 über. Die Brücke selbst ist nur etwas für Schwindelfreie. Der *Storms River* fließt 139 Meter unterhalb durch eine beeindruckende Schlucht. Zur Zeit ihrer Konstruktion in den 1950er Jahren galt sie als technisches Meisterwerk. „Zugbrücke in Beton", lautete ihr Spitzname, denn ihre beiden Hälften entstanden vertikal, jede auf einer Seite. Als die Teile fertig waren, ließ man sie langsam herab, sie näherten sich und passten exakt zusammen, und fertig war die Brücke. Der Blick von hier auf die **Tsitsikamma-Berge** und den gleichnamigen Wald ist gigantisch. Der Zungenbrecher-Name kommt aus der Sprache der Khoi und heißt übersetzt „klares, sprudelndes Wasser".

Im Wald haben sich einige besonders große Exemplare der hier wachsenden *Outeniqua yellowwoods* versteckt. Kleine Wanderwege führen zu ihnen, durch den grünen Tunnel des Waldes, vorbei an Bäumen, die mit Moosen, Flechten und Efeu umrankt sind und an deren Stämmen Farne und Büsche in verschwenderischer Vielfalt emporwachsen. Aber die *yellowwoods* sind nicht die einzigen Vertreter in diesem märchenhaften Urwald. Auch die Baumarten *stinkwood, redwood, candlewood* und *cape ash* sowie etwa 80 weitere Arten gedeihen prächtig. Und den Baumbewohnern gefällt es erst recht. Über 250 verschiedene Vogelspezies leben hier.

Bis in die 1860er Jahre galt der Wald noch als undurchdringlich. Erst ein gewaltiges Feuer, das den größten Teil der natürlichen Vegetation zwischen Swellendam und Port Elizabeth zerstörte, ermöglichte es Südafrikas berühmtesten Straßenbauer *Thomas Bain,* das 160 Kilometer lange Straßenstück zwischen Plettenberg Bay und Humansdorp zu realisieren. Auch der Vater von Thomas, *Andrew Geddes*

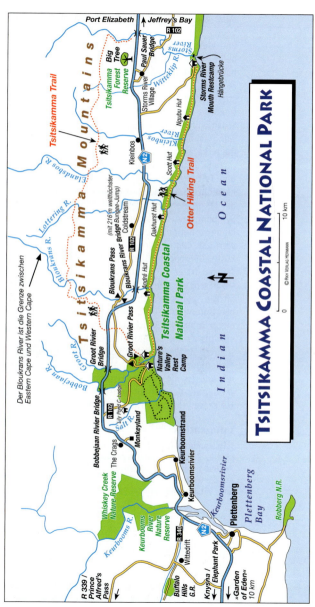

Bain, war ein begnadeter Straßenbauer. Zusammen bauten sie im 19. Jahrhundert etwa 15 Bergpässe und viele Straßen in der Kap-Kolonie, obwohl sie beide keine ausgebildeten Ingenieure waren. Dafür hatten sie noch viele andere Interessen: Andrew war Forscher, Armee-Hauptmann, Geologe und Schriftsteller, sein Sohn Thomas war ebenfalls engagierter Geologe, der eine große Anzahl von Reptilien-Fossilien für britische und Kap-Museen sammelte. Er war auch an den Felsmalereien der San interessiert, die er katalogisierte und kopierte.

Viele Jahre lang arbeiteten **Tsitsikamma Forest** und **Tsitsikamma Coastal National Park** als zwei getrennte Sektionen, seit 1989 sind sie zu einem der faszinierendsten Nationalparks Afrikas, zu einer Symphonie aus Wald und Meer, verschmolzen. Wer lange vorher bei South African National Parks reserviert hat, darf im Park, direkt an der felsigen Meeresküste, übernachten. Für Wanderer, Schwimmer und Taucher ist er ein Eldorado. Neben dem **Otter-Trail** – übrigens der älteste ausgewiesene Wanderweg Südafrikas –, gibt es auch kürzere Wanderungen und einen Unterwasser-Trail. Dieser beginnt an einem sandigen Strand und taucht sanft immer weiter ins Meer ein, bis zu sechs Meter tief. Eine Reihe von Felsen schützt die Wasserratten vor den ärgsten Wellen.

Weniger anstrengend, aber mindestens ebenso reizvoll, ist die etwa zweistündige Wanderung zum Wasserfall, der auf der Route des Otter Trails liegt. Für dieses Teilstück ist kein Permit erforderlich.

Information

Tsitsikamma National Park, zentrale Nationalpark-Buchung (SANP, Pretoria): Tel. 012-3430905 o. 4289111, Fax 3430905, reservation@sanparks.org, www.sanparks.org. Auf der Website von SANP in der Nationalpark-Liste einfach auf „Tsitsikamma National Park" klicken.

WESTLICHE GARDEN ROUTE UND KAROO

Pässefahrt

Der Tag beginnt, wie er gestern aufgehört hat: mit einer Wanderung im Tsitsikamma National Park. Diesmal in die andere Richtung. Wie am Vortag geht es auch heute vorbei an dichtem Buschwerk und üppigen Farnen. Bei trockenem Wetter erleichtert ein hölzerner Boardwalk das Wandern. Hat es über Nacht geregnet, wird er allerdings zur rutschigen Schlitterbahn. Deshalb wurden kürzlich an einigen Stellen die rustikalen Planken aus natürlichem Material durch solche aus rutschfestem Plastik im Holzlook ersetzt.

Die Hängebrücke über dem Storms River

Hoch über dem **Storms River Mouth** schlängelt sich der Trail an einer Buschleute-Höhle vorbei. Ein zarter Wasserfall sprüht von oben herab. Dann öffnet sich das Gebüsch zur Rechten, und der Storms River samt seiner berühmten Hängebrücke tauchen aus dem Dunst auf.

Nach dem Frühstück vom Buffet des Park-Restaurants geht es steil zurück auf die Hauptstraße N 2. Zum Glück nicht für lange Zeit. Bereits sechs Kilometer weiter weist ein Schild nach rechts in Richtung Coldstream. Runter von der Autobahn beginnt kurz danach einer der **schönsten Abschnitte der Garden Route.** Die R 102 ist ein Teil der alten Straße, die Thomas Bain 1884 gebaut hat. Das große Feuer hatte nur die Vegetation auf den Hochplateaus vernichtet. Bain musste einen Weg durch die tiefen Schluchten der Flüsse Storms, Groot und Bloukrans finden. Auch heute wachsen dort noch die ursprünglichen Pflanzen. Ein Grund, warum die alte Straße so wunderschön ist. Wie dem Dschungelbuch entliehen. Gut gebaute Paviane und grüne Meerkatzen jagen über den rissigen Asphalt.

Wer keine engen, idyllischen Sträßchen mag oder es eilig hat, bleibt auf der N 2, die seit 1982 die

Fluss-Schluchten auf drei gigantischen Brücken quert. Was auf der alten Bain-Straße über eine Stunde dauert, braucht in der Höhe, auf der N 2, nicht länger als ein paar Minuten.

Runter zum **Bloukrans Pass** taucht die alte Straße immer tiefer ins Grüne ein, die Blätter der rechts und links wachsenden Bäume bilden ein natürliches Dach. Das Buschkonzert nimmt an Intensität zu, kreischende Affen versuchen, den vielstimmigen Gesang der Vögel zu übertönen. Nach Überqueren des *Bloukrans River* schlängelt sich das Asphaltband wieder steil nach oben, bis zu einem Aussichtspunkt hoch über dem **Nature's Valley** mit seinem weißen Sandstrand und der Bilderbuch-Lagune des Groot River-Deltas. Ein idealer Picknick-Spot. Der Campingplatz in Nature's Valley liegt im äußersten westlichen Zipfel des Tsitsikamma National Parks und ist gleichzeitig der Endpunkt des Otter Trails, der vom Storms River aus nur in westlicher Richtung bewandert werden darf.

Auf der Fahrt nach Plettenberg passieren sie rechts, bei *The Crags,* die Zufahrt zum **Monkeyland** (s.u.).

Unterkunft

Lily Pond Country Lodge (RRRR), an der R 102, 7 km vom Nature's Valley Strand, 23 km östlich von Plettenberg Bay, Tel. 044-5348767, Fax 5348686, info@lilypond.co.za, www.lilypond.co.za. Das Gästehaus des netten holländischen Pärchens, das auch perfekt Deutsch spricht, ist eine Stilmischung aus Europa, Asien und Afrika. Zehn sehr geschmackvolle Zimmer (▶ siehe Website), sehr gute Küche, ein wirklich erholsamer Platz, ganz nahe an einem der schönsten Strände Südafrikas.

Ein Strand von Plettenberg

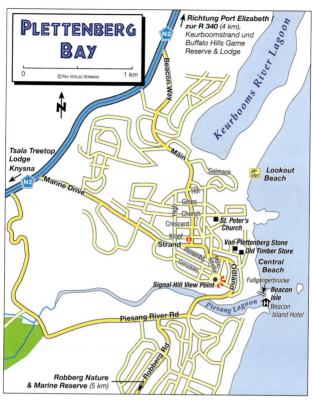

Plettenberg Bay

Plettenberg Bay ist das Eldorado der südafrikanischen Strandurlauber. Hier verbringen sie die Ferienzeit, vorzugsweise in ausgedehnten Caravan-Kolonien. Jeden Abend schweben dicke, wohlriechende Rauchwolken über den Plätzen, wenn die weißen Afrikaner ihrer Lieblingsbeschäftigung, dem *braaivleis* nachgehen, was in etwa dem amerikanischen *barbecue* entspricht, aber demgegenüber eine größere kultische Bedeutung hat. „Plett", wie der Ort bei Insidern heißt, war vor ein paar Jahren noch ein kleines Fischernest mit ein paar Ferienhäusern, heute gibt es eine „Millionärsmeile" mit entsprechend großzügig gebauten Häuschen. Die Stadt ist derzeit die am schnellsten wachsende in Südafrika.

Historisches

Der Gouverneur *Joachim van Plettenberg* – auch in Hessen gibt es ein Plettenberg – gab dem Ort, nicht ganz unbescheiden, seinen Namen, als er einen Markierungspfosten errichtete, der den Einflussbereich der *Dutch East India Company* anzeigen sollte.

Plett weist eine interessante Besonderheit auf. 1630 ankerte hier in der Bucht das in einem Sturm schwer beschädigte portugiesische Schiff *São Gonzales*. Etwa die Hälfte der Passagiere war an Land, als die Elemente noch einmal zuschlugen: Ein plötzlich aufkommender Wind und hohe Wellen zerschmetterten das bereits angeschlagene Schiff endgültig. Über 100 Menschen kamen ums Leben. Die anderen richteten sich an Land ein und verbrachten dort etwa acht Monate, was Plettenberg Bay eigentlich noch vor Kapstadt zur ältesten europäischen „Siedlung" in Südafrika macht. Allerdings war sie nicht von Dauer. Die Überlebenden bauten aus den Wrackteilen ihres Seglers nicht nur eine Kapelle und Häuser, sondern auch zwei Boote. Trotz des hohen Risikos machten sie sich mit den Nussschalen auf den gefährlichen Seeweg – in zwei Richtungen. Eine Mannschaft segelte nach Osten und schaffte es tatsächlich bis zur portugiesischen Siedlung in Mosambik. Die Insassen des anderen Bootes hatten kein Glück. Sie wurden zwar zunächst von einem nach Portugal segelnden Schiff aufgenommen. Doch die *St. Ignatius Loyola* ging, bereits in Sichtweite von Lissabon, unter, und alle Passagiere ertranken …

Information

Plettenberg Bay Tourism, Shop 35, Melville's Corner Center/Main Street, Tel. 044-5334065, Fax 5334066, www.plettenbergbay.co.za und www.plett.co.za. Infos zu Schiffstouren, Unterkünften und Restaurants.

Restaurants

Ristorante Enrico (RR), 269 Main St, Keurboomstrand (Abfahrt von der N2), Tel. 044-5359818, www.enricorestaurant.co.za, tgl. 11.30–22.30 Uhr. Sehr gutes italienisches Restaurant in Superlage mit Aussicht über die Klippen aufs Meer. Exzellente Weinliste, die selbst einige Italiener aufweist.

The Lookout Restaurant & Deck (RR), Lookout Beach, Tel. 044-5331379, www.lookout.co.za, tägl. 10–20.30 Uhr.

Mit die beste Aussicht über Beach und Bucht in Plett, sehr relaxter Platz, viele Fisch- aber auch Fleischgerichte.

Cornuti Al Mare Restaurant & Bar (R-RR), 1 Perestrella Street (Straße zum Signal Hill View Point), Tel. 044-5331277, tägl. 12–23 Uhr. Pierro Carrara serviert hier leckere Pizzen mit dünnen Böden und innovativen Belägen, wie Straußenfleisch, dazu leckeres, lokal gebrautes Bier vom Fass. Sieht von außen aus wie ein Fliesen-Großmarkt, ist aber innen cool dekoriert, der absolute In-Platz in Plett mit toller Aussicht aufs Meer.

Mermaid's Slipper (RRR), Bitou River (nördlich außerhalb), Tel. 044-5330754, tägl. Frühstück, Lunch & Dinner. Besitzer Michael Johnson hat das einst triste Restaurant am Bitou River in Plett's Jet-set-Ziel verwandelt. Man kann sowohl Beluga-Kaviar mit Champagner als auch Fish & Chips in fettresistentem Papier genießen.

Tsala Treetop Lodge (RRRR), 10 km in Richtung Knysna, links der N 2, Tel. 044-5327818, www.tsala.co.za, tägl. Frühstück, Lunch & Dinner. Kleines Restaurant, das zur gleichnamigen Lodge gehört und sich wie diese quasi in den Baumwipfeln befindet, ausgezeichnete Gourmetküche. Wirklich spektakuläre Aussichten, rechtzeitig vorher buchen. Wenn die Lodge voll ist, haben die Gäste Vorrang. Der luftige Speiseraum hat etwas Asiatisches.

Unterkunft

Tsala Treetop Lodge (RRRRR), 10 km in Richtung Knysna, links der N 2, Tel. 044-5327818, Fax 5327878, www.tsala.co.za. Einzigartige Lodge, die in die Baumriesen der Garden Route integriert ist. Selbst die Pools zu jedem Häuschen liegen in sechs Meter Höhe, hölzerne Stege verbinden die einzelnen Wohneinheiten. Die Lodge aus Naturstein, Holz und Glas ist ein architektonisches Meisterwerk, das kaum in die fragile Natur eingreift.

Buffalo Hills Game Reserve & Lodge (RRRR), Tel. 044-5359739, Fax 5359480, buffalohills@mweb.co.za, www.buffalohills.co.za. 4 km auf der N 2 nach Norden, an der Abfahrt Uniondale/Wittedrift nach links auf die R 340 nach Wittedrift (5 km), dann noch 1 km auf der Stofpad Road. Unterkunft in einem afrikanisch-gestylten Farmhaus oder in geräumigen Safarizelten. Intensives Erleben von Nashörnern und Büffeln, von denen sich einer sogar beim Frühstück zum Naschen einfindet. Kinder willkommen. Pirschfahrten im offenen Geländewagen. In der farmeigenen Destille wird der berühmte Frucht-Likör *Mampoer* abgefüllt, der natürlich auch probiert werden darf.

Außerhalb: Singing Kettle Beach Lodge (RRR-RRRR), Keurboomstrand, Tel. 044-5359477, Fax 044-5359478, www.singingkettle.co.za. Sechs Zimmer im Beach-Look mit viel Hellblau und Weiß und mariner Deko. Die Aussicht aufs

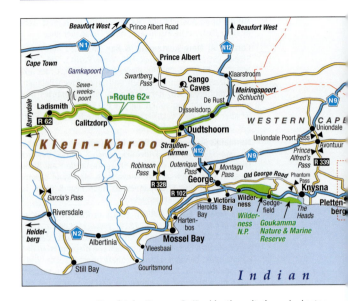

Meer ist der Hammer. In Kombination mit einem der besten Italiener des Landes – Ristorante Enrico – im Erdgeschoss wird der Platz einzigartig. Zwei Minuten zu Fuss an den herrlichen Sandstrand und ins Meer. In der Saison lassen sich die Wale auf dem Balkon sitzend beobachten. Bestes Zimmer ist die Family Suite Nummer 1.

Sehenswert

Robberg Nature & Marine Reserve, südlich von Plett auf der Landzunge, Tel. 044-5332125, Fax 044-5330322, über www.capenature.co.za. Täglich von Sonnenauf- bis -untergang, Eintritt 15 Rand.

Monkeyland Primate Sanctuary, 16 km östl. von Plett, Tel. 044-5348906, Fax 044-5348907, monkeys@global.co.za, www.monkeyland.co.za. Ein Wald voller „fast" freilebender Affen (14 verschiedene Arten), interessante Führungen mit kenntnisreichem Guide.

Birds of Eden, Tel. 044-5348906, www.birdsofeden.co.za, Eintritt Erwachsene 115, Kinder 57,50 Rand. Für Monkeyland und Birds of Eden sind auch Kombitickets erhältlich: Erwachsene 184, Kinder 92 Rand. Ein ganzes Tal ist hier in eine gigantische Vogelvoliere verwandelt worden. Es ist mit 23.000 qm das größte Freiflug-Vogelgehege der Welt.

Elephant Sanctuary, neben Birds of Eden, Tel. 044-534 8145, www.elephantsanctuary.co.za. Aufgrund seiner Größe und der schöneren Landschaft die das Reservat umgibt die empfehlenswertere Alternative zum Knysna Elephant Park, falls man nur einen der beiden Parks besuchen möchte.

Bloukrans Bungy, Face Adrenalin, Tel. 021-4241580, extremes@iafrica.com, www.faceadrenalin.com. Der Bungee-Jump von der Bloukrans-Brücke ist mit 216 Metern der welthöchste.

Zwischen Plettenberg Bay und Knysna warnt ein Schild an der Straße vor Elefanten. Das ist natürlich etwas übertrieben. Die zahlreichen, früher in den Wäldern heimischen Knysna-Elefanten sind bis auf zwei oder drei Tiere ausgerottet worden. Keiner weiß genau, ob überhaupt noch welche leben. Der Knysna Forest ist teilweise sehr unzugänglich. Das letzte, was Naturschützer entdeckt haben, war ein totes Jungtier. Erschlagen von einem Baum, erzählt der Besitzer des **Knysna Elephant Parks** mit hochinteressantem Museum. „Rund um den unter dem Baum eingeklemmten Jung-Elefanten waren Grab- und Kratzspuren zu sehen. Die Eltern haben verzweifelt versucht ihn zu retten. Als sie erkannten, dass er tot war, haben sie ihn mit Erde und Zweigen bedeckt." Ein Elefantenfriedhof.

„Harry" und „Sally" sind am längsten in dem Park, die anderen Dickhäuter kamen später. Alle sind überzählige Tiere aus dem Krüger-Nationalpark. Besucher dürfen sie per Hand füttern und die runzlige Haut berühren. Ein tolles Gefühl.

Knysna Elephant Park, 9 km hinter Plettenberg und 22 km von Knysna, Tel. 044-5327732, www.knysnaelephantpark.co.za. Die Elefanten dürfen gefüttert und gestreichelt werden. Sehr interessantes Museum zu den Knysna-Elefanten.

Knysna

Das sehr touristische **Knysna** gilt überraschenderweise als der schönste Ort der Garden Route. Der Name kommt von dem Khoikhoi-Wort für „Farn". Und Farne gedeihen hier genauso prächtig wie eine Fülle anderer Pflanzen. *Fynbos,* zum Beispiel, eine Art südafrikanischer Macchia, bestehend aus Proteas, Heidekraut und Erika. Die mächtige Bergkette im Norden ist dafür verantwortlich. Sie trennt die Garden Route von der Karoo-Halbwüste. Feuchte Luftmassen ziehen das ganze Jahr über vom Meer heran, bleiben an den Bergen hängen und regnen sich regelmäßig entlang der Garden Route ab. Dazu noch die stetig

Westliche Garden Route und Karoo

Westliche Garden Route und Karoo

scheinende Sonne, und die Vegetation kann sich entwickeln wie in einem Gewächshaus.

Das **Woodmill Lane Shopping Centre** ist auf dem Gelände einer ehemaligen Sägemühle entstanden. Viele kleine Läden laden zum Bummeln ein. In der Innenstadt werden häufig Trödel-, Floh- und Antikmärkte veranstaltet.

An der großen Lagune, wo auch die kleine Waterfront liegt, startete vor einem halben Jahrhundert die Austernzucht. Die *Knysna Oyster Company* gilt als einer der größten Produzenten von Austern in der Welt. Sie erntet jedes Jahr 300 Tonnen der schlabbrigen Vorspeise. Lokal gebrautes Mitchell-Bier wird gallonenweise ausgeschenkt. Dazu schlürfen Kenner ein paar Austern und genießen dann mit verträumtem Blick die meist spektakulär inszenierten Sonnenuntergänge über der Lagune.

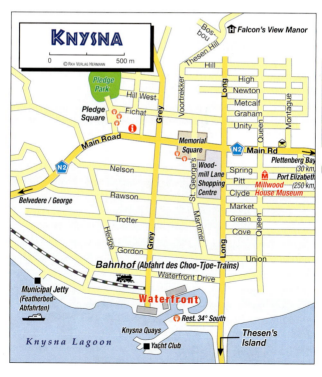

Information

Knysna Tourism, Tel. 044-3825510, Fax 3821646 (für Unterkünfte: *Knysna Reservations,* Tel. 044-3826960, Fax 3821609); knysna.tourism@pixie.co.za, www.knysna-info.co.za (Website auch auf Deutsch). Tipps zum Oyster Festival, zu Übernachtungen und Restaurants. Die zahlreichen Bed & Breakfasts in und um Knysna werden auf Wunsch auch direkt gebucht. Viele von ihnen haben Fotos ihrer Zimmer bei Knysna Tourism aufgehängt, was schon mal einen ersten Eindruck vermittelt.

Restaurants

Phantom Forest Lodge (RRRR), Phantom Pass Road (westl. außerhalb, s. Karte S. 252), Tel. 044-3860046. Tägl. Dinner, eine panafrikanische Essenserfahrung. Ein Geländewagen bringt Gäste die steile Privatstraße zum Lodge-Restaurant hoch, das Auto bleibt derweil unten auf einem sicheren Parkplatz stehen. In einer Bambus-Boma wird oben, hoch über der Knysna-Lagune, ein fünfgängiges Menu serviert, das täglich wechselt, aber immer afrikanisch beeinflusst ist. Rechtzeitig buchen, da Lodge-Gäste bevorzugt essen.

Portland Manor (RR-RRR), Rheenendal Road (westl. außerhalb, s. Karte S. 252), Tel. 044-3884604, www.portland-manor.co.za, tägl. Frühstück und Lunch, Fr/Sa Dinner. Im Old Packhouse Restaurant des im 18. Jahrhundert erbauten Portland Manors werden herzhafte Gerichte serviert, Sa sogar ein deutsches Frühstück. Bonus: der englische Pub.

Lush (RR), Thesen Island, 29 Thesen Harbour Town, Tel. 044-3827196, Mo–So Dinner 18.30–spät. Die Straußenfeder-Kronleuchter und Tischleuchten tragen zu einem einzigartigen Ambiente bei. Sehr gute Küche, sowohl Meeresfrüchte als auch Fleisch, und prima Service.

Die Waterfront von Knysna

Île de Pain Bread & Café (R-RR), 10 The Boatshed, Thesen Island, Tel. 044-3025707, Di–Sa 7–17 Uhr. Ein Paradies für Brotfreunde! Mediterrane Zutaten, wie karamelisierte Zwiebeln in Balsamico-Essig und Knoblauch-Chilli-Mayonnaise, natürlich ständig frische Backwaren.

Knysna Oyster Company (R-RR), Thesen's Island, Tel. 044-3826941, tgl. 10–19 Uhr. Kneipe zum Austern testen. Hauptgericht 60 Rand.

34° South – The Market (RR), Knysna Quays, Tel. 044-3827331, www.34-south.com. Großer Seafood-Delikatessen-Laden in der Waterfront mit Super-Dekor und gut sortiertem Wein-Shop. Tische auch im Freien.

Paquita's (RR), Knysna Heads, Tel. 044-3840408, www.paquitas.co.za. Super-Lage an den Heads und trotzdem ein prima Italiener, keine Touristenfalle. Besonders die Pizzen sind sehr empfehlenswert.

Crabs Creek (R-RR), Waterfront Tavern, Tel. 044-3860011. Kerniger Bier-Pub an der Lagune, 6 km westlich vom Stadtzentrum, vor Belvidere. Eigenwerbung: *„A place so special even the tide visits us twice daily".* Restaurant mit Seafood-Spezialitäten im 1. Stock. In der Saison unbedingt reservieren.

Unterkunft

Phantom Forest Eco Reserve (RRRRR), Tel. 044-3860046, Fax 3871944, phantomforest@mweb.co.za, www.phantomforest.com. Von der N2 auf der Phantom Pass River Road 1,3 km bis zum Phantom Forest-Eingang. Gäste werden, nachdem sie ihr Fahrzeug am Fuße des Berges abgestellt haben, samt ihrem Gepäck in einem Geländewagen die steile Lodge-Anfahrt zur durch dichten Urwald nach oben transportiert. Die Lodge integriert sich so geschickt in die Vegetation, das sie kaum auffällt, „öko" eben. Übernachtet wird in zehn strohgedeckten Baumhäuschen mit allem Komfort, hölzerne Stege führen zum Frischwasser-Pool und zu einer Wellness-Boma. Wunderbare Blicke über die Lagune bis zu den Knysna Heads. Einziger Nachteil: der Verkehrslärm von der N 2 schafft es, je nach Windrichtung, mehr oder weniger stark in die friedvolle Idylle einzudringen.

Falcon's View Manor (RRR-RRRR), Thesen Hill Nr. 2, Tel. 044-3826767, Fax 3826430, reservations@falconsview.com o. falcons@pixie.co.za, www.falconsview.com. Zwei Minuten von Knysnas Main Road entfernt, die Long Street den Berg hoch, dann links in die Hill Street und rechts in die Thesen Hill. Ausichtsreiches B&B mit toller Aussicht über Knysna und die Lagune. Das elegant mit Antiquitäten eingerichtete historische Haupthaus wurde 1899 erbaut, Gäste können hier oder in den neuen, geräumigeren afrikanisch-ethnisch dekorierten Garten-Suiten übernachten. Insgesamt 10 Zimmer, alle für Nichtraucher. Ausgezeichnete Gourmet-Frühstücke, mehrgängige Kerzenlicht-Dinner gegen Vorbestellung.

Belvidere Manor (RRRR-RRRRR), Duthie Drive, Belvidere Estate (westl. außerhalb, s. Knysna-Umgebungskarte), Tel. 044-3871055, Fax 3871059, manager@belvidere.co.za, www.belvidere.co.za. Exklusives Anwesen mit 30 einzeln stehenden Wohnhäuschen. Das Haupthaus mit gutem Restaurant stammt aus dem Jahre 1834. Keine Kinder unter 10 J.

Aktivitäten

Fahrt mit dem historischen Schmalspur-Dampfzug **The Outeniqua Choo-Tjoe**, der regelmäßig zwischen Knysna und George hin und her pendelt, dabei die tausendfach fotografierte Brücke über den Kaaimans River quert. Die einfache Fahrt dauert etwa 2,5 Stunden. Die Hin- und Rückfahrt kostet 65/45 Rand Erw./Kinder. Wer nur eine Strecke mit Zug fahren möchte, kann eine kombinierte Shuttle-Bus/Zugtour buchen. Infos im *Outeniqua Transport Museum*, George, 2 Mission St, Tel. 044-8018288 o. 044-8018289 o. 044-8018202, Fax 044-8018286, www.onlinesources.co.za/chootjoe. Zugfahrpläne und Preise auch auf www.transnetheritagefoundation.co.za.

Abenteuerliche Pässe

Die nächste Strecke verspricht einen Ausflug in die Vergangenheit. Es geht zurück in eine Zeit, in der sich Menschen mit Ochsengespannen über aufgeweichte, steile Bergpässe gequält haben. Später folgten ihnen die ersten Automobilisten. Damals war die motorisierte Fortbewegung noch ein echtes Abenteuer. Ein bisschen lässt sich das heute noch nachvollziehen.

Erst geht es noch ganz kommod und idyllisch an der Knysna-Lagune entlang. Nach der Brücke rechts auf die *Phantom Pass River Road* und zunächst eine gut ausgebaute Strecke bergauf. Ein kleinerer Fahrweg zweigt nach rechts ab, und schon ändert sich die Landschaft. Sofort wird es ländlicher. Weite Felder am Horizont, von grünen Wäldern begrenzt. In den Wiesen steht noch das Wasser der letzten heftigen Niederschläge. Dutzende von Störchen stolzieren darin herum und picken mit ihren langen roten Schnäbeln nach den flüchtenden Fröschen.

Völlig unerwartet löst sich hinter *Rheenendal* die Straße auf, hier beginnt der Exkurs in die Vergangenheit, die 66 Kilometer lange **Seven Passes Road** (oder *Old George Road*) durch dichte Urwald-Vegetation. Sie war früher die einzige Verbindung zwischen Knysna und George, zahlreiche Flüsse mussten gefurtet werden. Später baute man einfache Brücken aus Eisen und Stein, von denen die meisten heute noch genutzt werden. Anfang 1995 fingen die Straßenbaubehörden an, Teile der angerosteten und leicht bröseligen Übergänge zu ersetzen. Was dem Ganzen ein bisschen die Romantik genommen hat.

An den steileren Stücken der schmalen Piste können sich Reisende heute vorstellen, wie die Besitzer von Kutschen und Ochsengespannen

gekämpft haben bevor *Thomas Bain* 1867 anfing, die jetzige Straße zu bauen. Ein Wagen, der aus östlicher Richtung kam, musste mit angezogenen Bremsen den extrem steilen *Trek-aan-Touw* hinunterrutschen. Der Name des Abhanges bedeutet so viel wie „mit einem Seil wieder herausziehen". Genau das musste nämlich passieren, um den Wagen die Steigung auf der anderen Seite des *Kaaimans River* wieder hochzubekommen. Normalerweise waren dazu drei Ochsengespanne notwendig. Gräben, die bremsende Räder und abrutschende Ochsenbeine verursachten, waren oft bis zu drei Meter tief, der Weg so eng, dass man nicht neben den Wagen gehen konnte.

Heute bringen viele Dutzend Pferde unter der Haube die Räder nur ab und zu zum Durchdrehen. Es macht richtig Spaß, auf solchen Erlebnis-Straßen aus der Anfangszeit automobiler Expansion unterwegs zu sein. Leitplanken- und mittelstreifenlos, eng und kurvenreich folgt der vom Regen aufgeweichte Weg der natürlichen Topographie.

Das ganze Gebiet entlang der Seven Passes Road hat eine „goldene" Vergangenheit. In vielen der Knysna-Flüsse soll auch heute noch Gold zu finden sein. Man benötigt nur eine Goldwäscherpfanne, ein Permit und natürlich viel Geduld. Entdeckt wurde das gelbe Metall wie so oft durch Zufall. Ein gewisser *J.J. Hooper* schaufelte 1876 im *Karatara River* nach feinem Kies, um ihn seinen preisgekrönten Straußen ins Essen zu mischen. Was im ersten Moment nach Tierquälerei klingt, ist in Wirklichkeit ganz natürlich: Strauße haben immer ein paar Steine im Magen, um die Verdauung zu fördern. Aber dazu kommen wir später.

Hooper grub also so vor sich hin, bis er plötzlich einen 24-Gramm-Nugget in der Hand hielt. Ein Goldrausch begann, breitete sich aber wegen der Undurchdringlichkeit der knorrigen Wälder nicht flächendeckend aus. Zum Glück.

Der **Montagu Pass** nördlich von George ist noch einmal eine Steigerung zur Seven Passes Road. An ihm ist die Zeit wirklich spurlos vorübergegangen, denn er darf nicht modernisiert werden. Der historische Bergübergang, der nach vierjähriger Bauzeit 1847 eröffnet wurde, ist in seiner Gesamtheit ein *National Monument* und der älteste befahrbare Pass Südafrikas! An ihm können Interessierte die Straßenbaukunst des 19. Jahrhunderts besichtigen: Drainage-Systeme unter der Piste zur Erosionsvermeidung, Bruchstein-Fundamente zur Befestigung und nach unten eingebuchtete Begrenzungsmauern, damit die Radkappen, wenn dem Gegenverkehr ausgewichen werden muss, nicht die Steinwälle touchieren. Der englische Dichter Anthony Trollope hat den Montagu-Pass mit den schönsten Pässen in den Pyrenäen verglichen. Tatsächlich erinnern Vegetation und Trassenführung an die Schmugglerpfade zwischen Frankreich und Spanien. Kleine Steinmauern flankieren den Weg nach oben, bizarre Felsnasen und üppige Farne ragen und hängen in die schmale Piste. Parallel zum Pass verläuft ein noch älterer Pfad, ihn haben die Voortrekker auf ihrem Weg nach Nordosten unter ihre Räder genommen.

Oudtshoorn

Wenn die N 12 von George die Nordseite des Bergübergangs erreicht hat ändert die Landschaft ihren Charakter. Sie geht in die **Kleine Karoo** über. Die angenehme Meeresbrise des Indischen Ozeans ist verschwunden, statt dessen Temperaturen meist jenseits der 35 Grad im Schatten, kein Lüftchen, karge Steppenvegetation. Hinter langen Zäunen tauchen die ersten Strauße auf.

Unbedingt sehenswert: Das C.P. Nel Museum in Oudtshoorn

Westliche Garden Route und Karoo

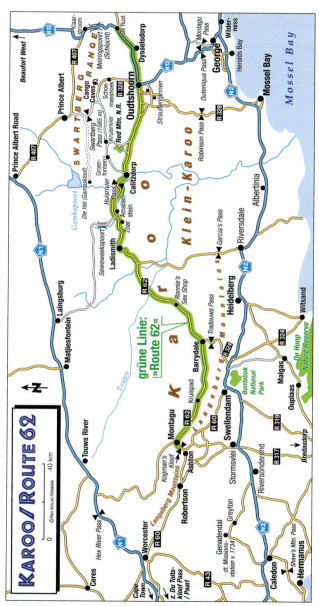

Rund um **Oudtshoorn** liegt das **Straußenzentrum der Welt**. Zu Zehntausenden werden die riesigen, flugunfähigen Laufvögel auf den umliegenden *Ostrich Farms* gezüchtet. Leder, Fleisch, Eier und Federn der größten Vögel der Erde sind nach wie vor lohnenswerte Exportartikel. Um die vorletzte Jahrhundertwende bis in die 1920er Jahre haben die Straußenfarmer astronomische Gewinne mit dem Verkauf der Federn erzielt, bis zu 200 Rand pro Kilogramm wurden gezahlt. Viele wurden in kurzer Zeit zu Millionären. Feder-Boas und -hüte waren damals in Europa bei den feinen Damen nicht wegzudenken, und Südafrika hatte das Export-Monopol. Damals entstanden die prunkvollen „Feder-Paläste" in und um Oudtshoorn.

Vor 1870 war der Wert der Federn noch nicht bekannt, sie wurden zusammengebunden als Staubwedel verkauft. Lediglich die Eier waren damals bereits beliebt, vor allem bei Großfamilien, eines vom Strauß entspricht immerhin 24 vom Huhn, wobei die Straußeneier extreme Cholesterin-Bomben sind. Straußenfleisch hingegen ist absolut mager, es enthält praktisch kein Fett, ist also sehr gesund.

Information

Oudtshoorn Tourism Bureau, Baron von Rheede St, Tel. 044-2792532, Fax 2728226, otb@mweb.co.za, www.oudtshoorn.com. Infos über Aktivitäten und die Straußenfarmen in der Umgebung, Hotel- und B&B-Buchungen.

Klein Karoo National Arts Festival, Tel. 044-2727771, Fax 2727773, www.kknk.co.za. Auskünfte zum mittlerweile über die Landesgrenzen hinweg berühmten Kunstfestivals in Oudtshoorn.

Unterkunft

Altes Landhaus (RRRR-RRRRR), Tel. 044-2726112, Fax 2792652, altes.landhaus@pixie.co.za, www.alteslandhaus.co.za. An der R 328, 13 km nördlich von Oudtshoorn, bei Schoemanshoek links, den Schildern folgen. Altes kapholländisches Farmhaus, das von seinen Besitzern Helen und Heinz Meyer sehr schön restauriert worden ist. Die Ausstattung bis zu den Matratzen und dem Bettzeug ist von erstklassiger Qualität. Großer Pool mit neuen, geräumigen Pool-Suiten. Auf Wunsch wird ein à la carte-Dinner serviert (ländliche Küche, gute Weinauswahl), bei gutem Wetter – also fast immer – im Freien. Alle Zimmer im historischen Haus, in den Pool- und in den neuen de-Luxe-Suiten

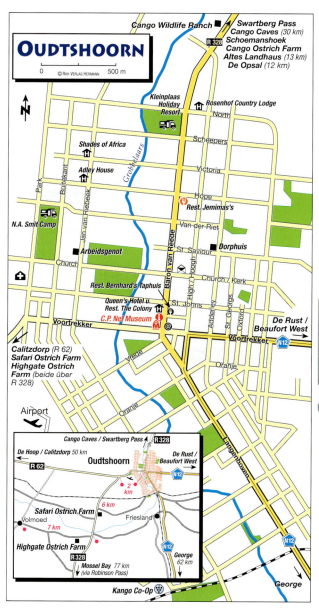

haben Klimanlage, Telefon, Fernseher. Sieben Suiten, zwei de-Luxe-Suiten in neuem Gebäude und ein Doppelzimmer. Kinder ab 12 Jahre.

Rosenhof Country House (RRRR-RRRR), 264 Baron van Rheede St/Ecke North St, Tel. 044-2722232 o. 044-2722260, Fax 2723021, rosenhof@xsinet.co.za, www.rosenhof.co.za. Das stilvoll renovierte viktorianische Anwesen mit seinen wertvollen Gelbholzböden und -balken wurde 1852 erbaut, und die antiken Möbel unterstreichen das historische Ambiente. 12 Zimmer, 2 Suiten, Kinder ab 12, bekannt gute Küche, Wellness-Zentrum. Nomen est omen: der Rosengarten ist wirklich sehr schön!

Queen's Hotel (RRR-RRRR), Baron van Rheede St, Tel. 044-2722101, Fax 2722104, queens@xsinet.co.za, www.queenshotel.co.za. Sauberes Stadthotel mit 40 Zimmern im Kolonialstil, mitten in der Stadt, direkt neben dem Strauß en-Museum.

Montana Guest Farm (RRR), auf der R 328 14 km nach Norden, in Schoemanshoek links, geradeaus, Tel. 044-2727774, Fax 2794026, dbeitz@mweb.co.za, www.montanaguestfarm.co.za. Eine renovierte Farm aus dem 18. Jh. Das deutsche Besitzerpärchen bietet Platz in fünf Suiten, jede mit privatem Eingang, drei davon mit offenem Feuerplatz. Swimmingpool, Kinder willkommen.

Adley House (RR), 209 Jan van Riebeeck Road, Tel. 044-2724533, Fax 2724554, adley@pixie.co.za, www.adleyhouse.co.za. Klassisches Bed & Breakfast mit zehn gemütlichen Zimmern in einem historischen Haus, das in einem ruhigen Garten liegt. Zwei Pools, Zimmer mit allem Komfort, üppiges südafrikanisches Frühstück. Dinner auf Wunsch, natürlich auch mit Strauß.

Shades of Africa (RR), 238 Jan van Riebeeck Road, Tel. 044-2726430, Fax 2726333, shades@pixie.co.za, www.shades.co.za. B&B mit einem afrikanischen Touch, der gelungen ist. Die Farben sind erdig und afrikanische Artefakte sind organisch integriert. 5 Zimmer, schöner Pool.

Restaurants

The Colony (RR), Queens Hotel, Baron van Rheede Street, Tel. 044-2792414, Dinner 18-23 Uhr. Traditionell-südafrikanisches Essen mit internationalem Touch in elegantem Ambiente mit Silberbesteck, Stoffservietten und weißen Tischdecken. Sehr gute Weinliste.

Jemima's (RR), 94 Baron van Rheede Street, Tel. 044-2720808, Di-Sa Lunch 11-14 Uhr, Di-Sa Dinner 18.30-22 Uhr, im Juli und Juni geschlossen. Das Restaurant befindet sich in einem schön restauriertem Haus in drei miteinander verbundenen Zimmern, es gibt aber auch Plätze im Freien. Ländliche Gourmet-Küche mit verschiedenen Menus oder à la carte. Traditionelle und internationale Gerichte, wie

Westliche Garden Route und Karoo

Straußenterrine mit gepökelten Pfirsichen oder die mit nordafrikanischen Gewürzen eingeriebene Karoo-Lammkeule. Reservierung notwendig.

Sehenswert

Cango Wildlife Ranch, an der R 328, 3 km nördlich außerhalb von Oudtshoorn, Tel. 044-2725593, cango@kingsley.co.za, www.cango.co.za. In Freigehegen können Krokodile und Raubkatzen aus nächster Nähe beobachtet werden.

Außerhalb von Oudtshoorn, an der R 328 (die von der R 62 Richtung Calitzdorp abgeht), liegen zwei große Straußen-Show-Farmen: **Safari Ostrich Farm,** Tel. 044-2727311 oder -12, safariostrich@mweb.co.za, www.safariostrich.co.za, und **Highgate Ostrich Show Farm,** Tel. 044-2727115, host@mweb.co.za, www.highgate.co.za. Alles Wissenswerte auf den Webseiten.

27 km nördlich von Oudtshoorn erreicht man die Zufahrtsstraße zu den berühmten **Cango Caves** (Caves Road, Tel. 2727410, 8.30–16.30 Uhr, Touren von 9–16 Uhr; zwei Touren stehen zur Auswahl: Standard-Tour R 40/R 20, „Abenteuer-Tour" R 50/R 30 (Erw./Kinder). Die **Cango Caves** sind die älteste und eine der beliebtesten Attraktionen in der Kleinen Karoo. Es gibt drei Kalkstein-Systeme mit beeindruckenden Tropfsteinhöhlen. *Cango One* ist 760 m lang, *Cango Two,* die Wunderhöhle, 260 m, und die erst kürzlich entdeckte *Cango Three* hat eine Länge von 1600 m. Die Standard-Tour dauert etwa eine Stunde und führt durch die ersten sechs, leicht zugänglichen Räume der Tropfsteinhöhle.

In den gewaltigen Cango Caves

Wissenswertes über Strauße

Alles, was man schon immer über Strauße wissen wollte, erfährt man zunächst theoretisch im **C.P. Nel-Museum** an der Baron van Rheede Street, danach praktisch auf einer Straußenfarm. Schon die ersten Bewohner des Kaps, die nomadischen San und Khoi, machten sich den Strauß zunutze. Sie verwendeten die ausgesaugten Eier als stabile Wasser-Container auf ihren langen Durststrecken durch die Kalahari.

Als Jan van Riebeeck 1652 in der Tafelbucht landete, zogen noch große Herden von Straußen durch das südliche Afrika. Doch mit Beginn der Straußenfeder-Mode in Europa nahm der Wildbestand dramatisch ab. Ein paar Farmer begannen 1850 damit, Jungvögel zu zähmen und aufzuziehen. Doch erst mit Einführung von Drahtzäunen und dem Anbau ihrer Lieblingsmahlzeit, der Luzerne, begann 1860 die südafrikanische Straußenzucht im großen Stil.

1913 lagen Straußenfedern nach Gold, Diamanten und Wolle an vierter Stelle der südafrikanischen Exporte. Zu dieser Zeit lebten fast 78.000 Strauße auf Farmen. Sie brachten etwa drei Millionen Englische Pfund Erlöse ein. Ein *pound* (454 Gramm) Federn erzielte damals 12 Pfund. Verglichen mit dem Jahresgehalt eines Lehrers, das damals nicht mehr als 100 Pfund betrug, ein Vermögen. Innerhalb eines weiteren Jahres gab es fast eine Million Strauße in Südafrika. Über Nacht brach dann plötzlich die gesamte Federindustrie zusammen. Das hatte neben der Überproduktion noch weitere Ursachen: Der Erste Weltkrieg ließ die Kaufkraft in Europa gegen Null tendieren, und in den plötzlich weitverbreiteten Automobilen hatten die Frauen keinen Platz mehr für ihren ausladenden Federkopfschmuck. Heutzutage ist das strapazierfähige Noppenleder für Handtaschen, Schuhe und Aktenkoffer das wichtigste und teuerste Straußenprodukt.

Der schöne **Welgeluk-Federpalast** auf dem Gelände der **Safari Ostrich Farm** darf leider nicht besichtigt werden, die Besitzer leben noch darin. Die nette Studentin, die als Führerin agiert, beschreibt das Haus dafür ganz genau. Die Baustile wurden wild gemischt. So sind neben gotischen auch Cape Dutch-Elemente eingeflossen, garniert mit ein paar griechischen Säulen. Die Feder-Millionäre wollten ihren Reichtum demonstrieren, frei nach dem Motto: Mehr Schein als Sein. Der Turm hat beispielsweise keinen Aus- oder Eingang, er ist reine Attrappe, sollte nur protzig aussehen. Das ganze Material für die Federpläste kam aus Europa, auch der Marmor für das 1200 Liter fassende römische Bad im Haus.

Da ist das Straußen-Männchen „Jack the Ripper" schon deutlich bescheidener: ein bisschen Luzerne, ab und zu ein Schlückchen Wasser und er ist's zufrieden. Seinen Spitznamen hat der Vogel aufgrund seines sieben Zentimeter langen, scharfen Zehennagels, mit dem er einen Menschen locker von oben bis unten aufschlitzen könnte. In freier Wildbahn wurden Strauße beobachtet, die bei der Verteidigung ihrer Jungen Löwen attackiert haben.

Die Straußenfarm-Führerin verblüfft ihre Zuhörer weiter: Bis zu dreieinhalb Kilometer weit können Strauße sehen. Intelligent sind sie dagegen nicht: ihr Gehirn ist kleiner als eines ihrer Augen. „Brauchst deswegen deinen Kopf nicht in den Sand zu stecken", möchte man da sagen. Strauße sind verdammt schnell, halten eine Geschwindigkeit von 70 km/h gut drei Kilometer lang durch. Greift ein Strauß in freier Wildbahn an, gibt es nur eine Chance: sofort flach auf den Boden legen.

Der lange Hals ist um die eigene Achse drehbar, extrem elastisch und dehnbar. Deshalb können Strauße auch alles fressen, was sie finden. Das fängt bei einer Cola-Flasche an und hört bei einer Zündkerze auf. Aus den Mägen der Riesenvögel wurden schon ganze Kleinteile-Sortimente geborgen. Der Strauß ist immer auf der Suche nach festen Objekten, die er schluckt, und die dann in seinem Magen die Funktion von Zähnen übernehmen, also die Nahrung zerkleinern. Steine und Sandkörner sind ganz normal, aber auch Knochen, Draht und Blechdosen werden gerne genommen.

Ein Weibchen legt immer 18 Eier, pro Tag eines. Ist das Gelege komplett, fängt es an zu brüten. Die Farmer machen sich diese Angewohnheit zunutze, sie nehmen Eier weg, das Weibchen legt immer wieder nach. Bis zu 40 gute Eier kann ein Weibchen legen, bevor die Qualität deutlich nachlässt.

Flugunfähiges Großgeflügel in der Karoo: die skurrilen Strauße

Pässe-Rundtour von Oudtshoorn

Wer geglaubt hat, die schönsten Pass-Straßen Südafrikas wären bereits bezwungen, darf sich nach dem Mittagessen eines besseren belehren lassen. Die Runde – zunächst Zielrichtung Osten – durch die spektakuläre **Meiringspoort-Schlucht** und über den atemberaubenden **Swartberg-Pass** führt über die *Swartberg Range* in die **Große Karoo** und wieder zurück nach Oudtshoorn. Besonders eindrucksvoll gestaltet sich die Fahrt bei einem drohenden Nachmittagsgewitter. Die feuchten Luftmassen, die es bis in die Kleine Karoo geschafft haben, ballen sich zusammen und setzen gemeinsam ihren Weg nach Norden fort. Bis sich ihnen die Swartberg-Kette in den Weg stellt, die die trockenheiße Kleine Karoo von der noch heißeren und trockeneren Großen Karoo trennt. Die Wolken werden zusammengedrückt, versuchen die Barriere hinaufzusteigen, auf der anderen Seite reiben sich danach kalte und heiße Luftmassen, es blitzt und donnert.

Die 17 Kilometer lange Straße N 12 durch die **Meiringspoort-Schlucht** ist asphaltiert. Von den kolossalen Sandsteinklippen ist jedoch fast nichts zu sehen, die Wolken hängen fast am Boden. Was zu sehen ist, sieht aus wie das Werk eines Giganten. Die einstmals horizontalen Sandsteinschichten wurden von Bewegungen der Erdkruste, den Kräften der Tektonik, verworfen und gefaltet, so dass sie heute aussehen wie ein zusammengeschobenes Tischtuch. 1857 entstand hier die erste Straße. *Petrus Johannes Meiring,* dem die Farm *De Rust* außerhalb der Schlucht gehörte, zeigte den Straßenbauern den Pfad durch die Schlucht.

Karoo nach Regen

Plötzlich wird es heller, das Grau des Himmels transparenter, schließlich geht es in leuchtendes Blau über. Am Ende der Schlucht ist die Große Karoo und besseres Wetter erreicht. Parallel zur Swartberg Range führt die Straße nach Westen. Leichter Sprühregen benetzt den Asphalt, die linke Hälfte des Himmels ist schwarz, rechts strahlt die Sonne. Ein Regenbogen führt seine Farbpalette vor. Rechts und links liegen Straußenfarmen, so weit das Auge reicht.

Prince Albert

Die schönen weißen Häuschen der charmanten Karoo-Stadt **Prince Albert** leuchten in der späten Nachmittagssonne. Obstbäume, Gemüse und Blumen gedeihen prächtig am Rande der Swartberge. Deshalb war der Ort früher unter dem Namen *Kweekvallei* (Tal, wo alles wächst) bekannt.

Die meisten Besucher, die nach Prince Albert kommen, bleiben länger – oder gehen gar nicht mehr zurück. In dem ruhigen Weiler mit Null Prozent Kriminalität leben viele lokale und internationale Aussteiger.

Information

Tourism Association Office, Fransie Pienaar Museum, Church St (Kerk St), Tel. 023-5411366, princealbert tourism@intekom.co.za, www.patourism.co.za o. www. princealbert.org.za. Nette Leute mit vielen Infos, natürlich auch zum alljährlich im Mai stattfindenden Olivenfest und zum Oktoberfest.

Unterkunft

De Bergkant Lodge (RRRR), 5 Church St, Tel. 023-5411088, Fax 5411015, bergkant@iafrica.com; www.debergkant.co.za. Das ehemalige Pfarrhaus in der Main Street wurde von Besitzer Charles Roux wunderbar restauriert. Es gibt zwei große Pools, einer sehr privat mit Jaccuzi, Sauna und nur per Zimmerschlüssel erreichbar, zum nahtlos bräunen und textilfrei schwimmen. Acht großzügige, 2008 erweiterte Suiten mit herrlich geräumigen Bädern samt Doppelduschen, sowie eine alleinstehende Honeymoon-Suite. Schöner Garten. Charles spricht Deutsch, was die Kommunikation deutlich erleichtert.

Swartberg Hotel (RRRR), 70 Church St, Tel. 023-5411232, Fax 5411383, info@swartberg.co.za, www.swartberg.co.za. Die neuen Besitzer haben dem alten viktorianischen, mit Antiquitäten eingerichteten Dorfhotel eine lange notwendige Renovierung zukommen lassen. 13 Zimmer und 5 Rundhütten für Familien im Garten, schöner Pub.

Onse Rus (RR), 47 Church St, Tel. 023-5411380, Fax 541 1064, lisass@intekom.co.za, www.onserus.co.za. Historisches, 1852 erbautes Haus mit fünf hübsch dekorierten Zimmern. Sehr üppiges und gutes, hausgemachtes Frühstück.

Restaurants

The Bush Pub (R-RR), Pastorie St, 600 Meter von der Hauptstraße weg, Tel. 023-5411748, Mo–Fr 17 Uhr bis sehr spät, Sa 13 Uhr bis sehr spät, So geschlossen. Traditionelle Gerichte, hauptsächlich vom gigantischen Braai. Der Pub gehört *Local Hero* Jason Lucas, der ihn samt künstlichem See auch selbst entworfen und gebaut hat, eine Sehenswürdigkeit für sich; Holz, Reet und viel Metall, fantasievoll kombiniert – ein Muss in P.A.!

Koggelmander (R-RR), 61 Church St, Tel. 023-5411900, www.koggelmander.co.za, Di–So Frühstück & Lunch, Mo–So Dinner. Erstklassige Steaks und natürlich Karoo-Lamm. Auch die Lamm-Burger sind super. Untergebracht in einem ehemaligen Wohnhaus mit schönem Garten, in dem man unter schattigen Bäumen sitzen kann. Auf keinen Fall „Chicken" bestellen, was sich laut Koggelmander-Besitzer auf die gesamte Karoo bezieht. Das trockene Klima verträgt offensichtlich nur Großgeflügel wie Strauße. Hühner mutieren zu „Gummiadlern" und schmecken wie mehrere Tage alter *roadkill*.

The Olive Branch (RR), 1 Church St, Tel. 023-5411821. Rechtzeitig erkundigen, wenn Hobby-Gourmetkoch Bokkie Botha kocht. Die meisten Gästehaus- und B&B-Besitzer in P.E. kennen ihn und können für ihre Gäste reservieren. Sein Restaurant bekam bereits mehrere Auszeichnungen und zählt zu den besten Südafrikas.

Gallery Cafe-Restaurant (RR), Church St, Tel. 023-5411057, Di geschlossen. Brent zaubert mit immer frischen Zutaten leckere Gerichte auf die wenigen Tische, die in einer interessanten Kunstgalerie stehen.

Lah-di-dah (RR), Church St, gegenüber Bergkant Lodge, Tel. 082-8501823 oder 082-8536661. Ungewöhnlicher Farmstall mit außergewöhnlichem Dekor, kein Wunder, die Ex-Johannesburger Besitzer kommen aus dem Filmbusiness und haben ihr Requisitenlager für die Restaurant-Einrichtung geräumt.

Einkaufen

Avoova, Gideon Engelbrecht, Tel. 072 4354752, www.avoova.net. Sehr schöne Mosaike aus zerbrochenen Straußeneier-Schalen, Kupferdraht und Leder, wahlweise ganze Tische oder kleinere Gegenstände, wie Vasen oder Schalen. Ständige Ausstellung der Exponate im Miller's Restaurant, die individuellen Stücke werden mittlerweile auch in New Yorker und Londoner Galerien verkauft.

Swartberg-Pass

Zwischen Prince Albert und Oudtshoorn liegt das Meisterwerk von Straßen-Künstler Thomas Bain. Der *Swartberg-Pass* ist nicht nur aufgrund seiner 1585 Meter der Höhepunkt des Tages. Thomas Bain berichtete damals, dass es möglich sei, einen direkteren Weg zwischen Prince Albert und Oudtshoorn zu finden, als durch die Meiringspoort-Schlucht. Aber es würde steil werden. Womit er recht behielt. Wie schon der Montagu Pass ist auch der Swartberg Pass ein *National Monument*. Mit Hunderten von Sträflingen brauchte Bain vier Jahre für das enorme Projekt. Eng schmiegt sich die Trasse an die Verwerfungen und Falten in den Gesteinschichten. In unzähligen Kurven schlängelt sich die Piste nach oben. Im Winter geht hier nichts mehr, dann ist alles mit Schnee bedeckt.

Erlebnis Swartberg Pass

Aber selbst im Sommer kann es auf der Passhöhe recht zugig werden. Die Rundum-Aussicht sollte trotzdem genossen werden. Richtung Norden reicht der Blick weit in die Große Karoo hinein, nach Süden über die Kleine Karoo hinweg bis zu den Outeniqua-Bergen. Mit seinen vielen kleinen Agrar-Flächen sieht das **Cango Valley** von oben aus wie eine Patchwork-Decke. Mit jeder Kehre, die es weiter nach unten geht, ändert sich die Perspektive, die atemberaubende Aussicht bleibt.

Route 62

Oudtshoorn gilt als der östliche Abschluss der Route 62, Südafrikas Pendant der „Route 66" in den USA. Das schönste Stück der R 62 liegt zwischen Oudtshoorn und Montagu.

Calitzdorp

Nach gut 50 Kilometer wird **Calitzdorp** erreicht, das zu den östlichsten Weindörfern der Kap-Provinz gehört. Mit reichlich Sonne und künstlicher Bewässerung gedeihen hier im *Gamka River Tal* vor allem süße Dessertweine und ein ganz ausgezeichneter weißer, in französischen Eichenfässern gereifter Port. Die beiden Weingüter *Die Krans* und *Boplaas* stehen Besuchern offen. Eine Weinprobe in der Mittagshitze sei jedoch nur stabilen Naturen empfohlen.

Information

Calitzdorp Tourism Bureau, Tel. 044-2133312. Auskünfte zu Übernachtungen und Sehenswürdigkeiten in Stadt und Umgebung.

Klein Karoo Wine Route, Tel. 044-2412562 o. 2133301, Fax 2133328. Infos zu den 17 Weingütern der Region.
Infos zur Route 62: www.route62.co.za

Sehenswert

Boplaas, Tel. 044-2133326, Fax 2133750, boplaas@mweb.co.za, www.boplaas.co.za. Weinproben und -verkauf Mo-Fr 8–17 Uhr, Sa 9–15 Uhr, Kellertouren nach Vereinbarung, permanente Ausstellung mit San-Artefakten. Probieren: *Pinotage Reserve, Muscadel, Cape Vintage Reserve Port, Cape Tawny Port, Cape Dated Tawny Vintner's Selection*.

Die Krans, Tel. 044-2133314, Fax 2133562, dekrans@mweb.co.za, www.dekrans.co.za. Weinproben und -verkauf Mo–Fr 8–17 Uhr, Sa 9–15 Uhr (in der Saison 9–16 Uhr). Kellertouren nach Vereinbarung (im Dez. jede Stunde zur vollen Stunde). Zwischen 12 und 14 Uhr wird im Februar samstags und mittwochs während der Traubenlese eine Winzerplatte serviert; Olivenölverkauf. Probieren: *White Muscadel Jerepigo, White Muscadel Reserve, Vintage Reserve Port, Cape Tawny Port, Cape Ruby Port*.

Unterkunft

The Retreat at Groenfontein (RR-RRR), Tel./Fax 044-2133880, info@groenfontein.com, www.groenfontein.com (19 km nordöstlich in Groenfontein, von da noch 1,5 km). Grant und Marie Burton haben die alte Farm gekauft und das viktorianische Herrenhaus wunderbar renoviert und umgebaut. Es gibt jetzt fünf sehr schöne Gästezimmer, eine der ruhigsten und romantischsten Übernachtungsmöglichkeiten (samt Dinner) am Kap. Die Wanderungen in der unberührten Natur am Ende des Groenfontein-Tales sind spektakulär. Marie spricht auch Deutsch.

The Port Wine Guest House (RR-RRR), 7 Queen St, Tel. 044-2133131, portwine@mweb.co.za, www.portwine.net. Stilvolles, mit Antiquitäten eingerichtetes Haus, Dinner auf Wunsch. Website auch auf Deutsch.

Red Mountain Nature Reserve (RRRRR), zwischen Oudtshoorn (28 km) und Calitzdorp (14 km), an der R 62, Abfahrt „Kruisrivier", 6 km gute Piste, Tel./Fax 044-2133615, www.debergkant.co.za. Spektakulär zwischen roten Felsen, die es nur in dieser Gegend gibt, gelegen. Im letzten Licht des Tages sieht es plötzlich aus wie im Südwesten der USA. Sehr große Zimmer mit ebenso solchen Bädern, großer Garten und der längste private Swimmingpool Südafrikas. Eine wirklich wunderbare Übernachtungsmöglichkeit.

Weiter auf der Route 62

Gut 20 km hinter Calitzdorp hat wieder einmal die Berliner Missions-Gesellschaft ihre Spuren hinterlassen: die Siedlung **Amalienstein,** mit einer sehr schönen Kirche. Heute leben hier farbige Farmarbeiter, *Coloureds*, Nachfahren weißer Seemänner, malaiischer und westafrikanischer Sklaven und einheimischer San und Khoi-Stämme. Sie stellen den Hauptanteil der Cape Province-Bevölkerung.

Die Landschaft zwischen Ladismith und **Barrydale** wirkt ausgedörrt, nur dort wo künstlich Wasser herbeigeführt wird, wächst fruchtbares Grün.

In den Red Mountains zwischen Oudtshoorn und Calitzdorp

Unterkunft

Lentelus B&B (RRR), an der Route 62, 11 km von Barrydale Richtung Montagu, Tel./Fax 028-5721636 o. Tel. 082-5791246, helenaj@lando.co.za o. joubert.r62@lando.co.za, www.lentelus.co.za und www.joubert-tradauw.co.za. Kleines, aber sehr stilvolles B&B mit nur einem Zimmer und zwei Garden Suites, nette, freundliche Besitzer. Kinder sind willkommen und es wird auch Deutsch gesprochen. Ferien auf dem südafrikanischen „Bauernhof", sprich der Wein- und Fruchtfarm *Joubert-Tradauw,* wo im gleichnamigen *Cellar & Deli Al Fresco* neben Weinproben auch leckere leichte Gerichte angeboten werden. Großer Swimmingpool. Farm- und Kellertouren, Weinproben, Früchtepflücken in der Saison. Außerdem bietet die Lentelus-Besitzerin Helena Joubert ihren Gästen an abends zu kochen und serviert das Dinner dann an einem zauberhaft gedeckten Tisch im privaten Wohnzimmer – für drei Gänge 65 Rand.

Mit Überqueren des **Tradouw Passes** von Barrydale nach Süden zur N 2 – Thomas Bains erstem, 1873 erbauten Bergübergangs –, ändert sich die öde Szenerie schlagartig: Plötzlich ist alles in sattgrüne Farben getaucht, es sieht aus wie in Schottland, der Einfluss des Meeres reicht bis zu den Südausläufern des Tradouw Passes.

In diesem satten Grün, zu Fuße der mächtigen **Langeberg-Kette,** welche den Ort vor der Hitze und Trockenheit der Karoo schützt, liegt Swellendam.

Swellendam

Swellendam ist die drittälteste und ein nettes Städtchen an der N 2. Im Jahre 1743 wurde Swellendam als Landgerichtsbezirk deklariert. Benannt ist die Stadt nach dem Gouverneur Hendrik Swellengrebel und seiner Frau, geb. *ten Damme.* Die am weitesten östlich gelegene Siedlung am *Ou Kaapse Wapad,* an der Haupt-Ochsenwagen-Strecke, galt damals als das Tor ins Inland. Hier rasteten die Reisenden, stockten ihre Vorräte auf und ließen ihre Wagen reparieren.

1795 führte die schlechte Verwaltung und Misswirtschaft der Kapstädter *Dutch East India Company* zu einem Aufstand der *burgher* von Swellendam. Kurzerhand riefen diese ihre eigene Republik aus und ernannten Hermanus Steyn zu ihrem Präsidenten. Die Unabhängigkeit dauerte nur viereinhalb Monate. Die Briten besetzten das Kap, und die Anhänger Steyns schworen dem englischen König King George III. ihre Treue. Steyn gab den Schlüssel zum Gerichtsgebäude wieder ab und kehrte auf seine Farm zurück.

Swellendam entwickelte sich zu einem wichtigen Landwirtschaftszentrum. Ein halbes Jahrhundert beherrschten die Männer der Firma von *Barry & Nephews* den Handel. Sie druckten ihr eigenes Geld und organisierten eine Schiffsverbindung zwischen Kapstadt und der Mündung des Breede River.

Die zahlreichen, stilgerecht restaurierten Gebäude im kapholländischen, viktorianischen und edwardianischen Stil erschließen sich bei einem Spaziergang durch die Stadt, der am besten in der *Voortrek Street,* der langgezogenen Hauptstraße, beim **Oefeningshuis** beginnt. Das Gebäude zwischen Kerk- und Rhenius Street ist leicht an seiner Turmuhr zu erkennen, die nur aufgemalt ist. Dort ist das Büro der sehr gut sortierten **Tourist Information.** Gehen Sie nördlich, vorbei an der stattlich-kuriosen **Dutch Reformed Church,** in die Swellengrebel Street, an der nach der Kurve die Hauptsehenswürdigkeit Swellendams liegt, der **Drostdy Museums.** Das beeindruckendste Bauwerk ist rechterhand das repräsentative ehemalige Haus und Amtsgebäude des Landrichters *(landdrost),* erbaut 1747 durch die *Dutch East India Company* und erweitert 1813. Heute dient es als Museum mit schöner historischer Einrichtung. Auf der anderen Straßenseite sind **Old Goal** – mit gutem Souvenir- und Coffee Shop – und **Ambagswerf** sehenswert. *Ambagswerf* ist Afrikaans und meint so viel wie „Werkhof". Es ist ein Open-air-Museum mit Werkstätten der Schmiede, Küfer, Wagenmacher und Gerber sowie einer Mühle.

Eingebettet in die Natur: Swellendam

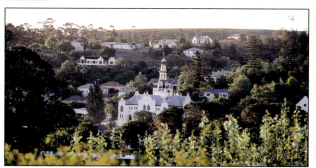

Swellendam, das ehemalige Haus des Landrichters (Landdrost)

Das spätviktorianische Gebäude in der nahebei liegenden Drostdy Street Nr. 5 war eines der ersten in Swellendam, das statt einem Stroh- ein Blechdach bekommen hat. Der Gemütlichkeit im Innern tut das keinen Abbruch. *Roosje van de Kaap* heißt das in dem historischen Häuschen untergebrachte Restaurant, wo Gäste mit einem romantischen und delikaten Kerzenlicht-Dinner verwöhnt werden.

Information

Swellendam Tourism, Oefenings Huis, Voortrek St, Tel./Fax 028-514 2770, infoswd@sdm.dorea.co.za, www.swellendamtourism.co.za. Informationen und Bed & Breakfast-Buchungen. Sehr empfehlenswert ist das Faltblatt „*Swellendam Treasures*", in dem alle wichtigen Sehenswürdigkeiten samt Stadtplan aufgelistet sind.

Unterkunft

Viele der kleineren Häuschen im Ort beherbergen gemütliche Bed & Breakfast-Gästezimmer.

Old Mill Guest Cottage (RR), 241 Voortrek St, Tel. 028-5142790, Fax 5141292, guestcottages@oldmill.co.za, www.oldmill.co.za. In der 1838 gebauten Wassermühle wurden hinten im Garten im alten Nebengebäude fünf individuell restaurierte und geschmackvoll ausgestattete Zimmer eingerichtet. Eine der schönsten Übernachtungsmöglichkeiten in Swellendam. Mit Out- und Indoor-Restaurant.

Moolmanshof B&B (RR), 217 Voortrek St, Tel. 028-5143258, Fax 5142384, hhmodels@intekom.co.za. Das kapholländische Haus am Stadtrand aus dem Jahre 1798 wurde aufwendig restauriert. Drei Gästezimmer, großer Garten, Swimmingpool, kinderfreundlich.

Herberg Roosje van de Kaap (RR), 5 Drostdy St, Tel./Fax 028-5143001, roosje@dorea.co.za, www.roosjevandekaap.com. Charmante kleine Herberge in einem alten viktorianischen Haus, 9 mit Antiquitäten eingerichtete Zimmer, üppige Frühstücke. Die Kerzenlicht-Dinner im gemütlichen Bistro sind sehr zu empfehlen, einer der gemütlichsten Orte in Swellendam, um ein solches einzunehmen. Swimmingpool.

Rothman Manor (RR), 268 Voortrek St, Tel. 028-5142771, Fax 5143966, guesthouse@rothmanmanor.de, www.roth manmanor.de. Gemütliches B&B, das aus zwei kapholländischen Häusern von 1834 besteht, auf einem großen Grundstück an der Hauptstraße. Sehr nette, deutsche Besitzer.

Restaurants

Herberg Roosje van de Kaap (RR), Tel. 028-5143001, 5 Drostdy St, Frühstück 8–9.30 Uhr, Dinner 19 Uhr bis spät, Mo geschlossen. Wunderbare Atmosphäre im Speiseraum mit seinen niedrigen Reetdecken und den vielen brennenden Kerzen. Seit vielen Jahren ein Garant für erstklassiges Essen, frei nach dem Motto: „Das Leben ist zu kurz für schlechtes Essen und kleine Portionen". Ausführliches à la carte-Menu, Weinkarte mit den Highlights der Region.

Old Mill Restaurant & Tea Garden (RR), Tel. 028-5142790, 241 Voortrekker St, Frühstück 7.30–11 Uhr, Lunch 11–18 Uhr, Dinner 18.30 Uhr bis spät. Hausgemachte belgische Spezialitäten, wie Eiscreme, Waffeln und Pfannkuchen. Schöne Terrasse, Kerzenlicht-Dinner am offenen Feuerplatz mit typisch südafrikanischen Gerichten. Gute Weinlese.

Old Gaol Coffee Shop (R), 26 Swellengrebel St, Tel. 028-5143847, tägl. 8.30–17 Uhr. Gemütliche Räume im restaurierten Gefängniskomplex des Drostdy-Museums, leckere kleine Gerichte. Tipp: frische *Melktert* mit *Moerkoffie*.

Sehenswert

Drostdy Museum, Swellengrebel St, Tel. 028-5141138, Fax 5142675, info@drostdymuseum.com, www.drostdymuseum. com, Mo–Fr 9–16.45 Uhr, Sa/So 10–16 Uhr. Das Freilicht-Museum umfasst einige historische Gebäude. Das Drostdy, Old Gaol und Secretary's-Haus zeigt die Entwicklung der Region von einem Außenposten der Dutch East India Company zu einer prosperierenden Stadt unter britischer Herrschaft.

Historische Stadtgebäude. Viele der Häuser in Südafrikas drittältester Stadt stammen aus dem 18. Jahrhundert. Das kostenlose Faltblatt *„Swellendam Treasures"* listet sie alle auf und beschreibt sie ausführlich.

Dutch Reformed Moederkerk. Zu Beginn des 20. Jahrhunderts entstandene Kirche mit gotischen, barocken und Renaisssance-Merkmalen.

Feste

Festival of Visual Arts and Crafts. Jedes Jahr findet Ende November ein Festival mit Paraden, Musik, Kabarett, Filmen, Kunsthandwerk und Sportveranstaltungen in Swellendam statt. Auskünfte erteilt Swellendam Tourism, www.swellen damtourism.co.za.

WALKÜSTE UND WEINLAND

Overberg und Walküste

Zunächst geht es entgegen der Zielrichtung aus **Swellendam** hinaus, auf der N 2 Richtung Heidelberg. Wer mag, kann den gleich südlich von Swellendam liegenden **Bontebok National Park** besuchen. Der Park, in dem es neben Buntböcken noch viele andere Antilopen zu sehen gibt, liegt gerade noch im Kap-Florenreich, ist also etwas für *Fynbos*-Fans (▶ s.S. 70, „Einzigartige Flora"). Man kann im Park campen oder einen Caravan mieten.

Nach etwa 10 Kilometern zweigt von der N 2 bei der BP-Tankstelle in Buffelsjagrivier eine staubige Holperpiste nach Süden Richtung Malgas ab. Endlos weite Felder erstrecken sich bis zum Horizont. Eine gelbbraune, von der Sonne versengte Landschaft, in die wenige weiße Farmhäuser eingestreut sind. **Overberg** nennt sich diese Region in der westlichen Kap-Provinz. Vor allem Getreide wächst hier auf den landwirtschaftlichen Nutzflächen. Die Kombination von mediterranem Klima und fruchtbaren Böden schafft ideale Voraussetzungen. Bis zum Horizont erstrecken sich Weizenfelder, die sich mit Gerste und Hafer abwechseln. Im Frühling kommt Farbe ins Bild: Dann blühen die meisten der vielen hier vorkommenden Pflanzenarten.

Malgas, am breiten *Breede River* gelegen, aber immerhin 50 km von der Küste entfernt, war einst der wichtigste Inlandshafen Südafrikas. Zu den Hoch-Zeiten Swellendams erfolgte der Warenaustausch mit Kapstadt über den Seeweg. Heute ist Malgas ein ruhiger, eher verschlafener Ort. Hübsche reetgedeckte Häuser, meist Ferienheime von Kapstädtern, die hier ihre verlängerten Wochenenden verbringen, säumen den Fluss, Motorboote sind an kleine Holzstege gebunden. Die einzige handgezogene Flussfähre Südafrikas verbindet die beiden Ufer. Viele Jahre lang wurde sie von einem Mann bedient, *Oom Moxie Dunn,* der mittlerweile das Zeitliche gesegnet hat. Heute erledigen drei Männer die anstrengende Arbeit: Mit einem Seil, das an ihrem Schultergurt befestigt ist,

Walküste und Weinland

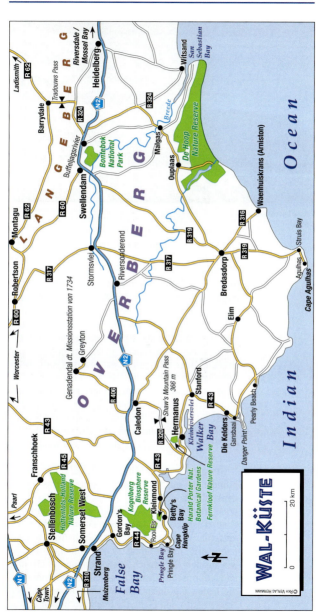

Felsenküste bei Arniston

hängen sie sich an dem Kabel der Fähre ein und "laufen" sie sozusagen ans andere Ufer.

Erst kurz vor **Bredasdorp,** etwa 55 km weiter südwestlich und vorbei am **De Hoop Nature Reserve** (Einfahrt hinter Ouplaas), endet die Schüttelpiste. In Bredasdorp befindet sich in der Independent Street das einzige Schiffswrack-Museum der Welt, untergebracht in einer idyllischen alten Kirche und einem Pfarrhaus. Zu sehen sind die angeschwemmten und geborgenen Reste der zahlreichen Schiffe, die besonders ums *Cape Agulhas* in Seenot gerieten und sanken. Über 120 sollen es gewesen sein (eine "Wrackroute" führt zu den Punkten am Strand, wo sie untergegangen sind). Außerdem präsentiert das Shipwreck-Museum Kanonen, Gallionsfiguren, chinesisches Porzellan, Münzen, Bullaugen und Schiffsglocken in verschiedenen Verrottungsstadien, je nachdem, wann die Schätze dem Meer wieder entrissen wurden.

Bredasdorp wurde 1838 von *Michiel van Breda* gegründet, er war nicht nur der erste Bürgermeister Kapstadts, sondern auch der Begründer der heute noch erfolgreichen lokalen Merinoschaf-Industrie.

Jetzt ist das Meer nur noch einen Katzensprung entfernt. **Waenhuiskrans,** das auch **Arniston** genannt wird, bietet fantastische weiße Sandstrände, wie aus dem Bilderbuch. Die vielen Buggys erinnern an kalifornisches Beach-Live. PS-starke Rennboote, die gegen die mächtigen Wellen ankämpfen, verstärken noch den Eindruck, irgendwo in den USA zu sein. Doch solch ausgedehnte, fast menschenleere Strände gibt es dort nirgendwo mehr. In den mächtigen Dünen kämpfen einige mit ihren Kites und heben dabei manchmal meterhoch ab.

Wer sich genug erfrischt hat, sollte unbedingt die reetgedeckten und weißgekalkten alten Fischerhäuser des Ortes ansehen. Der Afrikaans-Name *Waenhuiskrans* („Wagenhaushöhle") bezieht sich auf die in der Nähe gelegene große Höhle in den Klippen, die mehrere Ochsenwagen aufnehmen kann. Der inoffizielle Name Arniston stammt von dem 1500 Tonnen großen britischen Truppentransportschiff „Arniston", das 1815 vor der Küste untergegangen ist. 372 Menschen kamen damals ums Leben, nur sechs überlebten die Katastrophe.

Cape Agulhas: Links der Indische, rechts der Atlantische Ozean

Etwas weiter südwestlich, hinter *Struisbaai,* entdeckten die ersten portugiesischen Seefahrer, dass ihre Kompassnadeln ohne Abweichung nach Norden zeigten. Sie hatten den südlichsten Punkt des afrikanischen Kontinents erreicht und nannten den Ort **Cape Agulhas,** das portugiesische Wort für „Nadeln". Hier, und nicht wie viele Besucher fälschlicherweise annehmen am Kap der Guten Hoffnung, treffen Atlantik und Indischer Ozean aufeinander.

Der nach Green Point in Kapstadt zweitälteste **Leuchtturm** Südafrikas aus dem Jahre 1849 warnt Schiffe nach wie vor jede Nacht mit höchster Leuchtkraft vor der tückischen Küste. 30 Seemeilen weit ist sein Blitzlicht zu sehen. Zwischen 1673 und 1990 sind über 124 Schiffe in einem Umkreis von 80 Kilometern um das Kap untergegangen. Ein mittlerweile auseinandergebrochener taiwanesischer Frachter rostet in der Nähe des südlichsten Punktes fotogen vor sich hin. Ansonsten hat Agulhas, neben der

Tatsache, der südlichste Punkt Afrikas zu sein, nicht viel zu bieten. Geplant ist, von hier aus für 195 Millionen Rand eine neue Straße immer entlang der Küste bis Pearly Beach zu bauen, von wo aus bereits eine Asphaltstraße über Gansbaai, Hermanus bis nach Kapstadt führt. Der **Cape-to-Cape Highway** verspricht dann, eine der beliebtesten Straßen Südafrikas zu werden. Grundstücks- und Hauspreise in den Gemeinden entlang der geplanten Trasse haben bereits deutlich angezogen.

Information

Suidpunt Tourism Bureau, Bredasdorp, Dr. Jansen St, Tel. 028-4242584. Infos zum südlichsten Punkt Afrikas, zu Übernachtungen, Restaurants und Aktivitäten. Die deutschsprachige Website www.arniston.de informiert ebenfalls ausführlich über die Gegend.

Unterkunft

Arniston

Arniston Hotel (RRRR), Beach Rd, Tel. 028-4459000, www.arnistonhotel.com. Mediterran angehauchtes, luxuriöses Beach-Hotel in weißen und türkisfarbenen Tönen gehalten. 30 Zimmer, davon sechs luxuriöse Suiten mit Meeresblick und Balkon. Für kühlere Nächte gibt es offene Kamine. Gutes Restaurant.

The Arniston Spa Hotel (RR), 23 Main Rd, Tel. 028-4459175, Fax 4459174, lodge@arniston.co.za, www.arnistonlodge.co.za. Vier Zimmer in einem reetgedeckten Haus, das gut zu den typischen, historischen Fischerhäuschen im Ort passt, die Zimmer im ersten Stock haben Meersblick. Es gibt einen Swimmingpool und einen großen Feuerplatz, der Besitzer ist Deutscher.

Southwinds (RR), 12 1st Avenue, Tel./Fax 028-4459303, southwinds@arniston-info.co.za, www.arniston-info.co.za. B&B mit vier Zimmern, ebenfalls mitten im Ort und nah am Strand.

Struisbaai

Harbour Lights (RR), 5 Kusweg Oos, Cape Agulhas, Tel./Fax 028-4356053, harbour@isat.co.za, www.capeagulhas.co.za. Vom berühmten Leuchtturm am südlichsten Ende Afrikas 6 km entfernt, sicherer Badestrand. Vier Zimmer, eine Garden Suite. Restaurants und Geschäfte in Gehdistanz.

Sehenswert

Cape Agulhas Lighthouse and Museum, Southern Tip of Africa, Tel. 028-4356078, tägl. 9–16.45 Uhr, Eintritt R 10. Restaurant: Tel. 028-4357580, Mo–Sa 8–22 Uhr, So 8–17 Uhr. Das Restaurant serviert leichte und gute Gerichte.

Elim

Der nächste Etappenort ist noch immer nur auf einer unbefestigten Straße zu erreichen. Doch die Mühe lohnt sich: Der 1824 gegründete Missionsort **Elim** sieht noch genauso aus wie vor über 150 Jahren. Er steht mittlerweile komplett unter Denkmalschutz. Am Ende der Main Street thront die alte Giebel-Kirche, rechts und links der Straße stehen die kleinen weißen, reetgedeckten Häuschen der hier wohnenden Coloureds, die alle Mitglieder der Kirchengemeinde sind. Wenn irgendwo in Südafrika ein Haus mit Reet gedeckt wird, ist fast immer ein Handwerker aus Elim mit dabei. Sie gelten als die absoluten Spezialisten für solche Dachkonstruktionen. Die Glocke, die Elims Gotteshaus 1914 bekommen hat, wurde 1764 in Deutschland gegossen, sie war ursprünglich für eine Kirche der *Herrnhuter Mission* in *Genadendal* gedacht gewesen.

Missionsstationen

Die Herrnhuter Kirche geht auf die sehr frühen Reformbewegungen der „Böhmischen Brüder" im Zusammenhang mit dem tschechischen Reformator Johann Hus zurück. Die Herrnhuter Mission war die erste Missionsgesellschaft, die sich in Südafrika niederließ, als einer ihrer Missionare, *Georg Schmidt,* 1734 die erste Missionsstation in **Genadendal** (Gnadental, nördlich der N 2, an der R 406, s. Karte „Wal-Küste") gründete.

Nach Auseinandersetzungen mit den Buren und der Niederländisch Reformierten Kirche mußte er das Land verlassen. Als Herrnhuter Missionare 1792 wieder ins Land kamen, fanden sie nur noch die Reste der ersten Missionsgemeinde vor. Von Genadendal aus verbreitete sich die Mission in der ganzen Kapprovinz. Im Western Cape gibt es 13 solcher Missionsdörfer. Sie erstrecken sich von Rietpoort und Ebenhaezer an der Westküste bis Haarlem in der Karoo. Jede Missionsstation besitzt ihren eigenen Charme, und wenn man die Dörfer heute besucht, hat man das Gefühl, die Zeit sei stehengeblieben. Häuser und Straßen sehen noch aus wie vor Jahrzehnten. Die Kirche ist noch immer Ortszentrum und verantwortlich für die Erziehung der Kinder. In der Website von Cape Town Tourism sind die wichtigsten von ihnen bei Sehenswürdigkeiten mit allen Kontaktdetails aufgelistet.

Alte deutsche Mission Genadendal

Kurz vor **Pearly Beach** haben Staub und Rütteln dann endgültig ein Ende. In die Bucht von Pearly Beach kommen in der Saison von Juni und November regelmäßig Wale (übernachten in Beach-Nähe: B&B „The Ark", dt. Besitzer Otto Duennebacke, 22 Puren Rd, Tel. 028-3819180, www.theark.de.vu). Wasserratten können hier gleich in die Fluten springen oder sich bis zum touristisch aufstrebenden **Gansbaai** gedulden.

Stanford

Stanford hat, aufgrund seiner Mini-Brauerei, der **Birkenhead Brewery,** nicht nur lokal Freunde gewonnen. Im Ort selber lohnt sich ein kleiner Bummel. Es gibt ein paar nette Restaurants und einen Super-Antiquitäten- und Trödelladen namens **New Junk Shop,** der sich vor ein paar Jahren von Kapstadts Long Street hierher aufs Land zurückgezogen hat.

Information

Stanford Tourism Bureau, 17 Queen Victoria St, Tel. 028-3410340, stanfordinfo@overberg.co.za, www.stanfordinfo.co.za. Infos zu Stanford und Umgebung.

Unterkunft

Grootbos Nature Reserve Garden & Forest Lodge (RRRRR), 13 km hinter Stanford in Richtung Gansbaai auf der R 43, Tel. 028-3840381, Fax 028-3840552, info@grootbos.co.za, www.grootbos.com. Zwei Lodges auf einer großen Fynbos-Farm mit Aussicht auf die Walker Bay. Die **Forest Lodge,** erbaut im minimalistischen Afro-Chic mit Reetdach, Glas und Stahl, sieht aus wie ein urbanes Boutique-Hotel, steht aber in einem 1000 Jahre alten Milkwood-Wald. Jedes Häuschen hat ein eigenes Holzdeck, ein riesiges Badezimmer und natürlich eine grandiose Aussicht. Die **Garden Lodge** wurde kürzlich renoviert, weg von Afro-rustikal zu mehr Afro-chic. Die Küche ist in beiden Lodges sehr gut. Ausflüge in den Fynbos zu Fuß, per Pferd oder im Geländewagen. Waltrips in der Saison. Kinder sind in der Garden Lodge willkommen.

Blue Gum Country Estate (RRRR-RRRRR), Klein Rivier Valley, nordöstlich von Stanford, 5 km von der R 326, Tel. 028-3410116, Fax 028-3410135, reservations@bluegum. co.za, www.bluegum.co.za. Luxuriöses und ruhig gelegenes Landgut mit exzellentem Restaurant, ein Platz zum Abschalten und Relaxen. Mountainbike-Trails auf Farmpisten, Tennisplatz. Alle 10 Zimmer haben ihre eigenen Verandas.

Bellavista Country Place (RRR-RRRR), zwischen Stanford und Gansbaai auf der linken Seite der R 43, Tel. 028-3410178, Fax 028-3410179, bellavista@hermanus.co.za, www.bella.co.za. Familiär geführtes, ruhig gelegenes Gästehaus mit wunderbarer Aussicht auf die Berge und die Walker Bay, sehr kinderfreundlich. Der Schweizer Besitzer Georges spricht Deutsch. Großer Pool, 2 Suiten, 1 Junior Suite und 1 Cottage stehen zum Übernachten zur Auswahl. Das **Panorama Restaurant** (RRR) hat eine sehr gute Küche, es steht auch Nichtgästen offen (vorher reservieren). Spaziergänge auf der Fynbos-Farm.

Galashiels (RR-RRR), 10 King St, Tel. 028-3410181, Fax 34 10182, gslodge@hermanus.co.za. Vier Zimmer und zwei Suiten in einem eher schottischen Ambiente, die Besitzerin ist Innendesignerin, eigener Pub.

Restaurants

Lunch-Tipps

Birkenhead Brewery (RR), an der R 326 nach Bredasdorp, Tel. 028-3410183, info@birkenhead.co.za, www.birkenhead.co.za, tägl. 11–17 Uhr. Mini-Brauerei mit Restaurant und schönem Biergarten. Aufgemacht wie ein typisches südafrikanisches Weingut.

Mariana's Home Deli & Bistro (R), 12 Du Toit St, Tel. 028-3410272, Fr, Sa u. So 9–16 Uhr, von Mitte Juli bis Mitte Aug. geschlossen. Sehr leckere Gerichte mit frischen Zutaten aus dem Garten zu erstaunlich kleinen Preisen. Fast immer ausgebucht, rechtzeitig reservieren!

Dinner-Tipps

Emilio's (R), 5 Queen Victoria St, Tel. 028-3410424, Di–Sa Dinner. Relaxte Atmosphäre, ruhige Background-Musik. Fusion aus südafrikanischen und italienischen Gerichten.

Einkaufen

The New Junk Shop, 11 Queen Victoria St, Tel. 028-3410797. Ein wirklich lohneswertes Ziel, eine Art Museum, wo allerdings alles käuflich zu erwerben ist.

Hermanus, Stadt der Wale

Zwischen Meer und Bergen geht es von Stanford auf der R 43 weiter. Hermanus verdankt sein Bestehen einem Lehrer, der keinen Bock mehr hatte. Hermanus Pieters kehrte seiner Schule in Caledon den Rücken und ließ sich am Meer bei einer Süßwasserquelle nieder. Diese wurde als *Hermanuspietersfontein* bekannt. Genauso nannte man auch das dort 1855 entstehende Dorf, bis dem Postmeister das Aussprechen des Zungenbrechers zu viel wurde. 1902 einigten sich die Stadtväter auf die Kurzform Hermanus.

Zentral und sicher parken können Sie in der Long Street auf dem Parkplatz von *Pick 'n Pay*.

Das Städtchen gilt weltweit als einer der wenigen Orte, wo sich Wale aus nächster Nähe, nur ein paar hundert Meter vom Land entfernt, beobachten lassen. Zwischen Juni und November läuft der Wal-Schreier mit seinem Seetang-Horn und einer großen Tafel den Klippenpfad entlang und hält Touristen über Sichtungen der Riesensäuger auf dem laufenden. Wer abends kein Glück mehr hat, kann es ja am nächsten Morgen noch einmal versuchen. Vielleicht klappt es dann mit der Wal-Bekanntschaft.

Zwischen Juni und September kommen die Wale aus ihren Futtergründen in den eiskalten Antarktis-Gewässern, nach einer 8000 Kilometer langen Reise, an Südafrikas Kapküste an. In der Hermanus vorgelagerten **Walker Bay,** unterhalb der Klippen, in der

Straßenmarkt in Hermanus

Walküste und Weinland

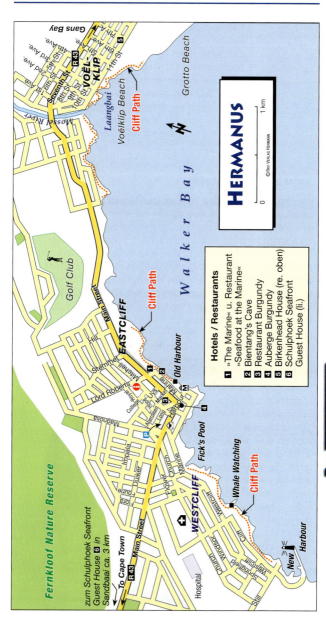

Nähe des alten Hafens, liegt der Lieblingsplatz der *Southern right whales* (Glattwale). Hier begatten sie sich und bringen zwischen September und November, nach einem Jahr Tragezeit, ihren Nachwuchs zur Welt. Die Jungen werden etwa sechs Monate bis zu einem Jahr lang gesäugt. Wale atmen Luft und können hunderte von Metern tief und bis zu 90 Minuten lang tauchen. Die deutsche Bezeichnung „Glattwal" weist auf das Fehlen von Furchen hin, ihr Körper ist völlig glatt.

Hermanus' Cliff Path

Der Klippenpfad, der sich 12 Kilometer lang an die Küste schmiegt, bietet gute Punkte zum Beobachten der Wale. An besonders schönen Stellen stehen Bänke. Am Old Harbour ist sogar ein Teleskop für Wal-Späher installiert, um die sanften Riesen formatfüllend beobachten zu können. Dabei fallen eine Reihe von Besonderheiten auf: Glattwale filtern zur Nahrungsaufnahme das planktonhaltige Wasser kontinuierlich durch ihre Barten. Walforscher sprechen von *breaching*, wenn ein Wal rückwärts aus dem Wasser schießt und sich so wieder zurückfallen lässt. Das kann eine Art von Spiel oder Kommunikation sein, manchmal auch Zeichen von Agressivität. Wale tun das meist vier bis fünf Mal hintereinander. Das Schlagen der Schwanzflosse auf die Wasseroberfläche schallt viele Kilometer weit und informiert andere Wale. Um ihre Umgebung besser sehen zu können, stehen sie manchmal senkrecht, bis zu den Flossen aus dem Wasser ragend, im Meer. Ein- und Ausatmen, *blowing*, verursacht die riesigen Wasserfontänen, die aus dem Luftloch am Kopf schießen. Die röhrenden Laute sind Signale, die meist nachts ausgestoßen werden und kilometerweit zu hören sind. Bei der Begattung geht es recht liberal zu: Gleich mehrere Männchen versuchen in einer sogenannten *mating session* ein einziges Weibchen zu begatten. Bei dem gewaltigen Gewicht aller Beteiligten ein wahrhaft feucht-fröhliches Unterfangen.

Die mittlerweile wieder recht häufig zu sehenden Glattwale standen bereits kurz vor ihrer Ausrottung. Professionelle Walfänger jagten sie seit dem Ende des 18. Jahrhunderts gnadenlos, vor allem wegen ihrer langen feinen Barten (als Stützen für Damenkorsette verwendet) und besonders wegen ihres Öls, das als Lampenöl, zum Kochen und als Lebertran Verwendung fand.

Der englische Name *Southern „right" whale* stammt von seinen ehemaligen Jägern: Er war der „richtige" Wal zum Töten, da er sehr dick war und nach seinem Tod nicht unterging wie andere Wale, sondern an der Oberfläche trieb.

Schätzungen ergaben, dass 1940, als der Walfang verboten wurde, nur noch zehn bis 30 erwachsene Weibchen am Leben geblieben waren. Heute sind es dank unermüdlicher Wal-Helfer ungefähr 400 und eine Gesamtpopulation an dieser Küste von etwa 1600 Tieren, was einem jährlichen Zuwachs von sieben Prozent entspricht.

Information

Hermanus Tourism Bureau, Old Station Building (im alten Bahnhof), Mitchell Street/Ecke Lord Roberts, Tel. 028-3122629, Fax 3130305, infoburo@hermanus.co.za, www.hermanus.co.za. Informationen und viel Prospektmaterial sowie Reservierungen für Unterkünfte und Walbeobachtungs- bzw. Haitauch-Touren. Es gibt sehr viele Unterkünfte aller Kategorien und Preisklassen, Bilder der Etablissements können angesehen werden, das nette Personal checkt sofort, ob noch Zimmer frei sind und bucht auch.

Infos zum jährlichen Walfestival:
Tel. 028-3130928, Fax 3130927,
festival@hermanus.co.za, www.whalefestival.co.za.

Restaurants

Lunch-Tipps

Bientang's Cave (RR), unterhalb vom Marine Drive, Tel. 028-3123454, www.bientangcave.com. Das rustikale, in einer Grotte in den Klippen untergebrachte Fischrestaurant erreicht man über eine steile Treppe. Vor allem in der Walsaison speist man unglaublich nahe an den Ozeanriesen. Das Essen selbst ist allerdings nichts Besonderes.

Dinner-Tipps

Seafood at the Marine (RRR), The Marine Hotel, Marine Drive, Tel. 028-3131000, tägl. Lunch & Dinner. Im Gegensatz zum ebenfalls im Marine Hotel befindlichen elegantvornehmen „Pavilion Restaurant" ist das „Seafood" die deutlich relaxtere Angelegenheit. Nichtsdestotrotz sind die angebotenen Gerichte ausgezeichnet, es ist *die* Adresse in Hermanus für Fisch- und Schalentiergerichte. Auch der in grau-schwarz gehaltene Speiseraum ist attraktiv und die Küche ist einsehbar.

Burgundy Restaurant (RRR), Market Square, Harbour Road, Tel. 028-3122800. Leichte, mediterrane Küche mit Schwerpunkt auf Fischgerichte, von den Tischen im Freien lassen sich die Wale in der Bucht beobachten. Die tolle Lage wiegt den eher unfreundlichen Service fast wieder auf.

Unterkunft

Birkenhead House (RRRRR), 7th Av, Voelklip, Tel. 028-3148000, Fax 028-3141208, info@birkenheadhouse.com, www.birkenheadhouse.com. Eine der schönsten und exklusivsten Übernachtungsmöglichkeiten in Kapstadts Umgebung. Afro-Chic und Beach-House-Ambiente wurden geschickt und mit viel Stil gemischt. Perfekter Luxus. Gourmet-Menus am Abend. Erstklassiger Fitness- und Wellnessbereich.

The Marine (RRRRR), Marine Drive, Tel. 028-3131000, Fax 3130160, marine@hermanus.co.za, www.marine-hermanus.co.za. Das luxuriöseste Hotel im Zentrum. Große Zimmer, die mit Meeresblick sind natürlich die schönsten; bei offenem Fenster hört man die Wal-Gesänge in der Nacht.

Schulphoek Seafront Guest House (RRRRR), 44 Marine Drive im westlichen Ortsteil Sandbaai, 4,5 km vom Zentrum (Anfahrtsbeschreibung auf der Website), Tel. 028-3162626, Fax 3162627, schulphoek@hermanus.co.za, www.schulphoek.co.za. An der Schulphoek-Bucht mit tollem Meeresblick gelegen, afrikanisch-beeinflusstes Innendesign, kostenloses Viergänge-Dinner zur Begrüßung, entweder mit Wild oder Fisch. Weinkeller mit über 2000 Flaschen!

Entlang einer Bilderbuch-Küste

Nehmen Sie die R 43 nach Westen und biegen Sie dann am Ende des *Bot River Vlei* nach links in die R 44. **Kleinmond** und **Betty's Bay** sind ständig an Beliebtheit zunehmende Badeorte. Kein Wunder, sie liegen im Naherholungsbereich von Kapstadt. Und die Strecke bis Gordon's Bay, der **Clarence Drive,** ist eine der großartigsten Küstenstraßen des Landes: schöne sanfte Kurven, griffiger Asphalt, attraktive Naturstein-Mauern und viele befestigte Parkplätze zum Rasten und Wale-Gucken in der False Bay. **Kogel Bay** weist einige tückische Strömungen auf, Schwimmer sollten sich nicht zu weit hinauswagen. Dafür ist der schneeweiße Sandstrand wunderschön. Und wenn Sie zu Hause im Werbefernsehen neue Autos

Weinland

Traumhafter Clarence Drive

"französische" Küstenstraßen entlangbrausen sehen, sind diese Spots meist hier gedreht, sowie auf einer wunderschönen Stichstraße kurz vor Gordon's Bay, die auch Touristen frei befahren können. Diese nicht ausgeschilderte, kurvige Privatstraße zum **Steenbras Dam** geht am Ortsanfang von Gordon's Bay nach rechts weg. Ein Schild weist darauf hin, dass sie auf eigene Gefahr befahren werden kann. Zum Damm selbst darf man nicht fahren, aber ganz oben, kurz vor dem bewachten Eingangstor, ist links eine große Parkbucht mit Super-Aussicht über die gesamte False Bay – ein wirklich lohnenswerter Abstecher!

Kaum zu glauben, dass man nur eine Fahrstunde von hier entfernt mitten in den Bergen ist. Hier wird der alte, scheinbar abgedroschene Werbespruch Südafrikas doch noch zur Realität: „Die Welt in einem Land". Sie baden im Meer, sonnen sich an einem weißen Sandstrand (Karibik) und fahren dann über einen kurvenreichen Pass (Alpen) in die Berge, um kurz darauf in einem lieblichen Tal mit grünen Weinfeldern (Südfrankreich) anzukommen.

Nehmen Sie in Gordon's Bay die erste Möglichkeit nach rechts, die *Sir Lowry's Pass Road* zur N 2 und biegen Sie dann wieder nach rechts ein, zum 402 Meter hohen **Sir Lowry's Pass.** Wie viele südafrikanische Bergstraßen ist er aus einem Tier-Trampelpfad entstanden. Vorbei an einer Ansammlung von bizarren Felsnadeln auf der Passhöhe geht es hinunter

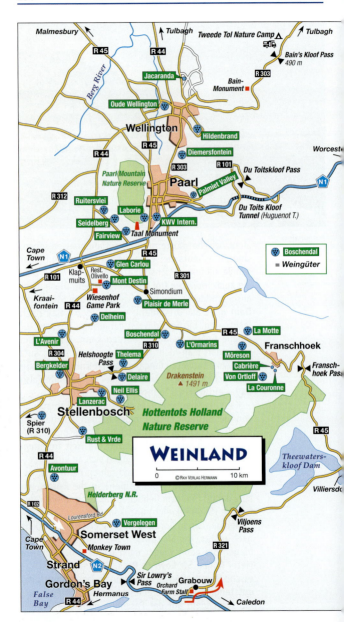

nach **Grabouw.** Hinter dem Ort wird die Straße R 321 deutlich schmaler, der Verkehr nimmt ab. Neben den Obstplantagen tauchen die ersten Weinfelder auf. Gleich hinter der *Draaiberg Bridge* über den *Theewaterskloof Dam* nach links auf die R 45 abbiegen. Es geht direkt auf die Berge zu, schließlich durch spektakuläre Kurven hinauf auf den 701 Meter hohen **Franschhoek Pass,** ein straßenbauliches Highlight. Die Aussicht ist grandios. Hier oben, zwischen den nackten Felsen, bläst der Wind, unten im idyllischen Tal liegt **Franschhoek** mit seinen Weinanbaugebieten in sattem Grün.

Franschhoek, Treffpunkt der Gourmets

In vielen Kurven geht es zu Tal. **Franschhoek** klingt französisch, ist aber Afrikaans und heißt „französische Ecke". Der ganze Ort sieht auch aus wie ein Provence-Städtchen. 200 Hugenotten-Familien, die nach der Aufhebung des Edikts von Nantes 1685 ihre Glaubensfreiheit verloren hatten, flüchteten mit Schiffen ans Kap und ließen sich 1688 in der heute *french corner* genannten Gegend nieder. Der damalige Kap-Gouverneur *Simon van der Stel* überließ ihnen das Land. Viele Ortsnamen in der Nähe weisen auf die französische Herkunft der Siedler hin: *La Provence, La Motte, Champagne* und *Bien Donne*. Auch die Familiennamen dieser Südafrikaner spiegeln das Erbe wider: *Du Plessis, Du Toit, Malan* und *Joubert*. Gesprochen wird die alte Sprache allerdings nicht mehr. Die Einwanderer assimilierten sich sehr schnell, lernten sofort Holländisch, später Afrikaans. Trotzdem herrscht auf den Speisekarte die französische Sprache vor, das ist einfach eleganter. Und im Gegensatz zu Frankreich rümpft hier auch niemand die Nase, wenn man das eine oder andere Wort nicht ganz so richtig ausspricht.

Durch die Franzosen bekam der südafrikanische Weinanbau einen gewaltigen Qualitätsschub. Denn im Gegensatz zu den ersten holländischen Siedlern besaßen die Hugenotten ein detailliertes Kellerei-Wissen, das sie sich in Bordeaux, im Burgund und in der Provence angeeignet hatten. Bereits *Jan van Riebeeck,* der erste Kap-Gouverneur, versuchte Reben

Weinland

Bastille-Festival in Franschhoek: Ballone in den französischen Nationalfarben

anzupflanzen. Das Klima erschien ihm mehr als günstig und er forderte von der Holländisch-Ostindischen Handelsgesellschaft (V.O.C) ständig neue Rebstöcke aus Deutschland, Frankreich und Spanien an. Sieben Jahre nach seiner Ankunft in Afrika, 1656, erntete er den ersten Wein. Eine Tagebuch-Aufzeichnung Riebeecks gibt darüber Auskunft: „Heute, der Herr sei gepriesen, wurde zum ersten Mal aus Kaptrauben Wein gepresst". Über die Qualität verlor Riebeeck zwar keine Zeile, trotzdem gilt es als sicher, dass das Erstlingswerk völlig ungenießbar war. Er hätte sich wohl niemals träumen lassen, dass die Weine vom Kap einmal mit den besten Tropfen der Welt konkurrieren könnten. Im und um Franschhoek gibt es etwa 30 produzierende Weingüter.

Am Ortseingang von Franschhoek steht das 1938 eingeweihte und kürzlich restaurierte **Hugenotten-Denkmal.** Ein Monument aus Granit, das an die Vertreibung aus Europa erinnern soll. Die zentrale Figur des Denkmals steht auf der Weltkugel, ihre Füße berühren Frankreich. In einer Hand hält die Frau eine Bibel, in der anderen eine zerbrochene Kette – Symbole für die Befreiung von der Unterdrückung ihrer Religion. Die drei Bögen im Hintergrund sollen die Dreifaltigkeit darstellen, der friedliche Lilienteich davor die Ruhe, welche die Hugenotten nach ihrer langen Flucht über das Meer hier fanden. Im angegliederten Museum ist einiges über die Geschichte der Hugenotten und ihren protestantischen Glauben zu erfahren.

Weingut L'Ormarins bei Franschhoek

Auch auf dem kulinarischen Sektor macht Franschhoek seinem französischen Erbe alle Ehre: Die Restaurants des Ortes gehören zu den gemütlichsten und besten Südafrikas. Gleich acht Stück finden sich unter den Top-Gourmet-Tempeln des Landes. Die Auswahl fällt somit schwer. Da gibt es wohl nur zwei Lösungen: Länger bleiben oder möglichst bald wiederkommen.

Ganz gleich, in welcher Herberge in der vergangenen Nacht geschlafen wurde, eines haben alle gemeinsam: Das Frühstück in Franschhoek ist absolut fantastisch! Frische Zutaten aus eigenen Gärten, Obst, Säfte, würziger, kräftiger Kaffee, Croissants und anderes herrlich duftendes Gebäck, frisches Brot – das Ganze auf hübsch gedeckten Tischen präsentiert – machen bereits die Einstiegsmahlzeit des Tages zum kulinarischen Ereignis.

Information

Franschhoek Tourism Office, 28 Huguenot Rd, von Stellenbosch kommend am Ortsanfang links, Tel. 021-8762767, www.franschhoek.org.za. Sehr gutes Infobüro mit einer Fülle von guten Tipps zu Übernachtungen, Restaurants und Weingütern. In der Website sind alle Übernachtungsmöglichkeiten nach Preiskategorien geordnet und mit Fotos beschrieben.

Restaurants

Lunch-Tipps

Bread & Wine (RR), Moreson Wine Farm, Happy Valley Rd, Tel. 021-8763692, www.moreson.co.za, Mi–So 12–15 Uhr, Jan./Feb. auch dienstags. Mediterran beeinflusste Speisekarte mit leckeren Antipasti und, wie der Name bereits andeutet, wunderbar aromatischen Brotsorten. Es gibt eintägige Brotbackkurse (s. Website) zu 385 Rand p.P. Ein Laden verkauft alle Köstlichkeiten. Ideal für Besucher, die sich selbst versorgen oder ein Picknick machen wollen.

Col'Cacchio (RR-RRR), 66 Huguenot St, gegenüber der Tourist Info, Tel. 021-876-4222. Die wohl beste Pizzeria im Franschhoek-Tal. Pizzen in 43 verschiedenen Arten, selbstverständlich im Holzofen gebacken. Alternativen sind frische Pasta, leichte Salate und verführerische Desserts – bei schönem Wetter im Freien unter den Bäumen.

The French Connection Bistro (RR-RRR), Huguenot Street zwischen Bordeaux und De la Rey Street, Tel. 021-8764056, tägl. Lunch & Dinner. Simplifizierte und preiswerte französische Küche in einem umtriebigen Bistro mit ländlichem Ambiente. Kleine Veranda. Geheimnis des Chefkochs: beste Zutaten und limitierte Geschmacksrichtungen auf dem Teller. Die belegten Baguettes sind prima.

La Fromagerie at La Grange (R), 13 Daniel Hugo St, Tel. 021-8762155, grangal@iafrica.com. In den ehemaligen Stallungen der alten Cabrière-Farm untergebrachter afrikanisch-ethnischer Innendesigner-Laden mit Restaurant, das kleine Gerichte drinnen und draußen (mit Bergblick) serviert. Spezialität: Käse von 40 lokalen und einigen ausländischen Produzenten.

La Petite Ferme (R), Pass Rd, vom Franschhoek Pass kommend am Ortseingang links, Tel. 021-8763016, lapetite@iafrica.com, www.lapetiteferme.co.za. Delikate, südafrikanisch und französisch angehauchte Gerichte, vor allem auf der Veranda mit Blick ins Franschhoek Valley ein Genuss. Der hauseigene, im Eichenfass gereifte Chardonnay ist sehr empfehlenswert.

Dinner-Tipps

Reuben's (RR-RRR), im Oude Stallen Shopping Centre, 19 Huguenot Rd, Tel. 021-8763772, Mi–Mo 12–15.30 u. 18–21.30 Uhr. Der Newcomer wurde 2004 vom renommierten Magazin *Eat Out* zum besten Restaurant Südafrikas gewählt. Sein Besitzer und Chefkoch, der aus Franschhoek stammende *Reuben Riffel*, zum besten Koch! Die doppelte Ehrung verpflichtet: Reuben kochte früher im Monneaux, ging dann auf Weltreise und ließ sich, zurück in Franschhoek, dazu überreden sein eigenes Restaurant zu eröffnen. Tipps: sein Lachs-Kuchen und die Szechuan-Pfefferente mit Rosmarin-Kartoffelbrei. Witzig ist das „Andy Warhol"-Wandgemälde: *Reuben's condensed tomato soup*. Das Essen ist wirklich gut, vor allem, wenn es im Sommer im lauschigen Innenhof serviert wird.

The Tasting Room at Le Quartier Français (RRRR), 16 Huguenot Rd, Tel. 021-8762151, www.lequartier.co.za, Dinner 19 Uhr. Die mehrfach preisgekrönte Edelköchin *Margot Janse* präsentiert hier ihre kulinarischen Kunstwerke in Sechs- oder Acht-Gänge-Menus. Wer keinen der begehrten Tische ergattern kann, muss nicht auf Margots Gerichte verzichten. Im benachbarten **iCi** (RRR), gibt es sie von 12 bis 22 Uhr à la carte; **iCi** ist ein bistroartiges Restaurant mit Terrasse zur Straße hin. Preisgekrönte Weinliste.

Haute Cabrière Cellar Restaurant (RR), Cabrière Estate, Franschhoek Pass, Tel. 021-8763688; tägl. Lunch 12–15 Uhr, Dinner 19–22 Uhr nur Fr/Sa. Jedes Gericht wird in diesem Restaurant mit einem anderen Wein des Cabrière-Gutes gepaart. Der Weinkeller, tief in den Berg gebaut, wirkt fast sakral. Winzer Achim von Arnim und Chefkoch Matthew Gordon zelebrieren Speis und Trank mit Gerichten wie Asiatisches Filet, Forellen-Kaviar und scharfem Springbock. Zum Abschluss einen Ratafia probieren!

Topsi & Co (RR), 7 Reservoir Street West, Tel. 021-8762952, Lunch 12.30–15 Uhr, Dinner 19–21.30, Di geschlossen. Willkommen in Topsi Venters Welt! Wer hier einkehrt, fragt sich, wo er gelandet ist – in einem Privathaus, einem Labor, einer Küche, einer Kunstgalerie? Der Speiseraum neben der Bibliothek ist eine Erfahrung für sich. Zwischen Küche und Haus gibt es keine klare Trennung. In dem Buch „Great Dishes of the World" wird Topsis Chili Jam (Chili-Marmelade) gepriesen, sie sollte mit jedem Gericht geordert werden. Die Schiefertafel-Speisekarte ändert sich ständig, am besten die Gerichte des Tages wählen.

Unterkunft

Le Quartier Français Auberge (RRRRR), Ecke Berg-/Wilhelmina Street, Tel. 021-8762151, Fax 8763105, res@lqf.co.za, www.lequartier.co.za. Das elegante, trotzdem legere Hotel ist im provenzalischem Landhaus-Stil erbaut. Die Suiten gruppieren sich um einen Swimmingpool in einem idyllischen, dicht bewachsenen Garten. Und Besitzerin *Susan Huxter* ruht sich nicht auf ihren Lorbeeren (diverse Auszeichnungen für Hotel und Restaurant) aus: Ende 2004 waren umfangreiche Renovierungsarbeiten vollendet, um im Ambiente weiterhin im Trend zu liegen, was hervorragend gelungen ist. Neben dem Straßen-Bistro **iCi** und dem edlen **Tasting Room** gibt es nun auch ein kleines, intimes Kino für Gäste.

Klein Genot Wine and Country Estate (RRRR-RRRRR), Green Valley Road (über die Excelsior Rd), Tel. 021-8762738, Fax 021-8764624, info@kleingenot.com, www.kleingenot.com. Hier trifft Feng Shui-Philosophie in atemberaubender Umgebung auf Farm-Gastfreundschaft, ideale Voraussetzungen für echte Erholung. Neben delikatem organischen Essen gibt es natürlich auch einen Wellness-Bereich. Insgesamt nur sechs Zimmer, um die Exklusivität zu wahren. Tipp: eines der drei nach dem Eingang rechts gelegenen Zimmer – die sind ruhiger (Feng Shui verbietet die Vergabe von Nummern, deshalb haben die Zimmer keine).

Mont Rochelle Hotel (RRRRR), Dassenberg Rd (von der Bordeaux Street bis zum Mont Rochelle Wine Estate, dort Couronne-Schild, Anfahrtsbeschreibung auch auf der Website), Tel. 021-8762770, Fax 8763788, info@montrochelle.co.za, www.montrochelle.co.za. Luxuriöses Hotel westlich außerhalb, dadurch ruhig auf einer Anhöhe mit toller Aussicht gelegen. Überraschenderweise mal nicht im kapholländischen Stil mit plüschigem Interieur, sondern eher minimalistisch, mit zurückhaltendem afrikanisch-ethnischem Touch. Beste Aussicht von Zimmer 18 im ersten Stock. Haus-Restaurant.

La Petite Ferme (RRR), Pass Rd, zwischen Franschhoek-Pass und Ort links der Straße gelegen, Tel. 021-8763016 o. 18, Fax 8763624, info@lapetiteferme.co.za, www.lapetiteferme.co.za. Drei kleine luxuriöse, separate Häuschen im Weinberg, jedes mit eigener Terrasse und Pool, dank der exponierten Lage kommt hier noch das späte Nachmittagslicht hin. Alle Zimmer mit offenem Kamin, üppiges Frühstück wird im Cottage oder im Restaurant serviert.

Chamonix Guest Cottages (RR), Uitkyk St (nördlich), Tel. 021-8762488, www.chamonix.co.za. Voll ausgestattete, gemütliche Chalets für Selbstversorger, mitten auf der gleichnamigen Weinfarm, umgeben von Weinbergen.

Bird Cottage (R-RR), Tel. 021-8762136. Das im viktorianischen Stil erbaute Bird Cottage für Selbstversorger liegt auf einem Hügel mit toller Aussicht (südlich, über die Excelsior und dann Verdun Street). Es hat zwei Schlafzimmer, eine offene Küche, eine viktorianische Badewanne und eine Außendusche sowie sehr nette Besitzer.

Sehenswert

Huguenot Memorial Museum, Tel. 021-8762532, Lambrecht St, Mo–Fr 9–17 Uhr, Sa 9–13 u. 14–17 Uhr, So 14–17 Uhr, Eintritt 4 Rand. Zweigeteiltes Museum zur Geschichte der Hugenotten in Südafrika beiderseits der Lambrecht Street (das Ticket aufheben, es gilt für beide Gebäude). Die Exponate selber sind, im Gegensatz zu den meisten Museen in Kapstadt, sehr besucherunfreundlich präsentiert. Kleiner Souvenir-Laden mit Literatur zur Geschichte der Hugenotten. Das **Huguenot Monument** ist in einem separaten Garten, Eintritt 3 Rand.

Franschhoek Motor Museum

Das erste „richtige" Klassiker-Museum in Südafrika. In drei speziell gebauten und klimatisierten Hallen stehen über 220 wunderbar restaurierte Motor-Klassiker. Sowohl das Franschhoeker Weingut L'Ormarins als auch das Museum gehört der südafrikanischen Familie Rupert, die auf Forbes Weltrangliste der Milliardäre derzeit auf Platz 207 liegen. Viele unersetzliche Oldtimer wurden bereits für schnelles Geld exportiert und 80% der Exponate wäre es bestimmt ebenso ergangen, hätte sie Johann Rupert nicht gekauft und so einen Teil des automobilen Erbes Südafrikas in sein Museum gerettet. Die professionell gestaltete Website gibt einen guten Eindruck dessen, was den Besucher erwartet: www.fmm.co.za (Tel. 021-8749000), Eintritt 60/30 Rand Erw./Kinder, Di–Fr 10–16 Uhr, Sa/So 10–15 Uhr).

Boschendal

Der Abschied vom liebens- und lebenswerten Franschhoek fällt verständlicherweise nicht leicht. Aber auf dem weiteren Weg nach Stellenbosch auf der R 45/R 310 wartet bereits das nächste Schmuckstück, die restaurierte Weinfarm **Boschendal**, eines der schönsten Beispiele für die *Cape Dutch*-Architektur (Pniel Rd, Groot Drakenstein, Tel. 021-8704274, www.boschendal.com). 1685 sprach Simon van der Stel die Farm, ursprünglich „Bossendaal" genannt, dem französichen Hugenotten Jean Le Long zu. Das *Homestead* ist heute ein Museum mit erlesenen Möbelstücken und wertvollem Porzellan der Holländisch-Ostindischen Handelsgesellschaft.

Haupt-Restaurant (Buffet 210 Rand p.P.) im historischen Herrenhaus, **Le Café** beim Eingang (Hauptgerichte zw. 20 u. 55 Rand). Vom 13. Okt. bis 11. Mai ist es überaus beliebt, einen üppig bestükkten *Gourmet-Picknick-Korb* zu kaufen (120 Rand ohne Getränke und Service, Kinder-Korb 59 Rand).

Der 336 Meter hohe **Helshoogte Pass** hält, was sein Name „steile Höhe" verspricht: Er verbindet das Drakenstein Valley mit Stellenbosch. In der nach Kapstadt zweitältesten von Europäern gegründeten Stadt Südafrikas lohnt sich ein Aufenthalt.

Stellenbosch

Im Jahre 1679, als *Simon van der Stel* Gouverneur am Kap wurde, reiste er ins Landesinnere und schlug sein Camp am *Eerste River* auf, genau dort, wo heute **Stellenbosch** liegt. Das Gebiet gefiel ihm, und er erlaubte einigen Kapstädter *burghers* sich an dieser Stelle niederzulassen. Der 1685 gegründeten Stadt gab er kurzerhand seinen Namen – eine damals weit verbreitete Praxis, um der Nachwelt in Erinnerung zu bleiben.

Die Eichen, die er pflanzen ließ, tragen heute zum gemütlichen Charakter der Stadt bei und sind für deren zweiten Namen *„Town of oaks"* verantwortlich. Käme van der Stel heute noch einmal auf die Welt, wäre er sicherlich stolz darauf, wie Stellenbosch das historische Erbe in die Gegenwart gerettet hat. Die Bevölkerung ist aufgrund der Uni recht jung, der Umgangston locker.

Weinland

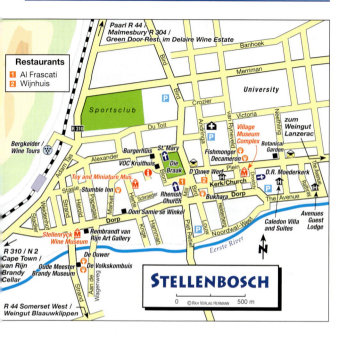

Die schönsten der insgesamt 122 denkmalgeschützten Gebäude erschließen sich am besten bei einem Spaziergang, beginnend an der Tourist Information in der Market Street. Die ausladenden Eichen spenden dabei auch an heißen Sommertagen angenehmen Schatten. Das Spielzeugmuseum **Toy and Minature Museum** ist nicht nur für Kinder ein echter Höhepunkt. Dem Museumswärter macht es sichtlich Spaß, auf all die kleinen, versteckten Details in den Puppenhäusern hinzuweisen. Einmal zeigt er auf eine winzige Brille, die neben einer Minibibel auf einer Spielzeugkommode liegt, ein anderes Mal ist es eine Zitronenscheibe in einer Teetasse, kaum größer als ein Fliegenauge.

Die **Rhenish Church** erinnert da eher an die dunklen Tage von Südafrika. Sie war die Kirche für die Coloureds. Weiße hatten ihre eigene, die **Dutch Reformed Moeder Kerk** oder *Mother Church*. Die Hautfarbe spielt heute keine so große Rolle mehr. In den Cafés sitzen gemischte Pärchen – die liberalste Stadt Afrikas, Kapstadt, ist nicht mehr weit.

Der **Village Museum Complex** in der van Ryneveld/Plein Street ist eine Art Freilichtmuseum und umfasst vier Originalhäuser, die im ältesten Teil von Stellenbosch stehen. Die Möbel entsprechen der jeweiligen Epoche. Das dortige **Schreuder House** von 1709 ist das älteste restaurierte Stadthaus Südafrikas. 1789 entstand das **Bletterman House**. Das zweistöckige **Grosvenor House** zeigt elegantes Mobiliar, wie es zwischen 1800 und 1820 üblich war, und das **O.M. Bergh House** spiegelt mit seinen Möbeln den Wohlstand eines reichen Stellenboscher *burghers* von 1850 wider.

Dann folgt der Höhepunkt des Stadtrundgangs, die parallel zum Eerste River verlaufende **Dorp Street.** In der eichengesäumten Dorfstraße reiht sich eine Vielzahl historischer, weißverputzter Häuer eng aneinander. Neben der Straße fließt – wie früher – das Wasser in tiefen Rinnen, eine gefährliche Falle für weinselige Spätheimkehrer.

Der viktorianische Tante-Emma-Laden **Oom Samie Se Winkel** (Afrikaans für: Onkel Samies Geschäft) aus dem Jahre 1904 ist heute hauptsächlich ein Souvenirladen für Touristen. Es gibt aber auch ein bisschen Trödel. Stöbern lohnt sich also. Der Geruch von Tabak, getrocknetem Fisch, Gewürzen und Leder schafft nach wie vor eine heimelige, nostalgische Atmosphäre.

Waitress im Freiluftrestaurant *Moyo at Spier*

Im **Stellenryk Wine Museum** sind die Exponate weder verkäuflich noch wild durcheinander geworfen. In zahlreichen Vitrinen wird die Geschichte des südafrikanischen Weinbaus lebendig. Wobei nicht nur die eigentliche Weinproduktion erklärt wird, sondern auch die Herstellung des entsprechenden Zubehörs wie Korken und Flaschen.

Weingüter

Stellenbosch Wine Route, Tel. 021-8864310, Fax 8864330, info@wineroute.co.za, www.wineroute.co.za Infos zu den 86 produzierenden Weingütern Stellenboschs.

Bergkelder, auf der Westseite von Stellenbosch, Tel. 021-8098492, Fax 8879081, www.bergkelder.co.za. Weinproben Mo–Fr 8–17, Sa 9–13 Uhr, 10 Rand p.P. Weinverkauf Mo–Fr 9–16.30, Sa 9–12.30 Uhr, Kellertouren Mo–Fr 10, 10.30, 15 Uhr, Sa 10, 10.30, 11 Uhr, inkl. Diashow in sechs Sprachen. In den Papegaaiberg gegrabener, großer Weinkeller.

Spier Wine Estate / Moyo at Spier

Spier Wine Estate ist so etwas wie ein „vinikulturelles Disneyland", was durchaus nicht negativ gemeint ist. Auf dem historischen Weingut gibt es viele Kinderaktivitäten, wie Spielplätze und Ponyreiten, eine Adlerwarte und Geparden-Freigehege. Hungrige können zwischen mehreren Restaurants wählen. An lauen Sommerabenden ist das **Moyo at Spier**-Freiluftrestaurant kaum zu schlagen: Essen unter freiem Sternhimmel, bedient von wunderbar kostümierten Angestellten – ein magisches Ambiente wie aus 1001 Afrika-Nacht! **Moyo at Spier** befindet sich in dem mit großen Bäumen bewachsenen Garten des Weinguts. Hier stehen Beduinenzelte, schmiedeeiserne Pavillons und Baumhäuser. Insgesamt sechs Künstler, Spezialisten für Arbeiten in Stahl, Holz und Stein, waren am Design des Restaurants, das an sich bereits eine Sehenswürdigkeit darstellt, beteiligt. Und das Essen? An einem meterlangen Buffet gibt es afrikanische Spezialitäten, Fleisch und Fisch sowie verführerische Desserts. Aber, wie gesagt, Spiers Erlebnisgastronomie empfiehlt sich nur an warmen Abenden, sonst kann es trotz offener Feuer empfindlich kühl werden.

▶ *Weitere Weingüter finden Sie entlang der R 44 dem Weg nach Paarl, s.u.*

Weinland

Information

Stellenbosch Tourism Bureau, 36 Market St, Tel. 021-8833584, Fax 021-8838017, www.stellenboschtourism.co.za, Mo–Fr 8.30–17, Sa 9–15 u. So 11–14 Uhr. Kostenlosen Stadtplan auf Deutsch besorgen und loslaufen. Die gut gemachte farbige Karte zur Stellenbosch-Weinroute ist ebenfalls empfehlenswert, speziell auch um die im Anschluss empfohlenen Weingüter zu finden. Auf der Website sind alle 3000 Betten in Stellenbosch und der näheren Umgebung gelistet, mit Bild und genauer Beschreibung. Sie können dort einfach per Mausklick reserviert werden.

Restaurants

Stellenbosch bietet sowohl in der historischen Innenstadt als auch in der näheren Umgebung eine sehr große Auswahl an guten Lokalen, darunter nicht wenige Spitzen-Restaurants. Hier ein paar Tipps:

Lunch-Tipps

Wijnhuis (RRR), Ecke Church Street/Andringa Street, Tel. 021-8875844 o. 5833, www.wijnhuis.co.za, tägl. 12–22 Uhr. Mediterrane Küche in einem „urbanen Weinland-Restaurant". Mitten in der Stadt strahlt der Platz mit seinem Weinkeller eine eher ländliche Atmosphäre aus. Natürlich große Auswahl an Stellenbosch-Weinen, auch Tische im Freien zum „nur"-Kaffeetrinken. Mo–So Lunch & Dinner.

Decameron, (RR) 50 Plein St, Tel. 021-8833331, tägl. 10–24 Uhr. Hier werden nicht nur hervorragende italienische Gerichte serviert, sondern auch sehr gutes Seafood. Gut sortierte Weinkarte. Man kann sich auch draußen in der netten kleinen Gartenanlage niederlassen.

Dinner-Tipps

Bukhara (RRR), Ecke Dorp Street/Bird Street, Tel. 021-8829133, www.bukhara.com, tägl. 12–14.30, 18–22 Uhr, Fr/Sa 18–23 Uhr. Südafrikas bestes indisches Restaurant hat einen Ableger im Weinland bekommen, wo die Bombay-Köche von Besitzer Sabi Sabharwal ihre scharfen Köstlichkeiten auf den Tisch zaubern. Untergebracht in einem historischen, Ende des 19. Jahrhunderts erbauten Haus in der Stadtmitte. Tolle Atmosphäre.

De Volkskombuis & De Oewer (RR) Aan de Wagenweg (von der Dorp Street südlich abgehend), Tel. 021-8872121 (De Oewer Tel. 021-8865431), mail@volkskombuis.co.za, www.volkskombuis.co.za. Lunch Mo–So, Dinner Mo–Sa. Authentische Kap-Küche in einem von Südafrikas berühmtesten Architekten, Sir Herbert Baker, entworfenen Haus oder unter schattigen Bäumen im Garten am Ufer des Eerste River. Zu den traditionellen Volkskombuis-Gerichten gehören u.a. *Snoek*-Pfannkuchen mit Trauben-Gelee, Hühnerpastete, *Bredie* und *Bobotie* und diverse reichhaltige Nachtische. **De Oewer** bietet ein Buffet, Preise nach Gewicht; ausgezeichnete und üppige Weinliste.

Außerhalb

Moyo (RRRR), R 310, Lynedoch Rd, Tel. 021-8091100, info@spier.co.za, www.spier.co.za/moyo.asp oder www.moyo.co.za, 12–16.30 u. 18–22 Uhr. Das wohl ungewöhnlichste Restaurant im Weinland – ein sowohl kulinarisches als auch visuelles Erlebnis (s. Fotos und Menus auf den beiden sehr gut gemachten Websites). Gäste erleben afrikanische Live-Music und bekommen die typischen Xhosa-Gesichtsmalereien verpasst. Unbedingt möglichst lange vorher reservieren! Die besten Plätze sind nicht in den beiden großen Zelten, sondern unter dem riesigen Eichenbaum dazwischen. Das Essen wird an einem gigantischen Buffet gereicht, wo es alles gibt, was Südafrikas Küche zu bieten hat, von leckeren Straußen-Filetstücken bis zu gegrilltem Fisch (nicht vergessen, Platz fürs Dessert lassen ...!).

Unterkunft

Spier Village Hotel (RRRR-RRRRR), Spier Wine Estate, an der R 310 südöstlichen von Stellenbosch, Tel. 021-8091100, Fax 021-8813141, info@spier.co.za, www.spier.co.za. Die Hotelanlage mit ihren 151 Zimmern auf dem Spier Wine Estate ist im Stil eines kleinen Dorfes gebaut, was erstaunlich gut gelungen ist. Kinder sind willkommen, für sie gibt es einen schönen und sicheren Spielplatz, die Eltern erfreuen sich an einem 18-Loch-Golfplatz. Tipp für Eltern mit Kids: Babysitter engagieren, dann langes, gemütliches Dinner unter freiem Himmel im Moyo und dann ab ins Village-Bettchen.

D'Ouwe Werf (RRRR), 30 Church St, Tel. 021-8874608, Fax 8874626, ouwewerf@iafrica.com, www.ouwewerf.com. Das älteste Hotel Südafrikas liegt mitten im historischen Zentrum Stellenboschs und hat 31 Zimmer, in denen auch Kinder willkommen sind. Swimmingpool. Liegt in Gehweite zu Restaurants, Shops und Dorp Street.

Avenues (RR-RRR), 32 The Avenue, Tel. 021-8871843, Fax 8872733, infos@avenuesguestlodge.com, www.theavenues.co.za. Einfacheres Gästehaus in der historischen Innenstadt mit 8 Zimmern, Kinder ab 12, Swimmingpool.

Caledon Villa and Suites (RR-RRR), 7 Neethling St, Tel./Fax 021-8838912, calvilla@iafrica.com, www.calvilla.co.za. 1912 erbaute edwardianische Villa in einer ruhigen Straße im historischen Kern der Stadt mit 5 Zimmern und 3 Studios. Swimmingpool. Es wird Deutsch gesprochen.

Auf der R 44 nach Paarl

Entlang der R 44 nach Paarl liegen einige **Weingüter**, die Sie unterwegs besuchen können. Auf dem recht großen Farmgelände vom **Wiesenhof Game Park**, Tel. 021-8755181, (www.wiesenhof.co.za), finden sich diverse Antilopen und Zebras. Direkt am Eingang, in einem separaten Gehege, leben einige Geparden. Besucher fahren im eigenen Auto auf einem sehr holprigen und staubigen Rundweg durch das Freigehege. Die letzte Steigung ist recht happig, lohnt sich aber, aufgrund des 360-Grad-Panoramas vom Aussichtsturm.

L'Avenir Estate, Tel. 021-8895001, Fax 8895258, info@lavenir.co.za, www.lavenir.co.za. Weinverkauf und -proben Mo–Fr 10–17, Sa 10–16 Uhr, 10 Rand p.P., Kellertouren nach Vereinbarung. Die Weinproben finden im Weinkeller mit seinen Reihen von Weinfässern statt, gute Atmosphäre und sehr freundliches Personal. Probieren: *Cabernet Sauvignon, Auction Reserve Cabernet, Pinotage, Chardonnay, Chenin Blanc, Cape Vintage Port.*

Delheim, Knorhoek Rd, von der R 44, gut ausgeschildert, Tel. 021-8822033, Fax 8822036, delheim@delheim.com, www.delheim.com. Weinproben und -verkauf Mo–Fr 9–17 Uhr, Sa 9–15, So 11–15.30 Uhr, 15 Rand p.P. Kellertouren Mo–Fr 10.30 u. 14.30 Uhr, Sa 10.30 Uhr (auch auf deutsch). Gartenrestaurant (R), Tel. 021-8822297, Mo–So 12–14.30 Uhr, Okt–Apr. Probieren: *Grand Reserve, Cabernet Sauvignon, Shiraz, Rhine Riesling Natural Sweet, Sauvignon Blanc, Edelspatz Noble Late Harvest.*

Mont Destin, Tel./Fax 021-8755040, info@montdestin.co.za, www.montdestin.co.za. Weinverkauf und -proben nach Vereinbarung Mo–Fr 8.30–16.30 Uhr, Appartements für Selbstversorger, kleine Kapelle für Hochzeiten, Restaurant. Probieren: *Majestic Cabernet Sauvignon-Merlot, Bushvine Pinotage.*

Restaurant Olivello (RR), Mont Destin Estate, Tel. 021-8755443, www.olivello.co.za, tägl. 7–22.30 Uhr. Delikate und unkomplizierte Gerichte mit mediterranem und asiatischem Touch.

Paarl

Schon von weitem sind die drei riesigen Granitblöcke auszumachen, die dem nächsten Weinort seinen Namen gaben. Da die Felsen nach Regenfällen wie riesige Perlen in der Sonne glänzten, wurde die Gegend von den ersten Siedlern *De Paarl* genannt.

Weinland

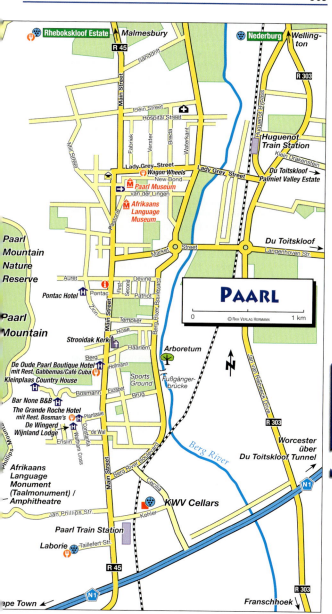

Diesen Namen erhielt die 1690 am Berg River entstandene Siedlung. Paarl ist heute eine der größten Städte in der westlichen Kap-Provinz und das Zentrum des Weinlandes. Die hier gegründete *Kooperatiewe Wijnbouwers Verenigung*, kurz **KWV**, ist die größte Winzergenossenschaft der Welt.

An der 15 km (!) langen Main Street finden sich einige Sehenswürdigkeiten und mittlerweile viele gute Restaurants. Im **Paarl Museum** (303 Main Street, Tel. 021-8722651, Mo–Fr 9–17, Sa 9–13, So geschlossen) wird die Geschichte der Stadt lebendig. Neben permanenten Exponaten wie Stinkwood-Möbeln, Silber- und Kupferwaren gibt es regelmäßig wechselnde Ausstellungen zu interessanten gerade aktuellen Themen.

Nur ein paar Meter südlich wird im **Afrikaans Language Museum** (*Taal Museum*, Gideon Malherbe House, 11 Pastorie Avenue, Tel. 021-8723441/ 8722018, Mo– Fr 9–17 Uhr, am Wochenende geschlossen, Eintritt 10) der Afrikaans-Sprache und ihrer Entstehung gehuldigt. Die Protagonisten der neuen Sprache trafen sich hier in Gideon Malherbes Haus am 14. August 1875, um *„Genootskaap van Regte Afrikaners"*, die „Vereinigung wahrer Afrikaner", zu gründen. Damit wollten sie Afrikaans, das auf dem alten Holländischen des 17. Jahrhunderts basierte, zur zweiten offiziellen Schriftsprache in Südafrika erheben. Das stieß erwartungsgemäß auf erheblichen Widerstand der Engländer, die seit Einführung der Amtssprache Englisch im Jahre 1806 eine strenge Anglizierungspolitik verfolgten.

Die ersten Zeitung in Afrikaans, *„Di Afrikaanse Patriot"*, wurde in Malherbes Haus gedruckt. Eine Schule, die *Hugenote Gedenkskool* (Hugenottische Gedächtnisschule) sowie eine politische Partei, der *Afrikanerbond*, wurden gegründet. Der Siegeszug der neuen Sprache war unaufhaltsam. Am 10. Oktober 1975, gut 100 Jahre nach Gründung der *Genootskaap*, wurde das weithin sichtbare **Afrikaans Language Monument** (Taalmonument, Tel. 021-8723441; tägl. geöffnet von 9 bis 17 Uhr) am Paarl-Berg eingeweiht.

Das futuristisch anmutende Denkmal soll die verschiedenen Sprachen und Kulturen symbolisieren, die zur neuen Sprache Afrikaans geführt haben.

Wen das weniger interessiert, der kann sich zumindest an der schönen Aussicht erfreuen. Noch besser geht das im „benachbarten" **Paarlberg Nature Reserve** (Jan Phillips Mountain Drive, Tel. 021-8723658, Fax 021-8078054, sommers 7–19 Uhr, winters 7–18 Uhr). Der Jan Phillips Mountain Drive führt in das 19 km² große Naturschutzgebiet und Wanderparadies. Die Staubstraße ist allerdings ein wenig holprig und vor allem nach Regenfällen recht rutschig, ein bisschen Abenteuer also. Am Parkplatz beginnen einige Wanderwege verschiedener Länge, der beliebteste ist der *Klipkers Hiking Trail,* für den man etwa zwei Stunden braucht. Er führt durch die typische Fynbos-Vegetation und Bergwald. Wer Glück hat, sieht das hier heimische Kap-Greisböckchen. Das Meulwater Wild Flower Reserve, wo mehr als 200 Pflanzenarten gedeihen, darunter viele Proteen, liegt im Reservat und ist täglich von 7 bis 18.30 Uhr geöffnet (Tel. 021-8723829). Am meisten Spaß macht es, vom letzten, obersten Parkplatz aus direkt auf die riesigen Granitfelsen zu klettern. Von oben lässt es sich bis zum Tafelberg schauen.

Information

Paarl Tourism, 216 Main St, Tel. 021-8724842, Fax 8729376, paarl@cis.co.za, www.paarlonline.com. Freundliches Personal, das Unterkünfte in Paarl buchen und Restaurants empfehlen kann. Gut gemachte Website in der Unterkünfte, Restaurants und Sehenswürdigkeiten ausführlich in Wort und Bild dargestellt werden.

Die „Perlen" von Paarl

Restaurants

Dinner-Tipps

Bosman's (RRRR), im **The Grande Roche Hotel,** Plantasie St, Tel. 021-8632727, tägl. Frühstück, Lunch & Dinner. Die Tatsache, dass die Lokalität das einzige Relais Gourmand Hotel-Restaurant in Afrika ist, spricht für sich. Exzellente Küche, Weinkeller mit über 6000 erlesenen Tröpfchen, ein Besuch im Bosman's ist etwas für besondere Anlässe.

The Restaurant at Pontac (RRR), 16 Zion St, Tel. 021-8720445. In der Saison gibt es Mo–So Lunch & Dinner, das kleine, gemütliche Restaurant mit afrikanisch-ethnischem Design ist in den ehemaligen Stallungen des historischen Landgutes untergebracht. Von den Tischen im Freien hat man eine prima Aussicht auf die berühmten Granitfelsen der Stadt. Speisekarte mit einfallsreichen und raffinierten Gerichten.

Lunch-Tipps

The Goatshed (R-RR), Fairview Wine Estate, Suid-Agter Paarl Rd, Tel. 021-8633609, www.fairview.co.za, tgl. Frühstück & Lunch 9–17 Uhr. Benannt nach den 400 Schweizer Bergschafen, die auf dem Weingut leben und u.a. zur Produktion von 25 verschiedenen Käsesorten beitragen, die zusammen mit herrlich-frischgebackenem Brot auf den Tisch kommen. Natürlich gibt es nach der Wein- und Käseprobe beides auch im Laden zu kaufen.

42 on Main (RR-RRR), 42 Main St, Tel. 021-8630142, tägl. 9.30 Uhr bis spät, So 10.30–17 Uhr, Mo geschlossen; die alte Villa an der Hauptstraße wurde durch die Eröffnung dieses Restaurants wiederbelebt. Kernige Gerichte, wie Schafsnieren, Ochsenschwanz und Wildpastete. Leckere Soßen, gute Weinliste.

De Malle Madonna (RR), 127 Main Rd, Tel. 021-8633925, tägl. 8.30–17.30 Uhr, Mo geschlossen. Die beiden Besitzerinnen kamen im belgischen Gent in einer kreativen Minute auf die Idee, in Paarl ihr eigenes Bistro aufzumachen. Der feminine Touch ist überall zu spüren, sehr freundliche Atmosphäre. Chagall-Kopien hängen an den Wänden des 1837 erbauten viktorianischen Häuschen. Kreative, vegetarische Gerichte, aber auch Fleischiges wie Lamm-Eintopf, Lamm-Burger und ähnliches. Gute lokale Weinliste.

Kikka (R), 217 Main St, Tel., 021-8720685, tägl. 7.30–18 Uhr, Sa 7.30–15 Uhr, So geschlossen. Bistro, das ganz leckere Sandwiches zubereitet, zum Beispiel mit geräuchertem Kudufleisch und Pesto, es gibt aber auch frischgebakkenes Brot, Pasta und Pizzen. Und einmal die Woche wird ein Fünfgänge-Menu angeboten. Gute Paarl-Weinliste.

Gabbemas/Café Cuba (R-RR), im De Oude Paarl Hotel (s.u.), 132 Main St, Tel, 021-8721002. *Gabbemas*: Frühstück 7–10 Uhr, Lunch 12–15 Uhr, Dinner 19–22 Uhr, So nachts geschlossen. *Café Cuba:* tägl. 10–23 Uhr. Beide Restaurants sind im Boutique-Hotel De Oude Paarl Hotel, Gabbemas ist relaxt-traditionell, mit Rind-, Hühnchen- und Seafood-Gerichten. Café Cuba ist sowohl vom Dekor, der Musik als auch von den Tapas her eindeutig Latino angehaucht – ein Novum fürs ansonsten eher konservative Paarl.

Unterkunft

Palmiet Valley Estate (RRRR-RRRRR), ca. 5 km östlich von Paarl, über die Klein Drakenstein Street, Tel. 021-8627741, Fax 8626891, info@palmiet.co.za, www.palmiet.co.za. Historisches, mit Antiquitäten eingerichtetes Herrenhaus auf einem Weingut, stilvoll restauriert, deutscher Besitzer, großer Swimmingpool, sehr ruhige Lage, großer Weinkeller für Veranstaltungen, reetgedeckte Heiratskapelle im Garten, Flotte von vier seltenen Mercedes-Klassikern zum Weinland-touren für Gäste, Art-déco-Konferenzzentrum, Gourmet-Dinner auf Wunsch unter riesigen, alten Eichenbäumen, 11 Zimmer.

De Oude Paarl Hotel (RRRR-RRRRR), 132 Main St, Tel. 021-8721002, Fax 8721003, info@deoudepaarl.com, www.deoudepaarl.com. Eine Überraschung im ansonsten kapholländisch geprägten Paarl: ein urban anmutendes Boutique-Hotel, der Region entsprechend in weinrot angemalt. Hotel-Limousine ist ein 1958er 220 S Ponton-Mercedes, in dem Gäste innerhalb Paarls herumgeschippert werden.

Pontac Manor Hotel (RRR), 16 Zion St, Tel. 021-8720445, Fax 8720460, pontac@iafrica.com, www.pontac.com. Stilvoll restauriertes kapholländisches Anwesen, das 1723 gebaut wurde. Schöne Aussicht auf die Felsen von Paarl, ausgezeichnetes Restaurant.

De Wingerd Wijnland Lodge (RR), 7 Waltham Cross St, Tel. 021-8631994, Fax 8631995, wingerd@icon.co.za oder info@wingerd.co.za, www.wingerd.co.za (auch auf Deutsch). Fünf nette, freundliche Zimmer am Hang des Paarl Mountain Nature Reserves, oberhalb von Paarl, die belgischen Besitzer sprechen auch Deutsch. Dinner bei Voranmeldung.

Kleinplaas Country House (RR), 39 Upper Bosman St, Tel./Fax 021-8631441, www.stayinsa.co.za/1929.htm. Drei geschmackvoll-rustikal eingerichtete B&B-Zimmer mit offenen Kaminen und ein restauriertes Cottage im Wald für Selbstversorger am Hang des Paarl Mountains über der Stadt.

Weinland-Nord

Jetzt kommen die Liebhaber kleiner Passstraßen auf ihre Kosten. Bis zur Mitte des 19. Jahrhunderts war der Weg vom Nordosten aus nach Kapstadt äußerst mühsam, weil die mächtige Bergkette hinter Paarl ein unüberwindbares Hindernis darstellte. Reisende mussten mit ihren Pferde- und Ochsenwagen lange Umwege in Kauf nehmen. Ein Fall für den Meister des südafrikanischen Bergstraßenbaus, *Andrew Geddes*

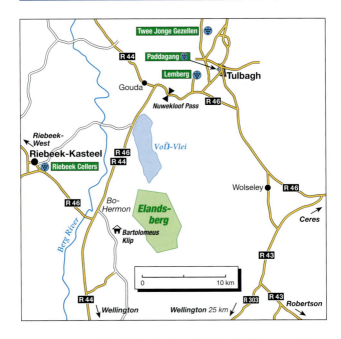

Bain. Er fand eine mögliche Verbindung zwischen Wellington und Ceres durch die *Slanghoek Mountains*. 1853, nach vier Jahren Bauzeit, hatte er die Straße, die auch heute noch als Meisterwerk gilt, fertiggestellt. Weil es damals noch kein Dynamit gab, sprengte Bain die Trasse mit Schießpulver in das Muttergestein. Gewaltige Stützmauern mussten dort errichtet werden, wo sich die Straße mehr als 100 Meter an der Kante eines steilen Abgrundes entlangschlängelt. Die Natursteinmauern stehen (und halten!) heute noch. Eine Fahrt auf dem engen, unter Denkmalschutz stehenden **Bain's Kloof Pass** ist ein abenteuerlicher Ausflug in die Vergangenheit. Vom Pass auf knapp 600 Meter Höhe bietet sich ein Panoramablick zurück, über Wellington und Paarl und das Swartland im Südwesten. Auf den Natursteinmauern kämpfen halbstarke Paviane.

Die etwas unterhalb des Passes liegenden natürlichen Felsenpools sind vor allem im Sommer gut als Erfrischungsstops geeignet.

Tulbagh

Das Örtchen Tulbagh ist so etwas wie Idylle pur. Hier sieht es so aus, als sei die Zeit stehengeblieben. Die Church Street wird von über 30 makellosen kaphölländischen Häusern flankiert, eines schöner als das andere. Doch der erste Eindruck täuscht. Am 29. September 1969 legte ein Erdbeben der Stärke 6,5 auf der Richter-Skala die historische Stadt in Schutt und Asche. Alle Häuser sind nach alten Plänen wiederaufgebaut worden. Die Church Street ist Südafrikas einzige Straße, in der jedes Gebäude unter Denkmalschutz steht.

Am Ende der Church Street liegt das seit 1821 bestehende **Paddagang Restaurant & Wine House**, mit seinem weinstocküberwuchernden Innenhof ein idyllischer Lunchplatz. Bereits 1809 entstand Paddagang als privates Wohnhaus. Das Restaurant baut seinen eigenen Wein an, der so lustige Namen wie *Paddarotti*, *Paddamanel* und *Paddasang* auf den Etiketten trägt. Jedes Label wird außerdem noch von einem Frosch geziert. Warum? Im Gegensatz zu den anderen Häusern der Church Street grenzt das Restaurant nicht an die Straße. Früher musste man deshalb über einen Pfad *(gang)* und eine kleine Brücke über den Bach gehen, um ins Haus zu gelangen. Es heißt, die Frösche *(paddas)* hätten während ihrer Paarungszeit denselben Weg benutzt.

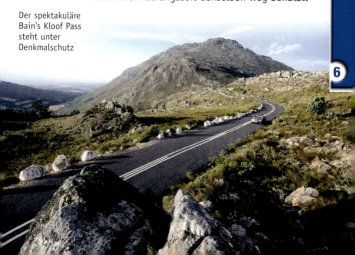

Der spektakuläre Bain's Kloof Pass steht unter Denkmalschutz

Haus in kapholländischem Stil in Tulbagh

Neben hausgemachten Traubensäften serviert das Restaurant traditionelle Kapgerichte, die man zumindest einmal probiert haben sollte, wie *Cape bobotie* und *waterblommetjie bredie*. Der danach notwendige Verdauungsspaziergang führt die Church Street wieder zurück bis zum *Old Church Volksmuseum,* dem ältesten Gebäude im Ort. 1743 erbaut, finden sich dort viele viktorianische Ausstellungstücke. Besonders interessant sind die Fotos von Tulbagh nach dem Erdbeben, was die Leistung beim Wiederaufbau um so erstaunlicher macht.

Der **Nuwekloof Pass,** wo praktisch immer Paviane am Straßenrand herumrennen, verbindet Tulbagh mit der R 44 auf der anderen Seite der Berge. Bei gutem Wetter ist das Wahrzeichen von Kapstadt, der Tafelberg, von so weit zu erkennen.

Information

Tulbagh Information, 14 Church Street, Tel. 023-2301348, tulbaghinfo@lando.co.za o. tulbagh_wine@lando.co.za, www.tulbagh.com. Ausführliche Infos zu Weingütern, Restaurants und Übernachtungsmöglichkeiten.

Restaurants

Paddagang Restaurant & Wine House (RR), 23 Church Street, Tel. 023-2300242, paddagang@poka.co.za, www.tulbagh.net/paddagang.htm, tägl. Frühstück & Lunch, Mi

u. Fr Dinner. Traditionelle Kap-Küche, wie *bobotie, waterblommetjie bredie* und *brandy muffins* in einem 1821 erbauten, reetgedeckten Weinhaus. Im Sommer Lunch im weinrebenüberwachsenen Innenhof. Unbedingt reservieren.

Plum (R-RR), 10 Church St, Tel. 023-2308005, tgl. 8–17 Uhr. Leckere Frühstücke und Lunches, Dinner nur bei vorheriger Reservierung. Die Speisekarte bietet fast ausschließlich organische Gerichte und die Weinkarte hat die guten Tropfen von Tulbagh und mehr gelistet. Hübscher Garten, um bei schönem Wetter im Freien zu essen.

Readers Restaurant (RR), 12 B Church Street, Tel. 023-2300087, www.tulbagh.net/readers_restaurant.htm, Mi–So Lunch & Dinner, kleines, charaktervolles Restaurant, untergebracht in zwei Räumen im 1754 erbauten und damit ältesten Haus der Church Street, kleine Terrasse, tägl. wechselnde Gerichte, sowohl typisch südafrikanische, als auch globale Küche. Vorher reservieren.

Rijk's Ridge (R-RR), Main Rd, Tel. 023-2301006, tägl. Frühstück, Lunch & Dinner, entweder drinnen oder draußen auf der Terrasse mit Aussicht. Beliebte Gerichte sind hier Rumpsteak in Pilzsoße und Schweinefilet mit Schimmelkäse und Apfelwein.

Pielow's (RR), De Oude Herberg, 6 Church St, Tel. 023-2300432, www.pielows.co.za, Di–Sa 8–16 Uhr. Gourmet-Option in Tulbagh, untergebracht in einem historischen Gebäude von 1885, wo sich auch eine Viersterne-Herberge befindet (s.u.). Lokale Produkte. Tipp: Springbok-Rücken *(springbok loin)* in Rotwein- und Rauchspeck-Sauce.

Unterkunft

De Oude Herberg (RR), 6 Church Street, Tel./Fax 023-2300260, deoudeherberg@hotmail.com. Wie in der Church Street nicht anders zu erwarten ein historisches Haus mit vier gemütlichen Zimmern, Country-Restaurant mit Hausmannskost im Haus. Swimmingpool.

Rijk's Ridge Country Hotel & Private Cellar (RRR), 2 km außerhalb von Tulbagh an der R 44, Tel. 023-2301006, Fax 2301125, bookings@rijks.co.za, www.rijks.co.za. Neu im alten Stil gebauter Komplex auf einem Weingut, 12 Zimmer und 3 Cottages für Selbstversorger.

KAP-HALBINSEL UND KAPSTADT

Kap-Halbinsel – Pinguine und Meer

Kapstädter leben nicht nur in einer der schönsten Städte der Welt, sie erfreuen sich auch der wohl attraktivsten „Hausstrecke": Die etwa 160 Kilometer zum Kap der Guten Hoffnung und wieder zurück gelten als absoluter Reisehöhepunkt. Bei schönem Wetter sollte man sich ernsthaft überlegen, in Kapstadt ein Motorrad oder ein Cabrio für den Tagestrip anzumieten. Das ist zwar nicht ganz billig, lohnt sich aber aufgrund des erheblich intensiveren Fahrgenusses.

Nehmen Sie aus der City die N 2, vorbei am **Groote Schuur Hospital,** wo 1967 die erste Verpflanzung eines menschlichen Herzens gelang. Gleich dahinter auf die M 3 wechseln, Richtung *Newlands* und *Bishopscourt.* Oberhalb dieses Stadtteils liegen, an der M 63 (Rhodes Drive), die **Kirstenbosch National Botanical Gardens.** Etwa ein Viertel aller 24.000 in Südafrika wachsenden Pflanzen werden hier kultiviert. Am beliebtesten sind die riesigen Proteen. Im Sommer finden am Wochenende regelmäßig Konzerte auf den Rasenflächen statt – von Klassik über afrikanische Rhythmen bis Rock reicht die Bandbreite.

Information

Kirstenbosch Botanical Gardens, Rhodes Drive, Bishopscourt, Tel. 021-7629120, Sept–März 8–19 Uhr, Apr–Aug 8–18 Uhr. Infos zu den Kirstenbosch Summer Concerts unter Tel. 021-7998999, oder auf www.sanbi.org (dann „What's on" klicken für Konzertplan).

Restaurants in den Kirstenbosch Gardens

Fynbos Food Court (R), Frühstücksbuffet für 30 Rand, Lunchbuffet für 45 Rand, Selbstbedienungs-Restaurant in angenehmer Umgebung, auch Bier- und Weinausschank.

Silver Tree (RR), Tel. 021-7629585, tägl. 11.30–15 u. 18.30–22 Uhr. Ein à la carte-Restaurant mit weißen Tischdecken; regelmäßig Wein- und Gourmetabende.

Über die M 63/M 41 geht die Fahrt durch dichte, schattige Wälder nach **Constantia,** einem der nobleren Viertel Kapstadts. Hier liegt das älteste Weinbaugebiet des Landes. Auf dem *Constantia Estate* begann Kap-Gouverneur *Simon van der Stel* mit der Produktion der heute weltberühmten Constantia-Weine – bei idealen klimatischen Verhältnissen. Viel Sonne, aber dazu auch die kühlenden Seewinde vom Atlantik, die den Reifeprozess der Trauben verzögern, sind Voraussetzungen für Qualitätsweine. Auf den Constantia-Weingütern **Buitenverwachting** („Jenseits aller Erwartungen"), **Groot Constantia, Klein Constantia** und **Steenberg** können die edlen Tropfen verkostet werden.

Restaurants

Lunch-Tipps

Melissa's (R), Constantia Village, Tel. 021-7944696, www.melissas.co.za, tägl. Frühstück und leichte Lunches, reichhaltiges Buffet mit Salaten und verschiedenen anderen mediterranen Gerichten zur Auswahl, leckere Sandwiches und prima Kaffee.

The River Café at Constantia Uitsig (R-RR), Constantia Uitsig Farm, Spaanschemat River Rd, Tel. 021-7943010, www.uitsig.co.za, Frühstück und Lunch Mi-Mo. Die *Eggs Benedict* haben mittlerweile Kultstatus erreicht; idealer Platz für das erste oder zweite Frühstück oder ein leichtes Lunch.

Barnyard Farmstall (R), Steenberg Rd, Tel. 021-7126934, Frühstück und leichte Lunches. Eine Mischung aus Farmladen, Streichelzoo, Abenteuer-Spielplatz und rustikaler Nahrungsaufnahme, sehr kinderfreundlich. Vor allem die gigantischen Sandwiches – treffend *doorstoppers* („Türstopper") genannt – sind sehr empfehlenswert.

Lunch-Tipps

Die folgenden drei sehr nahe beieinander liegenden Restaurants zählen zu den besten in Südafrika und sollten in der Saison einige Tage vorher gebucht werden. Am besten schon per eMail oder Fax von zu Hause aus.

Buitenverwachting (RRR-RRRR), Klein Constantia Rd, Tel. 021-7943522, Fax 7941351, www.buitenverwachting.co.za, Lunch Di-Fr, Dinner Di-Sa, 1.7.-14.8. geschlossen. Italienisch-französische Spitzenküche, die bereits mehrfach preisgekrönt wurde. Die Weinliste hat von Diners Club einen Diamond Award, die höchstmögliche Bewertung erhalten. Die Weine des Gutes sind fair gepreist und sowohl in Flaschen als auch per Glas erhältlich. Das einzige, was ein bisschen stört, ist die sehr spießige Inneneinrichtung, die an ein Möbelhaus aus den 80er Jahren erinnert.

Constantia Uitsig (RRR-RRRR), Spaanschemat River Rd, Uitsig Farm, tägl. 12.30-14 Uhr Lunch, Dinner 19.30-21 Uhr, von Mitte Juni bis Mitte Juli geschlossen, Tel. 021-7944480, Fax 7943105, frank@uitsig.co.za, www.uitsig.co.za. Ein weiteres Spitzen-Restaurant auf dem benachbarten Weingut, ebenfalls mediterran angehauchte Küche, perfekte Pasta, der Nachtisch *Marquise au Chocolat* ist – Kalorien hin oder her –, Pflichtprogramm. Von Diners Club seit Jahren immer wieder preisgekrönte Weinliste.

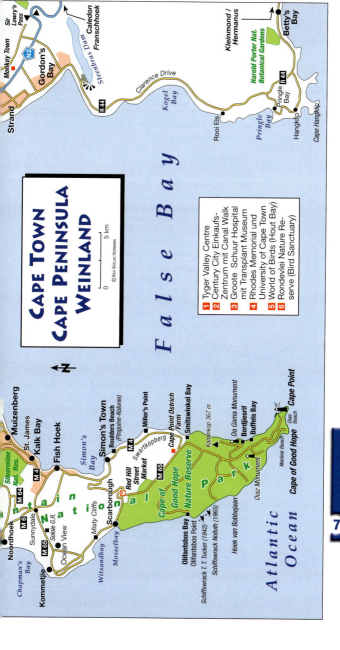

La Colombe (RRR), Constantia Uitsig, Tel. 021-7942390, Fax 7947914, www.constantia-uitsig.com, Lunch Mo u. Mi–So, Dinner Mo u. Mi–Sa, im Juli und August geschlossen. Das zweite Restaurant auf dieser Weinfarm und das beste „provenzalische Landrestaurant" in Südafrika, hier stimmt alles, vom Dekor über die Qualität und Darbietung des Essens bis zum ausgezeichneten Service. Innovative Wild- und Fischgerichte, reichhaltige Soßen, verführerische Desserts und natürlich wieder eine preisgekrönte Weinliste, u.a. mit den lokalen Constantia-Produkten.

Unterkunft

Greenways (RRRR-RRRRR), 1 Torquay Av, Upper Claremont bzw. unterhalb des Kirstenbosch Botanical Gardens, nahe M 3, Tel. 021-7611792, Fax 7610878, reservations@greenways.co.za, www.greenways.co.za. Kleines Boutique-Hotel in einem renovierten, historischen Anwesen und einem 24.000 m^2 großen, mit Bäumen und Sträuchern bewachsenen Garten mit Swimmingpool. 14 Zimmer und Suiten. Restaurant „Ashton" im Haus. Menu ▶ siehe Website.

Steenberg Country Hotel (RRRRR), Steenberg Estate, Tel. 021-7132222, Fax 7132251, hotel@iafrica.com, www.steenberghotel.com. Elegantes Hotel im ehemaligen kap-holländischen Herrenhaus der ältesten Weinfarm Südafrikas, 24 Zimmer. Das stilvoll restaurierte Gebäude stammt aus dem Jahr 1682 und steht unter Denkmalschutz.

Zum Kap der Guten Hoffnung

Hinter Tokai und über die M 4 taucht mit **Muizenberg** der erste Strand an der **False Bay** auf. Die „falsche" Bucht hat ihren Namen von Seeleuten, die sie mit der Tafelbucht *(Table Bay)* auf der anderen Seite der Kap-Halbinsel verwechselt hatten. Wenn die Bucht die falsche Wahl war, die Strände sind es nicht: Das Wasser in der False Bay ist generell um die fünf Grad wärmer als an den ungeschützten Stränden des Atlantiks auf der anderen Seite der Kap-Halbinsel.

Besonderheit des Badeortes **St. James** sind seine bunten viktorianischen Holzumkleidekabinen. Kinder freut der geschützte Gezeitenpool *(tidal pool)* noch mehr.

Vorbei an den regen Fischerorten **Kalk Bay** (ein Eldorado für Trödelfans) und **Fish Hoek** geht es nach **Simon's Town.** Das nette, sehr aufgeräumt wirkende Städtchen fungiert seit über 200 Jahren als Südafrikas wichtigster Marinestützpunkt. Entlang der Hauptstraße, der *Historic Mile,* steht ein historisches Haus neben dem anderen, 21 von ihnen sind über 150 Jahre alt.

Auch hier gibt es wieder einige schöne Sandstrände, wobei der schönste am Ortsausgang liegt. Von den riesigen Granitblöcken, die einen natürlichen Schutz vor Wind und Wellen bieten, erhielt er seinen treffenden Namen: **Boulders.** Neben weißem Sand und klarem, türkisfarbenen Wasser bietet der Traumstrand noch ein weiteres Highlight: Hier lebt eine Kolonie *African Penguins,* Brillen-Pinguine. Unscheu bewegen sie sich zwischen den Badegästen – also ihnen hat Charlie Chaplin seinen charakteristischen Watschelgang abgeguckt! Das Ganze erinnert an eine Kellnerschule für Zwerge, wobei der schwankende Gang auf ein paar Gläser zuviel vom südafrikanischen Wein zurückzuführen ist. Im Gänsemarsch wanken die Befrackten zum Meer; im Wasser verwandeln sich die plumpen Vögel dann in stromlinienförmige, grazile Schwimmtaucher.

Normalerweise brüten diese Pinguine auf kleinen Inseln vor der Küste. Neben Simon's Town gibt es nur noch bei Betty's Bay auf der anderen Seite der False Bay eine Festlandkolonie. Früher gruben sie ihre Nester oft mehrere Meter tief in den Guano, den Vogelkot, der sich mit den Jahren auf den Küsteninseln abgelagert hatte. Seit im 19. Jahrhundert damit begonnen wurde, Guano abzubauen und als weltbester Dünger zu verkaufen, mussten die Pinguine im Sand oder unter vorspringenden Felsen nisten, wo sie Räubern, wie Leoparden, Hunden oder Katzen viel stärker ausgesetzt waren. Außerdem mussten sie dort mit den Felsrobben um die Plätze kämpfen.

Kalk Bay Beach

Momentan gibt es noch rund 150.000 Brillenpinguine in Südafrika, Tendenz: leider abnehmend. 1930 waren es noch 1,2 Millionen. Das Sammeln der Eier zum Verzehr (heute natürlich verboten), die Überfischung, die den Vögeln die natürliche Nahrungsgrundlage schmälerte, waren ebenso für den Bestands-Rückgang verantwortlich wie Ölverschmutzungen durch Schiffsunglücke oder rücksichtslose Kapitäne, die ihre Tanks auf hoher See mit Meerwasser ausspülen. Die südafrikanische Stiftung zum Schutz der Küstenvögel SANCCOB leistet wertvolle Arbeit: Sie kümmert sich um ölverklebte Pinguine, wäscht sie nach ihrer Rettung und entlässt sie wieder in die Freiheit.

In der geschützten Kolonie an Boulder's *Foxy Beach,* wo nicht gebadet werden darf, leben etwa 3000 Pinguine, die von erhöhten Holzstegen und -plattformen aus beobachtet und fotografiert werden können. Wie mittlerweile große Teile der Kap-Halbinsel gehört das Gebiet zum **Table Mountain National Park** (www.tmnp.co.za), der sich vom Tafelberg bis Cape Point (www.capepoint.co.za) erstreckt. Unterbrochen natürlich von den Flächen diverser Ortschaften.

Zwischen Boulders Beach und dem Eingang zum *Cape of Good Hope*-Teil des Table Mountain National Parks liegt wieder eine echte Traumstraße, die sich eng an die Felsen schmiegt. Auf der linken Seite lässt es sich über die gesamte False Bay bis zu den Hottentots Holland Mountains und der Betty's-Bay-Küstenstraße sehen.

Restaurant-Tip für unterwegs: In **Miller's Point**, ca. 5 km südlich von Boulders, gibt es an der Main Road das **Black Marlin** (RR-RRR, Tel. 021-7861621, www.blackmarlin.co.za), das Mo–Sa Lunch & Dinner serviert, eine Kapstadt-Institution mit großer Seafood-Auswahl und grandioser Aussicht über die False Bay. Nachteil: Sehr beliebt bei Bustouren, was durch die damit zwangsläufig verbundene Lautstärke das Erlebnis etwas beeinträchtigen kann.

Am **Kap** gedeiht die gleichnamige Flora, aber Tiergucken kommt auch nicht zu kurz: Majestätische Elen-Antilopen haben neben Buntböcken, Greisböckchen, Springböcken, Bärenpavianen, Straußen und Zebras ein sicheres Rückzugsgebiet gefunden.

Der Leuchtturm von Cape Point

Manchmal lässt sich sogar einer der Strauße auf ein „Wettrennen" mit einem Auto ein.

Die Hauptstraße durch den Park endet unterhalb des **Cape Point** an einem großen Parkplatz. Hier ist in der Saison immer sehr viel los. Vom direkt in die Felsen gebauten *Two Oceans Restaurant* hat man zwar eine herrliche Aussicht, die Qualität des Essens und der Service sind allerdings weniger erfreulich. Also entweder außerhalb des Parks essen oder vorher ein leckeres Picknick einkaufen. Zu Fuß oder mit der Zahnradbahn geht es die letzten – steilen – Meter zum höchsten Punkt. Der Aussichtspunkt am Leuchtturm lohnt den Weg. 200 Meter tiefer brandet der Atlantik gegen die Felsen. Der südlichste Punkt der Kap-Halbinsel liegt aber etwa zwei Kilometer weiter westlich und gut 200 Meter südlicher, am **Cape of Good Hope.**

Rückweg

Für den Rückweg entlang der Atlantikseite der Kap-Halbinsel führt die M 65 über **Scarborough** und *Misty Cliffs* – wieder ein sehr schöner Abschnitt – bis **Kommetjie**, um dann in einem großem Bogen landeinwärts die Lagunen an der **Chapman's Bay** zu umrunden.

Tipp: Walking with Baboons

In Glencairn veranstaltet **Baboon Matters** faszinierende Fußtouren durch die Bergfynbos-Vegetation zu den letzten wildlebenden und aufgrund der zunehmenden Urbanisierung vom Aussterben bedrohten Pavianen am Kap. Die letzten überlebenden Chacma Baboons auf der südlichen Kaphalbinsel werden, wenn es so weiter geht wie bisher, innerhalb der nächsten Jahre ausgestorben sein. Mit dem Pavian-Überwachungsprojekt wurde 1999 angefangen, um die ständigen Konflikte zwischen Mensch und Affen zu vermindern. Immer wieder waren hungrige Paviane auf der Suche nach Essbarem in Häuser eingebrochen. Bewohner schossen auf die Tiere, um sie zu vertreiben. Viele wurden verletzt, einige getötet. Das Pavian-Projekt beschäftigt Männer aus der benachbarten Schwarzengemeinde Masiphumelele. Diese Männer arbeiten mit den Pavianen und haben dabei viele Erfahrungen gesammelt. Die Paviane erkennen und respektieren sie, daher werden die Wanderungen zu den Primaten auch von ihnen geführt. Die Touren (mind. 2, max. 8 Teilnehmer) dauern zwei bis drei Stunden und finden täglich nach Voranmeldung statt, entweder um 8 oder 16 Uhr. Erwachsene zahlen 250 Rand, Kinder unter 12 Jahren 125 Rand. Infos und Buchung bei Jenni Trethowan, Tel. 021-7822015, Handy 084-4139482, www.baboonmatters.org.za.

Chapman's Peak Drive und Hout Bay

Am schneeweißen **Noordhoek-Strand,** mit fünf Kilometern der längste der Halbinsel, ist es meist windig und das Meer sehr kühl. Hier finden sich oft Surfer ein. Der Beach ist aber auch ideal zum Wandern und Reiten. In Noordhoek gibt es mehrere Möglichkeiten Pferde auszuleihen.

Zwischen Noordhoek und Hout Bay schlängelt sich die berühmteste Küstenstraße des Landes: Zehn Kilometer lang schneidet sich der in den Jahren 1915

Lichtblicke: Sunset über Hout Bay, links der Sporn des Sentinel

Hafen von Hout Bay

bis 1922 gebaute **Chapman's Peak Drive** hoch über dem Meer in die Klippen, exakt an der Linie, wo sich Sandstein über Granit lagert. Anfang 2000 wurde die Straße nach Buschfeuern und daraus resultierenden schweren Steinschlägen, die tödliche Unfälle zur Folge hatten, gesperrt. Nach einer Investition von 160 Millionen Rand wurde er im Dezember 2003 als „sichere" Mautstraße wiedereröffnet. Die massiven Baumaßnahmen, wie häßliche Halbtunnel, riesige Fangzäune und mit Beton ausgespritzte Hänge haben das Bild der wunderschönen Strecke für immer verändert. Wer zum ersten Mal dort fährt, wird die Aussicht aufs Meer allerdings nach wie vor als spektakulär empfinden. Der Scheitelpunkt mit Aussichtspunkt liegt 160 Meter hoch. Von hier lässt sich die gesamte **Hout Bay** mit dem gleichnamigen Fischerort bis zum 331 Meter hohen Sporn des **Sentinel** überblicken. „Hout" ist das holländische Wort für Holz. Das haben die ersten Weißen hier in so großen Mengen geschlagen, um Schiffe, Masten und Häuser zu bauen, dass heute nichts mehr von den mächtigen Gelbholz-Urwäldern vorhanden ist.

    Mariner's Wharf im Hafen mit Restaurants und Shops ist Teil einer kleinen Waterfront. Die Fischfabrik heißt treffend **Snoekies,** denn *snoek* (sprich: snuuk), der Barrracuda, ist, vor allem in geräucherter Form, eine typische Kap-Spezialität.

Kurz hinter der etwas streng riechenden Fish factory liegt da, wo es nicht mehr weiter geht, *Fish on the Rocks,* wo die Fish & Chips besonders lecker sind und an rustikalen Holztischen gleich vertilgt werden können.

Information

Hout Bay Museum, Andrews Road, Tel. 021-7903270, Fax 7904498, www.houtbayholiday.co.za. Infos zu Übernachtungen, Restaurants und Bootstouren nach *Duiker Island* (riesige Robbenkolonie). Interessante Exponate und Fotos zur Geschichte von Hout Bay und zur Konstruktion des Chapman's Peak Drive.

Restaurants

Lunch-Tipps

La Cuccina Food Store (RRR), Ecke Empire Road/Victoria Road, Tel. 021-7908008, www.lacuccina.co.za, Mo–Sa 8–19 Uhr, So 8–17 Uhr. Die leckeren Buffet-Gerichte haben einen weit über die Grenzen von Hout Bay reichenden Ruf, Preise nach Gewicht. Außerdem ein Delikatessenladen mit großer Auswahl, ideal für Gourmet-Picknicks.

Dunes (RR), Hout Bay Beach, Tel. 021-7901876. Idealer Sundowner-Platz direkt am Strand von Hout Bay mit Blick auf die Dünen, das Meer, den Strand und die Berge. Großer Spielplatz für Kinder. Das Essen, vor allem die Fish & Chips und die Ostrich-Burger, sind echt gut, das Bier vom Fass (Windhoek und Beck's) noch besser.

Fish on the Rocks (R), am Ende der Harbour Rd, Tel. 021-7900001, tägl. 10.30–20.15 Uhr. Bilderbuch-Fish & Chips, auch Garnelen und Kalamari. Direkt auf den Felsen am Meer, ein langjähriger Favourit im Hafen für Einheimische und Touristen die Hout Bay besuchen. Mittlerweile ein paar mehr Tische im Freien als früher.

Dinner-Tipps

Primi Republic (RR), The Village Gate, Ecke The Promenade/Main Road, Tel. 021-7914746, houtbay@primi-piatti.com, www.primi-world.com. Südafrikas coolste Restaurantkette hat endlich eine Filiale im immer trendiger werdenden Hout Bay aufgemacht. Wie überall bei Primi paaren sich hier wieder Essensqualität mit nettem Service.

The Lookout Deck (RR-RRR), Hout Bay Harbour Waterfront, Tel. 021-7900900. Die beste Aussicht in Hout Bay tröstet über die eher durchschnittliche Essensqualität hinweg. Bier vom Fass.

Trattoria Luigi (RR), Main Rd, Tel. 021-7901702, Di–So Lunch und Mi–So Dinner. Luigi nimmt keine Reservierungen an, da er seit Jahren fast immer knackevoll ist. Tipp: die hervorragenden Chili-Hühnerlebern, die Pizza mit Parmaschinken und natürlich die legendäre Zabaione für zwei.

Kitima (R-RR), Kronendal Estate, 142 Main Rd, Tel. 021-7908004, www.kitima.co.za, So Lunch, Di–Sa Dinner. Vor allem bei Einheimischen beliebtes und immer gut besuchtes, elegantes asiatisches Spitzenrestaurant im historischen kapholländischen Kronendal-Herrenhaus. Die Inneneinrichtung wird sowohl der Geschichte des Hauses als auch dem thailändischen Thema gerecht. Exzellente Essensqualität und erstklassiger Service bei erstaunlich günstigen Preisen.

Asu Ma's Sushi Bar & Restaurant (RR-RRR), Main Rd, Tel. 021-7905955. Das laut Angaben von in Kapstadt lebenden Japanern beste Sushi-Restaurant in Südafrika, die Preise sind erstaunlich günstig. Es gibt Sushi, Sashimi, Maki Rolls und einige warme Gerichte. Hier ist vor allem das japanische Filetsteak ein himmlischer Genuss.

The Wharfside Grill (RR-RRR), Mariner's Wharf, Harbour Rd, Tel. 021-7901100, mariners@capecoast.co.za, www.marinerswharf.com, tägl. Frühstück, Lunch, Dinner. Bekannt gutes Fischrestaurant, was besonders in der Saison zu fast immer vollen Tischen führt. Das Management ist deshalb bemüht, zwei „Dinnersitzungen" zu organisieren, also ab 19 und ab 21 Uhr. Die marin-rustikale Einrichtung mit Hunderten von Seefahrt-Exponaten gibt einem das Gefühl, auf einem alten Schiff zu sein. Aussicht auf den Hafen und die Bucht von Hout Bay. Die Küche ist mit einer riesigen Glasscheibe vom Restaurant getrennt, Besucher können also ganz genau sehen, was abgeht. Die Qualität des Essens variiert allerdings je nachdem wie viel los ist.

Chapmans (RR-RRR), Main Rd, gegenüber vom Strand, Tel. 021-7901036, www.chapmanspeakhotel.co.za (im neuen Anbau kann seit 2008 mit Blick auf Beach und Meer übernachtet werden, s. Website). Restaurant mit riesiger Terrasse entlang der Main Road und schönem Blick auf die Bucht von Hout Bay und den Sentinel. Portugiesische Spezialitäten, wie Kalamari und zarte Filetstücke trösten etwas über den schlechten Service hinweg. Wunderbare Bar-Lounge mit Bier vom Fass und einer riesigen Wein- und Spirituosen-Auswahl – kein Wunder, der dazugehörige *Chapman's Peak Liquor Store* um die Ecke ist einer der bestsortierten am Kap. Live-Musik und Blues jedes Wochenende (Fr/Sa ab 21 Uhr).

Unterkunft

Hout Bay Manor (RRRRR), Baviaanskloof, von der Main Rd aus großes Schild über der Einfahrt, Tel. 021-7900116, www.houtbaymanor.co.za. Viele Jahre vernachlässigt, eröffnete Ende 2007, nach 18monatigen Renovierungsarbeiten, das historische Hout Bay Manor Hotel wieder seine Pforten. Hier hat sich ein Interieur-Designer so richtig ausgetobt. Farbenfroh und luxuriös präsentiert sich die Neuauflage des Klassikers. Restaurant **Pure** (RRRR) im Haus. Chefkoch und Manager sind Deutsche.

Sehenswert

World of Birds, Valley Road, Tel. 021-7902730, www.world ofbirds.org.za, tägl. 9–17 Uhr. Afrikas größter Vogelpark begeistert vor allem durch seine riesigen begehbaren Volieren, was ein „naturnahes" Erleben der verschiedenen Vögel und Primaten möglich macht. Außerdem gibt es noch Stachelschweine, Erdmännchen, Schildkröten und Wallabies zu beobachten.

Duiker-Island-Trips. Vier Charter-Unternehmen bieten im Hafen von Hout Bay empfehlenswerte Touren zur **Robben-Insel** Duiker Island und zum hinter dem Sentinel liegenden Schiffswrack an: *Nauticat,* www.nauticatcharters.co.za, *Tigger Too Charters,* www.tiggertoo.co.za, *Drumbeat Charters,* www.drumbeatcharters.co.za, *Circe Launches,* www.circe-launches.co.za.

Nach Camps Bay

Am Ortsausgang von Hout Bay geht es steil bergauf, und ganz oben am Scheitelpunkt wird wieder der Blick aufs Meer frei. Der eiskalte Bilderbuch-Beach **Llandudno** ist bekannt für seinen Mangel an Parkplätzen und das Fehlen von Geschäften und Kneipen.

Auf dem letzten Stück nach Kapstadt spielt Südafrika noch einmal alle seine Reize aus: Rechts liegt die mächtige Bergkette der „Zwölf Apostel", an deren Ende der Tafelberg aufragt, links brandet der Atlantik an kleine Sandstrände oder schroffe Klippen.

In der letzten großen Parkbucht vor Camps Bay, auf der rechten Seite, tummeln sich Dutzende von fliegenden Händlern, die afrikanisches Kunsthandwerk, von geschnitzten Giraffen bis zu kleinen Tonmasken im Sortiment haben. Handeln ist üblich.

Über Camps Bay ragen die „Twelve Apostles" auf

Camps Bay erinnert mit seiner Strandpromenade, seinen In-Cafés und Restaurants und der Musik, die aus den Läden klingt, an Kalifornien. Die Straße am Strand entlang ist Flaniermeile für Harleys, Porsche Cayennes, Mercedes SLKs und spärlich bekleidete Baywatch-Doubles. Baden ist hier, wie auch an den vier anderen winzigen In-Atlantikstränden bei **Clifton,** nur etwas für Mutige. So verlockend die weißen Sandstrände auch aussehen mögen, vor allem, wenn der Wind mal nicht bläst und die Sommersonne vom Himmel brennt – das Wasser ist eiskalt! Nur Abgehärtete springen in die Fluten der westlichen Kap-Halbinsel.

Restaurants

Summerville (RRRR), The Promenade, Camps Bay, Tel. 021-4383174, www.summervillerestaurant.co.za, Mo–So 12.30–23.30 Uhr. Die besten Blicke auf den Camps Bay-Strip und Atlantik genießt man am besten mit einem der 120 hier erhältlichen Cocktails. Hervorragende Meeresfrüchte, von gigantischen Austern bis zu mosambikanischen Tiger-Garnelen. Auch die Fleischgerichte sind vom Feinsten. Relaxte Atmosphäre in luxuriösem Ambiente mit viel Understatement. Angeschlossene Jazz- und Cabaret-Bar, in der der Besitzer Skippy manchmal selbst singt. Keine Angst, er singt genauso gut wie er Speisen zelebriert.

Wakame (RRR-RRRR), 1. Stock, Ecke Surrey Place und Beach Road, Mouille Point, Tel. 021-4332377, www.wakame.co.za, tägl. 12.30–15.00, 18.30–22.30 Uhr. Minimalistischer Zen-Stil, Super-Meeresblick und fantastisches Seafood plus Sushi. Stammplatz stil- und modebewusster Kapstädter. Wer sich auf der Karte nicht entscheiden kann, bekommt vom Chefkoch etwas, was garantiert die Geschmacksnerven anregt.

Unterkunft

Camps Bay Retreat (RRRR-RRRRR), 7 Chilworth Road, The Glen, Tel. 021-4378300, Fax 4380485, retreatres@hvc.co.za, www.campsbayretreat.com. Eine im coolen, lauten In-Beachort Camps Bay völlig unerwartete Übernachtung in einem opulenten, über 16.000 m² großen Garten, ein Wahnsinn, wenn man bedenkt, was Grundstücke in Camps Bay kosten; drei Pools (geheizt, Bergpool und Cool-Pool), Wellness-Zentrum, private Tennisplatz, DVD-Sammlung, privater Weinkeller; ÜN entweder im eleganten Herrenhaus „Earl's Dyke Manor", das um die Jahrhundertwende erbaut worden ist, oder im mitten in der „Wildnis" liegenden und über eine abenteuerliche Hängebrücke erreichbaren Deck House. Witzig: die „Hotel-Limousine" ist ein grüner, offener Pirsch-Geländewagen, für *Urban Safaris* auf der Flaniermeile.

Kapstadt

Kapstadt. „Schönstes Kap", „Juwel des Südens", „Tor nach Afrika" – die älteste Stadt Südafrikas, die „Mother City", hat viele Namen und verdient sie alle. Für viele zählt sie zu den schönstgelegenen und attraktivsten Metropolen der Welt.

Hier in der Tafelbucht landete am 6. April 1652 der Holländer *Jan van Riebeeck* – die weiße Besiedlung begann. Was zunächst nur als Versorgungsposten für die Schiffe der Holländisch-Ostindischen Handelsgesellschaft (V.O.C) gedacht war, entwickelte sich zu einer pulsierenden Metropole, die auch während dunkelster Apartheid-Zeiten nie ihre Liberalität verloren hat. Jeder Vergleich hinkt, aber Kapstadt verhält sich zu Johannesburg wie San Francisco zu Chicago. Kapstadt ist relaxter, ruhiger, lockerer – *Capetonians* nennen das treffend *laid back*. Johannesburger missinterpretieren diese Art zu leben als „Faulheit", oder sie behaupten, Kapstadt sei so *laid back,* dass man es schon fast als „horizontal" bezeichnen müsste. Oder, um noch einen draufzusetzen: „Mother City" würde die Stadt am Kap deswegen heißen, weil alles neun Monate braucht.

Wer in der 3,5 Millionen-Stadt am Freitag noch irgend etwas Wichtiges in der City besorgen muss, steht öfter mal vor verschlossenen Läden. Meist

Kapstadt

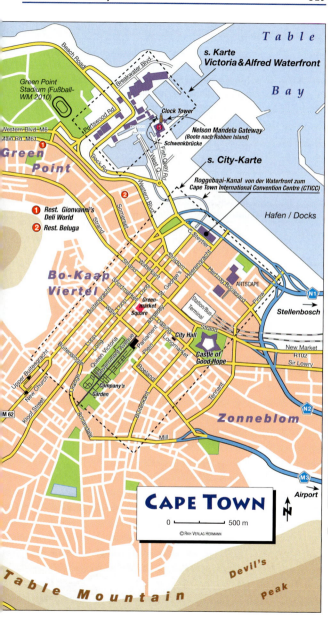

hängt dann ein selbstgemaltes Schild in der Tür: „Gone fishing". Genau diese „Gone Fishing"-Mentalität macht Cape Town so sympathisch. Arbeiten ist bei weitem nicht alles im Leben. *Life is too short*, um Träume aufzuschieben. Ein Satz, den sich Kapstädter auf ihre Fahne geschrieben haben. Die Motorrad- und Cabrio-Konzentration liegt daher deutlich höher als in anderen südafrikanischen Städten.

Die Leichtigkeit des Seins verkörpern vor allem die Coloureds, die Farbigen. Am Kap, im Gegensatz zu den USA, kein Schimpfwort. Sie prägen Kapstadt mit ihrer offenen Freundlichkeit und ihrem anstekkenden Lachen. Mädchen, die so manches hochbezahlte Supermodell verblassen lassen, flanieren durch Long Street und Waterfront. Die Coloureds drängt es immer wieder auf die Straße, dort spielt sich das Leben ab, dort wird gefeiert, wann immer es eine Gelegenheit dazu gibt. Ihren Höhepunkt erreichen die Festivitäten an Neujahr, wenn Tausende Coloureds in bunten Satinkostümen durch die Straßen ziehen, jedes Township, jede Gruppe hat eigene Farben beim Karneval in Kapstadt. Singend und tanzend bewegen sie sich Richtung *Green Point Stadium,* wo der große Sängerwettbewerb stattfindet. Welche Gruppe gewinnt diesmal den Preis? Beim **Cape Coon Carneval** besteht kein Zweifel, dass Kapstadt farbig ist.

Blouberg-Strand und Tafelberg

Coon Carneval

District Six

Auch den Coloureds wurde während der Apartheid übel mitgespielt. Östlich der City, rund um die Constitution Street, lag der **District Six,** das angestammte quirlige Zentrum der Farbigen, mit alten Häusern, engen Straßen, kleinen Geschäften und lebendigen Bars. Zwischen 1966 und 1984 wurden 60.000 Menschen zwangsumgesiedelt, weil sie der Regierung zu nahe am „weißen" Kapstadt wohnten. Viele von ihnen landeten in *Mitchell's Plain,* der riesigen, trostlosen und von Bandenkriegen gepeinigten Siedlung 30 Kilometer südöstlich der City in den *Cape Flats.*

Die Häuser in District Six wurden mit Bulldozzern dem Erdboden gleichgemacht. Es blieben nur Kirchen und Moscheen auf offenem Feld übrig. Vor einer Zerstörung der Gotteshäuser schreckte selbst die Apartheid-Regierung zurück. Die Zerstörung war ein herber Verlust für das kulturelle Leben im Herzen von Kapstadt. Vor ein paar Jahren bekamen die ehemaligen Bewohner bzw. ihre Erben das Land zurück. Da und dort entstehen nun neue Häuser.

Kapstadt erleben

Castle of Good Hope

Ein empfehlenswerter Stadtrundgang beginnt beim ältesten Gebäude von Südafrika, dem zwischen 1666 und 1679 erbauten **Castle of Good Hope.** Die Kap-Festung mit ihrem fünfeckigem Grundriss steht heute mitten in der Stadt. Früher, bevor das Gebiet der *Foreshore* dem Meer abgerungen worden war, schlug der Atlantik bei Springfluten direkt gegen die Castle-Mauern.

Kapstadt

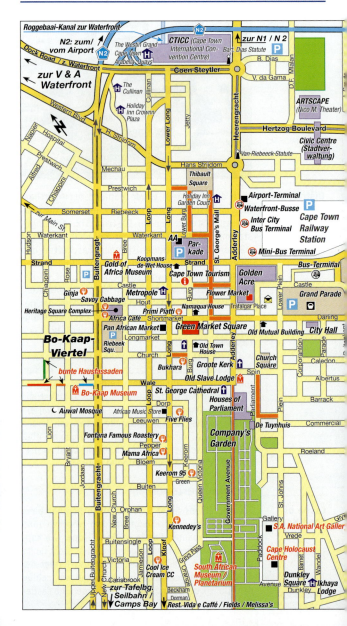

Von den fünf Bastionen hatten Wachposten alle Außenmauern im Blickfeld. Doch die Burg musste niemals in ihrer Geschichte einen Angreifer abwehren.

Einmal nur wurde sie beschossen – aus Versehen: Es war früher allgemeiner Brauch, dass die im Hafen einlaufenden Schiffe einen Salutschuss abgaben. Dummerweise hatte ein holländischer Kapitän vergessen, dass seine Kanone scharf geladen war. Glücklicherweise richtete die Kugel keinen größeren Schaden an. Sie landete mitten im Castle auf dem Exerzierplatz. Die Soldaten erkannten die an Bord des „feindlichen" Schiffes gehisste holländische Flagge und schossen nicht zurück.

Beim geführten Rundgang durch das Castle, in dem heute noch südafrikanische Soldaten stationiert sind, bekommen die Besucher vor allem mit jenen Mitleid, die damals hier eingekerkert waren. Enge, dunkle Verliese erstickten jeden Gedanken an Flucht im Keim. Die zahllosen Insassen ritzten mit den Nägeln ihrer Schuhe Botschaften in Türen und Rahmen, die noch heute zu sehen sind. Die letzten beiden Gefangenen im Castle waren deutsche Soldaten. Die Besatzung eines kleinen Späh-U-Bootes, das gegen Ende des Zweiten Weltkriegs vor der Küste aufgebracht worden war. Sie verewigten sich mit einem Hakenkreuz im Türrahmen ihrer Zelle.

Von den Blumenverkäufern haben viele schon seit drei Generationen ihren Platz an der **Grand Parade** vor der **City Hall** und am engen **Trafalgar Place.** Günstiger gibt es in Kapstadt nirgendwo frische Blumen zu kaufen.

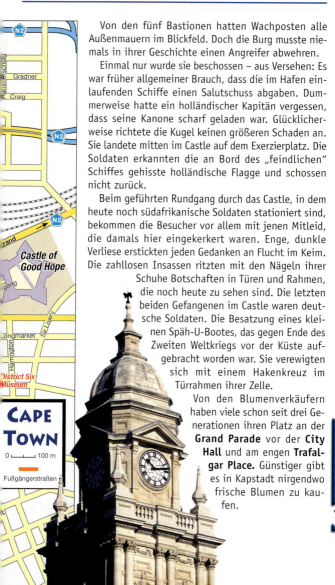

Turm der City Hall

Company Gardens

In den **Company Gardens** spenden mächtige Eichen Schatten, ausgedehnte Rasenflächen laden zu einer Rast ein. Früher wurden hier Gemüse und Obst angebaut für die an Vitaminmangel leidenden Schiffsbesatzungen, die auf dem Weg nach Indien am Kap vorbeikamen. Von den vielen historischen Gebäuden in den Gardens lohnen vor allem die **South African National Art Gallery** und das **South African Museum** einen Besuch.

Long Street

Die **Long Street** ist von Anfang bis Ende eine Sehenswürdigkeit. In den hübschen viktorianischen Häuschen mit den schmiedeeisernen Balkongeländern sind Antiquitäten-, Trödelläden und Second Hand-Bookshops untergebracht. Im Zuge der Revitalisierung des Innenstadt-Bereichs werden viele Häuser stilecht restauriert. Vor wenigen Jahren noch totgesagt, aufgrund der hohen Kriminalität und dem daraus resultierenden Exodus der Geschäfte, erlebt die City gerade eine atemberaubende Renaissance. In den letzten fünf Jahren flossen neun Milliarden Rand an Investitionen ins Stadtzentrum, was zu 39.000 neuen Jobs im Bausektor geführt hat. Anfang 2004 hat mit dem hippen **Metropole** das erste Boutique-Hotel in der City eröffnet. Loft-Apartments in renovierten historischen Gebäuden steigen in der City momentan rapide im Preis. Wahrscheinlich erreicht Kapstadt noch vor der Fußball-WM im Jahr 2010 das selbstgesteckte Ziel, eine 24-Stunden-Weltmetropole zu werden. Eine Stadt, die niemals zur Ruhe kommt.

Kapstadt, Company Gardens (im Hintergrund das South African Museum)

In der Long Street

Greenmarket Square

Bei einem Cappuccino in einem der Cafés lässt sich das bunte Treiben am **Greenmarket Square** am besten beobachten. Täglich außer sonntags findet hier ein Flohmarkt statt. Von hier ist es nicht weit bis zu **Cape Town Tourism** in der Burg Street, einer der besten Touristen-Informationen im Land. Hier gibt es alles, was das Besucherherz begehrt: Infos, stapelweise Prospektmaterial, Hotelbuchung (auch Reservierung von Unterkünften in den Nationalparks), Internet-Computer, ein kleines Restaurant und Geldwechselstelle. Und einen Stock tiefer hat sich kürzlich **Namibia Tourism** etabliert – ideal für Besucher, die noch ins Nachbarland weiter möchten.

Tafelberg

Südafrikas bekanntester Berg bietet natürlich die beste Aussicht auf die Mother City und – bei klarer Sicht – die gesamte Kap-Halbinsel. Mit der **Table Mountain Cable Way** dauert die Fahrt auf den **Tafelberg** nur fünf Minuten. Dabei überwindet sie einen Höhenunterschied von 701 Metern. Das Drahtseil ist 1244 Meter lang. Die Seilbahn wurde 1929 eröffnet, 1997 bekam sie ein *total makeover* verpasst mit um sich selbst drehenden Gondeln.

Eine sehr schöne Straße mit vielen Kurven und immer wieder tollen Aussichten auf Kapstadt führt übrigens von der Talstation zum Parkplatz am **Devil's Peak.**

Die charakteristische Form des **Lions Head,** des Löwenkopfes, ist vom Tafelberg oben ebenso gut auszumachen wie der **Signal Hill,** der aussieht wie der Körper des Löwen. Die Strecke zum Parkplatz am Signal Hill ist eine weitere „innerstädtische" Traumstraße. Ende 2004 wurde der Aussichtspunkt renoviert, kameraüberwacht, mit Toilettenhäuschen versehen und einem großen, hölzernen Aussichtsdeck mit Blick auf die City, Sea Point, die Tafelbucht und Robben Island. Auf dem Signalhügel steht auch die **Noon Gun,** die immer wieder unvorbereitete Neuankömmlinge erschreckt. Jeden Tag, pünktlich um zwölf Uhr mittags, donnert die Schwarzpulver-Kanone aus dem 18. Jahrhundert los. Was früher ankommende Schiffe signalisierte, leitet heute explosiv die Mittagspause ein.

Der etwa 60 km² große Tafelberg, der sich vor etwa 250 Millionen Jahren aus dem Meer erhoben hat, ist seit 1957 Naturschutzgebiet. Auf ihm wachsen etwa 1470 verschiedene Pflanzenarten – mehr als auf den gesamten Britischen Inseln. Viele von ihnen sind endemisch, das heißt, sie gedeihen nirgendwo sonst auf der Welt. Auch Tiere sind dem Leben auf dem Berg angepasst, beispielsweise die murmeltiergroßen, zutraulichen *Klippschliefer,* englisch *dassies*. Kurioserweise sind sie eng mit den Elefanten verwandt. Sie sondern an ihren Füßen ein klebriges Sekret ab, das ihnen einen besseren Halt an den glatten Felsen ermöglicht. Ihre Rippen sind flexibel, damit sie sich auch in ganz enge Spalten quetschen können.

Auf dem Tafelberg

Der Tafelberg kann aber auch gefährlich werden: Jedes Jahr geraten Dutzende von Wanderern und Kletterern in Not und müssen mit Helikoptern gerettet werden. Das passiert meist dann, wenn sich das „Tischtuch des Teufels", *devil's tablecloth,* über den Tafelberg legt. Der *Southeaster,* ein äußerst kräftiger Sommerwind, bringt feuchte Luft aus der False Bay heran, diese kondensiert am Tafelberg und hüllt ihn von oben her blitzschnell in dichten Nebel. Aber der Südoster hat auch sein Gutes – nicht umsonst wird er „Kap-Doktor" genannt. Weder Smog, Staub noch Pollen haben eine Chance gegen ihn. Er bläst die Umweltverschmutzer einfach aus der Stadt.

Am schönsten ist der Tafelbergbesuch am späten Nachmittag oder am frühen Abend, wenn kurz vor der Rückfahrt ins Tal die ersten Lichter in der City aufflammen.

Die Qual der Wahl hat in Kapstadt derjenige, der ein Restaurant fürs Dinner sucht. Es gibt einfach zu viele Möglichkeiten. In der quirligen Waterfront, der historischen Long Street, im Cape Quarter in Green Point oder richtig hip an der Promenade in Camps Bay. Am besten länger bleiben oder wiederkommen, um alles auszuprobieren.

Informationen Kapstadt

Die beiden großen Kapstädter Infobüros sind mit Sicherheit die besten in Südafrika und lohnen auf alle Fälle einen Besuch, besonders zu Anfang eines Kap-Trips.

In der City: Cape Town Tourism, **Cape Town Visitor's Centre,** Pinnacle Building, Ecke Castle Street/Burg Street, Tel. 021-4264260, Fax 426-4266, capetown@tourismcapetown.co.za, www.tourismcapetown.com. Öffnungszeiten im Süd-Sommer: Mo–Fr 8–19, Sa 8.30–14, So 9–13 Uhr. Südwinter: Mo–Fr 8–17, Sa 8.30–13, So 9–13 Uhr.

In der Waterfront: Cape Town Tourism, Waterfront Visitor's Centre, Clock Tower Precinct, South Arm Rd, V&A Waterfront, Tel. 021-4054500, Fax 4054524, capetown@tourismcapetown.co.za, www.tourismcapetown.com, tägl. 9–21 Uhr.

Das sehr freundliche Personal in beiden Infobüros empfiehlt und reserviert Unterkünfte und Mietwagen aller Preisklassen. Ausführliche Informationen über Kapstadt und Umgebung zu Aktivitäten, wie Wandern, Haitauchen, Bootsfahrten usw. **South African National Parks** (SANP)

hat ebenfalls einen Buchungsschalter, wo Unterkünfte in den Nationalparks direkt reserviert werden können. Außerdem Internet-Café, diverse sehr schöne Souvenir-Läden, Coffee-Shop mit gutem Cappuccino und kleinen Gerichten, Geld- und Reisescheck-Umtausch, Geldautomaten, Impfungen, Weinproben.

Waterfront Visitor Centre, Dock Rd, Tel. 021-4087600, www.waterfront.co.za, Karten und Infos, Tour- und Taxibuchungen. Zweites Büro im roten Clocktower.

Live-Webcam in Kapstadt mit Blick auf den Tafelberg (allerdings nur bei gutem Wetter!): www.capetownwebcam.com/live_webcam.htm

Neue Taxis

Seit August 2005 haben Südafrikabesucher die Möglichkeit, „richtige" Taxis zu rufen: Neue, geräumige Original-London-Cabs, gefertigt von London Taxi International (LTI) in Coventry, Großbritannien. Die Idee, diese London-Ikonen im großen Stil einzuführen, stammt von den beiden Südafrikanern Craig Robinson und André Mynhardt. Mittlerweile laufen die geräumigen Sympathieträger nicht nur in Kapstadt, sondern auch in Johannesburg und George. Statt im charakteristischen Leichenwagen-Schwarz wie in London strahlen die SA-Cabs aber in den kräftig-fröhlichen Regenbogen-Farben der südafrikanischen Nationalflagge. Bis zur Fußball-WM im Jahr 2010 sollen 5000 Stück im ganzen Land laufen. SACAB, Tel. 08611-72222, www.sacab.co.za, Tarif R 10.50 pro km.

Unterkunft
City

Cactusberry Lodge (RR), 30 Breda St, Oranjezicht, Tel./Fax 021-4619787, www.cactusberrylodge.com. Kleines, gemütliches und stilvoll dekoriertes, trotzdem für Kapstädter Verhältnisse überraschend günstiges B&B mit sechs Zimmern in einem ruhig gelegenen, historischen Haus. Barbara und Guido, das deutsche Besitzerpärchen, sind 2006 nach Kapstadt ausgewandert. Die schönen großformatigen Schwarzweiß-Fotos stammen allesamt von Guido (www.photodrome.de) und werden regelmäßig von Gästen direkt von den Wänden gekauft. Tipp: die leckeren Frühstücks-Pfannkuchen.

Protea Hotel Fire & Ice (RRR), 198 Bree St, Tel. 021-488 2555, Fax 021-4882556, www.proteahotels.com/fireandice. Derzeit das coolste Hotel in der Mother City, Selbst wer nicht übernachtet, sollte dort wenigstens einen Burger essen oder Milkshake trinken. Das Restauraunt serviert über ein Dutzend verschiedene Gourmet-Burger und Milk-Shakes. Ausladende Kristall-Lüster hängen an Bergsteiger-Seilen, Surfboards und Ski zieren die Wände. Im Raucherzimmer sitzt man auf Särgen, im schalldichten Sound-Room gibt es Plasma-Screen, Superanlage und Playstation, an der Außenfassade befindet sich eine fünf Stockwerk hohe Kletterwand, und vom Restaurant aus sieht man in den Pool. Wenn gerade Models übernachten, was diese sehr häufig hier tun, isst das Auge mit. Alle 130 Zimmer sind cool eingerichtet und mit LCD-Flatscreen, Bose-Hifi-Anlagen und freiem Internet-Anschluss versehen. Größte Überraschung ist der Preis: Ein DZ kostet so viel wie in einem „normalen" Dreisterne-Hotel, daher oft ausgebucht.

Ikhaya Lodge (RRR-RRRR), Dunkley Square, Gardens, Tel. 021-4618880, Fax 4618889, ikhaya@iafrica.com, www.ikhayalodge.co.za. Übernachtungen im Safari-Lodge-Stil mitten in Kapstadt; stilvolle ethnisch-afrikanische Einrichtung, von einigen Zimmern Tafelbergblick.

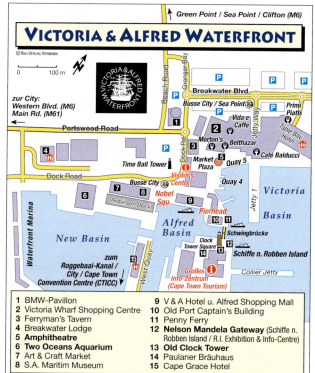

1 BMW-Pavillon
2 Victoria Wharf Shopping Centre
3 Ferryman's Tavern
4 Breakwater Lodge
5 Amphitheatre
6 Two Oceans Aquarium
7 Art & Craft Market
8 S.A. Maritim Museum
9 V & A Hotel u. Alfred Shopping Mall
10 Old Port Captain's Building
11 Penny Ferry
12 **Nelson Mandela Gateway** (Schiffe n. Robben Island / R.I. Exhibition & Info-Centre)
13 **Old Clock Tower**
14 Paulaner Bräuhaus
15 Cape Grace Hotel

Metropole Hotel (RRRR-RRRRR), 38 Long Street, Tel. 021-4247247, Fax 4247248, info@metropolehotel.co.za, www.metropolehotel.co.za. Absolut cooles und trendiges Boutique-Hotel mitten in der Stadt, in der quirligen Long Street, dadurch natürlich kein „ruhiges" Plätzchen, in einem restaurierten historischen Haus. Sehr gutes Restaurant mit Aussicht auf das Treiben in der Straße. Das Hotel würde auch hervorragend nach Manhattan passen. Tipp: Pinkeln im Männerklo mit Blick aufs Aquarium und durchs Glas nach außen ins Hotel. Nichts für Schüchterne. Es wird Deutsch gesprochen und verstanden. 29 Zimmer.

Tipp: Theater der Träume

Stammgäste und Besucher waren tief enttäuscht als sie plötzlich vor der ausgebrannten Hülle von „Madame Zingara" standen. Wie so oft redete sich die Versicherung heraus und zahlte nicht genug, um eines der skurrilsten Kapstädter Restaurants wieder aufzubauen. Was Besitzer Richard Griffin auf eine andere Idee brachte: das *Theatre of Dreams*. Mit einem alten Cabaret-Zelt aus den 1920er Jahren, importiert aus Belgien, tourt er nun durchs Land und bietet neben fantastischen Shows auch ebensolches Essen an. In der Website www.madamezingara.com stehen alle Infos zum Tour- und Veranstaltungsplan.

Waterfront

The Breakwater Lodge (RR), Portswood Rd, Waterfront, Tel. 021-4061911, Fax 4061070, reserve@bwl.co.za, www.breakwaterlodge.co.za. „Gehen sie in das Gefängnis, begeben sie sich direkt dorthin ..." Kleine Zimmer in den Zellen des alten Prisons in der Waterfront, günstiger lässt es sich nicht in der Waterfront übernachten. Zu Fuß ist man, dank einem neuem Waterfront-Eingang gegenüber der Waterfront Marina, auch schnell in Green Point und in der City.

Cape Grace (RRRRR), Tel. 021-4107100, Waterfront, Fax 4197622, www.grace.co.za. Geschickt in das Gesamtbild der Waterfront integriertes relaxt-luxuriöses Hotel, das von drei Seiten mit Wasser umgeben ist. Große, freundliche Zimmer mit Tafelberg- oder Hafenblick. Das angenehmste Luxushotel in Kapstadt.

Restaurants
City

Lunch-Tipps

Melissa's – The Food Shop (R), 94 Kloof St, Tel. 021-4245540. Eine Mischung aus Delikatessen-Laden und Café. Leckere, abwechslungsreiche Frühstücke, prima Kaffee. Filialen in Newlands (Tel. 021-6836949) und im Constantia Village (Tel. 021-7944696).

vida e caffe („Leben und Kaffee", R), 34 Kloof St, Tel. 021-4260627, www.caffe.co.za. Die nüchtern-spartanisch eingerichtete portugiesische Café-Bar serviert den besten Kaffee der Stadt, nur Giovanni in Green Point kommt mit seinem italienischen Espresso und dessen Crema-Konsistenz dagegen an. Der Milchschaum auf dem Cappuccino ist allerdings beim Portugiesen noch viel zarter. Die gigantischen *muffins*, ständig frisch aus dem Backofen, mit süßer und pikanter Füllung (Feta/Paprika und Zimt/Apfel sind göttlich) sind eine Mahlzeit für sich und ein ideales „schnelles" Lunch. Geordert wird an der Theke, und wenn die Bestellung komplett ist, wird die Nummer auf dem Bon aufgerufen.

Dinner-Tipps

Fontana Famous Roastery (R), 166 Long St, Tel. 021-4247233, So–Do 11–13, Fr/Sa 11–16 Uhr. Die besten gegrillten Hähnchen der Stadt, sowohl als günstiges Lunch als auch als willkommener Snack nach anstrengender, mitternächtlicher Club-Tour durch die Long Street.

Africa Café (RRR), Heritage Square, 98 Shortmarket St, Tel. 021-4220221, www.africacafe.co.za, Mo–So Dinner, Lunch nur auf Vorbestellung, außerhalb der Saison So geschlossen. Hector und seine Schwester Portia starteten den Afroküchen-Trend vor zehn Jahren in Observatory. Kürzlich machten sie dort dicht und zogen mit ihrem extrem erfolgreichen Restaurant in die City um, an den attraktiven und zentral gelegenen Heritage Square. Es gibt nach wie vor Gerichte aus ganz Afrika zum Festpreis, von den 15 verschiedenen Speisen darf so viel gegessen werden wie reinpasst. Und ja, die attraktiven Bedienungen sind politisch inkorrekt handverlesen und tragen noch immer knall-orangefarbene Xhosa-Kleider. Ein Muss! Souvenirladen mit durch die Bank Geschmackvollem im Erdgeschoss.

Welcome to the African Café!

95 Keerom (RRRR), Gardens, 95 Keerom St (parallel zur Long Street), Tel. 021-4220765, Mo–Fr Lunch, Mo–Sa Dinner. Klassischer und eindeutig bester Italiener der Stadt, untergebracht in einem renovierten, historischen Gebäude, geniale architektonische Mischung aus 300 Jahre alten Ziegelmauern und extrem modernen Dekor, exzellente und einfallsreiche Küche, eines der Top-Ten-Restaurants in diesem Buch.

Bukhara (RRR), 33 Church St, Tel. 021-4240000, www.bukhara.com, Mo–Sa Lunch, Mo–So Dinner. Immer voll, immer eng, immer halbdunkel, aber garantiert auch immer erstklassiges indisches Essen. Bei Kapstadts bestem Inder muss unbedingt vorbestellt werden. Stilvoll gestylte Filiale im Grand West Casino, dort keine Vorbestellung möglich.

Ginja (RRR), 121 Castle Street, Tel. 021-4262368, Mo–Sa 19–23 Uhr. Untergebracht in einem alten Ziegelgebäude, einem ehemaligen Lagerhaus, zwischen City und Bo-Kaap sehr engem, meist nicht auf Anhieb zu findenden „Eingangstunnel". Einfallsreiche und ungewöhnliche Gerichte, tolles Ambiente, ausführliche Weinliste. Geniale Kombination aus Stil und Gourmetküche.

The Showroom (RR), 10 Hospital St, Harbour Edge, Green Point, Tel. 021-4214682, www.theshowroomrestaurant.co.za, Mo–Fr 12–15, 19–22.30, Sa 19–22.30 Uhr. Hip und trendy und praktisch immer ausgebucht ist das Restaurant des Kapstädter Promi-Kochs *Bruce Robertson,* der vorher in der Werbung tätig war; hell und weiß mit viel Glas und Edelstahl, Starck-beeinflusstes Interieur. Das Restaurant, *nomen est omen,* geht direkt in den Showroom eines exotischen Autohändlers (www.bloomsbury.co.za) über. Die Preise sind für die gebotene Qualität und Originalität überraschend moderat.

Jardine (RR), 185 Bree St, City, Tel. 021-4245640, www.jardineonbree.co.za, Di–Sa Lunch & Dinner. Der „Erfinder" des Cape Gourmet Festivals, *George Jardine,* hat sein eigenes Restaurant aufgemacht, das nun europäische Spitzenküche mit frisch-saisonalen südafrikanischen Zutaten paart.

Green Point

Lunch-Tipps

Giovanni's Deli World (RR), Tel. 021-4346893, 103 Main Rd. Italienischer Delikatessenladen mit Imbiss, beliebt bei Models und Möchtegern-Mafiosis, erstklassiger Espresso mit samtiger Crema, leckere Gerichte.

Dinner-Tipps

Beluga (RRR-RRRR), The Foundry, Prestwich St, Greenpoint, Tel. 021-4182948, www.beluga.co.za. Mo–Sa Lunch, Mo–So Dinner. Eine Mischung aus New Yorker Restaurant und Pariser Café. In dem roten Backsteingebäude einer ehemaligen Gießerei finden 160 Leute Platz.

Waterfront

Lunch-Tipps

Caffe Balducci (RR-RRR), Victoria Wharf, Shop 6162, Tel. 021-4216002 o. 4216003, www.balducci.co.za, Mo–So Frühstück, Lunch & Dinner. Cool-chices Restaurant mit Bar, meist sehr attraktives Publikum, sehr gute und freundliche Bedienungen, seit Jahren ist das Essen ohne Durchhänger von hervorragender Qualität.

Paulaner Bräuhaus & Restaurant (RR-RRR), Shop 18/19, Clock Tower Precinct, V&A Waterfront, Tel. 021-4189999, www.paulaner.co.za. Hier wird das beste Bier der Stadt gebraut und ausgeschenkt, es gibt Weiß-, Schank- und dunkles Bier vom Fass. Am schönsten ist es an einem sonnigen, windstillen Tag draußen im „Biergarten" mit Blick auf die Waterfront und den Clocktower Square zu sitzen und (vor 12 Uhr!) ein Weißwurst-Frühstück einzunehmen.

Harrie's Pancakes (RR), Clock Tower Precinct, Tel. 021-4210887, Mo–So 7–21 Uhr. Im äußersten Nordosten Südafrikas, in den Orten Graskop und Dullstroom, sind die Pfannkuchen von Harrie's mit ihren pikanten oder süßen Füllungen seit 1986 berühmt. Jetzt gibt es direkt neben dem roten Clocktower eine Kap-Filiale.

Dinner-Tipps

Belthazar (RRRR), Victoria Wharf, Shop 153, Lower Level, Victoria Wharf, Tel. 021-4213753, www.belthazar.co.za. Da ein New Yorker Restaurant bereits Balthazar als Namen registrieren lassen, tauschte man einfach einen Vokal. Vorgelegt wird die mit 600 Weinen ausführlichste Karte im Land, davon über 100 Weine im Glas erhältlich (24 bis 400 Rand), eines der großen Gläser entspricht 1/3 Flasche. Nitrogen-Weinausschenker halten Sauerstoff fern und die geöffneten Weine frisch. Zum Flaschenwein gibt es immer ein Probierglas. An Gerichten sowohl Seafood als auch Steaks, drinnen im Hi-Tech-Lagerhaus-Stil, draußen mit Waterfront-Ambiente.

Morton's on the Wharf (RRR-RRRR), Victoria Wharf, Shop 221, oberes Stockwerk, Tel. 021-4183633 o. 34, www.mortons.co.za, Mo–So Lunch 12–15 Uhr, Mo–Sa Dinner 18–23 Uhr, So Dinner 18–22.30 Uhr. Ein alter, bewährter Restaurant-Klassiker in der Waterfront. Sowohl die Gerichte als auch das Ambiente sind 100% New Orleans, von *Louisiana Seafood Gumbo* bis *Blackened Sirloin Steak*. An manchen Abenden spielen Jazz-Bands.

Green Dolphin (RRR), Alfred Mall, Pierhead, Tel. 021-4217471, green-dolphin@mweb.co.za, www.greendolphin.co.za. Noch einmal eine relaxte New Orleans-Atmosphäre und Jazz, diesmal allerdings jeden Abend. Green Dolphin gibt es schon so lange wie die Waterfront, ist eine Institution.

Primi Piatti (RR), Shop 6219, Tel. 021-4198750, www.primi-piatti.com. Das beste „Ketten"-Restaurant im Land, sowohl vom Ambiente als auch von der Atmosphäre und natürlich von der Qualität des Essens her. Leichte, italienische Gerichte, guter Kaffee.

Nightlife

Bascule Whisky Bar and Wine Cellar, Cape Grace Hotel, West Quay, V&A Waterfront, Tel. 021-4180522. Die beste Bar der Stadt mit über 400 verschiedenen Whiskys, von den Highlands bis Japan. Regelmäßig Whisky-Proben. Besondere Flaschen: ein 30jähriger Bowmore, ein 22jähriger Largie Meanoch, ein 35jähriger Springbank und die absolute Krönung, ein 50 Jahre alter Glenfiddich zu 15.000 Rand das Gläschen. Dafür kann man an derselben Bar 750 mal ein Glas Johnny Walker Black Label bestellen.

Sehenswertes

Tafelberg & Table Mountain Aerial Cableway, Lower Station, Tafelberg Rd, Tel. 021-4245148, www.tablemountain.net. Den Schildern von der oberen Kloof Street aus folgen, wetterabhängig tägl. geöffnet. Hin- und Rückfahrt: Erwachsene 130 Rand, Kinder und Rentner 68 Rand, Studenten 88 Rand. Die Seilbahn auf den Tafelberg fasst 65 Passagiere, die Gondel dreht sich auf dem Weg nach oben einmal um

November	8–20 Uhr
1.–15. Dez	8–21.30 Uhr
16. Dez – 15. Jan	8–22 Uhr
16. Jan – 31. Jan	8–21.30 Uhr
1. Feb – 28. Feb	8–20.30 Uhr
1. März – 31. März	8–19.30 Uhr
1. April – 30. April	8–18.30 Uhr
1. Mai – 15. Sept	8.30–18 Uhr
16. Sept – 30. April	8–19 Uhr

360 Grad. Oben 2 km Pfade zu Besichtigungspunkten. Essen kann man im „The Restaurant on Table Mountain" (Selbstbedienung). Öffnungszeiten: 1. Mai–15. Sept. 8.30–17.30 Uhr, 16. Sept.–31. Okt. 8.30–18.30 Uhr, 1.–30. Nov. 8–19.30 Uhr. Hauptgericht 65 Rand, Frühstück 21,50–50 Rand.

Robben Island Museum, Rezeption und Informationszentrum, Tel. 021-4095100 o. 021-4134200, www.robben-island.org.za. Tägl. Fähr-Überfahrten vom Nelson Mandela Gateway vom Clocktower Precinct der V&A Waterfront um 9, 10, 12, 13, 14 u. 15 Uhr. Preis für die dreieinhalbstündige, geführte Tour mit Schiffspassage nach Robben Island: 150 Rand, Kinder 75. In den Saisonzeiten schnell ausgebucht, Karten vorab besorgen.

Two Oceans Aquarium, Dock Rd, V&A Waterfront, Tel. 021-4183823, www.aquarium.co.za. Tgl. 9.30–18 Uhr, Dez. und Jan. 9.30–19 Uhr. Eintritt 70/32 Rand Erw./Kinder (4–17 Jahre). Sehr gut gemachter Komplex, der mit seinen Backstein-Fassaden gut zum restlichen Waterfront-Image passt. Tipp: Tauchen im Haitank.

Castle of Good Hope, Ecke Darling Street/Castle Street, Tel. 021-4691249, www.castleofgoodhope.co.za, tägl. 9–16 Uhr, Eintritt 18 R, Kinder 8 R. Der Grundstein für Südafrikas ältestes Gebäude wurde 1666 gelegt.

Cape Holocaust Centre, 88 Hatfield St, Gardens, Tel. 021-4625553, www.ctholocaust.co.za. So–Do 10–17 Uhr, Fr 10–

13 Uhr, freier Eintritt. Ein sehr beeindruckendes Museum, das einzige Holocaust-Zentrum in Afrika, Displays und die Präsentation sind bewegend. Neben dem District Six Museum das beste der Stadt.

District Six Museum, 25a Buitenkant St, Tel. 021-4618745, www.districtsix.co.za, Mo 9–15, Di–Sa 9–16 Uhr, Eintritt 10 R, Kinder 5. Fotos, Gegenstände und Displays zeigen die Geschichte von District Six.

Slave Lodge, 49 Adderely St, Tel. 021-4618280, www.iziko. org.za/slavelodge, Mo–Sa 9.30–16.30 Uhr, Eintritt 7 R, Kinder 2 R. Die verschiedenen kulturellen Einflüsse, die Südafrikas zu dem gemacht haben, was es heute ist, werden hier in vielen anschaulichen Displays dargestellt.

Iziko South African Museum, Queen Victoria Street, Tel. 021-4243330, www.iziko.org.za/sam, Erw. 10, Kinder 5 Rand, Sa freier Eintritt. Das bekannteste Museum der Stadt, u.a. mit gigantischem Wal-Display über mehrere Stockwerke und dazu ertönenden Walgesängen.

Iziko South African National Gallery, Company Gardens, Tel. 021-4651628, Di–So 10–17 Uhr, www.iziko.org.za/sang, Di–So 10–17 Uhr, Eintritt Erwachsene 10, Kinder 5 Rand. Galerie mit beeindruckenden Werken südafrikanischer Künstler und einem Museumsshop, der außergewöhnlich schönes Kunsthandwerk anbietet.

Long Street. Kapstadts älteste und – nomen est omen – längste Straße ist in ihrer gesamten Länge eine Sehenswürdigkeit. Läden, Kneipen und Restaurants in restaurierten viktorianischen Häuschen reihen sich aneinander. Auch ihre Verlängerung zum Tafelberg hin, die **Kloof Street,** wird durch neue Kneipen, Läden und Restaurants immer attraktiver. Die kameraüberwachte Long Street ist auch nachts sicher zu begehen, Nebenstraßen sollten dann allerdings gemieden werden.

Greenmarket Square, Burg St. Quirliges Zentrum der City mit schattenspendenden Bäumen, einigen Straßen-Cafes, beeindruckenden Art-déco-Gebäuden und einem Kunsthandwerk-Markt, der täglich außer sonntags hier aufgebaut ist.

Einkaufen

Victoria & Alfred Waterfront, Dock Rd, Tel. 021-4087500, www.waterfront.co.za, Mo–Sa 9–21, So 10–21 Uhr, kostenlose Parkplätze im Freien, kostenpflichtig in drei Parkhäusern. Kapstadts beliebtestes Einkaufszentrum und Südafrikas meistbesuchte Touristenattraktion. Neben Touristen kommen auch viele Einheimische hierher. Zwei Kinokomplexe, einer für Mainstream und Blockbuster, der andere – „Cinema Nouveau" – eher für Cineasten.

Canal Walk, Sable Rd, Century City, Tel. 021-5554444 o. 33, www.canalwalk.co.za, tägl. 9–21 Uhr. Südafrikas größtes und mit 1,6 Mrd. Rand teuerstes Einkaufszentrum, Ende 2000 eröffnet, mit 450 Läden und Restaurants auf 121.000 m². Architektonisch interessante Kuppelbauten. Diverse Restaurants und der größte Kino-Komplex der Stadt. Mit dem Auto etwa zehn Minuten vom City-Zentrum entfernt, auf der N 1 Richtung Paarl, Abfahrt „Canal Walk".

Cavendish Square, Cavendish Square, Claremont, Tel. 021-6743050, www.cavendish.co.za. Elegante und stilvolle Stadt-Mall auf mehreren Ebenen. Hier finden sich selten Touristen ein, vielmehr gutbetuchte Kapstädter. Ein Muss für Shopping-Fans. Nicht ganz einfach zu finden, großes Parkhaus.

Tyger Valley Centre, 1 Bill Bezuidenhout Drive, Bellville, Tel. 021-9141822, www.tygervalley.co.za, Mo–Do 9–17.30, Fr 9–19, Sa 9–17, So 10–14 Uhr. Umsatzstärkste Shopping-Mall Kapstadts, etwas außerhalb in der Nähe der N 1 im Stadtteil Bellville gelegen, günstigere Preise. Hier kaufen die Bewohner der Rand- und Landbezirke ein, großes Fast food- und Entertainment-Zentrum. Nebenan entstand die Tyger Valley Waterfront.

Pan African Market, 76 Long Street, Tel. 021-4264478, www.panafrican.co.za. Wer sich für afrikanisches Kunsthandwerk interessiert, kommt um diesen Laden in der Long Street nicht herum: in einem alten historischen Haus findet sich hier auf mehreren Stockwerken ganz Afrika ein, mit Masken, Textilien, Trommeln, Township-Art und einem wahrhaft panafrikanischen Sprachgewirr.

African Music Store, 134 Long St, Tel. 021-4260857, Mo–Fr 9–17 Uhr, Sa 9–14 Uhr. Die gesamte afrikanische Musikbandbreite zum Probehören. Was nicht da sein sollte, wird sofort geordert. Sehr freundlicher Service.

Musica Mega Store, Dock Road Complex, V&A Waterfront, Tel. 021-4184722, www.musica.co.za, Mo–Fr 9–21 Uhr, Sa/So 9–22 Uhr. Auf zwei Stockwerken findet sich hier die größte CD- und DVD-Auswahl im Land. Sehr informierter Service, prima Hörproben.

Anhang

ANHANG

Der Autor, die Fotografin

Elke und *Dieter Losskarn* leben seit 1994 in der Nähe von Kapstadt. Elke fotografiert, Dieter schreibt hauptsächlich Reise- und Motor-Stories für südafrikanische und deutsche Magazine. Diverse Reiseführer und Bildbände zum südlichen Afrika stammen von den beiden. In der Website von Elke und Dieter Losskarn, **www.lossis.com,** erfahren Sie mehr zu deren Aktivitäten.

Bildnachweis

Alle Fotos Elke Losskarn, außer:
Helmut Hermann: Seite 128, 184, 228, 245, 263, 269 u., 274, 289
MTN: Seite 286

Register

Abseiling 48
Addo Elephant National Park 234
Afrikaans 56
Agatha Road 135
Amalienstein 271
Amanzimtoti 208
ANC 77
Apartheid 78
Apartheid Museum 112
Arniston 278

Badplaas 172
Barberton 169
Barrydale 272
Bathurst 226
Battlefields 183
Berlin Falls 143
Betty's Bay 288
Big-Five 57
Biltong 46
Blood River 184
Bloukrans Pass 246
Blue Train 15
Blyde River Canyon 140
Bontebok National Park 276
Boschendal 298
Botha, P.W. 80
Botshabelo 128
Boulders 319
Bourke's Luck Potholes 142
Bredasdorp 278
Bredie 46
Buffalo City (früher East London) 219
Bungee-Springen 48
Buren 56
Butterworth 218

Calitzdorp 270
Camps Bay 327
Cango Caves 263
Canopy Tour 52
Cape Agulhas 279
Cape of Good Hope 321
Chapman's Peak Drive 86, 323
Coffee Bay 214
Coloureds 55

De Hoop Nature Reserve 278
de Klerk, F.W. 80
Dingane 174
District Six 331
Drakensberge 188
Dundee 186
Durban 196

East London 219
Elim 281
Essen 46

Fahrrad- und Mountainbike 49
Fish Hoek 318
Flüge 14
Franschhoek 291
Fynbos 70

Gansbaai 282
Garden Route, östliche 241
Garden Route, westliche 245
Geld 22
Genadendal 281
Genwa (früher Butterworth) 218
Gold Reef City 106
Golf 50
Graskop 144
Groenfontein 271
Große Trek 75, 121

Hazyview 144
Hermanus 284
Hole in the Wall 216
Homelands 77
Hout Bay 323
Howick Falls 192

Idutywa 217
Internet 25

Jan van Riebeeck 73
Jeffreys Bay 240
Jock of the Bushveld 162
Johannesburg 94

Kalk Bay 318
Kap der Guten Hoffnung 318
Kap-Halbinsel 314
Kapstadt 328
Karoo 266
Kingklip 46
Kleinmond 288
Kloofing 50
Knysna 253
Knysna Elephant Parks 251
Krügerpark 240
Krüger, Paul 77, 116
Kwandwe Private Game Reserve 231

Ladysmith 186
Lebowa 134
Linefish 46
Llandudno 326
Long Tom Pass 163
Lowveld 138
Lydenburg 163

Mac Mac Pools 167
Magoebaskloof 135

Malaria 23
Malgas 276
Mandela, Nelson 83
Mbeki, Thabo 83
Mealie Pap 46
Melktart 47
Middelburg 128
Missionsstationen 281
Montagu Pass 257
Motorradfahren 17
Mpumalanga Province 126

Natal Midlands 191
Nationalparks 27
Ndebele 55, 128
Ndumo Wilderness Camp 176
Nelson Mandela Square 114
Noordhoek 322

Old George Road 256
Otter-Trail 244
Oudtshoorn 259
Outeniqua Choo-Tjoe-Zug 16
Overberg 276

Paarl 304
Panorama-Route 161
Pearly Beach 282
Pflanzen 70
Piet Retief 174
Pietermaritzburg 192
Pietersburg 131
Pilgrim's Rest 164
Plettenberg Bay 247
Polokwane (Pietersburg) 131
Pongola-Staudamm 175
Port Alfred 224
Port Edward 208
Port Elizabeth 237
Port St. Johns 211
Pretoria 115
Pretorius, Andries 75
Prince Albert 267
Private Wildreservate 155

Red Mountain Nature Reserve 271
Reiten 51
Retief, Piet 75
Riebeeck, Jan van 73
Rocktail Bay 178
Rooibos 47
Route 62 269
Rovos Rail 15

Sabie 161
Sandboarding 51
Sandton 106
Sani Pass 191
Sea Kajaking 51

Seven Passes Road 256
Shaka 75
Shakaland 180
Shamwari Game Reserve 233
Simon's Town 318
Simunye 180
Sir Lowry's Pass 289
Snoek 47
Soweto 102
Spioenkop 188
Stanford 282
Steenbras Dam 289
Stellenbosch 298
Strauße 264
Surfen 51
Swartberg-Pass 266, 269
Swellendam 272

Tafelberg 335
Tauchen 52
Telefonieren 37
The Outeniqua Choo-Tjoe-Zug 259
Three Rondavels 142
Tiere 57
Tradouw Pass 272
Tshwane (Pretoria) 115
Tsitsikamma National Park 242
Tulbagh 311
Tzaneen 135

Umtata 213
uShaka Marine World 199

Visum 22
Vögel 68
Voortrekker 75, 121
Vryheid 183

Waenhuiskrans 278
Walküste 276
Waterblommetjie Bredie 47
Waterfront (Kapstadt) 340
Weinprobe 91
Wesley 224
White River 167
Wiesenhof Game Park 304
Wild Coast Sun Casino 208
Witbank 127

Xhosa 54

Zoll 40
Zulu 54, 180

Bewegende **Momente,** Abenteuer, Entdeckungen, Begegnungen. Gesichter und **Geschichten** der Welt **erleben. Natur** und **Kultur. Aktivitäten** und Genuss. In der Gruppe **Freunde** gewinnen. **Wanderungen** durch einzigartige Landschaften. **Wikinger-Reiseleiter** begeistern **Sie.**

Infos und Kataloge:
www.wikinger.de
mail@wikinger.de
0 23 31 - 90 46

WIKINGER REISEN
Urlaub, der bewegt.

Unser umfangreiches Angebot im südlichen Afrika finden Sie in unseren Katalogen „Erlebnis Fernreisen", „Trekking weltweit" und „Rad-Urlaub".

Ihre ganz persönliche Traumroute wird wahr.

Reisen etappenweise planen, Hotels selbst wählen, den Wunschreiseplan erstellen.

Lassen Sie sich von unserem intelligenten Navigationssystem inspirieren und profitieren Sie von unserem Know-How.

Alles was Sie dazu brauchen:
www.tourdesigner.de
Mehr nicht.

Profitieren Sie auch von unserem Know-How und bestellen Sie dazu unser REISE-MAGAZIN tourdesigner AFRIKA und Indischer Ozean [reisen leicht gemacht] im Abo-Service.

td
tourdesigner
[reisen selber planen]

Die Reiseführer auf einen Blick

Reisehandbücher
Urlaubshandbücher
Reisesachbücher
Edition RKH, Praxis

Afrika, Durch, 2 Bde.
Agadir, Marrakesch, Südmarokko
Ägypten individuell
Ägypten/Niltal
Alaska ⌀ Kanada
Algerische Sahara
Argentinien, Uruguay, Paraguay
Äthiopien
Australien – Auswandern
Australien, Osten und Zentrum
Australien, Westen und Zentrum

Baikal, See u. Region
Bali und Lombok
Bali, die Trauminsel
Bangkok
Botswana
Brasilien
Brasilien kompakt

Cabo Verde
Chicago
Chile, Osterinsel
China Manual
Chinas Osten
Costa Rica
Cuba

Djerba & Zarzis
Dominikanische Republik
Dubai, Emirat

Ecuador, Galápagos
El Hierro
Erste Hilfe unterwegs

Fahrrad-Weltführer
Florida
Fuerteventura

Gomera
Gran Canaria
Guatemala

Havanna
Hawaii
Honduras
Hongkong, Macau, Kanton

Indien, der Norden
Indien, der Süden
Iran

Japan
Jemen
Jordanien

Kalifornien und USA Südwesten
Kalifornien, Süden und Zentrum
Kambodscha
Kamerun
Kanada, USA
Kanadas Maritime Provinzen
Kanadas Osten, USA Nordosten
Kanadas Westen, Alaska
Kapstadt – Garden Route (Südafrika)
Kapverdische Inseln
Kenia
Kenia kompakt
Kerala (Indien)
Krügerpark – Kapstadt (Südafrika)

Ladakh, Zanskar
Lanzarote
La Palma
Laos
Lateinamerika BikeBuch
Libyen

Malaysia, Singapur, Brunei
Marokko
Mauritius, La Réunion
Mexiko
Mexiko kompakt
Mongolei
Motorradreisen
Myanmar

Namibia
Namibia kompakt
Neuseeland BikeBuch
New Orleans
New York City
New York im Film

Oman
Outdoor-Praxis

Panama
Peru, Bolivien
Peru kompakt
Phuket (Thailand)

Qatar
Queensland (Australien)

Rajasthan (Indien)

San Francisco
Senegal, Gambia
Singapur
Sri Lanka
St. Lucia, St. Vincent, Grenada
Südafrika
Südafrika: Kapstadt – Garden Route
Südafrika: Krügerpark – Kapstadt

Fernziele — Reise Know-How

Sydney, Naturparks
Syrien

Taiwan
Tansania, Sansibar
Teneriffa
Thailand
Thailand – Tauch- und Strandführer
Thailands Süden
Tokyo, Kyoto, Yokohama
Transsib
Trinidad und Tobago
Tunesien
Türkei, Hotelführer
Türkei: Mittelmeerküste

Uganda, Ruanda
USA, als Gastschüler
USA, Kanada
USA, Canada BikeBuch
USA Nordosten, Kanada Osten
USA, der große Süden
USA Südwesten, Kalif., Baja California
USA, Südwesten, Natur u. Wandern
USA, der ganze Westen

Venezuela
Vereinigte Arabische Emirate
Vietnam

Westafrika – Sahel
Westafrika – Küste
Wo es keinen Arzt gibt

Yucatán, Chiapas (Mexiko)

PANORAMA

Australien
Cuba
Rajasthans Palasthotels
Südafrika
Thailands Bergvölker und Seenomaden
Tibet
Vietnam

Edition RKH

Abenteuer Anden
Auf Heiligen Spuren
Durchgedreht – Sieben Jahre im Sattel
Inder, Leben und Riten
Mona und Lisa
Myanmar – Land der Pagoden
Please wait to be seated
Rad ab!
Salzkarawane
Südwärts durch Lateinamerika
Suerte – 8 Monate durch Südamerika
Taiga Tour
USA – Unlimited Mileage

Praxis

Aktiv Marokko
All inclusive?
Australien: Outback/Bush
Australien: Reisen/Jobben
Auto durch Südamerika
Ayurveda erleben
Buddhismus erleben
Canyoning
Clever buchen/fliegen
Daoismus erleben
Drogen in Reiseländern
Dschungelwandern
Expeditionsmobil
Fernreisen auf eigene Faust
Fernreisen, Fahrzeug
Fliegen ohne Angst
Frau allein unterwegs
Früchte Asiens
Fun u. Sport im Schnee
Geolog. Erscheinungen
GPS f. Auto, Motorrad
GPS Outdoor-Navigation
Handy global
Hinduismus erleben
Höhlen erkunden
Hund, Verreisen mit
Indien und Nepal, Wohnmobil
Internet für die Reise
Islam erleben
Japan: Reisen und Jobben
Kanu-Handbuch
Kartenlesen
Kommunikation unterwegs
Konfuzianismus erleben
Kreuzfahrt-Handbuch
Küstensegeln
Langzeitreisen
Maya-Kultur erleben
Mountainbiking
Mushing/Hundeschlitten
Neuseeland: Reisen und Jobben
Orientierung mit Kompass und GPS
Panamericana
Paragliding-Handbuch
Pferdetrekking
Radreisen
Reisefotografie
Reisefotografie digital
Reisekochbuch
Reiserecht
Respektvoll reisen

Mit PANORAMA neuen Horizonten entgegen

Außergewöhnliche Bilder, lebendige Anekdoten und hautnahe Einblick wecken Erinnerungen oder Vorfreude auf ein Reiseland. PANORAMA präsentiert sich im handlichen, quadratischen Format (18x18 cm, Hardcover mit Fadenheftung) und luftigen Layout, mit Fotos von atemberaubenden Landschaften, Land & Leuten ...

Andrew Forbes & David Henley
PANORAMA Tibet
ISBN 978-3-8317-1542-8 · € 14,90 [D]

Aroon Thaewchatturat & Tom Vater
PANORAMA Zur Quelle des Ganges
ISBN 978-3-8317-1702-6 · € 14,90 [D]

Andrew Forbes & David Henley
PANORAMA Cuba
ISBN 978-3-8317-1519-0 · € 14,90 [D]

Andrew Forbes & David Henley
PANORAMA Kambodscha
ISBN 978-3-8317-1610-4 · € 14,90 [D]

Elke & Dieter Losskarn
PANORAMA Südafrika
ISBN 978-3-89662-347-8 · € 14,90 [D]

Isabel und Steffen Synnatschke
PANORAMA USA Südwesten Wonderland of Rocks
ISBN 978-3-89662-242-6 · € 17,50 [D]

Günter & Andrea Reindl
PANORAMA Australien
ISBN 978-3-89662-390-4 · € 14,90 [D]

Aroon Thaewchatturat & Tom Vater
PANORAMA Thailands Bergvölker und Seenomaden
ISBN 978-3-8317-1524-4 · € 14,90 [D]

Aroon Thaewchatturat & Tom Vater
PANORAMA Rajasthans Palasthotels
ISBN 978-3-8317-1601-2 · € 14,90 [D]

Hans Zaglitsch & Linda O'Bryan
PANORAMA Mundo Maya
ISBN 978-3-8317-1611-1 · € 14,90 [D]

Elke & Dieter Losskarn
PANORAMA Namibia
ISBN 978-3-89662-327-0 · € 14,90 [D]

Andrew Forbes & David Henley
PANORAMA Vietnam
ISBN 978-3-8317-1520-6 · € 14,90 [D]

Andrew Forbes & David Henley
PANORAMA Thailand
ISBN 978-3-8317-1609-8 · € 14,90 [D

Weitere Titel in Vorbereitung

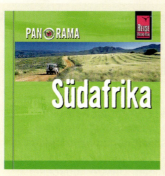

Elke & Dieter Losskarn

Panorama Südafrika

Bildband

156 Farbseiten, 18x18 cm, Hardcover mit Fadenheftung, mehr als 200 erstklassige Fotografien auf Kunstdruckpapier

Der kompakte Bildband von den renommierten Autoren und Fotografen Elke und Dieter Losskarn als Ergänzung zu den erfolgreichen Südafrika-Reiseführern von Reise Know-How. Ein ideales Geschenk und ein perfektes Souvenir für Urlauber, die bereits in Südafrika waren – zum Träumen fürs nächste Mal …

2. Auflage　　　　　　　ISBN 978-3-89662-398-0 · € 14,90 [D]

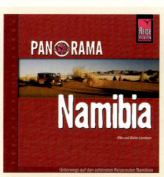

Elke & Dieter Losskarn

Panorama Namibia

Bildband

120 Farbseiten, 18x18 cm, Hardcover mit Fadenheftung, mehr als 200 erstklassige Fotografien auf Kunstdruckpapier

Wer sich bisher mit kiloschweren Reisebüchern belastet hat, bekommt hier die Bildband-Light-Version präsentiert:
Die erstklassigen, aber zwangsläufig oft sehr kleinen Fotos in den Reiseführern können nun endlich groß genossen werden. Ein ideales Geschenk und ein perfektes Souvenir für Urlauber, die bereits die Weite Namibias erleben durften – oder zum Träumen vom nächsten Mal.

Neuerscheinung 2008　　　ISBN 978-3-89662-327-0 · € 14,90 [D]

WILDEN TIEREN AUF DER SPUR

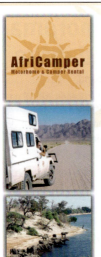

Wir vermieten voll ausgestattete Allrad-Camper ab Kapstadt, Johannesburg und Windhoek zu günstigen Konditionen. Inklusive Vollkasko-Versicherung und freie Kilometer. Unsere Mitarbeiter sprechen deutsch.

AfriCamper

web: www.africamper.de
eMail: info@africamper.com
Telefon: +27 (0)21 8 56 13 42
Telefax: +27 (0)21 8 56 14 35

Afrika & mehr…

Mit uns die Länder des südlichen Afrikas bereisen und erleben!

Das **mehr** … bedeutet für uns:
Ein mehr an Zeit für Sie, persönliche Beratung, Individualität, Kompetenz und Zuverlässigkeit.
Testen Sie uns – wir freuen uns auf Ihre Anfrage!

Afrika & mehr …

Am Taubenfelde 24, 30159 Hannover · Tel. (05 11) 1 69 30 40 · Fax (05 11) 1 69 30 41
info@afrikaundmehr.de · www.afrikaundmehr.de

Safari-Afrika
für Entdecker!

Safari – ein Wort, das uns sofort an Savanne, stampfende Elefanten, donnernde Büffelhufe und schleichende Katzen denken läßt!

Erleben Sie herrlichste Safaris im Tierparadies Botswana mit dem berühmten Okavango-Delta. Entdecken Sie Afrikas Tierwelt in Etoscha und im Ost-Caprivi Namibias; in Zambia – ein absoluter Geheim-Tipp; oder in der Serengeti und im Selous in Tanzania, in Kenia, Berggorillas in Uganda...

Wir bieten Entdecker-Reisen durch Süd- und Ostafrika unter hochqualifizierter Reiseleitung, sorgfältig geplante Selbstfahrer-Touren, Fly-In-Safaris oder Sonderreisen nur für Sie, Ihre Familie oder Ihren Freundeskreis.

Moderne, gut gewartete PKW, Allrad-Fahrzeuge und Campmobile bieten wir Ihnen für Ihre geplante Selbstfahrer-Reise zu supergünstigen Preisen. Wir beraten Sie gerne.

Fragen Sie doch Karawane, wenn es um Safaris geht.

seit 1950

Karawane Reisen

**Schorndorfer Straße 149
71638 Ludwigsburg
Tel. (07141) 2848-30 · Fax 2848-38
E-Mail: africa@karawane.de
www.karawane.de**

NAMIBIA

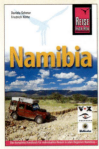

Daniela Schetar,
Friedrich Köthe
Namibia
5. Auflage
564 S., strapazierfähige PUR-Bindung, mehr als 55 Stadtpläne und Karten, über 100 Farbfotos u. Abb., Griffmarken, Seiten- und Kartenverweise, Register
ISBN 978-3-89662-324-9
€ 23,50 [D]

Ganz **Namibia** mit diesem Reisehandbuch entdecken:
- Die akutelle Auflage dieses Buches kombiniert detailgenaue, vor Ort recherchierte praktische Informationen mit unterhaltsamen und informativen Exkursen zu Geschichte, Hintergründen und den Menschen des Landes.
- Das Reisehandbuch nennt und gewichtet nahezu alle Unterkünfte in Namibia mit Internet-Kontakt, enthält genaue Stadtpläne mit Lageangaben der Hotels. Mehr als 650 Unterkunftsadressen.
- Mit integriertem Routenplaner, der eine einfache Planung der Reise erlaubt und mit GPS-Daten und exakten Kilometertabellen jedes Ziel auffindbar macht. Mehr als 55 Stadtpläne und Karten – Namibias Reiseziele auf 32 Routen entdecken.
- Das Reisehandbuch führt in die Nachbarländer, nach Victoria Falls, Botswana, in den südafrikanischen Kgalagadi Transfrontier National Park und ermöglicht die Reise in Gebiete und Landschaften, in die „andere" nicht kommen.
- Mit einer Vielzahl an Aktivitäten, wie Ballonfahren, Fallschirmspringen, Quadbike-Fahren, Reiten, Wandern, Fly-in-Safaris, Angelausflüge, Kajaktouren …

Namibia kompakt

… ist ein Reiseführer mit hoher Informationsdichte für eines der beliebtesten Reiseziele des südlichen Afrika. Beschrieben werden alle Highlights des Landes und wichtige Sehenswürdigkeiten im angrenzenden Zimbabwe und Botswana. Für organisiert Reisende und für die, die individuell unterwegs sind, der optimale Reisebegleiter.

Namibia kompakt …
- kombiniert detailgenaue, verlässliche Reiseinformationen mit unterhaltsamen Themen über Land und Leute, visualisiert durch zahlreiche Fotos und Illustrationen.
- enthält viele Karten und Stadtpläne, die alle eng mit dem Inhalt verzahnt sind. Nennt die besten Adressen für Ihre Reise.
- wurde von kompetenten Autoren mit langer Namibia-Erfahrung verfasst.
- ist zusätzlich ein Kulturführer und verschafft Zugang zur ethnischen Vielfalt des Landes, beleuchtet geschichtliche Hintergründe und historische Zusammenhänge.
- gibt Tipps und macht Vorschläge für Aktivitäten und zur Gestaltung freier Zeit.

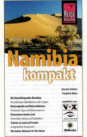

Daniela Schetar,
Friedrich Köthe
Namibia kompakt
2. Auflage
288 S., strapazierfähige PUR-Bindung, 45 Karten und Stadtpläne, mehr als 150 Farbfotos und Abb., Griffmarken, Seiten- und Kartenverweise, Register
ISBN 978-89662-328-7
€ 14,90 [D]

… zwei optimale Reisebegleiter für Namibia

SÜDAFRIKA

Erschienen im REISE KNOW-HOW VERLAG

Christine Philip
Südafrika
6. Auflage

816 S., strapazierfähige PUR-Bindung, mehr als 100 Stadtpläne und Karten, über 250 Farbfotos u. Abb., Griffmarken, Seiten- und Kartenverweise, Register
ISBN 978-3-89662-395-9
€ 23,50 [D]

Südafrika mit diesem Reisehandbuch entdecken:

- Informiert reisen: sorgfältige Beschreibungen der sehenswerten Orte, der schönsten Naturschutzgebiete, Tier- und Nationalparks. Mit vielen Wanderungen und Tipps zur aktiven Freizeitgestaltung. Informativer Geschichtsteil, unterhaltsame Exkurse und ausführliche Kapitel über Kapstadt, Krüger-Nationalpark und Garden-Route.
- Praktische Tipps und Wissenswertes zur Reisevorbereitung und zum täglichen Reiseleben. Viele Internet- und eMail-Adressen für zusätzliche Informationen.
- Unterwegs mit Mietwagen und Camper, Transporthinweise für Busse, Flugzeug und Eisenbahn. Routen- und Streckenvorschläge für mehrere Wochen Aufenthalt. Präzise Streckenbeschreibungen und detaillierte Karten, um auch abgelegene Gebiete bereisen zu können. Viele lohnenswerte Abstecher.
- Zahllose Unterkunftsempfehlungen und kulinarische Tipps für jeden Geldbeutel von preiswert bis luxuriös.

Elke und Dieter Losskarn
Kapstadt, Garden Route & Kap-Provinz
3. Auflage

288 S., strapazierfähige PUR-Bindung, 25 Karten und Stadtpläne, mehr als 140 Farbfotos, Griffmarken, Seiten- und Kartenverweise, Register
ISBN 3-89662-349-4
€ 14,90 [D]

Kapstadt, Garden Route & Kap-Provinz

Verbinden Sie Erholung und Aktivität, Natur und Kultur zu einem einmaligen Erlebnis-Urlaub. Dieser Führer bringt das einzigartige Lebensgefühl des Kaps auf den Punkt.

- Top-aktuelles Reise-Know-How und 7 Reiserouten durch die interessantesten Gebiete der Kap-Provinz. Präzise Streckenbeschreibungen mit den besten Tipps, Adressen und Attraktionen.
- Wissenswertes über Land & Leute – visualisiert mit Fotos
- Kulinarische Entdeckungstouren, Wine & Dine in feinen Wine Estates, Restaurants und Hotels in stilvollem Ambiente, charmante ländliche Bed & Breakfasts
- Die hübschesten Orte der Garden Route, die Big Five erleben und zahlreiche Aktivitäten-Vorschläge …

Alle Titel erscheinen regelmäßig in neuen Auflagen

... zwei optimale Reisebegleiter für Südafrika